iHuman

成为更好的人

何草不黄

《汉书》断章解义

鲁西奇 著

GUANGXI NORMAL UNIVERSITY PRESS
广西师范大学出版社
·桂林·

HECAOBUHUANG
HANSHU DUANZHANG JIEYI

图书在版编目（CIP）数据

何草不黄：《汉书》断章解义 / 鲁西奇著．—桂林：广西师范大学出版社，2015.6（2021.8 重印）
ISBN 978-7-5495-6643-3

Ⅰ．①何… Ⅱ．①鲁… Ⅲ．①中国历史—西汉时代—纪传体②《汉书》—译文 Ⅳ．①K234.104.2

中国版本图书馆 CIP 数据核字（2015）第 094160 号

广西师范大学出版社出版发行
（广西桂林市五里店路 9 号　邮政编码：541004
网址：http://www.bbtpress.com）
出版人：黄轩庄
全国新华书店经销
深圳市精彩印联合印务有限公司印刷
（深圳市光明新区白花洞第一工业区精雅科技园　邮政编码：518108）
开本：889 mm × 1 240 mm　1/32
印张：12.75　　字数：310 千字
2015 年 6 月第 1 版　　2021 年 8 月第 4 次印刷
印数：10 001~12 000 册　　定价：78. 00 元

序

《何草不黄》是《诗经·小雅》的最后一篇，共四章，其辞云：

何草不黄，何日不行。何人不将，经营四方。
何草不玄，何人不矜。哀我征夫，独为匪民。
匪兕匪虎，率彼旷野。哀我征夫，朝夕不暇。
有芃者狐，率彼幽草。有栈之车，行彼周道。

我曾在课堂上随意描述这一景象：在衰草连天的广袤原野上，一条大道伸展开来，通向远方，一辆役车孤独地行进着；道旁枯黄的荒草丛中，几只小狐在快乐地嬉戏着；赶车的"征夫"唱起歌来，歌声在原野天际间回荡，"何草不黄……"

班固在《汉书·武帝纪》末赞语中称述武帝之功业，谓："孝武初立，卓然罢黜百家，表章六经。遂畴咨海内，举其俊茂，与之立功。兴太学，修郊祀，改正朔，定历数，协音律，作诗乐，建封禅，礼百神，绍周后，号令文章，焕焉可述。后嗣得遵洪业，而有三代之风。如武帝之雄材大略，不改文景之恭俭以济斯民，虽《诗》《书》所称何有加焉！”而于其击匈奴、通西域、开西南夷，“外攘夷狄，开疆拓土”，则尚未及，且非其好大喜功，不能恭俭济民。至司马光作《资治通鉴》，则对武帝持基本否定之态度，谓：“孝武穷奢极欲，繁刑重敛，内侈宫室，外事四夷，信惑神怪，巡游无度，使百姓疲敝，起为盗贼，其所以异于秦始皇者无几矣。”武帝当年之丰功伟业、富贵繁华，亦不过如深秋草原上的枯草罢了。

孔子畏匡，菜色陈、蔡，于途穷困顿之时，尝引“匪兕匪虎，率彼旷野”句，问诸弟子：“吾道非耶？吾何为于此？”子路回答说：“意者吾未仁耶？人之不我信也。意者吾未知耶？人之不我行也。”子贡回答说：“夫子之道至大也，故天下莫能容夫子。夫子盖少贬焉？”孔子皆不表认同。颜回说：“夫子之道至大，故天下莫能容。虽然，夫子推而行之，不容何病？不容然后见君子！夫道之不修也，是吾丑也。夫道既已大修而不用，是有国者之丑也。不容何病？不容然后见君子！”孔子听了，欣然而笑曰：“有是哉！颜氏之子！使尔多财，吾为尔宰。”孔子一生，奔波颠踬，实不为世所容。然“不容何病？不容然后见君子！”太史公曰：“天下君王至于贤人众矣，当时则荣，没则已矣。孔子布衣，传十余世，学者宗之。自天子王侯，中国言六艺者折中于夫子，可谓至圣矣。”草木枯荣，而天地永在。

陈胜年轻的时候，曾经为人佣耕，劳作间歇，立于垄上，仰望天空，怅恨久之，向同伴言道：“苟富贵，无相忘。”他的同伴笑话他说:“若为佣耕,何富贵也?”陈胜长叹一声:“嗟乎,燕雀安知鸿鹄之志哉!”大泽乡举义,他慷慨陈词:“壮士不死即已,死即举大名耳,王侯将相宁有种乎!”人活一世,草木一春。我们都处在沟壑中,但仍然可以不时地抬头仰望蓝天。如果在漫长的冬夜里连梦都不做,又如何等得到绚烂的春天?

故而,乃取“何草不黄”作为本书书名。

是为解题。

目　录

《汉书》的成立：历史叙述的本原

当今之世，很少人会有兴趣读历史典籍了吧？但世界很大，人很多，总会有人偶尔想起来，读点古史典籍之类的书。

如果让我来选择可读的中国历史典籍，第一种应当是《史记》，“究天人之际，通古今之变，成一家之言”，这样的抱负与气魄，确然是“高山仰止，景行行止，虽不能至，然心向往之”；第二种应当是《资治通鉴》，“明治乱之理，纪政治得失，察民间隐情，彰美德善行”，作为读书人，达也好，穷也罢，还是应当有些“庙堂之志”的；第三种应当是《三国志》，且不说周郎孔明、云长翼德，就是曹孟德、刘皇叔，也让人觉得非常可爱，恨不得生在那个风云变幻的时代里，“兴废风灯明灭里，易君变国若传邮”，该是多么有趣！那么，班固的《汉书》，最好的排名，也是前三名之后的第一名了。

太史公说：“文王拘，而演《周易》；仲尼厄，而作《春秋》；屈原放逐，乃赋《离骚》；左丘失明，厥有《国语》；孙子膑脚，兵法修列；不韦迁蜀，世传《吕览》；韩非囚秦，《说难》《孤愤》；《诗》三百篇，大抵贤圣发愤之所为作也。”还可以加上一句：史迁忍辱，百三十篇成。我等生当盛世，大道坦途，河山锦绣，人生快意，本无以知史公之悲愤，更无以存史公之大志，不过是“从俗浮沉，与时俯仰”而已。所以，《史记》，我不敢讲；心存敬畏，也不愿讲。“达则兼济天下，穷则独善其身”，实际上，“独善其身”比“兼济天下”要难得多，做“自己”且如此之难，庙堂之事，还是让“肉食者谋之”吧。所以，《资治通鉴》，我不想讲。“手拿三尺龙泉剑，夺却中原四百州。”温柔敦厚、爱民如子的刘皇叔，也都挥舞着龙泉宝剑，那个时代的杀伐声太高、血腥气太重。“伤心秦汉经行处，宫阙万间都做了土。兴，百姓苦；亡，百姓苦。”“暗思想，那些莺颠燕狂，关甚兴亡！”所以，《三国志》，我不忍讲，也有点不屑讲。

那么，《汉书》又有什么好呢？我为什么会讲它？也许，它也没什么好吧。上面三种书所有的东西，它也都有，却都不十分突出，所以，它既不让我畏惧，也没有让我感到遥远，也不至于心中不忍。这样，我就来和大家一起读《汉书》了。

我假定大家知道《汉书》是班固编的，是叙述西汉一朝历史的史书。让我们拿一本《汉书》（最好是中华书局的点校本），放在桌子上，不要打开，想一想，这部书，是怎样编出来的呢？史家们是怎样知道历史事实与过程，并加以叙述以让我们今天知道的呢？

一　刘邦的早年故事：“天命”与“民心”的制造

《汉书》卷一《高帝纪》起首即述高祖刘邦之出身及其青年时代之事迹，谓：

> 高祖，沛丰邑中阳里人也，姓刘氏。母媪，尝息大泽之

陂，梦与神遇。是时，雷电晦冥。父太公往视，则见交龙于上。已而有娠，遂产高祖。

高祖为人，隆准而龙颜，美须髯，左股有七十二黑子。宽仁爱人，意豁如也。常有大度，不事家人生产作业。及壮，试吏，为泗上亭长，廷中吏无所不狎侮。好酒及色。常从王媪、武负贳酒，时饮醉卧，武负、王媪见其上常有怪。高祖每酤留饮，酒雠数倍。及见怪，岁竟，此两家常折券弃责。

高祖常繇咸阳，纵观秦皇帝，喟然大息，曰："嗟乎，大丈夫当如此矣！"

单父人吕公，善沛令，辟仇，从之客，因家焉。沛中豪杰吏闻令有重客，皆往贺。萧何为主吏，主进，令诸大夫曰："进不满千钱，坐之堂下。"高祖为亭长，素易诸吏，乃绐为谒曰："贺钱万！"实不持一钱。谒入，吕公大惊，起，迎之门。吕公者，好相人，见高祖状貌，因重敬之，引入，坐上坐。萧何曰："刘季固多大言，少成事。"高祖因狎侮诸客，遂坐上坐，无所诎。酒阑，吕公因目固留高祖。竟酒，后。吕公曰："臣少好相人，相人多矣，无如季相，愿季自爱。臣有息女，愿为箕帚妾。"酒罢，吕媪怒吕公曰："公始常欲奇此女，与贵人。沛令善公，求之，不与，何自妄许与刘季？"吕公曰："此非儿女子所知。"卒与高祖。吕公女即吕后也，生孝惠帝、鲁元公主。

高祖尝告归之田。吕后与两子居田中，有一老父过，请饮，吕后因餔之。"老父相后曰："夫人天下贵人也。"令相两子，见孝惠帝曰："夫人所以贵者，乃此男也。"相鲁元公主，亦皆贵。老父已去，高祖适从旁舍来，吕后具言客有过，相我子母皆大贵。高祖问，曰："未远。"乃追及，问老父。老父曰："乡者夫人儿子皆以君，君相贵不可言。"高祖乃谢曰：

“诚如父言,不敢忘德。”及高祖贵,遂不知老父处。

……

高祖以亭长为县送徒骊山,徒多道亡。自度比至皆亡之,到丰西泽中亭,止饮,夜皆解纵所送徒。曰:“公等皆去,吾亦从此逝矣!”徒中壮士愿从者十余人。高祖被酒,夜径泽中,令一人行前。行前者还报曰:“前有大蛇当径,愿还。”高祖醉曰:“壮士行,何畏!”乃前,拔剑斩蛇。蛇分为两,道开。行数里,醉,困卧。后人来至蛇所,有一老妪夜哭。人问妪何哭,妪曰:“人杀吾子。”人曰:“妪子何为见杀?”妪曰:“吾子,白帝子也,化为蛇,当道,今者赤帝子斩之,故哭。”人乃以妪为不诚,欲苦之,妪因忽不见。后人至,高祖觉。告高祖,高祖乃心独喜,自负。诸从者日益畏之。

秦始皇帝尝曰“东南有天子气”,于是东游以猒当之。高祖隐于芒、砀山泽间,吕后与人俱求,常得之。高祖怪,问之。吕后曰:“季所居上常有云气,故从往,常得季。”高祖又喜。沛中子弟或闻之,多欲附者矣。[①]

这一段记述,大抵抄自《史记》卷八《高祖本纪》,荀悦《汉纪》卷一《高祖皇帝纪》所记亦大致相同,仅文字略有差池。荀悦《汉纪》是根据班固《汉书》改编而成(将纪传体改编成简明的编年体),可置之不论;《史记·高祖本纪》,则或成书于司马迁父司马谈之手,或至少司马谈已得比次相关材料,勒成纲目,司马迁继之加以编辑修改,终得成篇。因此,可以相信,这里关于汉高祖刘邦早年事迹的叙述,出自汉代的官方文本,至迟到汉武帝的时代已经形成,是汉代正统意识形态下对其当代历史中最重要人

① 《汉书》卷一上《高帝纪上》,北京:中华书局,1962 年,第 1—8 页。本章下文凡引用此书,不再一一注出页码。

物生平的“权威叙述”，其主旨，在于阐述刘邦生就异禀，秉承天命，少年时代即胸怀大志，以天下为己任，且仁慈博爱，深得民心。天命既归，民心所向，故终得取暴秦而代之，统有天下，开创炎汉。

显然，《史记》《汉书》《汉纪》的这些描述，目的在于通过对诸种异迹的叙述，阐释汉朝立国的“合法性”——天命与民心，而“天命”又是其核心，因为“民心”实因“天命”而来，民因目睹亲历诸种“天命”的异象而“归心”。毫无疑问，无论“天命”，还是“民心”，都是“得天下”者的“造作”与“追述”，是“代天立言”、“为民表心”，所谓“天命”与“民心”，实质上都是“朝廷的意旨”，是“官意”。

那么，这些关于“天命”与“民心”的“神话”式叙述背后，究竟透露出怎样的事实呢？或者说，这些叙述与阐释，究竟有多少历史真实呢？真实的历史又可能是怎样的呢？

我们看《史记》《汉书》关于高祖刘邦早年经历的叙述，总共讲了五个故事。让我们来分析一下这五个故事的由来及其意蕴。

(一)刘媪梦神而孕高祖

刘邦的父母亲，史书都没有留下名字，仅得称为“太公”、“媪”。西晋时人皇甫谧说，太公名“执嘉”，刘媪姓王氏。皇甫谧所说多不可信，此说亦未知所据。颜师古说：“皇甫谧等妄引谶记，好奇骋博，强为高祖父母名字，皆非正史所说，盖无取焉。”东汉时人王符称：“太上皇名煓。”[①]“煓”字之名，从火，显然是为了附会“汉为火德”之说而起的名，很可能直到武帝以后才有。媪，

① 见《史记》卷八《高祖本纪》“父曰太公”句下司马贞《索隐》所引，北京：中华书局，1959年，第342页。

即老妇。文颖曰："幽州及汉中皆谓老妪为媪。"韦昭云："媪，夫人长老之称。"刘邦之母之称为"媪"，当然是后来的追述，当她生刘邦时，还不至于称"媪"，只能是刘氏妇（刘家媳妇）。颜师古说："史家不详著高祖母之姓氏，无得记之，故取当时相呼称号而言也。"当是通达之解。

"息大泽之陂，梦与神遇。"颜师古注云："蓄水曰陂。盖于泽陂堤塘之上休息而寝寐也。""遇，会也。不期而会曰遇。"《释言》："遇，偶也。"则"遇"不仅是指遇见，更指对偶、偶合。刘妇在美丽的湖泽之畔睡觉，天空电闪雷鸣，晦冥昏暗，大概是夏日的午后吧，怀了孕，后来告诉丈夫是梦见了神，与神发生了关系；刘太公去检查现场，大概是发现了一些蛛丝马迹（《史记》谓"见蛟龙于其上"，《汉书》作"见交龙于上"），或者竟然是抓了个"现行"。

这个故事显然有点暧昧，不够好：刘邦的母亲刘媪，当时应当还是一位少妇，午后在湖畔堤上树荫下乘凉小寐，做了一个春梦，并因此而怀上了刘邦。这个故事可不怎么样，很容易引人遐思。所以，后来的人就要想方设法改写这个故事。《史记·高祖本纪》司马贞索隐引《春秋握成图》说："执嘉妻含始游洛池，生刘季。"刘执嘉与王含始贤伉俪执手游于洛池之畔，情意缠绵，怀上了刘季。这个故事非常浪漫，却无法让刘季与神搭上关系，而且实在与刘家的平民身份相差太远。司马贞还说：《诗含神雾》所说与此相同。张守节正义引《帝王世纪》云："汉昭灵后含始游洛池，有宝鸡衔赤珠出炫日，后吞之，生高祖。"昭灵后，就是刘媪。《陈留风俗传》云："沛公起兵野战，丧皇妣于黄乡，天下平定，使使者以梓宫招幽魂，于是丹蛇在水自洒，濯入梓宫，其浴处有遗发，谥曰昭灵夫人。"昭灵夫人，就是刘媪。据《陈留风俗传》所云，在刘邦起兵后不久，刘媪即死于战乱，大抵是可信的。在《帝王世纪》里，刘妇王含始是独身游览洛池，也没有与神发生关系，而是吞下了一个宝鸡衔来的赤珠（显然与火德、尚赤有关），之后就怀了孕。《春秋握成图》《帝王世纪》等书，大抵成书于魏晋间，较之《史记》《汉书》皆当晚出，故刘媪遂有了“含始”之名，且游于洛池，吞赤珠而孕刘邦，很有些士女的风范，不再是那个在湖泽之畔午睡、梦见神仙而且被丈夫发现的农妇了。显然，这样的说法又经过了文人雅士的修饰。

当然，这是魏晋时人的想法，在汉代，大约并不以为一个少妇梦与神遇有些不妥，甚至是以为本当如此、非如此不可的。实际上，汉代的人，似乎很喜欢讲与神相遇的故事，让很多“圣人”的母亲与神发生了性关系。如熹平四年（175）《帝尧碑》称：“帝尧者，盖昔世之圣王也。……爰嗣八九，庆都与赤龙交而生伊尧。”[①]庆都，是尧的母亲。《史记》卷一《五帝本纪》张守节正义引《帝王世纪》：“帝尧陶唐氏，祁姓也。母庆都，十四月生尧。”建宁五年（172）《成阳灵台碑》说得更为详细：

> 惟帝尧母，昔者庆都，兆舍穹精，氏姓曰伊。体兰石之操，履规矩之度，则乾川之象，通三光之曜。游观河滨，感赤龙交，始生尧。厥后尧来祖统，庆都告以河龙。尧历三河，有龙授图，躬行圣政，以育苗萌。火阳之盛，先暗后明，遂以侯伯，恢践帝宫。庆都仙殁，盖葬于兹，欲人莫知，名曰灵台。上立黄屋，尧所奉祠。下营以水，神龙所熹。[②]

这是说尧的母亲庆都在河滨游览，与赤龙产生了感情，并发生了关系，生下了尧。尧长大以后，想知道自己的来历与世系，庆都

① 洪适：《隶释》卷一《帝尧碑》，北京：中华书局，1985年，影印本，第13页。
② 洪适：《隶释》卷一《成阳灵台碑》，第14页。

告诉他自己昔年与河龙的爱情故事。尧到三河去寻亲，河龙现身，授给他一幅“图”（就是“河图”），让他推行仁爱之政，养育百姓。庆都过世之后，尧将她葬在汉代的济阴郡成阳县（在今山东菏泽市东境）。尧不想让人知道是庆都的墓，称之为“灵台”，台上建有黄屋，作为祭祀之所；台下有水相通，以便神龙前来与庆都亡魂相聚。

至于吞赤珠而孕，则另有渊源。《史记·殷本纪》述殷商始祖契之母简狄，“三人行浴，见玄鸟堕其卵，简狄取吞之，因孕生契”①。简狄等三人一起到河中洗浴，吃了一只鸟蛋，回来就怀了孕。这件事情也很暧昧。而这种说法，来源甚古。《诗·商颂·玄鸟》说：“天命玄鸟，降而生商。”②《玄鸟》篇一般认为是用来“祫祭”高宗武丁的，周时一直被宋国采用。那么，这个说法，应当是殷商人自己的传说。《史记》卷十三《三代世表》引褚先生（少孙，西汉元帝、成帝间为博士）之言，说经今文家所著的《诗传》叙述得更为详细，称：“汤之先为契，无父而生。契母与姊妹浴于玄丘水，有燕衔卵堕之，契母得，故含之，误吞之，即生契。”③这样，那个暧昧的故事就变成了一次意外，简狄的怀孕就是一次失误的结果了。

周人始祖后稷（名弃）的出生则是另一种述说。《史记·周本纪》说弃的母亲是有邰氏之女，名叫姜原（《诗经·大雅·生民》作“姜嫄”），“出野”（到山野去，去做什么不详），“见巨人迹，心忻然说，欲践之，践之而身动如孕者。居期而生子，以为不祥，弃之隘巷，马牛过者皆辟不践；徙置之林中，适会山林多人，迁之；而弃渠中冰上，飞鸟以其翼覆荐之。姜原以为神，遂收养长

① 《史记》卷三《殷本纪》，第91页。

② 王先谦：《诗三家义集疏》卷二八《商颂·玄鸟》，北京：中华书局，1987年，第1103页。

③ 《史记》卷十三《三代世表》，第505页。

之。初欲弃之，因名曰弃。”[①]这个叫“原”的女孩子，到荒野里跑了一趟，说是踩了巨人的脚印而怀了孕，也只能归于神奇之列。而这个故事，也是周人自己讲的。《诗·大雅·生民》歌曰：“厥初生民，时维姜嫄。生民如何？克禋克祀，以弗无子。履帝武敏歆，攸介攸止，载震载夙，载生载育，时维后稷。诞弥厥月，先生如达。不拆不副，无灾无害。以赫厥灵，上帝不宁。不康禋祀，居然生子。诞置之隘巷，牛羊腓字之。诞置之平林，会伐平林。诞置之寒冰，鸟覆翼之。鸟乃去矣，后稷呱矣。”[②]姜原为什么要到野外去？在这个叙述里，给了一个理由：是到郊禖去禋祀上帝，以求子息的。武，鲁诗解作“迹”，或误，当即“大”的意思；敏，拇也，这里是指大脚趾吧。姜原踩了“上帝”的大脚印而怀了孕，“帝”似乎不高兴（“以赫厥灵，上帝不宁”），竟然要惩罚她。而姜原是个非常健壮的女子，还是生下了孩子。当然，孩子后来又经历了一些磨难，以显示其“神性”。

王充在《论衡·奇怪篇》里总结说：“儒者称圣人之生，不因人气，更禀精于天。禹母吞薏苡而生禹，故夏姓曰姒；契母吞燕卵而生契，故殷姓曰子；后稷母履大人迹而生后稷，故周姓曰姬。……《谶书》又言：‘尧母庆都野出，赤龙感己，遂生尧。’《高祖本纪》言：‘刘媪尝息大泽之陂，梦与神遇。是时雷电晦冥，太公往视，见蛟龙于上。已而有身，遂生高祖。’其言神验，文又明著，世儒学者，莫谓不然。”[③]王充虽力辩其说之虚妄，但由此恰反映出，这些说法，正是汉代普遍流行的说法。王符《潜夫论·五德志》所说更为系统：

① 《史记》卷四《周本纪》，第 111 页。
② 王先谦：《诗三家义集疏》卷二二《大雅·生民》，第 875—979 页。
③ 黄晖：《论衡校释》卷三《奇怪篇》，北京：中华书局，2006 年，第 156—158 页。

大人迹出雷泽，华胥履之生伏羲。其相日角，世号太皞，都于陈，其德木，以龙纪，故为龙师而龙名。作八卦，结绳为网以渔。……

后嗣姜嫄，履大人迹生姬弃。厥相披颐，为尧司徒，又主播种，农植嘉谷。尧遭水灾，万民以济。故舜命曰后稷。初，烈山氏之有天下也，其子曰柱，能植百谷，故立以为稷，自夏以上祀之。周之兴也，以弃代之，至今祀之。

太妊梦长人感己，生文王。厥相四乳。为西伯，兴于岐。断虞、芮之讼而始受命。……

有神龙首出常羊，感任姒，生赤帝魁隗。身号炎帝，世号神农，代伏羲氏。其德火纪，故为火师而火名。……

后嗣庆都，与龙合婚，生伊尧。代高辛氏。其眉八彩。世号唐。作乐大章。始禅位。武王克殷，而封其胄于铸。

含始吞赤珠，克曰“玉英生汉”，龙感女媪，刘季兴。

大电绕枢炤野，感符宝，生黄帝轩辕。代炎帝氏。其相龙颜，其德土行。以云纪，故为云师而云名。作乐咸池。是始制衣裳。

后嗣握登，见大虹，意感生重华虞舜。其目重瞳。……

大星如虹，下流华渚，女节梦接，生白帝挚青阳。世号少皞。代皇帝氏，都于曲阜。其德金行。……

后嗣修纪，见流星，意感生白帝文命戎禹。其耳参漏。为尧司空，主平水土，命山川，画九州，制九贡。功成，赐玄圭，以告勋于天。舜乃禅位，命如尧诏，禹乃即位。作乐大夏。世号夏后。……

摇光如月正白，感女枢幽防之宫，生黑帝颛顼。其相骈干。身号高阳，世号共工。代少皞氏。其德水行，以水纪，故为水师而水名。①

王符所说三皇五帝以来的世代兴亡，与《史记》之《五帝本纪》《夏本纪》《商本纪》《周本纪》及《三代世表》所记不尽相同，显然来自另一种知识系统，此且不论。按照王符的说法：1.伏羲是因为他的母亲华胥踩了雷泽中“大人”（也就是“巨人”）的脚印而生下的；2.弃（后稷）也是由于其母姜嫄“履大人迹”而生；3.周文王姬昌是母亲太姒梦见一个“长人”垂爱自己而怀上身孕的；4.神农（炎帝、赤帝魁隗）是他的母亲任姒（按照《太平御览》卷七八所引《帝王世纪》的说法，任姒是有乔氏之女，名女登）在常羊地方游玩，遇见神龙，受感而孕的；5.尧是母亲庆都与龙合婚所生（与上引汉碑所述大致相同，不同的是，在这里，庆都与龙是“合婚”了的）；6.刘邦（刘季）是母亲含始吞吃了赤珠、又与龙发生了感情之后怀上的（这里把“吞赤珠”和“与龙交”两个故事合在了一起，而且在赤珠上刻了字，“玉英生汉”，看来是越说越离谱了）；7.黄帝轩辕的母亲名叫符宝（《初学记》九引《帝王世纪》作“附宝”），有一天，明亮的电光环绕着枢星，光芒把大地照得一片通明，附宝就在这天（应当是夜里）怀上了孩子，后来生下了轩辕；8.舜（重华）的出生与此相似：他的母亲握登是因为看见一条大彩虹而怀孕的；9.帝挚（青阳，据《初学记》卷十所引《河图》，挚名朱宣）的母亲名叫女节，在一个夜晚，一颗大星流曳如虹（星光流曳，在天空中划过一道绚丽的光线，就像长虹一样，应当是一次彗星事件），女节在华渚（华水之滨）目睹了这一壮丽景象，晚上做了一个梦，梦见那个光彩的大星化作一位英俊的男子，与自己缠绵，后来就怀了孕；10.夏的始祖禹，也是母亲修纪（又作“修己”）目睹流星，

① 王符著，汪继培笺，彭铎校正：《潜夫论笺校正》卷八《五德志》，北京：中华书局，1985年，第382—396页。

感孕而生的(《太平御览》卷八二引《尚书帝命验》说“修已山行,见流星,意感栗然,生姒戎文命”,则更有现场感);11.颛顼的母亲叫女枢,不知何故,住在一间幽暗的房子里(防,即房;幽防,当即幽暗之房),瑶光之星(“摇”当作“瑶”)贯月而过,光洒如水银彻地,天地间一片光明,女枢就怀了孕。

可以相信,在汉代人的观念里,“圣人”之出身,必有其特异之处,特别是必与某些神迹相联系。《诗·大雅·生民》孔疏引许氏《五经异义》称:《诗》齐、鲁、韩,《春秋》公羊说,圣人皆无父,感天而生。则王充所谓“儒者”、“世儒学者”,当即指经今文家而言。但看来并不止今文家这么说。王符就很难说是什么家。许慎在《说文》中也说:“古之神圣人母,感天而生子。”看来,圣人有母无父,感天而生,大约是汉代人的通识。[①]

明晰这一背景之后,“刘媪梦神而孕高祖”说法的来历就很容易理解了。原来,早在汉代之前,就有这样的叙述“模板”:大凡了不起的“圣人”都不是自己的父亲亲生的,而是神明(上帝)采取不同方式与“圣人”之母发生关系的结晶。这些方式,既可以让那个后来做了“圣人”之母的女子吞吃一个鸟蛋(或者变化成赤珠),也可以让她在清醒时或在梦中与龙做爱,还可以让她在荒郊野外把自己的玉足放在神明留下的大脚印里,或者让她目睹一道绚丽的自然景观,在当时就感受到性爱的愉悦(“栗然”),或者在晚上做个美梦,等等,不一而足。关于皇朝开创者

① 这些故事背后的隐喻是什么,人类学家、历史学家们有各种各样的解释,我们不想讨论。一般认为,“原始人起初并不了解人的诞生与男女性交的必然联系,以为女祖先是由于偶然的感受到某种动植物等的精灵而怀孕,于是产生感生的传说”(詹鄞鑫:《神灵与祭祀——中国传统宗教综论》,南京:江苏古籍出版社,1992年,第115页)。认为人类祖先不知道男女交合方能生子这一简单的道理,实在是颇为奇怪的看法,而且也不知所据。或以为那些化身为龙、鸟、星辰的男性神明,乃部落图腾的象征,圣人(始祖)之母与之交合,实为两种部落联合的隐喻;或以为圣人有母无父,乃母系社会的证明或遗存。凡此种种解释,可能都还需要做进一步的思考。

刘邦出生的想象与叙述，汉代的人选择了和尧一样的故事，让刘媪和庆都一样，去和赤龙发生关系（之所以是赤龙，看来是与炎汉尚赤联系在一起的，也与汉承尧德相配套，见下文）；不过，因为刘太公就在家里，而且并没有三妻四妾，所以在刘媪的故事里，只有把这场人龙间的性爱放在夏日午后湖畔柳荫下刘媪的梦中了。

（二）刘邦醉卧酒家与王媪、武负折券弃债

刘邦大概是很漂亮的，可称为“美男子”。“隆准”是高鼻子，男子鼻高，确是比较有威仪。但“龙颜”是什么颜呢？却很难知道。颜，指额。揣其意，大概是额头隆起，所谓“天庭饱满”。文颖说：“高祖感龙而生，故其颜貌似龙，长颈而高鼻。”又加上了长脖子，有些玉树临风的样子了。“美须髯”，颜师古曰：“在颐曰须，在颊曰髯”，有一副很漂亮的络缌胡子，很有些江湖豪客的风采。

汉高祖刘邦的确可能长得很帅，但我仍然怀疑《史记》《汉书》关于其相貌的描述是有套路的。上引《潜夫论》述上古诸圣人，往往生具异相，如伏羲相日角，后稷相披颐，文王四乳，伊尧眉八彩，轩辕龙颜，虞舜重瞳，颛顼相骈干。“圣人必有异相”，大约也是一种通识。《史记·周本纪》张守节正义引《帝王世纪》述周文王的相貌，说他“龙颜虎肩，身长十尺，胸有四乳”，又引《雒书灵准听》，说姬昌“日角鸟鼻，高长八尺二寸，圣智慈理也”。[①]日角，也是宽阔而隆起的额头；鸟鼻，也是高鼻子。《史记·秦始皇本纪》记大梁人尉缭之言，谓：“秦王为人，蜂准长目，挚鸟膺。”[②]蜂准，据徐广所说，亦作“隆准”，也是高鼻子；长目，是眼睛

① 《史记》卷四《周本纪》，第116页。
② 《史记》卷六《秦始皇本纪》，第230页。

很长；挚鸟膺，是说胸脯像挚鸟那样向前突出，胸肌很发达。看来，文王、始皇都有一个高鼻子，汉高祖刘邦也不得不有高鼻子了。至于龙颜，倒也是应中之义，因为刘季本就是他母亲与龙交合而生的。

无论怎样，“隆准而龙颜，美须髯”，这些都是能看得见的，即使是美言，也当大致靠谱。可是，“左股有七十颗二黑子”，又是如何知道的呢？而且，黑子（痣）有七十二颗之多，是怎么数过来的呢？《史记·高祖本纪》张守节《正义》揭开了这个谜团：

> 《河图》云：“帝刘季口角戴胜，斗胸，龟背，龙股，长七尺八寸。”《合诚图》云：“赤帝体为朱鸟，其表龙颜，多黑子。”按：左，阳也。七十二黑子者，赤帝七十二日之数也。木、火、土、金、水各居一方，一岁三百六十日，四方分之，各得九十日，土居中央，并索四季，各十八日，俱成七十二日。故高祖七十二黑子者，应火德七十二日之征也。

原来，刘邦左股上的这七十二个黑子，是为了“应火德七十二日之征”而造出来的。他是否给自己做了七十二个黑子的纹身，不能确定，大约没有这种必要，因为绝不会有人有胆量要去数数皇帝左股上的黑子。

王媪和武负是酒店的老板娘。负，也是指老妇人。如淳曰：“俗谓老大母为阿负。”颜师古说：“王媪，王家之媪也。武负，武家之母也。”王媪、武负之称，也当是追述之辞。当亭长刘邦向她们贳酒买醉时，她们一定还是如花少妇，至不济，也应是半老徐娘，否则怎么能以“数倍”的价钱把酒卖给刘邦？必然是把姿色与风情一并加在酒里作价了。秦汉时期的亭，是县衙的派出机构；亭长，是由县衙任命的，其任务是维持地方治安。《续汉书·

百官志五》："亭有亭长，以禁盗贼。本注曰：亭长，主求捕盗贼，承望都尉。"注引《汉官仪》称："亭长课徼巡。尉、游徼、亭长皆习设备五兵。五兵：弓弩、戟、楯、刀剑、甲铠。鼓吏赤帻行縢，带剑佩刀，持楯被甲，设矛戟，习射。设十里一亭，亭长、亭候。五里一邮，邮间相去二里半，司奸盗。亭长持二尺版以劾贼，索绳以收执贼。"亭长执兵器，责司巡检警备，是地方武吏。地方官吏"好酒及色"，自古迄今，一直如此，作为泗上亭长的刘邦，也不例外，并不足怪。他到王、武二妇人家去买酒，"时饮醉卧，武负、王媪见其上常有怪"(《史记》此处作"见其上常有龙，怪之"，当更近原本，可能是班固觉得二妇人竟然常见龙，不甚妥当，故改写)，其醉卧之所，就当在武、王二妇人处，所以二妇人才能在他睡眠时得见其神明出化之龙。也因为他以亭长身份，醉卧酒家，公款结账，二妇人遂以数倍价钱卖酒给他。《史记》司马贞《索隐》谓："盖高祖大度，既贳饮，且雠其数倍价也。"真是腐儒之论。然二妇人最终却是"折券弃债"，即折断了用简牍写成的欠债凭证，把所有债务一笔勾销，这确乎出人意料。"见怪"或"见龙"之说，当然不足信，很可能是刘邦威以权势，或者诱以自身美色，让王、武二妇人心甘情愿地"倒贴"，更可能的情况是，二者兼具。

至此，史家笔下用以描述刘邦早年异象奇迹、以显示其为天命所系，并开始摄服民心的半神话性描述，就被还原成一个身为县中小吏的美男子刘邦，公款消费、倚权弄势、醉卧酒家、与老板娘(还不止一个！)不清不白的庸俗故事。毫无疑问，这个庸俗的老套故事，竟然最可能是真实发生过的历史事实。

(三)"大丈夫当如此"

这是个典型的励志故事，可以写入小学课本的。可是，《史记》《汉书》对这个故事的记述，却都非常简略，没头没尾，连具体的时间都没有。“纵观”，师古解释说：“纵，放也。天子出行，放人令观。”然遍检《秦始皇本纪》，并未见有始皇帝出行时“放人令观”的记载，这让人很怀疑刘邦真的曾经有机会在咸阳见过秦始皇。而在《史记·项羽本纪》中却有一个与此相类的故事：

> 秦始皇帝游会稽，渡浙江，梁与籍俱观。籍曰：“彼可取而代也。”梁掩其口，曰：“毋妄言！族矣！”梁以此奇籍。籍长八尺余，力能扛鼎，才气过人，虽吴中子弟皆已惮籍矣。[①]

检《秦始皇本纪》，知始皇帝游会稽，是在始皇三十七年（前210），其行程是先至楚地云梦，浮江而下，过丹阳，至钱塘，临浙江，上会稽，然后还过吴，从江乘渡江，浮海北上，至琅玡、荣成山，归途中至平原津而病，死于途中。其时项梁、项羽正居于吴中，“吴中贤士大夫皆出项梁下”，是吴中豪杰，故项氏叔侄得以往观秦始皇。盖其时秦始皇或已衰病，兼在旅途之中，并无多少威仪可言，故项羽见之，并不觉得怎么了不起，乃发出“彼可取而代也”的感慨。项氏出自楚国贵族，世为楚将，其时是流亡身份（项梁杀人，与籍避仇于吴中），一直站在朝廷的对立面，处身秦帝国的“体制”之外，故项羽得有此言，可以理解。刘邦出身卑微，身为秦朝亭长，是“体制内的人”，怎么会有这种想法？即使有，又怎么敢、怎么会出之于口？即使出之于口，如此狂妄之言，当时又是何人听到的？听到了而不告发，岂非与刘邦同罪？如果无人听到、更无人告发，史家又是如何知道的呢？

显然，最合理的解释是：这个故事，是在刘、项相争的过程中，为了应对项羽的那个英雄故事而编造出来的，意在表明刘邦曾经与项羽一样，拥有推翻秦朝的远大志向，在推翻暴秦的伟大

① 《史记》卷七《项羽本纪》，第296页。

斗争中，拥有至少是同样的起点。换言之，是为了与项羽争夺推翻秦朝的政治资源，受到项羽英雄故事的启发，移花接木，嫁接过来的。

（四）空手赴宴，娶得美人归

就真实性而言，这个故事可能最合乎逻辑与情理，因而也最为可信。后来成为刘邦岳父的吕公（史书也未留下可信的名字），在老家惹下仇冤，到沛县来投奔故交沛县令。其身份是“客”，而且是县令的“重客”（尊贵的客人）。《说文解字》：“客，寄也。”凡是脱离原籍、寄居异乡的都叫“客”。吕公因是县令的重客，所以“沛中豪杰吏”皆往贺。贺，颜师古解释说：“以礼物相庆曰贺。”也就是说，“往贺”是要带着礼物的。看来，这是县令为了给吕公筹措在沛县安居的费用而专门举办的宴会。“主进”的“进”，本当作“尽”，亦即“赆”，指赆仪。颜师古说：“进者，会礼之财。”萧何主进，就是负责收受礼钱。吕公应是一个精明练达之人，看他听说有人“贺钱万”，即“大惊，起，迎之门”，即可知他急于结交沛县各色权势人物。刘邦虽只是一介亭长，但空手闯入由县令示意举办、全县贵要毕集的宴会，旁若无人，恣意狂肆，如果不是大有来头，那该是怎样的“大流氓派头”？一定是黑白道通吃的“地方精英”。人情练达、洞明世故之如吕公者，怎么能不“重敬之”？站在吕公的立场上考虑：如果要在沛县站稳脚跟，发展势力，仅仅依靠县令是不够的，更重要的还是要指靠具有潜势力的“地方精英”。但萧何、曹参之流已位至县署主吏，根深柢固，主要是看在县令的面子上应付自己，并不能指望他们时常照应。因此，当意态狂妄、无所顾忌的刘邦闯入宴会之后，吕公很快就定下“重要决策”：刻意结交、笼络此人。所以，他不仅在宴会后留下刘邦（刘季），倾身相结，而且将宝贝女儿嫁给了他。历史的发展已经雄辩地证明，这一决策是多么伟大英明！

在这个故事里，两次提到了“相”。一次是吕公给刘邦看相：“臣少好相人，相人多矣，无如季相，愿季自爱。”因为相中了一个皇帝，后来的《相经》里，就将吕公说成是名相家，还给了他名字，说是叫“文”，字“叔平”（《史记·高祖本纪》索隐引《相经》）。另一次是一位不知所出、更不知所去的“老父”，给刘邦一家四口看相，皆贵，至“贵不可言”。我们知道，战国秦汉时代的相人术主要与医学诊断有关，属于以目验方法确定对象身体状况与病痛的“望”的内容（《汉书·艺文志》记有《相人》一种，列入“形法”类，揣测其内容，当即“形法”类小序中所说“形人骨法之度数，以求其声气贵贱吉凶”）。我以为后一段记载的情节，其本来面貌可能是：吕后及两个孩子在乡下生了病，刘邦告假回乡照料，请了一个当地的医生来给母子三人看病。这位老先生大概也没有太好的医术，所以只说了一些好听的话，给病人以安慰，属于抚慰疗法。刘邦觉得医生不负责任，追上去找他理论，老先生只好说：“贵夫人与令郎令爱的身体没有什么大问题，都会像您这样健壮无比的。”刘邦听了，也只好说：“借您吉言。如果她们都康复无事，我再去谢您。”我相信这个请乡村医生的故事，很可能曾经发生在刘邦一家身上。到了史家的笔下，医生就变成了相士（在那个时代，医生与相士本来就不是分得很清楚），对话也作了改写（或“再创作”）。但在汉代，相术是显学，相家都是有名有姓有师承门派的，这个老父能够相出刘邦一家日后将“贵不可言”，一定是名相家，但又无法指实他属于何门何派，所以，史家只有让他无名无姓又“不知所去处”了。

这当然只是一种揣测。《史记·高祖本纪》明言当时吕雉与两子在田里锄草（“居田中耨”），看来是没有生病的。但这个故事本身有很多破绽，我们知道，刘邦在起事前所生的孩子，除了后来的鲁元公主和孝惠帝盈之外，还有一个庶出的长子（曹夫人所生。曹夫人，《汉书》卷三八《刘肥传》称："高祖微时外妇也。""外妇"，师古注："谓与旁通者"），即后来的齐悼惠王刘肥。而在这个"老父相贵"的故事里，刘肥却并没有出现。据《汉书·惠帝纪》，刘邦为汉王之年（前206），刘盈年方五岁，则其生年当在秦始皇三十七年（前210），亦即刘邦起事之时或稍前。而此前刘邦已亡命芒砀山泽间。换言之，当刘邦任亭长时，刘盈应当尚未出生；即使出生，也尚在襁褓之中，不可能与母亲吕雉一起"居田中耨"。可能正是因为注意到这个问题，所以班固在《汉书》中去掉了"耨"字，但称"居田中"。所以，这个"老父相贵"的故事，一定是后来"制造"的。

但是，这两次"相"，在史家的叙述体系中，却极为关键，因为吕公与老父，是代天来传达"天命"给刘邦的。如果不是他们，刘邦这个沛县的小吏，黑白道通吃的"地方精英"，还懵懵懂懂的，不知"天命"已寄于己身。现在，刘邦开始觉醒了，逐步意识到"天将降大任于斯人也"。当然，这是史家写文章的逻辑，更是正统意识形态下历史叙述的"逻辑诉求"，绝不是历史真实。真实的历史过程，不会这样合乎史家的"逻辑"。

（五）"赤帝子斩白帝子"

这个故事漏洞非常多，一看就知道是假的，完全不能让人信服。首先，故事发生的地点，就有问题。刘邦奉命送徒往骊山，自沛县出发，至丰西泽中亭（《史记》作"丰西泽中"），即纵徒而去。"丰西泽中"，颜师古注："丰邑之西，其亭在泽中，因以为名。"刘邦家在丰邑乡中阳里，丰西在丰邑乡之西，同属沛县。换言之，刘邦率徒自沛县出发，不过一两日，即可到丰西，何得言"徒多道亡，自度比至皆亡之"？难道这些"徒卒"还没离开本县就大多逃亡？因此，纵徒之事，如果确实发生，也当是刘邦预谋而为之，并非事发突然、不得已而为之。《西京杂记》卷二“高祖送徒骊山”条：“高祖为泗水亭长，送徒骊山，将与故人诀去，徒卒赠高祖酒二壶、鹿肚牛肝各一。高祖与乐从者饮酒食肉而去。”[①]如果这个记载属实，那么，刘邦在离开沛县之前，就已经下决心纵徒亡命，不再为秦王朝卖命了，与“徒多道亡”没有关系。换言之，刘邦可能是受命送徒骊山之初，就已决定纵徒逃亡了。

如果此点可以确定，那么，其后所谓大蛇当道、刘邦挥剑斩蛇之事，就只能是写好剧本的演出。与此相类似然更为著名的表演，见于《史记·陈涉世家》：陈胜、吴广欲起事，“乃行卜。卜者知其指意，曰：‘足下事皆成，有功。然足下卜之鬼乎！’”陈胜、吴广乃决意假鬼神之事以威众，就用朱笔在帛上写了“陈胜王”三个字，让人放在用网打来的鱼腹中，徒卒“买鱼烹食，得鱼腹中书，固以怪之矣”。吴广又趁人不注意，悄悄地藏在营地边上的神祠树丛中，到了晚上，点起一把火，学着狐狸的音调，高声呼叫：“大楚兴，陈胜王”。徒卒听了，当然大为惊恐。到了第二天早上，“卒中往往语，皆指目陈胜”。[②] 刘邦的做法，与陈胜、吴广的作为，如出一辙，都是“假鬼神之事以威众”；而且，刘邦和陈胜、吴广一样，都达到了目的，“诸从者日益畏之”。因此，我以为即使刘邦确实斩了一条蛇，那个自称与老妪对话的“后人”，也一定是刘邦安排的，正像吴广作夜火狐鸣一样。进而言之，我以为刘邦的醉固然有“装醉”的成分，那条“当径”的大蛇，可能也是准备好的“道具”，甚至是一条死蛇吧（如果真有一条蛇的话）。

这样读史，可能有点失于刻薄，不太厚道，刘邦也可能真的

① 葛洪撰，周天游校注：《西京杂记》卷二“高祖送徒骊山”条，西安：三秦出版社，2006年，第112—113页。

② 《史记》卷四八《陈涉世家》，第1950页。

杀了一条蛇，我也许不该把他说得如此不堪。但自古以来的经验，对于帝王将相，总的态度是绝对不能相信的。官做得越大，谎言就会说得越多、越大。刘邦既然“贵不可言”，“官”做得不能再大，对与他有关的所有说法，特别是很可能是他自己讲的事情，先打上个问号，然后再加以考量，总是大致不错的。至于老妪夜哭之事，必然出于造作，则毫无疑问。

那么，为什么是“赤帝子斩白帝子”？

大概在春秋战国时期，甚或更早，就形成了一种五方五色帝的观念（虽然可能说法不一，也未必系统）。《墨子·贵义》篇说：“帝以甲乙杀青龙于东方，以丙丁杀赤龙于南方，以庚辛杀白龙于西方，以壬癸杀黑龙于北方。”①这是以四色之龙配四方，其中青龙居于东方，赤龙居于南方，白龙居于西方，黑龙居于北方。《史记·孝武本纪》“泰一佐曰五帝”句下张守节《正义》曰：“五帝，五天帝也。”并引《国语》说：“苍帝灵威仰，赤帝赤熛怒，白帝白招矩，黑帝叶光纪，黄帝含枢纽。”②（今本《国语》未见此语）这大概是以苍帝居东方，赤帝居南方，白帝居西方，黑帝居北方，黄帝居中央，且五帝各有名字。《史记·封禅书》记高祖二年（前205），东击项羽而还入关，问：“故秦时上帝祠何帝也？”臣下回答说：“四帝，有白、青、黄、赤帝之祠。”高祖又问：“吾闻天有五帝，而有四，何也？”没有人能够回答，高祖乃立黑帝祠，成全五帝之祀。③ 则知至少在刘邦的观念里，是应当有五方五色帝的。

五方五色帝的观念，有可能来自南方的楚人。楚辞《远游》篇一般认为是屈原所作，其文曰：

---

① 吴毓江：《墨子校注》卷十二《贵义》，北京：中华书局，1993年，第689页。

② 《史记》卷十二《孝武本纪》，第456页。

③ 《史记》卷二八《封禅书》，第1378页。

朝发轫于太仪兮，夕始临乎于微闾。……撰余辔而正策兮，吾将过乎句芒。历太皓以右转兮，前飞廉以启路。……凤皇翼其承旗兮，遇蓐收乎西皇。……指炎神而直驰兮，吾将往乎南疑。览方外之荒忽兮，沛罔象而自浮。祝融戒而还衡兮，腾告鸾鸟迎宓妃。……舒并节以驰骛兮，逴绝垠乎寒门。轶迅风于清源兮，从颛顼乎增冰。历玄冥以邪径兮，乘间维以反顾。

太仪，即天庭，天帝之庭；微闾，即医无闾山，在辽东。朝发天庭，夕至微闾，是自中央向东而行。东方有句芒、太皓之神。句芒，即句萌，本意是指春季草木勾芽萌生。洪兴祖补注引《山海经》说："东方句芒，鸟身人面，乘两龙。"太皓，王逸注："东方甲乙，其帝太皓，其神句芒。太皓始结罔罟，以畋以渔，制立庖厨，天下号之为庖牺氏。"是以东方之帝为太皓，其神句芒，为木神。作者又转而向西，由凤凰夹毂扶轮，至于西方，西方之帝曰西皇，神为蓐收。王逸注："西方庚辛，其帝少皓，其神蓐收。西皇，即少昊也。"洪兴祖补注引《山海经》："西方神蓐收，左耳有蛇，乘两龙，人面白色，有毛，虎爪，执钺，金神也。"作者又在玄武、文昌、雨师、雷公及众神的侍从下，南向九疑、衡山，"指炎神而直驰"。炎神，即祝融。王逸注："南方丙丁，其帝炎帝，其神祝融。炎神，一作炎帝。"洪兴祖补注引《山海经》："南方祝融，兽身人面，乘两龙，火神也。"祝融劝止作者继续南行，令其北征，遂绝垠寒门，入八风之藏府，"从颛顼乎增冰，历玄冥以邪径"。北方之帝为颛顼，神曰玄冥。王逸注称："过观黑帝之邑宇也。"洪兴祖补注说："北方壬癸，其帝颛顼，其神玄冥。"又引《左传》："水正为玄冥。"[①]木色为青，金色为白，火色为赤，水色为黑，故东方之帝太皓，行

① 洪兴祖：《楚辞补注》卷五《远游》，北京：中华书局，1983年，第169—174页。

木，色青；西方之帝（西皇）少昊，行金，色白；南方之帝炎神（祝融），行火，色赤；北方之帝颛顼，行水，色黑。四方四帝四行四色的系统，于此已基本形成。

虽然这个观念可能来自楚人，但在诸国交争、文化大通的时代，很容易散布开来。在这个观念中，秦国居于西方，当对应白帝。《史记·封禅书》说："秦襄公既侯，居西垂，自以为主少暤之神，作西畤，祠白帝，其牲用骝驹、黄牛、羝羊各一云。其后十六年，秦文公东猎汧、渭之间，卜居之而吉。文公梦黄蛇自天下属地，其口止于鄜衍。……于是作鄜畤，用三牲郊祭白帝焉。"①《史记·高祖本纪》集解引"应劭曰"："秦襄公自以居西戎，主少昊之神，作西畤，祠白帝。至献公时栎阳雨金，以为瑞，又作畦畤，祠白帝。少昊，金德也。"②然则，秦人早期可能也认同这一观念，并奉祀白帝。

刘邦生长在楚地，其纵徒亡命之后在芒、砀山泽岩石间所聚集的数十百人，也多为楚人，所以刘邦是楚人的领袖。③ 楚居南方，对应赤帝、赤龙，所以刘邦欲以鬼神之事威其众，当然自比赤帝子，而上述与其母亲梦中相交的龙也是赤龙。班固于《汉书·郊祀志》末赞语中说："高祖始起，神母夜号，著赤帝之符，旗章遂赤，自得天统矣。"④说明刘邦起事之初，即曾大规模渲染、传播这个"赤帝子斩白帝子"的故事，宣传自己"著赤帝之符"，所用旗章也是赤色。当楚汉相争时，汉军所用之旗帜也是赤色（红旗）。《史记·封禅书》说："汉兴，高祖之微时尝杀大蛇。有物曰：'蛇，白帝子也，而杀者赤帝子。'高祖初起，祷丰枌榆社。徇

---

① 《史记》卷二八《封禅书》，第1358页。

② 《史记》卷八《高祖本纪》，第348页。

③ 参阅陈苏镇《〈春秋〉与"汉道"：两汉政治与政治文化研究》，北京：北京大学出版社，2011年，第39—43页。

④ 《汉书》卷二四《郊祀志》，第1271页。

沛，为沛公，则祠蚩尤，衅鼓旗。遂以十月至灞上，与诸侯平咸阳，立为汉王。因以十月为年首，而色上赤。”[①]则刘邦立为汉王时尚赤色，且其所以尚赤，与“赤帝子斩白帝子”的故事有直接联系。《史记·淮阴侯列传》记韩信击赵之役：

> 夜半传发，选轻骑二千人，人持一赤帜，从间道萆山而望赵军。戒曰：“赵见我走，必空壁逐我，若疾入赵壁，拔赵帜，立汉赤帜。”……信乃使万人先行，出，背水陈。赵军望见而大笑。平旦，信建大将之旗鼓，鼓行出井陉口，赵开壁击之，大战良久。于是信、张耳详弃鼓旗，走水上军。水上军开入之，复疾战。赵果空壁争汉鼓旗，逐韩信、张耳。韩信、张耳已入水上军，军皆殊死战，不可败。信所出奇兵二千骑，共候赵空壁逐利，则驰入赵壁，皆拔赵旗，立汉赤帜二千。赵军已不胜，不能得信等，欲还归壁，壁比汉赤帜，而大惊，以为汉皆已得赵王将矣，兵遂乱，遁走，赵将虽斩之，不能禁也。[②]

则知汉军旗帜都是红旗。而当时在临淮郡东阳县起兵的陈婴所部，旗章则用苍色（青色）。《史记·项羽本纪》记载说：其时东阳少年欲立陈婴为王，“异军苍头特起”。应劭解释说：“苍头特起，言与众异也。苍头，谓士卒皂巾，若赤眉、青领，以相别也。”晋灼说：“殊异其军为苍头，谓著青帽。”[③]可知东阳苍头军是着苍色（青色）头巾的，其所用旗帜也当是苍色（青色）。

不仅如此。当刘邦初起时，大概并没有取秦帝而自为之意，

① 《史记》卷二八《封禅书》，第 1378 页。
② 《史记》卷九二《淮阴侯列传》，第 2616 页。
③ 《史记》卷七《项羽本纪》，第 298—299 页。

其所以造作“赤帝子斩白帝子”的鬼神之事，除假以威众之外，所要表达的，其实还是楚人灭秦。所以，“赤帝子斩白帝子”这一故事的政治诉求与背景，其实还是“亡秦必楚”。① 其时陈胜、吴广揭竿首义，天下群雄蜂起，各立旗号，陈胜吴广、项氏叔侄、刘邦秦嘉之徒，皆以亡秦复楚为号召，“赤帝子斩白帝子”的故事，正是南方之楚将覆亡西方之秦的隐喻，其“赤帝子”未必专指刘邦，“白帝子”亦未必专指二世胡亥。换言之，正如秦时流行“东南有天子气”的说法一样，民间特别是楚地也很可能早已流行赤帝将斩白帝的传说，刘邦不过是加以利用而已。当然，在利用的过程中，刘邦及其徒众将这一传说做了改写，使赤帝子专门指称刘邦，以为其争取“沛中子弟”的归附制造舆论。总之，“东南有天子气”，“楚虽三户，亡秦必楚”，“赤帝子斩白帝子”，应当都是秦始皇后期至秦二世时代广泛流行的政治预言，不同的政治势力均利用此类政治预言谋求自己的利益，刘邦所用并加以改写张大者，即为“赤帝子斩白帝子”。

综上可知：《史记》《汉书》等史书中有关汉高祖刘邦早年经历的叙述，虽然有部分事实作根据，但其主体部分，已经过了多次的重构与改写；重构与改写的宗旨，是试图阐明刘邦之所以得天下，乃来自“天命”，其种种异象奇迹，都是天命的具体显现；而天命显现的目的，既在于告知刘邦本人已膺天命，更是让民众得知天意，以归心刘邦。

二　“北方有佳人”：传闻、想象与重构

《汉书》卷九七上《外戚传上·孝武李夫人传》是一篇非常文

① 参阅田余庆《说张楚——关于“亡秦必楚”问题的探讨》，见氏著《秦汉魏晋史探微》(重订本)，北京：中华书局，2011年，第1—29页。

学化的传记，其文云：

孝武李夫人，本以倡进。初，夫人兄延年性知音，善歌舞，武帝爱之。每为新声变曲，闻者莫不感动。延年侍上起舞，歌曰："北方有佳人，绝世而独立，一顾倾人城，再顾倾人国。宁不知倾城与倾国，佳人难再得！"上叹息曰："善！世岂有此人乎？"平阳主因言延年有女弟，上乃召见之，实妙丽善舞。由是得幸，生一男，是为昌邑哀王。李夫人少而蚤卒，上怜闵焉，图画其形于甘泉宫。及卫思后废后四年，武帝崩，大将军霍光缘上雅意，以李夫人配食，追上尊号曰孝武皇后。

初，李夫人病笃，上自临候之，夫人蒙被谢曰："妾久寝病，形貌毁坏，不可以见帝。愿以王及兄弟为托。"上曰："夫人病甚，殆将不起，一见我属托王及兄弟，岂不快哉？"夫人曰："妇人貌不修饰，不见君父。妾不敢以燕媠见帝。"上曰："夫人弟一见我，将加赐千金，而予兄弟尊官。"夫人曰："尊官在帝，不在一见。"上复言欲必见之，夫人遂转乡歔欷而不复言。于是上不说而起。夫人姊妹让之曰："贵人独不可一见上属托兄弟邪？何为恨上如此？"夫人曰："所以不欲见帝者，乃欲以深托兄弟也。我以容貌之好，得从微贱爱幸于上。夫以色事人者，色衰而爱弛，爱弛则恩绝。上所以挛挛顾念我者，乃以平生容貌也。今见我毁坏，颜色非故，必畏恶吐弃我，意尚肯复追思闵录其兄弟哉！"及夫人卒，上以后礼葬焉。其后，上以夫人兄李广利为贰师将军，封海西侯，延年为协律都尉。

上思念李夫人不已，方士齐人少翁言能致其神。乃夜张灯烛，设帷帐，陈酒肉，而令上居他帐，遥望见好女如李夫人之貌，还幄坐而步。又不得就视，上愈益相思悲感，为作诗曰：“是邪，非邪？立而望之，偏何姗姗其来迟！”令乐府诸音家弦歌之。上又自为作赋，以伤悼夫人，其辞曰：

美连娟以修嫮兮，命樔绝而不长。饰新宫以延贮兮，泯不归乎故乡。惨郁郁其芜秽兮，隐处幽而怀伤。释舆马于山椒兮，奄修夜之不阳。秋气憯以凄泪兮，桂枝落而销亡。神茕茕以遥思兮，精浮游而出畺。托沈阴以圹久兮，惜蕃华之未央。念穷极之不还兮，惟幼眇之相羊。函菱荴以俟风兮，芳杂袭以弥章，的容与以猗靡兮，缥飘姚虖愈庄。燕淫衍而抚楹兮，连流视而娥扬，既激感而心逐兮，包红颜而弗明。欢接狎以离别兮，宵寤梦之芒芒，忽迁化而不反兮，魄放逸以飞扬。何灵魂之纷纷兮，哀裴回以踌躇。势路日以远兮，遂荒忽而辞去。超兮西征，屑兮不见。浸淫敞苋，寂兮无音，思若流波，怛兮在心。

乱曰：佳侠函光，陨朱荣兮。嫉妒阘茸，将安程兮！方时隆盛，年夭伤兮，弟子增欷，洿沬怅兮。悲愁于邑，喧不可止兮。向不虚应，亦云已兮。嫶妍太息，叹稚子兮。懰栗不言，倚所恃兮。仁者不誓，岂约亲兮？既往不来，申以信兮。去彼昭昭，就冥冥兮。既下新宫，不复故庭兮。呜呼哀哉，想魂灵兮！①

这篇短短的传记，用三个故事，得幸、死、死后，讲述了李夫人的一生。这实在不是一篇严格的人物传记，因为它甚至没有

---

① 《汉书》卷九七上《外戚传上·李夫人》，第3951—3955页。宇文所安(Stephen Owen)在《“一见”：读〈汉书·李夫人传〉》一文中曾分析过这篇传记，见氏著《他山的石头记——宇文所安自选集》，田晓菲译，南京：江苏人民出版社，2003年，第105—119页。他的分析理路，侧重于班固对李夫人形象的塑造及其道德评判。本节即在宇文氏分析的基础上，进一步探究《李夫人传》的史源与叙述结构，以说明史家如何撰写历史人物的传记。

告诉我们李夫人的名字、生卒年、何方人氏，但对于一个后妃而言，其生命的全部意义，就在于她与皇帝的关系。在这个意义上，这又是一篇非常成功的人物传记，因为它抓住了人物一生最重要的环节，并道出了其生命的意义。如传文所言，李夫人在武帝去世后，曾经被追尊为“孝武皇后”，但是，班固在《汉书》中，却只承认武帝先后有两个皇后，即陈皇后（陈阿娇，孝景帝长公主嫖与堂邑侯陈午之女）、卫皇后（卫子夫），而将李夫人与钩弋夫人赵倢伃（昭帝时亦得尊称为皇太后）并称为夫人。《汉书·外戚传》“序”说：只有皇帝嫡妻得称为“皇后”，“妾皆称夫人”。这里，班固显然是把李夫人作为皇帝的宠妃来对待的，并不承认她是皇后。这个称法本身，就包含着一种道德评判，即对以色得幸的李夫人（以及钩弋夫人赵倢伃）的否定，至少是不以为然的。

（一）“一顾倾人城，再顾倾人国”

传文首句即称：“孝武李夫人，本以倡进。”倡，师古注：“乐人”。汉代的倡，还主要是指艺人，没有性工作者的意味，但尽管如此，倡的地位仍然是卑微的，“夫人”与“倡”之间的巨大差距，是靠“进”使之结合在一人身上的。这里，叙述的语气间，弥漫着可以觉察、却又无法指实的鄙视气息。沿着这种语气，其后关于李夫人得幸的叙事，也都是倾向于否定、蔑视。

李夫人因其兄李延年而得以进幸。李延年，在《史记》卷一二五即有传，是列入《佞幸列传》的。传云：

> 李延年，中山人也。父母及身兄弟及女，皆故倡也。延年坐法腐，给事狗中。而平阳公主言延年女弟善舞，上见，心说之。及入永巷，而召贵延年。延年善歌，为变新声，而上方兴天地祠，欲造乐诗歌弦之。延年善承意，弦次初诗。

> 其女弟亦幸，有子男。延年佩二千石印，号协声律。与上卧起，甚贵幸，埒如韩嫣也。久之，浸与中人乱，出入骄恣。及其女弟李夫人卒后，爱弛，则禽诛延年昆弟也。[①]

《汉书》卷九三《佞幸传》所记大致相同。延年是宦者，在“狗中”（应是负责驯养猎犬的机构）做事。他与妹妹（后来的李夫人）以及弟弟李广利，都能歌善舞。李延年所善者，称为“新声”，又作“变曲”。其所谓“新声”，是相对于“旧声”而言的。“旧声”是什么呢？

西汉前期宫廷里用的乐，大概主要有三种。

一是所谓雅声，即周人的遗声。《汉书·礼乐志》：“汉兴，乐家有制氏，以雅乐声律，世世在大乐官，但能纪其铿鎗鼓舞，而不能言其义。”[②]雅声是正乐，用以施教化、治人心的，所谓“补短移化，助流政教”者也。但到汉初，雅乐已经残阙，不怎么能用了。到武帝时，河间王刘德“有雅材，亦以为治道非礼乐不成，因献所集雅乐。天子下大乐官，常存肄之，岁时以备数，然不常御，常御及郊庙皆非雅声。然诗乐施于后嗣，犹得有所祖述”。刘德所献雅乐详情不知，但据说当时大儒公孙弘、董仲舒等皆以为音中正雅，故立之大乐，“春秋乡射，作于学官”，然很少讲论其义（“希阔不讲”），“故自公卿大夫观听者，但闻铿鎗，不晓其意，而欲以风谕众庶，其道无由”。[③] 也就是说，实际上没有人听得懂。雅声之辞，盖多为四言，当与《诗经》之辞相同或类似。李延年对于古之雅乐亦或能通。《史记·乐书》说：“至今上即位，作十九章，令侍中李延年次序其声，拜为协律都尉。通一经之士不能独知其辞，

---

① 《史记》卷一二五《佞幸列传·李延年》，第 3195 页。

② 《汉书》卷二二《礼乐志》，第 1043 页。

③ 《汉书》卷二二《礼乐志》，第 1070—1072 页。

皆集会《五经》家，相与共讲习读之，乃能通知其意，多尔雅之文。”[①]“今上”，指汉武帝。其所作十九章，《索隐》以为即《汉书·礼乐志》所记之《安世房中乐》，实未必然（安世房中乐仍当为楚声，见下文），应当是武帝令人仿制的雅声之辞（《汉书·礼乐志》说：“多举司马相如等数十人造为诗赋，略论律吕，以合八音之调，作十九章之歌。”），而李延年为之谱曲序声，说明李延年于雅乐也颇有修养。

二是楚声。《汉书·礼乐志》：“初，高祖既定天下，过沛，与故人父老相乐，醉酒欢哀，作‘风起’之诗，令沛中僮儿百二十人习而歌之。至孝惠时，以沛宫为原庙，皆令歌儿习吹以相和，常以百二十人为员。”这些都是楚声。又云：“高祖乐楚声，故《房中乐》，楚声也。”[②]所谓“房中乐”，当为“房中祠乐”的简称，即燕乐，又称为“安世乐”。其用途，一用于祭祀，为娱神之事；一用于飨食宾客，为娱人之事。二者之区别，是在前者场合下用钟磬，后者不用钟磬，只用箫管丝竹。盖房中乐本诸周乐，早已传世，至汉时因刘邦之故，改用楚声而歌，换言之，本来是用楚声唱周乐，其音调旋律是旧乐，而其发音则用楚地方言；而新作之辞，则更多用楚地词汇，遂变为楚乐。其辞则或为四言，如：

王侯秉德，其邻翼翼，显明昭式。清明鬯矣，皇帝孝德。竟全大功，抚安四极。

或为七言，或为三言，如：

大海荡荡水所归，高贤愉愉民所怀。大山崔，百卉殖。

① 《史记》卷二四《乐书》，第1177页。
② 《汉书》卷二二《礼乐志》，第1045、1043页。

民何贵？贵有德。

丰草葽，女萝施。善何如，谁能回！大莫大，成教德；长莫长，被无极。[①]

其七言无全篇，三言则多为变化省略楚辞七言诗中的“兮”字而成，明显地见出楚地的特点。[②]

汉时《郊祀歌》也多用楚声。盖《房中歌》用于祭祖考，是庙乐；而《郊祀歌》则用于祭祀天神地祇，是郊乐。《汉书·礼乐志》说：“武帝定郊祀之礼，祠太一于甘泉，就乾位也。祭后土于汾阴，泽中方丘也。乃立乐府，采诗夜诵，有赵、代、秦、楚之讴。”那么，《郊祀歌》可以用赵、代、秦、楚等地的方言歌唱。而《汉书·礼乐志》所录《郊祀歌》十九首，四言者八篇，三言者七篇，合三、四、五、六、七诸言而为骈体者三篇，杂言一篇，显示出其活泼程度又远过于《房中歌》。其杂言体一篇，《日出入》，自来以为文学价值甚高：

日出入安穷？时世不与人同。故春非我春，夏非我夏，秋非我秋，冬非我冬。泊如四海之池，遍观是邪谓何？吾知所乐，独乐六龙，六龙之调，使我心若。訾黄其何不徕下！[③]

日月无穷，而人命有终，世长而寿短；春夏秋冬，非为我住，人生不能安固有如四海。明了此点，又当如何？若得独乘六龙以御天，平稳飞升，则我心安若。黄帝昔年所乘的龙马訾黄，怎么就不能再来世间走一趟呢？人生既然如此短促，且不如归之太空。

---

① 《汉书》卷二二《礼乐志》，第1047—1048页。

② 参阅萧涤非《汉魏六朝乐府文学史》，北京：人民文学出版社，1984年，第36—42页。

③ 《汉书》卷二二《礼乐志》，第1059页。

三是秦声。《汉书·礼乐志》:“高祖时,叔孙通因秦乐人制宗庙乐。大祝迎神于庙门,奏《嘉至》,犹古降神之乐也。皇帝入庙门,奏《永至》,以为行步之节,犹古《采荠》《肆夏》也。乾豆上,奏《登歌》,独上歌,不以管弦乱人声,欲在位者遍闻之,犹古《清庙》之歌也。《登歌》再终,下奏《休成》之乐,美神明既飨也。皇帝就酒东厢,坐定,奏《永安》之乐,美礼已成也。”《嘉至》《永至》《登歌》《休成》之乐,应当都是秦时宗庙之乐。《礼乐志》又说:

> 高庙奏《武德》《文始》《五行》之舞;孝文庙奏《昭德》《文始》《四时》《五行》之舞;孝武庙奏《盛德》《文始》《四时》《五行》之舞。《武德舞》者,高祖四年作,以象天下乐己行武以除乱也。《文始舞》者,曰本舜《招舞》也,高祖六年更名曰《文始》,以示不相袭也。《五行舞》者,本周舞也,秦始皇二十六年更名《五行》也。《四时舞》者,孝文所作,以示天下之安和也。盖乐己所自作,明有制也;乐先王之乐,明有法也。孝景采《武德舞》以为《昭德》,以尊大宗庙。至孝宣,采《昭德舞》为《盛德》,以尊世宗庙。诸帝庙皆常奏《文始》《四时》《五行舞》云。高祖六年又作《昭容乐》《礼容乐》。《昭容》者,犹古之《昭夏》也,主出《武德舞》。《礼容》者,主出《文始》《五行舞》。舞人无乐者,将至至尊之前不敢以乐也;出用乐者,言舞不失节,能以乐终也。大氐皆因秦旧事焉。[①]

《武德》《文始》《五行》《昭德》《四时》之舞,《昭容》《礼容》之乐,皆当为秦声乐舞。

李延年所造之新声变曲,则大抵以胡乐为本,是西胡之声。《后汉书》卷四七《班超传》注引《古今乐录》曰:

① 《汉书》卷二二《礼乐志》,第1043—1044页。

> 横吹，胡乐也。张骞入西域，传其法于长安，唯得《摩诃兜勒》一曲，李延年因之更造新声二十八解，乘舆以为武乐。后汉以给边将，万人将军得之。在俗用者有《黄鹄》《陇头》《出关》《入关》《出塞》《入塞》《折杨柳》《黄覃子》《赤之杨》《望行人》十曲。[①]

据此，可知李延年所造之新声，乃改造胡乐而成，是将西域民歌音乐引入长安宫廷，有类于王洛宾所创作的西部歌曲，并非所谓"淫靡之音"。

李延年的歌，所谓"新声二十八解，称为武乐"，包括《黄鹄》《陇头》等所谓"十曲"，从其名称看，应当多是边塞征伐、金戈铁马之声。新声，大抵多用鼓吹，非如旧声多用箫管丝竹钟磬之属。新声二十八解，盖多以鼓吹曲辞为主。鼓吹曲，又称"短箫铙歌"。刘瓛《定军礼》说：

> 鼓吹，未知其始也，汉班壹雄朔野而有之矣。鸣笳以和箫声，非八音也。骚人曰"鸣篪吹竽"是也。[②]

据《汉书·叙传》，班固的祖先班壹在秦始皇末年避害居楼烦，"致马牛羊数千群。值汉初定，与民无禁，当孝惠、高后时，以财雄边，出入弋猎，旌旗鼓吹，年百余岁，以寿终"。[③] 楼烦，汉时属雁门郡。鼓吹曲辞大约是在秦汉之际传入中原的，其特点之一就是"鸣笳以和箫声"，原来主要是用于"出入弋猎"即打猎征伐

---

① 《后汉书》卷四七《班超传》，北京：中华书局，1965 年，第 1578 页。

② 郭茂倩：《乐府诗集》卷十六《鼓吹曲辞一》，北京：中华书局，1979 年，第 223 页。

③ 《汉书》卷一〇〇《叙传》，第 4197—4198 页。

的，是草原人群所用，非中原旧有之声调。蔡邕《礼乐志》说“汉乐四品，其四曰短箫铙歌，军乐也”，也强调它是军乐。《乐府诗集·横吹曲辞》说：

> 横吹曲，其始亦谓之鼓吹，马上奏之，盖军中之乐也。北狄诸国，皆马上作乐，故自汉已来，北狄乐总归鼓吹署。其后分为二部，有箫笳者为鼓吹，用之朝会、道路，亦以给赐。汉武帝时，南越七郡，皆给鼓吹是也。有鼓角者为横吹，用之军中，马上所奏者是也。①

则知鼓吹曲辞后来用之愈广，不仅军中武事常用，朝会游行赏赐及宫中冶游，率往往用之。

在李延年之前，汉朝宫中已或多用新声，其时之新声亦多从北狄乐变化而来。北狄乐盖多为鼓吹，用笳，所谓“胡笳”。李陵《答苏武书》中描述说：“凉秋九月，塞外草衰，夜不能寐。侧耳远听，胡笳互动。牧马悲鸣，吟啸成群，边声四起，晨坐听之，不觉泪下。”②蔡文姬诗云：“胡笳动兮边马鸣，孤雁归兮声嘤嘤。乐人兴兮弹琴筝，音相和兮悲且清。心吐思兮匈愤盈，欲舒气兮恐彼惊，含哀咽兮涕沾颈。”③盖胡笳之音，悲凉旷远，引人涕落。《乐府诗集》著录《汉铙歌》十八曲，其中最著名的，即有《上邪曲》：

> 上邪！我欲与君相知。长命无绝衰。山无陵，江水为竭，冬雷震震夏雨雪，天地合，乃敢与君绝。④

---

① 郭茂倩：《乐府诗集》卷二一《横吹曲辞》，第 309 页。

② 《六臣注文选》卷四一，李少卿《答苏武书》，北京：中华书局，1987 年，影印本，第 760 页。

③ 《后汉书》卷八四《列女传》，“蔡文姬”条，第 2803 页。

④ 郭茂倩：《乐府诗集》卷十六《鼓吹曲辞》，第 231 页。

上邪，犹言“天啊”。《上邪曲》爽直激烈，口吻逼肖，情态欲生，是女子以生命相托的誓言。

李延年所造新声，则是从西域胡乐变化而来，属于横吹，有双角。李延年所造曲辞虽已不存，然后世所造同名之曲，或亦可见出李延年当年所造曲辞之概貌。如陈后主所作《陇头》句云：

> 陇头征戍客，寒多不识春。惊风起嘶马，苦雾杂飞尘。投钱积石水，敛辔交河津。四面夕冰合，万里望佳人。

又如刘孝标所作《出塞》：

> 蓟门秋气清，飞将出长城。绝漠冲风急，交河夜月明。陷敌摐金鼓，摧锋扬旆旌。去去无终极，日暮动边声。[①]

大抵多为五言。结合上引《李夫人传》中所录佳人诗，则知李延年所造新声，应当以五言为主，间或杂言，其内容则多战阵行旅悲壮激烈之词，绝非淫靡之音。

《李夫人传》中所录的这首五言诗歌，如果确然是李延年所作，也可能是采自西域民歌而略加改造。诗中说佳人一顾，即可倾城；再顾，则可倾国。这样的“城”与“国”，大约只能是西域的沙漠绿洲城邦，规模不会大的。所以，它的本源地，应当是西域。这实在只是一首质朴单纯的诗，它描述了一位仙人般的女子，她的美貌可以倾城倾国。如果按照腐儒们的深解，还不妨把它说成是讽谏之歌：佳人虽美，却会倾人城、倾人国，红颜祸水，不可不防。只是“宁不知倾城与倾国，佳人难再得”，但得美人一笑，

① 郭茂倩：《乐府诗集》卷二一《横吹曲辞》，第311、318页。

城、国且放到一边，倾就倾了吧，也不过是“英雄难过美人关”的意思。但汉武帝刘彻，却是既要美人、更要城与国的。这首歌在他那里起到了广告的作用：“好！世上哪里有这样的人呢？”如果是一般人，回去做个好梦也就罢了，但武帝却是皇帝，第一个念头就是：我一定要得到这样的佳人！于是李延年及其在宫廷中的支持者平阳主就适时地向武帝引荐了李夫人，“果然有这样的人”。

汉时公主特别是长公主颇多参与宫廷斗争，甚至影响乃至决定皇后与太子的置废。武帝及其前后几位皇后之立，就与两位长公主有关。一位是景帝朝的长公主，馆陶公主刘嫖。刘嫖是文帝与窦皇后所生的女儿，景帝刘启的姐姐，也就是武帝刘彻的姑姑。据说，刘彻得立为太子，就与这位长公主有关。刘嫖嫁给了堂邑侯陈午，两人生了一个女儿，就是后世传说中的阿娇。刘彻的母亲王氏（后来的王皇后）出身微贱，在宫中并无所依。而当时栗姬所生的荣已被立为太子，所以，刘嫖很想把女儿嫁给太子为妃。可太子荣的母亲栗姬非常不喜欢这个长公主，就谢绝了，没有接受阿娇作自己的儿媳妇。刘嫖就转而想把女儿嫁给王夫人所生的彻（当时已被封为胶东王）。《汉书·外戚传》记载说：

> 长公主日誉王夫人男之美，帝亦自贤之。又耳曩者所梦日符，计未有所定。王夫人又阴使人趣大臣立栗姬为皇后。大行奏事，文曰：“‘子以母贵，母以子贵。’今太子母号宜为皇后。”帝怒曰：“是乃所当言邪！”遂案诛大行，而废太子为临江王。栗姬愈恚，不得见，以忧死。卒立王夫人为皇后，男为太子。[①]

① 《汉书》卷九七《外戚传》，第3946页。

刘彻既立为太子，长公主刘嫖让女儿为太子妃的计划也就得以实现了："初，武帝得立为太子，长主有力，取主女为妃。"武帝即位，阿娇自然而然地被立为皇后，就是孝武陈皇后。

阿娇成为太子妃的故事，在假托为班固所作的《汉武故事》里有非常精彩的描写，这就是"金屋藏娇"的来历：

> 帝以乙酉年七月七日生于猗兰殿。年四岁，立为胶东王。数岁，长主抱着其膝上，问曰："儿欲得妇不?"胶东王曰："欲得妇。"长主指左右长御百余人，皆云不用。末指其女，问曰："阿娇好不?"于是乃笑对曰："好。若得阿[娇](骄)作妇，当作金屋贮之也。"长主大悦，乃苦要上，遂定婚焉。[①]

阿娇应当比武帝年龄大。在最初几年甜蜜生活之后，两人逐渐疏远。《汉书·外戚传》说："及帝继位，立为皇后，擅宠骄贵，十余年而无子。闻卫子夫得幸，几死者数焉。上愈怒。后又挟妇人媚道，颇觉。"大概正是由于阿娇失宠，又无子，武帝的姐姐，平阳公主（与武帝同为王皇后所生）就窥见了契机，希望利用这个机会，扳倒馆陶公主刘嫖，削弱乃至消除她对于武帝宫廷的影响。《汉书·外戚传》详细地记载了卫子夫被平阳公主引荐给汉武帝的过程：

> 孝武卫皇后字子夫，生微也。其家号曰卫氏，出平阳侯邑。子夫为平阳主讴者。武帝即位，数年无子。平阳主求

---

① 《太平御览》卷八八《皇王部一三·孝武皇帝》，北京：中华书局，1960 年，第 420 页。

良家女十余人，饰置家。帝祓霸上，还过平阳主。主见所侍美人，帝不说。既饮，讴者进，帝独说子夫。帝起更衣，子夫侍尚衣轩中，得幸。还坐欢甚，赐平阳主金千斤。主因奏子夫送入宫。子夫上车，主拊其背曰："行矣！强饭勉之。即贵，愿无相忘！"入宫岁余，不复幸。武帝择宫人不中用者斥出之，子夫得见，涕泣请出。上怜之，复幸，遂有身，尊宠。召其兄卫长君、弟青侍中。①

卫子夫本来是平阳公主家养的"小戏班"成员（讴者），就如《红楼梦》里的芳官、龄官之类。平阳公主觅得十多个漂亮女孩子，打扮好了，放在家里，等着武帝临幸，子夫并不在其中。有一次，武帝到霸上去祓禊，回来经过平阳公主宅第。公主当然让那些准备好的女孩子出来服侍，可是武帝并没有喜欢哪一位。宴会中，"小戏班"近前献艺，武帝非常喜欢子夫。眉来眼去一番之后，武帝假装去更衣，子夫随去服侍，二人就在更衣间里发生了关系。武帝还座，心满意足，赐给平阳公主金千斤。公主心领神会，马上把子夫送出来，让她随皇上入宫。子夫临上车，公主拍着她的背，说："好好去吧！保重自己，努力寻找机会。如果有朝一日荣显尊贵，可不要忘记我啊！"

李夫人得幸的故事，其实就是卫子夫得幸的另一个版本，平阳公主在其中都发挥了关键性的作用。如果说有阴谋的话，那么，主谋也是平阳公主，与李延年兄妹并没有直接的关系。可是，在班固的叙事里，平阳公主就退到了次要的位置上，而李延年兄妹却成为阴谋的主角：李延年写了一首歌，说是有一位佳人，多么多么美丽，让武帝遐思不已，心里痒得不得了；延年自己又不出面，而是让平阳公主向武帝推荐自己的妹妹；武帝果然喜

① 《汉书》卷九七《外戚传》，第3949页。

欢得不得了，李夫人就得幸了。这是一个真实的故事吗？

可能。在这个故事里，每一个情节都可能是真实的：李延年果真写过这首歌，他果真有个美丽异常的妹妹，他也很想让自己的妹妹得到武帝的宠幸；李夫人得幸的过程，也果真是通过平阳公主的引见，而且就在平阳公主那里给武帝唱歌跳舞，然后让武帝带回了宫，宠幸了（也可能和卫子夫一样，在平阳公主家里就发生了关系）。但是，这些事情的发生，本身并没有因果关系：李延年写那首歌时，未必就会是想引起武帝的情欲（这首歌，似乎也很难唤起人的情欲，当然，除了武帝之外），他虽然很想让武帝宠幸自己的妹妹，但未必想到用这首歌介绍自己的妹妹——最重要的是，如上所述，这首歌的主体部分，很可能就是现成的，采自西域的民歌，其本身并没有与李延年的妹妹联系在一起。《李夫人传》叙事的因果关系，显然是由"果"推出"因"的，即根据李夫人得幸的这个结果，去追溯其原因，并将之与李延年的歌联系在一起的。换言之，是先知道"果"，然后推出其"因"的。这个因果关系，是史家建立起来的，历史过程本身并不具有这种因果关系。

这里，我们触及历史叙述中的一个大问题，即叙事中因果关系的建立。历史叙述或者说历史研究有一个最重要的特点，即叙述者或史家知道结果。历史著作都是在已经知道结果的情况下撰写的。历史事件的直接参与者是不可能知道事态发展的最终结果的，而叙述者或史家知道。实际上，重塑历史的过程普遍是以已知的结果为起始点的，接下来就是解释为什么会产生这一结果，即寻求原因。但历史的结果却并不是历史发展过程中唯一的可能，而只是诸多种可能性的一个而已。因为知道结果，从而使历史学家可以将事前事后发生的、在当时看来也许并不相关的一些事件联系起来，并赋予一些在事件发生的当时并不存在，因而也就不可能为事件的参与者所知的意义。在这个过程中，叙述者或史家建立起因果关联。因果关系的建立本身，是叙述者或史家重构历史过程最重要的手段之一。

在李夫人得幸这个故事之因果关系的建立过程中，班固明显地站在道德评判的立场上，对当事人持一种否定态度，所以将李夫人得幸这个事件，叙述成一个阴谋，一个不能放在阳光下的预谋，当事人李延年、平阳公主乃至李夫人，都怀着卑鄙阴暗的目的，设了一个圈套，让武帝陷入了这个美色的陷阱。很难判断这个因果关系的真实性，但是，班固显然不愿去强调这个事件的另一个当事人武帝的好色，他不愿直面一个浅显的事实：如果武帝不好色，所有的故事均无从发生。所以，站在今人的立场上，事情的根源在武帝身上，而不在李延年和他的妹妹身上。

（二）“一见”

这个故事既有高度的私密性，又非常有戏剧性，就像是20世纪的一个室内剧。年轻的李夫人生病了，生的什么病不知道，但并非传染病，是可以确定的。所以从疾病的角度，她并不是不能见武帝。不能见的理由，是她生病后不漂亮了。那么，由此，我们反推李夫人生病前的漂亮，是健康的、朝气蓬勃的，是青春的美，是“北国佳人”的美；不是病弱的、林黛玉式的美。李夫人大概很年轻，也没有谈过几次恋爱，所以并不知道男人的爱恋，其实是更倾向于后者的。当然，事情不是这样。按照班固的叙述，她实际上怀有非常深的心机。她的真实目的，是要向武帝托付自己的两个兄弟，给他们讨得高官厚禄。显然，她达到了目的，李广利被任为贰师将军，延年被任为协律都尉。

现在的问题是：班固叙述的这个故事，是从哪里来的呢？这个故事，显然发生在宫闱之中，班固（或其他史家）是如何知道的呢？

当然，武帝与李夫人的对话，可能并不是在仅有两个人的场合下发生的。这毕竟是在探病，它完全有可能发生在其他人之前，当时有宦官和宫女在场自然是可能的，所以，它的真实性是不能断然怀疑的。可是，李夫人与其姊妹间的对话，却完全是私语，更不可能有史官记下来，因为它暴露出李夫人的真实动机是有意控制皇帝的情感，从而达到她个人的目的。[①] 那么，这些私语是如何传出来的？当然不是李夫人，她已经死了；是她的姊妹吗？这些话不利于李家，她们自己怎么会传出来？唯一的答案是宫廷中的流言蜚语。弄明白这一点之后，我们再去看李夫人与武帝的对话，那个场景，武帝委屈自己以求得与美人一见，大约也不会是史官的直录，更可能是当时在场的宦官、宫女们出去讲的故事，慢慢地传播开来，后来就越讲越生动而"真实"了。质言之，其源头，乃宫女宦官们的回忆与叙述。

此种性质的记叙，其实还有很多。如《汉书·外戚传》记高祖薄姬（汉文帝刘恒之母）之得幸，说：

> 始姬少时，与管夫人、赵子儿相爱，约曰："先贵毋相忘！"已而管夫人、赵子儿先幸汉王。汉王四年，坐河南成皋灵台，此两美人侍，相与笑薄姬初时约。汉王问其故，两人俱以实告。汉王心凄然怜薄姬，是日召，欲幸之。对曰："昨暮梦龙据妾胸。"上曰："是贵征也，吾为汝成之。"遂幸，有身。岁中生文帝，年八岁立为代王。自有子后，希见。[②]

---

① 参阅宇文所安《"一见"：读〈汉书·李夫人传〉》，见氏著《他山的石头记——宇文所安自选集》，第 105—119 页，特别是第 111—113 页。

② 《汉书》卷九七《外戚传》，第 3941 页。

薄姬与其小姐妹管夫人、赵子儿三人"苟富贵毋相忘"之约，既然在两美人与刘邦宴会嬉戏时曾经讲出来过，或为史官所记，且可不论。而薄姬与刘邦帷中私语（连"昨夜梦里皇帝压在我胸脯上"，以及"我来让你心满意足"这样的话都写下来了），史家又是如何知道呢？又如，同书卷记昭帝后上官皇后之得立为后，谓：

> 昭帝始立，年八岁，帝长姊鄂邑盖长公主居禁中，共养帝。盖主私近子客河间丁外人。上与大将军闻之，不绝主欢，有诏外人侍长主。长主内周阳氏女，令配耦帝。时上官安有女，即霍光外孙，安因光欲内之。光以为尚幼，不听。安素与丁外人善，说外人曰："闻长主内女，安子容貌端正，诚因长主时得入为后，以臣父子在朝而有椒房之重，成之在于足下，汉家故事，常以列侯尚主，足下何忧不封侯乎？"外人喜，言于长主。长主以为然，诏召安女入为婕妤，安为骑都尉。月余，遂立为皇后，年甫六岁。[①]

鄂邑盖长公主与宾客丁外人私通，大将军霍光要巴结、笼络盖长公主，以诏书召丁外人入宫，让他近便服侍长公主，使她欢愉。上官安想把自己的女儿送入宫中，走霍光的门路，没有走通，就去找盖长公主的情夫丁外人想办法，果然成功。这里涉及宫闱秘事、裙带请托，看来也只能来自宫廷中的流言。

如果上述揣测不误，我们不免对《汉书》此类叙述的可靠性产生怀疑：作为一个严肃的史家，怎么会去采信宫女宦者的传言之辞？原来所谓严肃的历史叙述中，也夹杂了这样的道听途说、流言蜚语、八卦新闻。还不仅如此，传文中有关武帝又再一次申言希望与李夫人见一面时，"夫人遂转乡歔欷而不复言"，这个描

---

① 《汉书》卷九七《外戚传》，第3958页。

述，大概在八卦传言中都不会有，而只能出自史家的想象与修辞，是虚构的——虽然合情合理，但仍然是虚构的。它当然可能是事实，但绝非有人亲见并亲自叙述的。那么，这里叙述的故事，乃传言与想象的混合物，应当是没有疑问的。

在李夫人的一生中，可以相信，还是有其他故事的。《西京杂记》就记载了一个香艳的故事："武帝过李夫人，就取玉簪搔头。自此后，宫人搔头皆用玉。"[①]过，探望；簪，头饰，用来固定发髻的长针。这是说武帝用玉簪给李夫人挠痒痒。它完全可以铺衍成武帝与李夫人是如何恩爱的。但班固没有写它，而是写了这个李夫人病中不愿与武帝相见的故事。其目的，显然在于突显李夫人是多么工于心计。为了达到这个目的，班固甚至改写了事实发生的顺序——他在这个故事之后，写道："及夫人卒，上以后礼葬焉。其后，上以夫人兄李广利为贰师将军，封海西侯，延年为协律都尉。"把李广利、李延年之得到重任说成是李夫人死前未见武帝的结果，但事实并非如此。盖李广利任为贰师将军在太初元年（前 104）八月（见《汉书·武帝纪》）之前，李延年为协律都尉，也当是在李夫人见幸、生昌邑王髆之时，均非李夫人死后。换言之，李广利、李延年之受任、得官，应当是缘于李夫人之得宠，是在李夫人生前，而绝非李夫人之病死，更不是在李夫人死后。

在这里，我们看到了史家的无情，以及没有原则或者说不坚持原则。第一，按照史家的要求，道听途说之辞、没有充足的证据，是最好不要采择的。但事实上，史家大量采信了这些未经证实的说法，其理由，并非它们是可信的，而是它们可以用于说明史家要阐述的某种道理。在这个故事里，因为传言有利于说明李夫人的用心险恶，所以班固采信了，并且希望读者也相信其为

① 《西京杂记》卷二《搔头用玉》，第 101 页。

事实。第二，按照历史叙述的原则，是不可以将历史事实发生的时间顺序弄乱的，更不可颠倒。但在这里，班固毫不犹豫地就这样做了，因为这样可以突显李夫人险恶用心的效果。我们知道，班固是中国历史上最优秀的史家，他尚且如此，更遑论那些一般的史家，以及那些不堪的史家了。

（三）武帝的思念

李夫人的美是什么样子的，究竟美到什么地步呢？我们无法想象。在她死后，武帝让人画了她的画像，挂在甘泉宫里，时常对着画像哭鼻子。不仅如此，他还让人找来齐地的方士少翁，想方设法，使用幻术，以见到能活动的李夫人。班固对这个场景的描述可能是真实的：夜色深沉，少翁设立了两座帷帐，其中一座点燃明晃晃的灯烛，陈列了酒肉供品；武帝坐在另一座帷帐里，远远地看见那座帷帐中坐着一位美丽的女子，酷似活着的李夫人，那女子还慢慢地走了几步，然后回到床边坐下来。武帝远远地看着，一定是泪眼婆娑，他很想走过去，握着李夫人的手，甚至是拥她入怀。但这一切都是不可能的。班固毫不隐讳地点出了这个戏的假——帷中的女子显然是真人假扮的，无论如何，都不能让武帝靠得太近，那会穿帮的。情圣刘彻伤心不得自已，写了一首诗和一阕赋。诗只有一句："是邪，非邪？立而望之，偏何姗姗其来迟！"这句诗大约是武帝亲自写的。"是你吗？不是你吗？我在这里等了很久了，你怎么来得这样晚呢？"这首诗，完全是少年郎等候情人时急迫的心情，没有蕴含，更谈不上深情厚致。但因为是皇帝做的，当然是最好的，是那个时代的"主旋律情歌"，所以"令乐府诸音家弦歌之"，大河上下、江南塞上，都要"大唱"的。

但这个故事，实际上是很有些问题的。《史记》的《孝武本纪》与《封禅书》所记故事情节与此几乎完全相同，而招致的亡人却换成了王夫人。《史记·封禅书》说：

其明年，齐人少翁以鬼神方见上。上有所幸王夫人，夫人卒，少翁以方盖夜致王夫人及灶鬼之貌云，天子自帷中望见焉。于是乃拜少翁为文成将军，赏赐甚多，以客礼礼之。①

据下文，少翁不久即因法术无效而被杀，事在元狩四年（前119）。李夫人之子髆受封为昌邑王在天汉四年（前97），距离少翁被杀已有24年。髆受封11年而死，故谥为"哀王"，其享年不永，当无疑问。即使他二十岁时受封，当少翁死时，髆也还未出生，他的母亲李夫人自然也不会死。所以，少翁招致李夫人亡魂的故事，无论如何，都不会发生。正因为此故，《资治通鉴》遵从《史记》，仍作"王夫人"，认为应当是齐王闳的母亲王夫人；而不是《汉书》所说的"李夫人"。桓谭《新论》又把招魂的方士换成了武帝朝另一个著名的方士，李少君，而所招之魂也是"王夫人"：

武帝有所爱幸姬王夫人，窈窕好容，质性嬛佞。夫人死，帝痛惜之。方士李少君言能致其神，乃夜设烛张幄，置夫人神影，令帝居他帐中遥望，见好女似夫人之状，还帐坐。②

汉武帝做了54年皇帝，他的宠妃一定有很多，年轻早死者也必不少，或者，他会想起其中的某一位来，恰巧来了一位会致幻术的方士，便不免让他试一试。所以，武帝让方士招魂的事情应当

① 《史记》卷二八《封禅书》，第1387页。
② 桓谭：《新论》卷下《辨惑》，上海：上海人民出版社，1977年，第54页。

是发生过的，只是不一定是由哪一位方士主持、所招者也未必是王夫人或李夫人，但据上所考，由少翁招李夫人之魂却是肯定不可能的。因此，《汉书·李夫人传》中这个招魂的故事，应当是移花接木而来。而因为《史记》中明言所招的是王夫人，班固当然会看到，却径改移到李夫人身上来，几乎可以肯定，班固这样做，是故意的。

如果少翁设术招致李夫人魂魄的故事是从王夫人或其他后妃那里移接过来的，那么，武帝那句"偏何姗姗其来迟"的怅恨之辞，即使出自武帝之口，也未必是对李夫人（魂魄）说的，而《汉书·李夫人传》中几乎占了传文一半的这首赋（后人称为《李夫人赋》），也很可能并非出自汉武帝之手。当然，武帝的文采应当还是不错的，《文选》卷四五收了他一首《秋风辞》，说是他巡幸河东、祭祀后土之后，在汾河中流与群臣饮燕，有感而作的。辞云：

> 秋风起兮白云飞，草木黄落兮雁南归。兰有秀兮菊有芳，携佳人兮不能忘。泛楼舡兮济汾河，横中流兮扬素波。箫鼓鸣兮发棹歌，欢乐极兮哀情多，少壮几时兮奈老何。

睹秋风落叶，思佳人不永；中流棹歌，叹人生苦短，哀情良多。诗情造意，缠绵流丽，虽非上佳，亦殊为不恶。而其辞句浅显易懂，反映情感也直白通达，正是无须在文辞上多下功夫的帝王之诗。而《李夫人赋》的风格却迥然有别，用词典雅，辞句精雕细琢，显然在字句上下了很多功夫。我们来简单地分析一下这首赋：

> 美连娟以修嫮兮，命樔绝而不长。

师古注：嫮，美也。连娟，纤弱也。樔，截也。佳人已逝，幽冥阻隔，可恨上天总是让美丽不能长存。

饰新宫以延贮兮，泯不归乎故乡。

新宫，颜师古释为“待神之处”，即灵殿。建了一座崭新的宫殿等着你来住，你怎么还不回来呢？这里原来就是你的家啊。

惨郁郁其芜秽兮，隐处幽而怀伤。

你住的地方阴郁黑暗，杂草丛生，一点都不干净；你在那里一定是心怀悲伤，以泪掩面。

释舆马于山椒兮，奄修夜之不阳。

山椒，山陵也。修，长也。阳，明也。你的陵墓前置放着车舆与骏马，可长夜漫漫，一直见不到天明。

秋气憯以凄泪兮，桂枝落而销亡。

秋天到了，秋意清凉，露水（“秋气”沉下来就成为秋露）就像你悲伤的泪水，而你，就如秋桂的落枝，慢慢地化入土中。

神茕茕以遥思兮，精浮游而出畺。

我神情落寞，无所凭依，遥想远方的你，魂灵不禁遁入大荒，在缥缈无际的空中游荡。

托沈阴以圹久兮，惜蕃华之未央。

沈阴，即沉阴，指地下。圹，即旷。未央，即未半。你的青春年华还没有度过一半，却到地下已经有很长时间了。

念穷极之不还兮，惟幼眇之相羊。

我思念你已经到了极致，可你还是不回来；我想念你窈窕的身姿，真想化作一只小鸟，翱翔而去，寻觅你的芳踪。惟，即"思"，与"念"相对。幼眇，即窈窕。相羊，即翱翔。

函菱荴以俟风兮，芳杂袭以弥章，的容与以猗靡兮，缥飘姚虖愈庄。

菱，即蕊。荴，花粉。杂袭，即重积，意为香味很重。的，确实。你的美丽就像含苞待放的花蕊、蕊上的香粉，在等待着微风来拂散，香味芬芳，浓郁非常，四处弥漫。你美丽的容颜虽然越来越模糊，并在风中飘荡，却愈益显得端方庄严。

燕淫衍而抚楹兮，连流视而娥扬，既激感而心逐兮，包红颜而弗明。

这是追述亡人生前的生活细节。我还记得，你在欢宴之后，带着酒意，倚着窗楹，目光游离，秀发飘散，百媚万皓，我也心旌神驰，不能自已，拥着你，不知身在何方。

欢接狎以离别兮，宵寤梦之芒芒，忽迁化而不反兮，魄放逸以飞扬。

然而，欢乐的时光飞逝而去，再也抓不回来；留下的只有永远的离别，即便是夜里做梦，也很难梦到，梦到了也不真切。不仅你的身体早已化为泥土，再没有往日的生动香艳，就算是魂魄，也在太虚中飞扬，很难遇见了。

何灵魂之纷纷兮，哀裴回以踌躇。执路日以远兮，遂荒忽而辞去。

太虚之中飞荡的灵魂何其多啊，虽然哀思绵绵，也只能驻足不前了。看样子，能再见你的路还非常遥远，我只有暂时与你告别了。

超兮西征，屑兮不见。浸淫敞芁，寂兮无音，思若流波，怛兮在心。

太阳将要落山，很快就要不见了。万籁俱寂，世间万物都沉寂休眠了，而我的思念就像大河流逝的波涛，伤悼长存于心间。

赋的第二段是“乱”。颜师古曰：“乱，理也，总理赋中之意。”相当于结语。在吟颂或歌唱时，乱是用不同于正文的韵律格调表示的，所以其音节、韵律和措辞都变了。

佳侠函光，陨朱荣兮。

佳侠，即佳丽。正在荣华青春的佳人丽姝，遽然凋谢了。

嫉妒闒茸，将安程兮！

闒茸，卑微之人。真是让人气愤啊，那些卑微无足轻重的人，都活得好好的，却让我心爱的人死去了。

方时隆盛，年夭伤兮，弟子增欷，洿沫怅兮。

弟子，指亡人的兄弟、儿子。洿沫，涕泣。正当青春年少，就魂归幽冥；兄弟与爱子号啕哭泣，悲伤哀悼，却也不能挽回。

悲愁于邑，喧不可止兮。向不虚应，亦云已兮。

孩子哭个不停，以前孩子只要一哭，你就一定会答应的，现在却再也听不到你的声音了。

嫶妍太息，叹稚子兮。懰栗不言，倚所恃兮。

嫶妍，面容憔悴。因为心中忧伤，我也越来越憔悴了，每天唉声叹气，真可怜我们的小儿子啊。你临终时虽然悲伤不言，但我明白你多么希望我能看在平日恩情的分上，能照顾好幼子啊。

仁者不誓，岂约亲兮？既往不来，申以信兮。

仁者做事情不需要立下誓言，亲人之间互相照顾，哪里还需要什么约定？死者一去不返，再也不能回来了，生者却不敢忘怀，此心将永驻天地之间。

去彼昭昭，就冥冥兮。既下新宫，不复故庭兮。呜呼哀哉，想魂灵兮！

走吧，走吧，到那个冥冥世界去吧；既然离开了灵殿，就再也不要回来了。真是希望世上有魂灵啊。

不管怎样，这阕赋表达的情感还是真切的，很好地反映了作者对亡人的缠绵爱欲和思念之情。但是，如此真切的感情，真的会在帝王的身上显现吗？武帝的才情辞华，果然臻于"独绝"之境吗？此且不论。"悲愁于邑，喧不可止兮。向不虚应，亦云已兮。嫶妍太息，叹稚子兮。懰栗不言，倚所恃兮。"你能想象李夫人生前，是自己带孩子的吗？那个昌邑王髆，每天围着李夫人哭闹，而他的爸爸，汉武帝，就在他们身边，看着孩子妈妈不厌其烦地哄孩子、照顾孩子吗？这个场景，几乎没有可能发生在帝王家。你能想象李夫人临终之时，唯恐昌邑王无所倚靠、生活困难，而武帝看着稚子，唉声叹气，不知怎样能把他照顾好吗？我相信，即使是想比喻夸张，武帝也很难把自己想象成一个死去了妻子、孩子无人照顾的中年鳏夫吧。所以，我不太敢相信这种赋真的出自汉武帝之手，甚至不是宫廷文人捉刀的，而更可能是把别人的作品挪过来用的。

至此，我们终于大致弄清了《李夫人传》的由来：它所讲述的几个故事，本来是各自独立的，甚至可能本来与李夫人没有关联，即便是直接相关的"一见"部分，也很可能来自宫廷中的诸种传言。"北国有佳人"的诗，"少翁招魂"的故事，"姗姗其来迟"的歌，以及后人命名为"李夫人赋"的赋，很可能本来就与李夫人没有关系。班固把这些不太相干的材料收集在一起，剪裁取舍，以道德评判准则为线索，加以串连，建立起几个重要事件间的因果关系，并辅之以想象，然后写成了这篇有名的《李夫人传》。它更主要是班固对李夫人的一种认识和定位，反映的主要是班固（以及西汉中期以后的史家）对李夫人的想象和评判。换言之，如果不是班固，而是另外的史家，可能会写成另外的李夫人传。而班固之所以撰成这篇基本倾向于否定的《李夫人传》，显然与李氏家族不得善终，而李夫人之子昌邑王髆早死（约死于征和四年，前 89 年），其子贺于昭帝亡后被霍光立为帝，之后二十七日即因淫乱而被废，有着密切关联。试想，如果李夫人的孙子昌邑王贺在皇位上坐得稳，武帝之后"昭宣中兴"的"宣"，成为昌邑王贺，那么，班固又会撰写一篇怎样的《李夫人传》呢？

在这个意义上，史家是势利的，非常势利。班固尚且如此，更遑论其他人了。

三　记忆、回忆、追忆以及谎言

（一）记忆

人类之所以有历史，是因为人类有记忆。

由于对"记忆"的界定有不同的理解，所以，我们无法讨论哪些动物群体有记忆，以及有怎样的记忆，但可以基本肯定，大部分动物群体的记忆（如果有的话）是建立在重复经验基础上的，是不自觉或非主观的记忆。而人类的记忆则是自觉的、主动的记忆，因而也是有选择的记忆——一个人来到陌生的环境中，会时刻提醒自己记住带好自己的证件，记住走过的路，这是典型的自觉而主动的记忆；我们当然不是也不可能记住周围所有的事物，也不是记住所说和听到的所有的话，而只是记住了那些对我们有意义或者我们认为有意义的事项，这就是有选择的记忆。

人类生活、成长在时间的长河里，在时间里存在，也在时间中消逝；"自我"既在时间中形成，也在时间的流程中逐渐崩解。

如果没有记忆，我们不仅没有童年，没有过去，也不会有现在，更不会有未来；如果没有记忆，我们就无法与他人交往，也就没有家庭与社会，甚至也不会有自己，因为我们将无法界定、描述自己；如果没有记忆，我们也无法凝聚自己对世界的感知，也就无以形成认识，更无法思想。在这个意义上，记忆是人类精神乃至人类生存最重要的根本性特征之一。正是因为人类有记忆，人类才成其为人类，并因此而拥有对自身历史的记录、叙述与认识。所以，人类的记忆能力与记忆，乃人类历史与历史学的基础。

即使没有患上失忆症，人类的记忆也不是永恒的。遗忘将从冥冥之中慢慢升起，淹没我们每个人曾经以为最美丽、最宝贵的记忆。无需太长时间，那个曾经爱过、痛苦过的人，可能什么都不会留下。即使我们回到曾经生活过的那个时空，也无法重睹昔年的美丽，因为时间已经改变了一切。而留存于个体的记忆也无法跨越个体，实现人际和代际间的传承，作为一种精神活动，它必然随着身体的衰老、死亡而灰飞烟灭。要把这些记忆保存下来，就有赖于文字。

有一些文字记载的记忆是在事件发生时或者说是在历史过程之中留下来的。比如，人们一边劳动，一边歌唱，唱的就是劳动的感受，而这些唱词被记录下来，就是“即时性记忆”留下的文字。在历史文献中，偶尔可以看到这种即时性记忆的文字，虽然它也是事后被整理出来并经过改造的，但仍然可以感受到那种“即时性”的场景。《诗·大雅·生民》大约可以看作是欢庆丰收的节日庆典上所唱的颂歌。它首先叙述了后稷的传说和周室的建立，然后是关于祭典的描述：

诞我祀如何？或舂或揄，或簸或蹂。释之叟叟，烝之浮浮。载谋载惟，取萧祭脂。取羝以軷，载燔载烈，以兴嗣岁。

印盛于豆，于豆于登。其香始升，上帝居歆，胡臭亶时。后稷肇祀，庶无罪悔，以迄于今。[1]

我们尝试着把它翻译成白话：

怎样来祭祀我们的祖先呢？有的人在舂谷，有的人在扬掉糠皮。有的人忙着用簸箕筛掉米头子，有的人在仔细地揉搓谷米。淘米的声音沙沙响，蒸米的热气呼呼升。另一群人围在一起，商量了半天，然后分头去采择香蒿和油脂。抓住一头公羊，拿它来先祭路神。

把火烧起来吧，火烧得越旺，来年的运道收成就会越好。把蒸好的米饭、大肉、油脂盛在木盆瓦罐里，盛得满满的。香气升起来了，上帝天神安详地享受着这种香气。那些馨香的气味真是恰到好处啊。自从后稷创造了祭祀的仪式，一直到今天，我们再也没有遭遇灾难。

可以相信，这一段文字，最初很可能就是在祭祀（尝）仪式上唱出来的——我们甚至可以想象一群人在忙着准备祭祀，不同的人在做不同的活计，高声地嚷着，欢快地大笑着，有一个人，可能是巫，就唱起歌来。这首歌先是被口口相传，代代相承，后来被形诸文字，并加以整理，就是我们今天读到的这篇《生民》。

可以相信，很多诗歌，至少在最初，所表达的很可能是一种即时性的情感，特别是情诗。不管是否出自武帝之手，"是邪，非邪？立而望之，偏何姗姗其来迟！"所反映的情感都是真切的，是情人约会时急切心理的"即时"反映。大部分情诗，最初都应当

① 王先谦：《诗三家义集疏》卷二二《大雅·生民》，第882—884页。

来源于这种即时性记忆。《小雅·隰桑》篇的性质历来存在很多讨论，去除了诸种过度的阐释和后人赋予的意义，它很可能本来就是一篇简单质朴的情诗：

隰桑有阿，其叶有难。既见君子，其乐如何。
隰桑有阿，其叶有沃。既见君子，云何不乐。
隰桑有阿，其叶有幽。既见君子，德音孔胶。
心乎爱矣，遐不谓矣？中心藏之，何日忘之？[①]

山谷中的桑树枝条修长，柔美无比，桑叶鲜嫩茂盛，引人绮思。与我心爱的人儿相见，我的快乐无法形容。……你是我心中的至爱，无论天涯海角，我的爱将永远追随着你；我把爱珍藏在心间，时时刻刻不能忘怀。显然，这种炽热的情感，通过文字，得以表达并传承下来，成为一种永恒的记忆。

我们今天面对的诸多历史文献中，相当部分的书信、诗作等文学作品，部分文书，都可能是"即时性记忆"留下来的文字。我们写一封信，在写信的同时，就留下了这个足供记忆的凭据，是典型的即时性记忆。不少思想性与情感性的作品，也是在撰写的同时成立的——那种情感，在被书写时，才真正地突显出来；而在被书写之前，它可能是朦胧的。同样，某些思想，在书写的过程中才得到论证并清晰或体系化；而在此之前，它可能只是一些想法、念头，即思想的火花。官府的一些制度性文书，如户籍簿、过关文书、讼诉文书，也是在其制作过程中成立的，也可以归入"即时性记忆"的类别里。

有些历史场景的描绘，也基本上可以相信出自史家在事件发生之当时、现场记录下来的，可以看作"即时性记忆"的范畴。

① 王先谦：《诗三家义集疏》卷二十《小雅·隰桑》，第809—810页。

如《史记·廉颇蔺相如列传》中关于渑池之会的著名记述：

> 秦王饮酒酣，曰："寡人窃闻赵王好音，请奏瑟。"赵王鼓瑟。秦御史前书曰："某年月日，秦王与赵王会饮，令赵王鼓瑟。"蔺相如前曰："赵王窃闻秦王善为秦声，请奏盆缻秦王，以相娱乐。"秦王怒，不许。于是相如前进缻，因跪请秦王。秦王不肯击缻。相如曰："五步之内，相如请得以颈血溅大王矣！"左右欲刃相如，相如张目叱之，左右皆靡。于是秦王不怿，为一击缻。相如顾召赵御史书曰："某年月日，秦王为赵王击缻。"秦之群臣曰："请以赵十五城为秦王寿。"蔺相如亦曰："请以秦之咸阳为赵王寿。"秦王竟酒，终不能加胜于赵。赵亦盛设兵以待秦，秦不敢动。①

在这次秦王、赵王均亲临的重要外交活动中，秦、赵两国的史官（秦御史、赵御史）均在现场，而且即时记录所见所闻，应当是典型的"即时性记忆"文字。这一类的文字，还可以举出很多，如《左传》中关于历次盟会的记载，季札观礼的故事，《史记》中关于鸿门宴的描述，都可能是史官在当时记载下来的。

（二）回忆

更多的记忆性文字是在事情发生之后或者说是过程之外，通过回忆而得到梳理、记录下来的。很多人写过日记：夜深人静，回想一天中经历的事情，某些场景会历历在目，这就是"回忆"的过程。回忆是对记忆的唤醒。显然，被唤醒的不会是全部记忆，而只是其中的一部分，甚至是很小的一部分。这中间已经有一个过滤与筛选的过程。把那些经过筛选的事件或场景形诸

① 《史记》卷八一《廉颇蔺相如列传》，第2442页。

笔端，加上自己的感受或思考，这就是日记。同样，写日记并不会把可能有意义的每一件事情、场景、想法都记录下来，也就是说，在撰写日记的过程中，又有一个筛选的过程。

随着年龄的增长，我们开始回忆那些越来越远的岁月，特别是童年、少年时代和青春岁月。不用说，在大多数人的回忆中，过滤掉了诸多艰苦、困顿乃至被欺凌、被侮辱的情节，以及那些悲伤、孤独、无助的情感体验，还有诸多少不更事的失误与歧路，留下的主要是成功、荣耀、得意以及温馨的亲情、友谊，如画般的场景，弦歌一样的岁月。回忆不是对过去的复原。事实上，我们在回忆中看到的过去，在大多数情况下，都不是真实的过去，而是一种幻觉，是我们希望“回忆”、希望看到的过去。

人们为什么会回忆过去？会有诸种不同的原因和千差万别的解释。最重要的原因，可能是因为那些引发我们回忆的东西在慢慢地远去，在消失，我们希望能抓住它们。那么，我们为什么会试图去抓住那些正在逝去的东西呢？我们要借此证明某些东西曾经存在过——我们一定可以找到一些踪迹，一张老照片，一封旧书信，等等；而证明这些东西存在的根本目的，则是要证明我们的存在，因为我们注定也要成为过去，也要消失。如果过去不能被找到，我们在不远的未来，也将永不被提起。我们将不存在。这很可能是回忆之所以发生的根基。换言之，我们在晚上写日记时能回忆起当天的情景，才会有一个过去；如果没有过去，也就不会有现在和明天——我们用以证明自己存在与特征的所有要素，都要靠回忆才能成立。对自己过去的感知、回忆和诠释，是我们自我认同的出发点，也是我们当前可能采取各样行动的出发点。所以，没有对过去的回忆，我们也将不知道怎样活着，以及怎样面向未来。

因此，回忆在过去、现在与将来之间建立起一个时间的链条。就人类群体而言，正是回忆的链索，把此时的过去同彼时的、更遥远的过去连接在一起，有时链条也向臆想的将来伸展，那时将有回忆者回忆起我们此时正在回忆过去，我们自己也将成为回忆的对象，成了后人值得记起的对象。

把回忆"述说"出来或记录下来，天长日久，当后人"回忆"起这些回忆时，它就成了史料。我们今天所读到的历史文献中有关历史事件与事实的大部分记载，都来源于回忆，是后人回忆起这些回忆时，将之加以剪裁、整理而形成的记录。我们来看《左传》中一段著名的记载，即"曹刿论战"。《左传》庄公十年（齐桓公二年，前684年），齐、鲁之间发生了一场战事——长勺之战，经文云："王正月，公败齐师于长勺。"传曰：

> 十年，春，齐师伐我。公将战，曹刿请见。其乡人曰："肉食者谋之，又何间焉？"刿曰："肉食者鄙，未能远谋。"乃入见。问："何以战？"公曰："衣食所安，弗敢专也，必以分人。"对曰："小惠未徧，民弗从也。"公曰："牺牲玉帛，弗敢加也，必以信。"对曰："小信未孚，神弗福也。"公曰："小大之狱，虽不能察，必以情。"对曰："忠之属也，可以一战。战，则请从。"公与之乘。战于长勺。公将鼓之，刿曰："未可。"齐人三鼓，刿曰："可矣。"齐师败绩，公将驰之，刿曰："未可。"下视其辙，登轼而望之，曰："可矣。"遂逐齐师。既克，公问其故，对曰："夫战，勇气也。一鼓作气，再而衰，三而竭。彼竭我盈，故克之。夫大国，难测也，惧有伏焉。吾视其辙乱，望其旗靡，故逐之。"①

这段记载，我们都耳熟能详，它涉及长勺之战的三个环节：战前

① 杨伯峻：《春秋左传注》，庄公十年，北京：中华书局，1990年，第181—183页。

策划，战斗过程与战后总结。其描述惟妙惟肖，读之如临其境，自来被视为史家叙述之典范。那么，这段文字从何而来呢？

这段文字特别突出了曹刿的作用。的确，曹刿其人可能在此次战役中发挥了最重要的作用。但是，你可以想象吗？战前鲁庄公未与其大臣商议，也未作详密的布置，而只是与一个陌生的乡下人（非肉食者）曹刿商议，即作出"战"的决定；在战事过程中，这个只是"与从"的曹刿竟可以决定进军与否，他的身份是什么？战后论功行赏，亦不见其他将帅。这些疑点，使我们相信，这段记载，最大的可能，是来自曹刿本人的回忆，是他自己讲的，为后人所传说，并最后被史官记录下来的。如果是这样的话，其战前的议论、战事中的作用，就是他的言说而已，是经过过滤、筛选的回忆。

如果说"论战"可能源于曹刿本人的回忆的话，那么，李夫人得幸、"一见"之类的故事，则显然只能源于事件中其他人的"回忆"——既不是李夫人，也不会是汉武帝，而只能是参与其中的妃嫔宫女宦者，是这些人根据自己的"回忆"，讲述并传播出来的，是事件旁观者的回忆。由于各种各样的原因，直接当事人未必会回忆的事情，更可能被旁观者或事件次要参加者所回忆，并记录下来。

我们今天读到的历史文献中有关事件过程的大多数记载，都是出于事后的"回忆"，而不是"即时性记忆"，即便史官或其他记述人就在事件发生的现场，或本身就是事件参与者，他也很少有可能在当时即记录下来，因为事件在发生过程中，其实是没有任何头绪的，事件中人，很难看清其发展的过程与方向，所以也很难记录下来。事后回忆——且不论距事件发生的时间长短——事件的发生过程，加以梳理、过滤、筛选，然后按时间先后或因果关系，或其他逻辑，叙说或记录下来，或者经过一段时间的传说变异之后，再被记录下来，就成为我们今天读到的有关事件过程之记录的“原始史料”。将这些立基于“回忆”的原始史料按照“回忆者”分类，可以分成：事件亲历者的回忆，旁观者的回忆，闻听者对事件当事人或旁观者之回忆性叙说的回忆，以及书写人对诸种回忆性叙述的剪裁性回忆，等等；其史料价值，总的说来，是依次递减。就文献类别而言，大部分日记、行记、游记、回忆录，以及部分官方档案，如诉讼案卷中的口供材料，大抵都可以归入“回忆”性文献的类别。

我们知道，很多回忆特别是被记录下来的回忆是在与他人述起自己的回忆或和他人共同回忆的语言交流中构建的。有许多事情，我们对它们有多少回忆，取决于我们有多少机会对别人叙述他们；有些事情，我们叙述它们的次数越多，就越是不怎么记得起自己对这些事情本身的体验，倒是越能记得此前叙述它们时所使用的话语。所以，对这些回忆的记忆是通过重复而得到巩固的。不断重复的回忆不仅将一步步过滤掉我们在被回忆事件中曾经经历过的真实体验与情感，而且会强化对某些情节的记忆及其意义，并最终使这种回忆成为某些符号、范畴的堆积，从而形成回忆的叙述模式。最典型的模式化回忆叙述是名人的成长历程。几乎所有“名人”的成长过程都逐步被“回忆”成“磨难—励志—成功”为核心的结构性叙事，而帝王的成功则再加上天命所归、人心所附就足够了。由于经常叙述，这样的回忆往往被润色得天衣无缝，近乎完美。

反过来，凡是得不到回忆的东西，就很可能在人们的记忆中消失了。我们的大部分回忆都处于休眠状态，它们一旦碰到外因就会被唤醒。这时，回忆就突然变成有意识的了，它们会获得一种感性存在，还能被表述为话语并成为可支配的知识储备与经验宝藏。但还是有许多不可及的回忆，它们都处于闭锁状态，看护这些回忆不让它们浮出意识表层并得到叙述的，是“精神创伤”以及由此而形成的“抑制”，无意识的抑制。这类回忆往往令人痛苦或羞愧，若没有外因的帮助，它们不能重新回到表层意识上来。关于历史的叙述，总是关注于“成功”，而较为忽略“失败”，最深层的原因，也许就在这里。

但“回忆”更大的威胁，来自“淡漠”。千篇一律的图景、日复一日没有变化的生活、面貌性情均雷同相似的人，都很难引起我们的回忆。长期生活在单调“正常”环境中的人，生命的轨迹既然已经确定，回忆也就变得越来越奢侈，从而逐渐失去回忆的愿望，最后导致了回忆能力的衰退。这就是“淡漠”。“淡漠”包含了三层含义：一是生活的平淡，生命轨迹的模式化；二是人与事件的类同，过去与现在乃至未来也看不出有什么区别；三是回忆能力的衰退，偶有回忆，也不再能转化为记忆，更不能成为生命和历史中的记忆。在卷帙浩繁的历史文献中，有关芸芸众生的叙述非常之少，有很多原因，最根本性的原因，大概是他们的生活不被他人所“回忆”，他们自己的回忆则得不到记录，其总的根源，在于他人以及他们自身的“淡漠”。

显然，“回忆”有很大的欺骗性：它首先欺骗我们自己，因为我们的“回忆”是选择性的；其次，它欺骗别人，因为任何人的“回忆”都是主观的，带有自己的功利考量与好恶选择，也受制于自己的记忆力和“回忆能力”。更为重要的是，我们自己的回忆脱离不了客观给定的社会历史框架，正是这种框架，才使得我们的全部感知和回忆具有了某种形式。我们的意识和我们的无意识都是同外界文化的图像连接着的，我们无处不受到它们的包围，所以我们自己的回忆画面无论怎样具有独到性和个人性，这类外部文化图像都不可避免地在塑造着我们的回忆画面。

但这并不是意味着否认“回忆”的意义，如果没有回忆，我们怎么会有“历史”？

（三）追忆

在我们的回忆中，总是会有很多的空缺，我们回忆不起来或者不愿想起。所以，回忆往往是不完整的、有限的和未成型的，作为回忆而闪现的东西，通常都是一些没有此前和此后的孤立场景。但有些关键的环节，对我们很重要，我们需要把那个故事讲全，并给它一个“意义”（重要性）。为此，我们就要有一个简单的叙述框架，把故事的不同部分加以调整、组合，然后把那些缺失的部分填补出来（我们强化或者挖掘出那部分回忆来），突出我们希望突出的那部分，最后形成一个有首有尾、有意义的故事。正是在这个叙述回忆的过程中，回忆才获得了自己的形式和结构，也因此而得到了补充和巩固。在另一方面，回忆往往是瞬息即逝和不稳定的。有些回忆随着时间的流逝和个人生活环境的变化而变化，有些回忆则变得淡漠或完全消逝了，尤其是随着意义结构的评价模式的变化，过去重要的东西后来可能变得不重要了，而以前不重要的东西在回顾的时候却可能变得重要了。这就需要给回忆中事件或人物的重要性或意义重新定义、排序，并因此而重新调整叙述的结构或脉络。这就是“追忆”的过程。

追忆是对回忆的强化性改写，是对故事的重构。追忆是有意图地跟过去打交道，有意识地或至少是有意识能力地就过去进行沟通，并且赋予过去以形式。每一次追忆都是对回忆中的事件与过程的重新改写，通过追忆，不同的人完成了对同一件记忆或回忆的重新建构，并赋予其所追忆的对象以不同的意义。

追忆的出发点是追忆的“当时”，亦即追忆时的“今天”，是站在“今天”、根据“当前”的需要，对过去的重新构想，其目的是为

"现实"服务的。我们来看一个通过追忆建构"历史"的例证：

鲁昭公二十二年(即周景王二十五年,前520年)四月,周天子景王姬贵崩逝,王室发生变乱。大臣刘子、单子杀掉了景王重臣宾孟,在单氏召集诸王子会盟,拥立王子猛。景王庶长子王子朝不服,在景王葬礼期间,就纠集"旧官、百工之丧职秩者",联合周灵王、景王的后裔子孙,率领郊、要、饯三邑的甲兵,进攻刘子、单子。刘、单联军击败王子朝联军,杀掉还、姑等八个王子,入居王城;王子朝奔于京邑。刘、单又向强大的晋侯求援,晋遂出兵协助刘、单进攻王子朝。战事正胶着中,王子猛忽然去世,刘、单只得另立猛的同母弟匄为周天子(即后来的周敬王)。周室的另一位重臣尹氏则拥立王子朝。仗断断续续地打了四年,昭公二十六年(前516)十月,晋侯与刘、单联军终于取得决定性胜利,奉王子匄进入王城,王子朝携其追随者"奉周之典籍",逃亡楚国。王子朝向诸侯派出使者,寻求支持,认为应他自己继承王位,而不是作为弟弟的匄。《左传》昭公二十六年十二月癸未下转录了这份说辞(可以相信,王子朝应当是写成"文本"的,使者带着这个文本,去游说诸侯):

> 昔武王克殷,成王靖四方,康王息民,并建母弟,以蕃屏周。亦曰:"吾无专享文武之功,且为后人之迷败倾覆而溺入于难,则振救之。"至于夷王,王愆于厥身,诸侯莫不并走其望,以祈王身。至于厉王,王心戾虐,万民弗忍,居王于彘。诸侯释位,以间王政。宣王有志,而后效官。至于幽王,天不吊周,王昏不若,用愆厥位。携王奸命,诸侯替之,而建王嗣,用迁郏鄏。则是兄弟之能用力于王室也。至于惠王,天不靖周,生颓祸心,施于叔带,惠、襄辟难,越去王都,则有晋郑,咸黜不端,以绥定王家。则是兄弟之能率先

王之命也。

这一段说辞，将武王克商以来的周室历史述说一遍，其核心则在王室得诸侯之翊戴，特别是在王室变乱之时，诸侯能够主持“正义”，拥戴合乎礼法而圣明的继承人继承王位。王子朝首先述说周武王、成王、康王“并建母弟，以蕃屏周”的制度，指出分建诸侯，乃先王成典，而诸侯之责，即在当王室“迷败倾覆而溺入于难”之时，前来帮助“振救”。然后，王子朝列举了诸侯“振救”王室的诸多事例：周夷王身患恶疾，诸侯皆遍祭其国境内的名山大川，为王祈祷；厉王暴虐，万民不堪忍受，将之流放到彘邑去，诸侯都离开自己的国家，来到王都，参与王朝之政（其时周公、召公二相秉政，史称“周召共和”）；其时厉王之子姬静年纪尚幼，然志向远大，而且知世明理，所以召公虎等诸侯擅自抚育他，拥立他作天子（即后世的周宣王）；幽王昏庸淫乱，玩掉了他的王位，虢公翰擅自拥立王子余臣于攜，以晋文侯为首的诸侯合力，杀掉了余臣，确立由太子宜臼继承王位（即周平王），并扈从天子还驾王城（宜臼即位时在申）。所有这些，皆“是兄弟之能用力于王室也”。惠王之时，庶叔颓作乱，把惠王赶到了郑；襄王之时，弟叔带作难，把襄王赶到了氾。两次王室变乱，都是由晋、郑两家诸侯帮助平定，并为王室清除了不端正的子孙。这些，都是“兄弟之能率先王之命也”。

显然，王子朝及其追随者很下了一番功夫，特别是考虑到他们在逃亡时带走了“周之典籍”，那么，这段说辞应当是在这些典籍中找到了很多历史资源的。但是，这段叙述，显然不是周天子与诸侯关系的真实情况，隐藏在这些故事背后的，是另一些可能更真实的故事：叛乱、篡位，诸侯恃强废黜周天子，拥立傀儡。在王子朝的述说中，诸侯干预周天子的王位继承，竟然是一种合乎礼法的传统，显然，他在讨好诸侯。而他的目的，在下一段的说辞中暴露无遗：

> 今王室乱，单旗、刘狄，剥乱天下，壹行不若，谓："先王何常之有，唯余心所命，其谁敢讨之?"帅群不吊之人，以行乱于王室。侵欲无厌，规求无度，贯渎鬼神，慢弃刑法，倍奸齐盟，傲很威仪，矫诬先王。晋为不道，是摄是赞，思肆其罔极。兹不谷震荡播越，窜在荆蛮，未有攸厎。若我一二兄弟甥舅，奖顺天法，无助狡猾，以从先王之命，毋速天罚，赦图不谷，则所愿也。

王子朝说：现在，王室大乱，单旗、刘狄这样周室的世卿，扰乱天下，专制独裁，不理会别人的意见，竟然声称："自古以来，立天子哪里有什么成法，今日唯我所立，有谁敢表示反对，甚至起兵讨伐?"晋侯不遵从臣子之道，丝毫不能坚持原则，竟然去帮助单、刘，助长此种叛乱行为，致使我流亡到楚国来；希望无论同姓还是异姓的诸侯，不要帮助单、刘那帮人，而要遵从先王的故典成命，以避免受到上天的惩罚，解救我于危难之中，让我重登天子之位。问题在于，晋侯出兵佐助王子匄(周敬王)稳定王位，即使按照王子朝的逻辑，不是与他列举的周公、召公等所行之事属于同样性质吗？为什么周、召二公等所行合乎"先王之命"，而晋侯所为就不合乎"先王之命"了呢？关键在于，王子朝认为自己是长子，理应由自己继承王位。他接着说：

> 昔先王之命曰："王后无嫡，则择立长；年钧以德，德钧以卜。"王不立爱，公卿无私，古之制也。穆后及大子寿，早

夭即世。单、刘赞私立少，以间先王。亦唯伯仲叔季图之！[①]

王子朝引以为据的，是“无嫡立长”之制。穆后是景王的王后，寿是穆后之子，故以嫡子立为太子，然二人皆已于昭公十五年（前527）去世，所以王子朝说景王并无嫡子在世。无嫡立长，所以当然应当由自己继承王位。但事实上，景王在世时，已立王子猛为太子；猛既去世，单、刘立猛之同母弟匄为王，与礼法并无龃龉。《公羊传》隐公元年说：“立嫡以长不以贤，立子以贵不以长。桓何以贵？母贵也。”王子朝虽是长子，然系庶出，本来是无望承嗣的。王子朝对这样的说法，就完全不加理会了。可以相信，如果王子朝不是长子，他一定可以在周室图籍中找到立王应以德为主的证据来。

在中国历史上，关于祖先起源的追述，大都是建立在“追忆”基础之上的。我们看各种族谱，其中关于族源的叙述，多追溯久远，特别于其始祖（或始迁祖）叙述甚详。可以相信，这些叙述都是后世“追忆”的结果，如果不加分析地信以为实，那就大错特错了。

满洲关于其族源的叙述与阐释，就是通过追忆而不断建构的典型例证。姚大力先生曾对此作了充分论证。他指出：明代女真人大部分来源于被金代猛安谋克女真所疏离的边缘人群，金代女真的光荣与辉煌从来没有进入过他们的共同记忆。当努尔哈赤初起之时，根本就不知道自己的部落与曾经建立过金帝国的女真人之间曾有过关系。因此，在努尔哈赤早中期，主要使用“诸申”这个词来指称与自己同类的诸部人群。在《旧满洲档》中所见关于满洲祖先的最早版本，是这样说的：

① 《春秋左传注》，昭公二十六年，第1475—1479页。

> 吾之父祖世世代代生活于布库里山下布勒霍里湖……布勒霍里湖有天女三人——曰恩库伦、哲库伦、佛库伦，前来沐浴。时有一鹊衔来朱果一，为三女中最小者佛库伦得之，含于口中吞下，遂有身孕，生布库里雍顺。其同族即满洲部是也。彼布勒霍里湖周百里，距黑龙江一百二十里至三十里。生吾等二祖后，由彼布勒霍里湖起行，住于撒哈连江之名为纳尔浑地方。

这时候的满洲，还没有想到要把自己与金女真联系起来。至努尔哈赤建国，以“金”为国号，看来已试图将自己与金女真联系起来。在努尔哈赤的讨明檄文中，明确使用“我本大金之裔”的表达。姚大力先生说：努尔哈赤借重“金”这个符号的主要用意，是试图以之张大己方与外部三国——明、朝鲜、蒙古——交涉过程中的政治合法性，提升自己的政治身份与历史品格。但是，到了皇太极时代，政治需要又发生了变化：与蒙古各部的关系提到了最重要的位置上来，科尔沁、察哈尔诸蒙古部相继降附满洲，而面对蒙古各部，自称为“大金后裔”，就显得有些不妥，因为金女真亡于蒙古，而且金亡之后，女真曾隶于蒙古统治之下。这样，满洲就要重新“追忆”自己的祖源，“大金后裔”的说法不再被提起，而回到了上文所引那个最早的传说，并不断地加以充实、改写。满洲始祖的发祥地，由原先“距黑龙江一百二十至三十里”，变成了“长白山之东北”（向东南移动，因为要与蒙古拉开距离）；布库里雍顺建国的故事，变得更具体起来：他不再是朝向北面的撒哈连江迁徙，而是坐小舟向南顺流而下，到达长白山东南，并被当地的“三姓”奉为首领。最初版本的故事里完全没有提到长白山，而《太祖实录》里的故事却是围绕长白山而展开的，并逐步把长白山神圣化。这些故事，到乾隆时代，又经过一次大的改写，这就是《满洲源流考》中所述说的满洲起源。①

显然，追忆的出发点与目标性都非常明确，是一种主动的“回忆”，有着相当明确的“目的”，所有的“回忆”都是围绕着那个目标而展开的，所以，它距离“历史的真实”更为遥远。不仅如此，更为重要的是，在追忆中的过去，被认为或追忆成一种生动的、可变的活动。过去总是新鲜的，它一直是在变化着的，就像生活一直在继续一样。追忆者根据当前变化的需要，总是不断从过去当中重新筛取一些不同的东西，有时需要这种声音，有时需要那种声音。于是过去出现得时而时间间隔长一些，时而时间间隔短一些。它有时像声音一样响起，有时却又陷入沉寂。过去的许多环节，只有在“当前”需要时，它才变得明亮起来；“需要”一旦消失，它又重新归于晦暗。因此，追忆是一个创造性的、可变的、流动的，因而也是基本不可依赖的体系。

然而，追忆的魅力也就在这里，它使过去常青，让历史“活在”当下。宇文所安曾经讨论过杜甫那首著名的《江南逢李龟年》：

> 岐王宅里寻常见，崔九堂前几度闻。
> 正是江南好风景，落花时节又逢君。

宇文所安固执地去追问：这首诗究竟有什么好呢？它的诗意在哪里？他有很好的阐释，可以去参看。② 我们仔细想这首诗，知道杜甫与李龟年，本来也许不算是好朋友的：当年，在岐王府与崔九（崔湜）的家里，两人在宴乐时是时常相见的，但那时，李龟

---

① 姚大力、孙静：《“满洲”如何演变为民族——论清中叶前“满洲”认同的历史变迁》，初刊《社会科学》2006 年第 7 期，后收入姚大力著《北方民族史十论》，桂林：广西师范大学出版社，2007 年，第 18—63 页。

② 宇文所安：《追忆：中国古典文学中的往事再现》，郑学勤译，北京：生活·读书·新知三联书店，2004 年，第 4—8 页。

年不过是一个乐工，虽然很优秀，总不过是一个伶人罢了。宴乐时及其之后的那些夜晚，杜甫并未觉得李龟年和他的音乐有多少值得回忆的东西。当年的“寻常见”与“几度闻”又被忆起，是在乱离之后的江南了。落英缤纷，故人相见，执手唏嘘，共话开、天旧事，当年的“寻常见”与“几度闻”遂被赋予了世事沧桑的时代内涵。这不仅仅是回忆，回忆只是重温当年相见时的情景，而追忆则赋予了当年的相见以“意义”——岐王宅里的相见与崔九堂前的乐声，代表着盛世的绝响；而江南的落花，则象征着乱离与悲凉；更为重要的是，这样的追忆让当年的那些“寻常”的相见从消逝的岁月里走出来，来到落花时节的江南，来到乱后重逢的朋友中间，成为这些沦落他乡的故知们生活的一部分。于是，一切都变得鲜活起来，长安的相见不再是“宛如昨天”，而是就在“今天”。

在这个意义上，追忆，使“过去”活在了“今天”，使“历史”成为“现在”乃至“未来”的组成部分，它不仅使过去与现在、未来相联，而且使现在和未来包涵了过去。历史之树因为追忆而得以常青。

(四)谎言

司马迁与班固，真的相信高祖刘邦是他的母亲梦见赤龙而孕育的吗？他们真的相信刘邦斩了一条大蛇、之后有个老妪哭诉的故事吗？大约不会。但他们依然这样写下来，而且想让后世的人相信这是事实。在本质上，这是在说谎；其所讲述故事的性质，毫无疑问，是谎言。

什么是谎言？心理学家保罗·埃克曼(Paul Ekman)给出的定义是：“说谎是一个人存心误导别人的有意行为，事先未透露其目的，并且对方也没有明确要求被误导。”[1]显然，后世的读者，包括我们，从来没有、也不可能向司马迁、班固等前世的史家提出“被误导”的要求（我们不会想要一个假话连篇的历史叙述，即使有人想，也无法告诉司马迁、班固等前世的史家，他们也无法倾听我们的要求）；至于史家是否“存心误导”我们，他们也从未透露过，所以，如果确实误导了我们，我们就只有认定他们是“有意”的了。因此，我们几乎可以确定，史书中那些几乎可以确定不可能属于事实的叙述与记载，都是谎言。

当然，撰写、编纂史书的史家，往往并非谎言的始作俑者，在大多数情况下，他们也是受骗者。《汉书·外戚传》中记述了好几起后妃梦见异象之后怀孕生子或怀孕之后梦见异象的故事，如景帝王皇后（武帝之母）怀上孩子（后来的武帝）之后，告诉太子（刘启），说是梦见太阳跑到了自己的怀抱（“日入其怀”）；太子回答说：“此贵征也。”很难确定这个故事是王皇后编造的，还是武帝即位后好事之臣编造的，不管怎样，都可基本断定它是谎言。此类记述，就是梁启超所说的，“其史迹本为作伪的性质，史家明知其伪而因仍以书之者”，也就是谎言本来是历史中的一些人编造的，史家明明知道它是谎言，却仍然因袭谎言，将谎言记载了下来。

史家明知其事为伪而仍书之，并希望后世之人信以为实，这当然是典型的谎言。梁任公曾比较《三国志·魏书·武帝纪》与《后汉书·献帝纪》中关于曹魏代汉过程的不同记载。[2] 我们在任公的基础上，列如下表：

① 保罗·埃克曼：《说谎——揭穿商业、政治与婚姻中的骗局》，邓伯宸译，北京：生活·读书·新知三联书店，2008年，第13页。

② 梁启超：《中国历史研究法》，上海：华东师范大学出版社，1995年，第123页。

表1　曹魏代汉历程的不同表述

时间	《三国志·魏书》	《后汉书·献帝纪》
建安二十一年(216)	夏，五月，天子进公爵为魏王。……天子命王女为公主，食汤沐邑。	夏四月甲午，曹操自进号魏王。 五月己亥朔，日有食之。
建安二十二年(217)	夏，四月，天子命王设天子旌旗，出入称警跸。 冬，十月，天子命王冕十有二旒，乘金根车，驾六马，设五时副车，以五官中郎将丕为魏太子。	冬，有星孛于东北。 是岁，大疫。
建安二十五年(220)	正月庚午，王崩于洛阳，年六十六。曹丕嗣位为丞相、魏王。 三月，黄龙见谯。 夏，四月，丁巳，饶安县言白雉见。 五月，戊寅，天子命王追尊皇祖太尉曰太王，夫人丁氏曰太王后。封王子叡为武德侯。 八月，石邑县言凤皇集。 十一月丙午，汉帝以众望在魏，乃召群公卿士，告祠高庙。使兼御史大夫张音持节奉玺绶禅位。乃为坛于繁阳。庚午，王升坛即阼，百官陪位。事讫，降坛，视燎，成礼而反。改延康为黄初，大赦。	正月庚子，魏王曹操薨。子丕袭位。 二月丁未朔，日有食之。 冬十月乙卯，皇帝逊位，魏王丕称天子。奉帝为山阳公，邑一万户，位在诸侯王上，奏事不称臣，受诏不拜，以天子车服郊祀天地，宗庙、祖腊皆如汉制，都山阳之浊鹿城。四皇子封王者，皆降为列侯。

按照《三国志·魏书》的记载，曹操由魏公进爵为魏王、设天子旌旗、出入警跸、着王冕十二旒，曹丕嗣魏王之位、受禅，皆出于汉献帝之命，完全没有谋夺皇位的迹象；而在曹丕受禅之前，

黄龙见，白雉现，凤凰集，吉瑞频出，显示出天命将有所归。这当然都是谎言。《后汉书·献帝纪》的记载彻底揭穿了这些谎言，它用一个“自”字揭示出所有这一切，都是曹氏父子“自为之”，汉献帝不过奉曹氏之命而已。不仅如此，《后汉书》还记载了日食、大疫、星孛等灾异之事，以见出天将示戒。如果说黄龙、白雉与凤凰之见出于捏造的话，那么，《三国志》对于日食、大疫、星孛的漏载，则显然是有意地隐瞒。我们知道，隐瞒真相与捏造事实，乃说谎的两种基本形式。

所谓“捏造”，就是把假的信息当作真的说出来。实际上，历史文献中的捏造并不稀少，比比皆是。梁任公曾经举隋末的王通为例证，这个人自比孔子，把当时的将相贺若弼、李密、房玄龄、魏徵、李勣等都攀认作自己的门人弟子，并与自己的弟子们一起合作撰写了一部《文中子》，记载他与那些假托为自己弟子的名人大臣的问答语录，好像真有其事一般。我们今天所见到的很多墓志、家传、行状之类文献中，有关墓主、族中列祖、人物之嘉言懿行、美德善事以及广得拥护、赞颂的记载，相当一部分都可能出自捏造，至少是夸大或出于增饰、润色的需要。

夸大与增饰，由于其故意性不是很明显，而且有一定的事实作为根据，所以不可完全看作谎言。梁任公尝引子贡之言曰：“纣之不善，不如是之甚也。”又引庄子之言“两善必多溢美之言，两恶必多溢恶之言”，以为无论何人作史，“真迹放大”之弊皆所不免。史文什九皆经后代编史者之润色，故往往多事后增饰之语。[①] 上文所举“夫人遂转乡歔欷而不复言”，当属于史家之想象与修辞，即属于此例。夸大与增饰，如果超过了许可的程度，就会演变为谎言。当然，这样的谎言，一般易于识别。

就说谎而言，隐瞒真相比捏造事实来得容易，因为捏造即使

① 梁启超：《中国历史研究法》，第124—125页。

将故事编得再怎么天衣无缝，谎言还是有可能被勘破。我们在生活中，会因为各种原因，随机地说一些谎言，善意的或不善意的，有功利心的或无功利心的。我们大概都会不同程度地说过这种谎话，也都有经验与教训：说了一句谎话，就要有一大堆的谎话来完善它，从而形成一个“谎言系统”。而我们常常“记不住”自己说过的谎话，所以下次要圆谎时往往不能自圆其说。据说林肯（Abraham Lincoln）曾讲过，因为他自己记忆不好，所以便没有说谎的本钱。而隐瞒则不太有这种担心，因为隐瞒只是保留某些事实不说，并没有说出任何不实之辞。在《三国志》的记载里，隐瞒了建安末年的灾异，如果不是有《后汉书》的记载，我们就不会知道曾经发生过的这些灾异了。同样，它隐瞒了曹魏代汉的真相，如果不是有《后汉书》及裴松之所引《献帝传》等文献的记载，我们几乎也无从知道其历史真相究竟如何。

今天，我们中间的绝大部分人，都或多或少地说过谎言。比如我们在写各种申请书时，陈述我们从少年时代甚至是童年时代以来的信仰，我们知道大部分是谎言。这里其实并不涉及正当或不正当，全看我们自己以及社会的认知而定。无需列举更多的例证，文书、统计资料、档案，乃至极度私密化的书信，其中都可能充斥着谎言，既有捏造事实的，还有隐瞒真相的，也有高度夸大或增饰润色的。当这些谎言被以文字、图象等形式记录下来，它就可能成为历史叙述的一种来源。

（五）历史叙述的“真实”

“历史”一词，有两层含义：一是指过去所发生的事情，一是指对过去所发生的事情的叙述和研究。前者是历史，是客观的，是唯一的（因为历史过程是不能重复的）；后者是历史学，是主观的，多种多样的（极端言之，每一个人都可能拥有自己对历史的叙述与解释，所以可以说历史叙述与阐释是无穷多的)。我们所赖以程度不同地认知客观的历史过程者，是前人留下的诸种形式的历史叙述与资料。傅斯年先生说："古史者，劫灰中之烬余也。据此烬余，若干轮廓有时可以推知，然其不可知者亦多矣。以不知为不有，以或然为必然，既违逻辑之戒律，又蔽事实之概观，诚不可以为术也。"①将研究历史过程的资料喻为"劫灰中之烬余"，虽然强调历史叙述与历史事实之间的巨大差距，然仍然肯定资料的客观性。何炳松先生则断然否定史料的客观性，谓："就史料所供给之消息而论，大体可分为三类：其一为人与物。人死不能复生，物毁不可复得。故史家所见，皆非本真，盖仅心云上一种印象而已。其二为人群活动。史家所知者亦仅属主观之印象，而非活动之实情。其三为动机与观念。其类凡三：一系撰人自身所表出者，一系撰人代他人所表出者，一系吾人以己意忖度而得之者。凡此皆由臆度而来，非直接观察可得。故史之为学，纯属主观，殆无疑义。"②我们调和二家之说，以为"灰烬"固然是由于人主观所为且留存，而史家"心云上之印象"则必有实物作为"印象"之底本，而非能"无中生有"(除个别外)。

毫无疑问，所有的史料——无论其为文字的叙述、实物的遗存，抑或现实的积淀，都与人有着程度不同的关系，是人留存下来的(无论其有意或无意，也都与"意"有关联)。直白地说，所有的历史书都是"人"写的。所以，人们所知道、叙述的"历史"，不是历史过程与历史事实本身，而是人类记忆中的历史过程与历史事实的相关素材。当然，这些记忆的素材所根据的乃客观的历史过程与历史事实，但人们所面对的所有东西，不过是经过记忆选择过滤之后的素材，或者说，是历史过程与历史事实的主观

① 傅斯年：《性命古训辨证》，上海：上海古籍出版社，2012年，第132页。

② 何炳松：《历史研究法·历史教授法》，上海：上海古籍出版社，2012年，第9页。

映象，而非其本身。而大部分的历史文献乃至口头资料，又并非历史事实发生过程的“即时性记忆”，而是事后的“回忆”乃至“追忆”。无论是记忆、回忆与追忆，在本质上都是对历史过程、事件或事物映象的述说，是某个时代的一部分人，对自己所处时代、所生存之环境、所经历之事件、所听闻之事实的一种感知与记忆，它们不是客观的历史过程与历史事实。通过这些史料，所可窥知者，首先而且主要是那些人的感知与认识，然后，凭借辨析能力与想象力，或许可以触及某些客观的历史过程与事实，但当著作者将自己的感知与认识撰写成文，所反映者也只是著作者的认知，而绝不是所谓客观的历史过程与事实。至于历史研究中越来越受到重视的物质遗存，亦即所谓“实物资料”，也是经过选择，甚至重新“建构”的；被认为最具“科学性”的考古资料，在其发掘、整理、报告的过程中，没有一个环节未经过“重构”。当考古工作者选定一个遗址确定发掘时，这个“重构”就已经开始了。更为重要的是，几乎所有物质遗存，都是历史过程中的某些人或人群“选择性”地遗留下来的，虽然这种“选择”未必是主动的、有意的。

因此，历史记录乃历史学家对历史事实的表述方式，人们又是通过历史记录而认识已经成为过去的历史事实的。有“客观”的历史过程，却从没有“客观的历史叙述”。我们所面对的所有史料，都是“主观”的，建基于其上的“历史叙述”，更只能是主观的，是“人”对于客观历史过程的“主观叙述”与“主观认识”，是各种各样的智性组合。正是在这个意义上，由于叙述与认识者主要立足于自身探索人性的需求而形成的对中国历史的叙述、分析与认识，可能是而且应当是多种多样的，绝非千篇一律。对于同一宗历史事件，同一历史过程，不同的人会有不同的叙述和解释，从而形成千差万别的历史叙述与认识。而对于专业的历史研究者来说，最为关键的问题是，哪一种历史叙述在怎样的社会文化环境中会成为主流话语，又是哪一种历史叙述对哪些特定的群体有意义。因此，历史研究者的任务，也许并非透过历史资料去探索所谓“历史真相”，弄清“唯一”的客观历史；更重要的乃将各种历史资料看作不同时代、不同的人或人群对历史的述说与认识，去分析这些述说与认识是如何形成的、为什么会如此叙述与认识，以及这些述说与认识对怎样的群体有意义、有怎样的意义，等等。换言之，历史学家所面对的问题，更多的是历史叙述与认识是什么，而不再是历史本身是什么；更多的是人们是怎样认识历史的运动的，而不再是历史过程是怎样运动的。

虽然所有叙述都有其存在的理由或合理性，但并不意味着真正的历史事实就不存在或不再重要。福建的某一支家族，不管其族谱中提供多少证据，说他们的祖先来自中原的某个望族，如果事实不是，再多的叙述也仍然改变不了事实。问题在于，真实的历史事实越来越不再有意义，人们关注的、使用的，可能更是那些并非事实的“历史事实”，叙述中的“真实”压倒了客观历史中的“真实”。在现实的、活生生的“人”（今人）面前，历史事实是苍白无力的，而叙述中的“事实”却是光彩鲜艳的。三人成虎，曾参杀人，“叙述中的真实”之压倒“历史中的真实”者，或且有甚于此。

帝王之道：成功的天子与失意的皇帝

《汉书》叙述西汉王朝的历史。王朝史的中心线索，乃是一个王朝建立、发展、兴盛、衰败与灭亡的历史，是以帝王为经、礼乐制度为纬、将相臣子为走卒的。所以，纪、志、传乃正史叙述的核心部分。"纪"用以"经理众事，系之年月"，明帝王之世系、通理乱兴衰，读之便于把握王朝政治之主脉络；"志"述典章经制，于天文地理、国典朝章，"隐显必该，洪纤靡失"，读之便于从总体上认识一个时代政治、经济、社会与文化之总体结构，把握其大政得失、利弊所在；而"传"则叙列人臣事迹，述其行迹，录其言论，绘其风仪，读之可见前贤往哲之智慧与言行之得失。所以，我们读史书，大抵着意于这三个方面。至于"表"，则多作检索之用，甚少通篇阅读的。

西汉一朝的历史，大约可分为三期：高祖创业，中经惠帝、吕后，以至文帝、景帝，是为兴起、发展期；武帝、昭帝、宣帝三朝，文功武略，均臻极盛，是为兴盛期；元、成、哀、平，以至于新莽，是为衰落期。王莽代汉，鼎立新朝，然并无开创气象，所以只得缀衰汉之末，不能开启新时代。自来说《汉书》及西汉历史者，多着意于高祖创业之艰，武帝文功武略之盛，以及王莽篡汉之纷扰；其次则是文景之无为而治，昭宣之中兴与元帝之儒教。凡此数端，也确是西汉政治之核心，观此亦足以大致了解西汉历史之总体格局。我们读《汉书》，亦当从这些“大处”着眼，立足于宏观的把握。

直到今天，人们说起皇帝来，大约还是不怎么把他们当作“人”的，虽然他们早已从半真半假的神坛上被拉了下来。人们更多的把皇帝看作王朝国家的统治者或者象征，是政治符号或工具；同时，他作为“天子”，又具有某些说不明白的“神性”或至少是“神秘性”。帝制被推翻已经过了一百年，可专制帝王的魂灵还往往游荡在中华大地上，还不时地显现出“真身”来；至于人们心中的帝王，更是远没有死。我想，我们今天读历史书，首先要做到的，就是以平常心看专制帝王，把帝王看作平常的人，逐步地还原出他们“人”的本来面目。如果我们不能这样做，而是抱着在史书中学习“帝王术”甚至是“学做帝王”的目的，那么，史书不读也罢。

一 “天人三策”：武帝的问题和董仲舒的回答

元光元年(前134)五月，终于摆脱了祖母太皇太后窦氏(窦太后于前一年五月去世)之“看护”的汉武帝下诏全国，征召贤良，应对策问。[①] 武帝亲自出了策问的题目。《汉书·武帝纪》元光元年五月诏书说明了此次策问的总纲与目标：

① 董仲舒“天人三策”上呈之年，史家向来有不同说法，而以建元元年(前140)与元光元年(前134)说为最著，请参阅福井重雅《儒教的国教化》，见佐竹靖彦主编《殷周秦汉史学的基本问题》，北京：中华书局，2008年，第265—286页，特别是第270—279页。今从元光元年说。

> 朕闻昔在唐虞，画象而民不犯，日月所烛，莫不率俾。周之成康，刑错不用，德及鸟兽，教通四海。海外肃眘、北发、渠搜、氐、羌徕服。星辰不孛，日月不蚀，山陵不崩，川谷不塞。麟凤在郊薮，河洛出图书。呜虖，何施而臻此与！今朕获奉宗庙，夙兴以求，夜寐以思，若涉渊水，未知所济。猗与伟与！何行而可以章先帝之洪业休德，上参尧舜，下配三王！朕之不敏，不能远德，此子大夫之所睹闻也。贤良明于古今王事之体，受策察问，咸以书对，著之于篇，朕亲览焉。[①]

“画象而民不犯”，应劭解释说：“二帝但画衣冠，异章服，而民不敢犯也。”而颜师古的解释要复杂得多，他首先引《白虎通》之言：“画象者，其衣服象五刑也。犯墨者蒙巾，犯劓者以赭著其衣，犯髌者以墨蒙其髌，象而画之，犯宫者扉，犯大辟者布衣无领。”然后又解释说：“墨，谓以墨黥其面也。劓，截其鼻也。髌，去膝盖骨也。宫，割其阴也。扉，草屦也。”大约是过度解释。如果唐虞时代就实行如此严酷的刑罚，武帝可能也不会举以为模范之世了。当以应劭说为是。成康，是指周成王、康王。错，放置。周成王、康王时代，各种刑具都搁置起来，用不着。肃眘（肃慎）、北发、渠搜、氐、羌都是居住在古代“中国”周边地区的人群。猗，是“美”的意思；伟，是“大”的意思。“猗与伟与！”那个时代真是美好而伟大啊。“洪业休德”，即大业美德；三王，指夏、商、周。

在这里，武帝提出了一个宏伟志向：自己做皇帝，要“章先帝之洪业休德，上参尧舜，下配三王”，就是不仅要发扬光大高祖以来先帝们的伟业美德，还要向尧、舜那样的古代圣王学习，退而求其次也要赶得上夏、商、周三代。他要求贤良们多出主意，辅

---

① 《汉书》卷六《武帝纪》，北京：中华书局，1962 年，第 160—161 页。

佐自己成就为这样伟大的帝王。

(一)第一策

这个诏书,应当是为了征召贤良前来应对策问而颁发的。贤良们真正需要回答的问题,则记录在《汉书·董仲舒传》里:

> 盖闻五帝三王之道,改制作乐而天下洽和,百王同之。当虞氏之乐莫盛于《韶》,于周莫盛于《勺》。圣王已没,钟鼓筦弦之声未衰,而大道微缺,陵夷至虖桀纣之行,王道大坏矣。夫五百年之间,守文之君,当涂之士,欲则先王之法以戴翼其世者甚众,然犹不能反,日以仆灭,至后王而后止,岂其所持操或悖缪而失其统与?固天降命不可复反,必推之于大衰而后息与?乌虖!凡所为屑屑,夙兴夜寐,务法上古者,又将无补与?三代受命,其符安在?灾异之变,何缘而起?性命之情,或夭或寿,或仁或鄙,习闻其号,未烛厥理。伊欲风流而令行,刑轻而奸改,百姓和乐,政事宣昭,何修何饬而膏露降,百谷登,德润四海,泽臻屮木,三光全,寒暑平,受天之祜,享鬼神之灵,德泽洋溢,施虖方外,延及群生?①

在这里,武帝连续提出了五个问题。1.数百年来,有很多君主政要,希望学习古代三王五帝的"道"与"法",然却并不能回复到三王五帝那样美好的时代。以至这种努力逐渐衰退下来,到后来的君主们就再也不作这样的努力了。是他们具体实施的办法有问题呢,还是他们推行有关措施的顺序不对,从而打乱了其全盘的秩序呢?2.如果是上天降下旨意,让后世不能再回复到上古时

---

① 《汉书》卷五六《董仲舒传》,第2498页。下文所引"天人三策",均见同传,第2496—2522页。

代的大道上去，那么，一定要走到全面崩溃的地步、下滑的步伐才会停止吗？如果是这样，那么，即便是勤勤恳恳，一丝不苟，夙兴夜寐，无论做什么事情，都一定效法上古时代，也将不能挽救衰微的命运吗？3.据说夏、商、周三代秉受天命，那么表明其秉受天命的标志(符)又在哪里呢？天灾祥异，又是因何而起的呢？4.每个人的性情、命运，有的早夭，有的长寿；有人宽仁，有人悭吝卑鄙。这些现象到处可见，究竟是什么原因造成的，又说明了怎样的道理呢？5.如果想要改变社会风气、推行政令，使用较轻的刑罚而减少奸宄之事，百姓和乐，政事光明，又需要怎样去做呢？究竟要怎样做，才能让天降甘露，百谷丰登，恩德泽润四海，延及普天之下的芸芸众生？要进行哪些改革调整，又要怎样告知人民，以取得他们的配合、支持？

这一年，武帝刘彻二十三岁，已经做了近八年皇帝(武帝于景帝后元三年即公元前 141 年正月即位)。这些问题应当是武帝自己提出来的，虽然文字很可能经过了润饰，但问题的核心仍然应当是武帝的。毫无疑问，这几个问题，涉及汉王朝立国行政的根本原则(“法先王”以及政权“合法性”的来源，第一、二、三个问题)，也包括了对人生的思考，以及如何处理当前政治中的现实问题。这五个问题，又可归纳为三个方面，即天命、人性(情性)与现实政治，用今天的语言表达，大概就包括宇宙论、人生哲学与政治哲学三方面。

那么，董仲舒是如何回答的呢？在后来称为“天人三策”的第一策中，董仲舒首先指出：天命显现在人事中。他说：

> 国家将有失道之败，而天乃先出灾害以谴告之；不知自省，又出怪异以警惧之；尚不知变，而伤败乃至。以此见天心之仁爱人君而欲止其乱也。自非大亡道之世者，天尽欲

扶持而全安之，事在强勉而已矣。

这就是“天人相关说”的简略表达。“天”持有“天心”，能够知道“国家”、“人君”是否“失道”，“人君”如果有“失道”之政是否知“自省”，是否“知变”。“天”对“人君”是仁爱的，不希望人君致乱，所以，如果人君有失道之举，即出灾害以责备、告知他；若人君不知自省，则再出怪异之事以提醒他；再不改弦更张，那上天就只有让他败亡了。反过来说，如果灾害怪异频出，那一定是人君不行正道了。那么，什么是“道”呢？董仲舒说：

道者，所繇适于治之路也，仁义礼乐皆其具也。故圣王已没，而子孙长久安宁数百岁，此皆礼乐教化之功也。王者未作乐之时，乃用先王之乐宜于世者，而以深入教化于民。教化之情不得，雅颂之乐不成，故王者功成作乐，乐其德也。乐者，所以变民风，化民俗也；其变民也易，其化人也著。故声发于和而本于情，接于肌肤，臧于骨髓。故王道虽微缺，而管弦之声未衰也。

繇，即由、经过。适，即往。道，就是通往大治的路，其具体内容则是仁、义、礼、乐。仁、义、礼、乐也就是“先王之法”的体现。所以，法先王，就是实行仁、义、礼、乐。而此四者，又是“天”付与先王的“法”。圣王虽然已没，但道（具体表现为仁、义、礼、乐）却一直传承未衰。人君行“道”则国家兴，不行“道”则国家衰，然无论国家兴衰，“道”一直没有亡，一直存续在那里：

夫人君莫不欲安存而恶危亡，然而政乱国危者甚众，所任者非其人，而所繇者非其道，是以政日以仆灭也。夫周道

> 衰于幽厉，非道亡也，幽厉不繇也。至于宣王，思昔先王之德，兴滞补弊，明文武之功业，周道粲然复兴，诗人美之而作，上天祐之，为生贤佐，后世称诵，至今不绝。此夙夜不解行善之所致也。孔子曰“人能弘道，非道弘人”也。故治乱废兴在于己，非天降命不得可反，其所操持悖谬失其统也。

弘道在于人，失道也在于人，行道则兴，失道则衰，“故治乱废兴在于己”，并不是上天降命不让后世回返到先王那样美好的时代，问题仍在于后世君王“操持悖谬失其统也”。质言之，“天命”在于“人事”，上天的福祐或惩戒全赖于人君之是否行“道”。至此，董仲舒回答了武帝的第一、第二个问题。

第三个问题，关于受命之符，即帝王膺受天命的象征是什么，如何能够证明君王得到了天命的眷顾。董仲舒说：

> 臣闻天之所大奉使之王者，必有非人力所能致而自至者，此受命之符也。天下之人同心归之，若归父母，故天瑞应诚而至。《书》曰“白鱼入于王舟，有火复于王屋，流为乌”，此盖受命之符也。周公曰“复哉复哉”，孔子曰“德不孤，必有邻”，皆积善絫德之效也。及至后世，淫佚衰微，不能统理群生，诸侯背畔，残贼良民以争壤土，废德教而任刑罚。刑罚不中，则生邪气；邪气积于下，怨恶畜于上。上下不和，则阴阳缪盭而妖孽生矣。此灾异所缘而起也。

“白鱼入于王舟，有火复于王屋，流为乌。”出自《今文尚书·泰誓》，谓伐纣之时有此祥瑞之象。这是说武王伐纣时，乘舟渡河，白鱼自动跃入武王所乘坐的舟中；火光自天下垂，变化为赤乌，飞进了武王所住的屋子里。这些异象，表明武王得受命为天子，就是“受命之符”。周公曰：“复哉复哉。”也见于《今文尚书·泰誓》。颜师古注曰：“周公视火乌之瑞，乃曰：‘复哉复哉！’复，报也，言周有盛德，故天报以此瑞也。”孔子曰：“德不孤，必有邻。”出自《论语》，邻，近也。言修德者不独空为之而已，必有近助也。因此，所谓“受命之符”，“皆积善絫德之效也。”絫，即累。也就是说，天命授予的象征，是靠行善积德而来的。反过来，废德积邪，则灾异妖孽自生。

第四个问题，关于人的性（本质）与命（命运，道路），董仲舒回答说：

> 臣闻命者天之令也，性者生之质也，情者人之欲也。或夭或寿，或仁或鄙，陶冶而成之，不能粹美，有治乱之所生，故不齐也。孔子曰：“君子之德风，小人之德草，草上之风必偃。”故尧舜行德则民仁寿，桀纣行暴则民鄙夭。夫上之化下，下之从上，犹泥之在钧，唯甄者之所为；犹金之在熔，唯冶者之所铸。“绥之斯徕，动之斯和”，此之谓也。

命，是上天给的；性，是生来就是这样的；情，是人希望做到、得到的。上天之予人以命，给人以性，就像陶工造瓦、冶工制兵器那样，不能完全一致，有时心情平和，做得好一些；有时心情散乱，做得差一些，所以人生来就是不一样的，就有君子、小人之别。而君子（人君与夫子）的品德就像是风，小人（百姓）的品德就像是草，草会随风倒，小人也就必然要受君子的影响。所以，在上之君子，就像造瓦的人；其品德风范，就像造瓦时陶模的那个轴（钧），足以决定小人的品德性情。“绥之斯徕，动之斯和”，语出《论语》，系子贡对陈子禽之言，意为治国家者，对于百姓，安抚他们则竞相跟从，以品德垂范、教化他们则社会和谐。在这里，董仲舒没有直接回答武帝关于人生哲学的疑问，而是将人生哲学引入到政治哲学的层面，将人君的人生与其君主的职责融合在一起。实际上，他在告诉武帝，作为帝王，不需要思考这样的人生哲学问题。

第五个问题，如何处理当前的政事。这是董仲舒回答的主体部分，系统地陈述了他的政治主张：

第一，当任德教而不任刑，即以德教治天下，而不当以刑法治天下。董仲舒说：

> 王者欲有所为，宜求其端于天。天道之大者在阴阳。阳为德，阴为刑；刑主杀而德主生。是故阳常居大夏，而以生育养长为事；阴常居大冬，而积于空虚不用之处。以此见天之任德不任刑也。天使阳出布施于上而主岁功，使阴入伏于下而时出佐阳；阳不得阴之助，亦不能独成岁。终阳以成岁为名，此天意也。王者承天意以从事，故任德教而不任刑。刑者不可任以治世，犹阴之不可任以成岁也。为政而任刑，不顺于天，故先王莫之肯为也。今废先王德教之官，而独任执法之吏治民，毋乃任刑之意与！孔子曰："不教而诛谓之虐。"虐政用于下，而欲德教之被四海，故难成也。

天既然支配着世界，君王为政之根本，也就来源于天。所以，如何行政，就要问天，要依从"天道"。所谓"天道"，就是上天化生万物的方式，也就是阴阳、四时等自然现象的秩序和运动变化的规律。世间万物都要养育生长，所以要以"阳"为主；而万物生灵又都要休息更替，所以不得不有"阴"。阳为德，代表着生命、成长；阴为刑，代表着肃杀、死亡。所以，天道的核心是"任德而不任刑"，也就是保护、促进生长而不保护、促使衰亡。君王既然遵从天命，根据天道以行王政，王道也就要“任德教而不任刑”，也就是要推行德教，而不能实行刑治。刑法不可以据以治理天下，就如专靠“阴”不能度过岁月一样。如果为政而专用刑法，则与天道不合，所以古时候的圣王都不这样做。在这里，董仲舒明确地批评“今”之废德教而任刑，认为当时“独任执法之吏治民”是不“顺从天命”的，是“虐政”。既然推行此种“虐政”，竟然还希望使“德教”泽被四海，岂非南辕北辙，怎么可能达到呢？

第二，应以公正之心持政，不得存偏私之念，更不能专逞一己之欲。董仲舒说：

> 为人君者，正心以正朝廷，正朝廷以正百官，正百官以正万民，正万民以正四方。四方正，远近莫敢不壹于正，而亡有邪气奸其间者。是以阴阳调而风雨时，群生和而万民殖，五谷孰而屮木茂，天地之间，被润泽而大丰美，四海之内，闻盛德而皆徕臣，诸福之物，可致之祥，莫不毕至，而王道终矣。

君心正则朝廷正，百官正则万民正，万民正则国家、社会正，歪风邪气即不得存于其间，天地万物皆各种其所，和谐茂美，天下遂得大治，“王道”也就达到极致了。因此，人君之“正心”是本源。这些话，今日读来，虽然也觉不错，但并无真正力量。盖在上位者，做到“正”最难，无论是“正心”、“正行”，还是“正法”、“正理”，都很难做到。故要求人君“正”，实际上是做不到的。董仲舒大概也不会不明白这一点，所以根本没有谈及人君究竟怎样才能做到“正”，看来也不过是说说而已。

第三，当以教化为治世之要务。董仲舒说：

> 夫万民之从利也，如水之走下，不以教化堤防之，不能止也。是故教化立而奸邪皆止者，其堤防完也；教化废而奸邪并出，刑罚不能胜者，其堤防坏也。古之王者明于此，是故南面而治天下，莫不以教化为大务。立大学以教于国，设庠序以化于邑，渐民以仁，摩民以谊，节民以礼，故其刑罚甚轻而禁不犯者，教化行而习俗美也。

人的性情，是从利的，故需以道德规范之，不使利欲之心漫无边际，这就是教化。教化的本质，是给人的利欲之心加以规范，犹如在奔腾四溢的大河边筑上堤防。所以，治天下者，当从根本上规范人的利欲之心，即以教化为大务。教化不立，则万民不正。"德教"是汉儒的共同主张，并非新论。推行教化的具体措施，则不外乎"立大学以教于国，设庠序以化于邑"。颜师古注曰："庠、序，教学处也，所以养老而行礼焉。《礼学记》曰'古之教者，家有塾，党有庠，术有序，国有学'也。"大学，又作"太学"，即国家之学，教化系统中最高的机构。设立各级学校，以推行教化，这也是儒家所谓"德教"的常谈，并非董仲舒的独创。

第四，推行政治改革，从根本上破除秦以来"以刑为治"的政治理念及其制度。董仲舒说：

> 周之末世，大为亡道，以失天下。秦继其后，独不能改，又益甚之，重禁文学，不得挟书，弃捐礼谊而恶闻之，其心欲尽灭先王之道，而颛为自恣苟简之治，故立为天子十四岁而国破亡矣。自古以来，未尝有以乱济乱，大败天下之民如秦者也。其遗毒余烈，至今未灭，使习俗薄恶，人民嚚顽，抵冒殊捍，孰烂如此之甚者也。孔子曰："腐朽之木不可雕也，粪土之墙不可圬也。"今汉继秦之后，如朽木粪墙矣，虽欲善治

之，亡可奈何。法出而奸生，令下而诈起，如以汤止沸，抱薪救火，愈甚亡益也。窃譬之琴瑟不调，甚者必解而更张之，乃可鼓也；为政而不行，甚者必变而更化之，乃可理也。当更张而不更张，虽有良工不能善调也；当更化而不更化，虽有大贤不能善治也。故汉得天下以来，常欲善治而至今不可善治者，失之于当更化而不更化也。古人有言曰："临渊羡鱼，不如退而结网。"今临政而愿治七十余岁矣，不如退而更化；更化则可善治，善治则灾害日去，福禄日来。《诗》云："宜民宜人，受禄于天。"为政而宜于民者，固当受禄于天。夫仁、谊、礼、知、信五常之道，王者所当修饬也；五者修饬，故受天之祐，而享鬼神之灵，德施于方外，延及群生也。

以法治天下，法出而奸弊之策生，令下而狡诈之计起（所谓"上有政策，下有对策"也），故以法令治天下，犹如"以汤止沸，抱薪救火"。欲从根本上解决问题，必须彻底"更化"，即从根本上改变为政的方向，放弃以刑法治天下的"大政方针"，奉行"仁谊（义）礼智信五常之道"，推行德政，即将秦以来的法治，改变为德治，以德化治国。在这里，董仲舒实际上对西汉前期的政治作了全面否定，认为它在本质上仍然是对秦代刑政法治的延续，主张进行政治改革，从根本上扭转以刑法立国的大政方针。但究竟如何"更化"，董仲舒并没有给出具体的办法，只是提出"为政"当以"宜于民"亦即顺从民心为原则，并指出人君当奉行仁、谊、礼、智、信五常之道。

（二）第二策

当时参加策问的贤良文学，据下引武帝的第二问，有百余人，董仲舒的回答在众多的回答中得到武帝的肯定。《汉书·董仲舒传》说“天子览其对而异焉”，说明是武帝直接读了董仲舒的回答，觉得回答得非常好。所以，武帝紧接着就出了第二道题目，也是出给所有“贤良”的，并非仅要董仲舒一人回答：

> 盖闻虞舜之时，游于岩廊之上，垂拱无为，而天下太平。周文王至于日昃不暇食，而宇内亦治。夫帝王之道，岂不同条共贯与？何逸劳之殊也？
>
> 盖俭者不造玄黄旌旗之饰。及至周室设两观，乘大路，朱干玉戚，八佾陈于庭，而颂声兴。夫帝王之道，岂异指哉？或曰：良玉不瑑；又曰：非文无以辅德。二端异焉。
>
> 殷人执五刑以督奸，伤肌肤以惩恶。成康不式，四十余年，天下不犯，囹圄空虚。秦国用之，死者甚众，刑者相望，秏矣哀哉！
>
> 乌虖！朕夙寤晨兴，惟前帝王之宪，永思所以奉至尊，章洪业，皆在力本任贤。今朕亲耕藉田以为农先，劝孝弟，崇有德，使者冠盖相望，问勤劳，恤孤独，尽思极神，功烈休德未始云获也。今阴阳错缪，氛气充塞，群生寡遂，黎民未济，廉耻贸乱，贤不肖浑淆，未得其真，故详延特起之士，庶几乎！今子大夫待诏百有余人，或道世务而未济，稽诸上古之不同，考之于今而难行，毋乃牵于文系而不得骋欤？将所繇异术，所闻殊方与？各悉对，著于篇，毋讳有司。明其指略，切磋究之，以称朕意。

武帝第二问的核心，是帝王之道究竟是什么，亦即究竟应当怎样做帝王？他总共提出了四个小问题。

一是关于君主的劳与逸。他说尧舜垂拱而治，而周文王却夜以继日地工作，都把天下治理得很好。一样是做帝王，职责是一样的，为什么会如此地劳逸不均呢？

二是关于帝王的俭与奢。他问道：听说俭约的君王不用各色旗帜作为装饰，可是，周王室却大肆铺张，宫殿用品都非常奢侈豪华，大家也都颂扬它，难道帝王之道不相同吗？有人说，良玉不需要雕刻花纹；可也有人说，没有文饰就不能表现出美德来，这两种说法为什么如此不同呢？两观，指两阙。大路，指玉路之车，路，即辂。乘大路，是说乘着用玉辂装饰着的车。干，是盾。戚，是钺。"朱干玉戚"，是指用朱丹涂饰盾牌，用玉装饰戚（钺）的柄。佾，列，指舞者之行列。一列八人，天子八列，六十四人。瑑，读作篆，指雕刻为文。

三是关于是否应当使用刑法。他说：殷商时普遍使用五刑与肉刑，周成王、康王时不用刑法，天下大治；秦用法治，到处是受刑的人，死者也很多，天下空虚。那么，究竟要不要用刑法呢？

四是如何处理当前政事。武帝说：我自即位以来，一直很勤勉，也实行了很多德政；但如今人民生计并不富足，社会并不安定，这是为什么呢？"廉耻贸乱，贤不肖浑淆"，颜师古注："贸，易也。浑淆，杂也。"是说混淆廉洁与贪渎羞耻，不分贤良还是不肖。一个廉耻混淆、善恶不分、贤不肖等同的社会，是一个没有希望的社会。

董仲舒对上述问题逐一作了回答。他首先指出，尧舜并非如传说中所说的那样，一开始就是垂拱而治的：

> 臣闻尧受命，以天下为忧，而未以位为乐也，故诛逐乱臣，务求贤圣，是以得舜、禹、稷、卨、咎繇。众圣辅德，贤能佐职，教化大行，天下和洽，万民皆安仁乐谊，各得其宜，动作应礼，从容中道。故孔子曰"如有王者，必世而后仁"，此之谓也。尧在位七十载，乃逊于位以禅虞舜。尧崩，天下不

> 归尧子丹朱而归舜。舜知不可辟，乃即天子之位，以禹为相，因尧之辅佐，继其统业，是以垂拱无为而天下治。孔子曰“《韶》尽美矣，又尽善矣”，此之谓也。

“如有王者，必世而后仁”，语出《论语》。世，三十年。谓如有受命为王者，必三十年，仁政乃成。所谓尧舜垂拱而治，实际上是有条件的，是经过三十年的辛劳之后才达到的。同样的，周文王日夜操劳，也是有原因的：

> 至于殷纣，逆天暴物，杀戮贤知，残贼百姓。伯夷、太公皆当世贤者，隐处而不为臣。守职之人皆奔走逃亡，入于河海。天下秏乱，万民不安，故天下去殷而从周。文王顺天理物，师用贤圣，是以闳夭、大颠、散宜生等亦聚于朝廷。爱施兆民，天下归之，故太公起海滨而即三公也。当此之时，纣尚在上，尊卑昏乱，百姓散亡，故文王悼痛而欲安之，是以日昃而不暇食也。孔子作《春秋》，先正王而系万事，见素王之文焉。繇此观之，帝王之条贯同，然而劳逸异者，所遇之时异也。孔子曰“《武》尽美矣，未尽善也”，此之谓也。

商纣王之时，天下大乱，文王起而救万民于水火，日理万机，所以“日昃而不暇食”。帝王之道虽同，但为帝王者之劳逸却不同，原因就在于其所处之时代、所统治之社会不同，“所遇之时异也”。这是回答武帝的第一个问题。“《武》尽美矣，未尽善也”，语出《论语》，是说《武》乐反映周武王伐纣之事，虽然很美，但却未必尽善。这里的意思说是，文王、武王之世，虽然也很好，但君王忙碌无暇，且有征伐之事（虽然是伐“无道”之君），所以仍然比不上尧舜时代。

董仲舒接着回答武帝的第二个问题，说：

> 臣闻制度文采玄黄之饰，所以明尊卑，异贵贱，而劝有德也。故《春秋》受命所先制者，改正朔，易服色，所以应天也。然则宫室旌旗之制，有法而然者也。故孔子曰："奢则不逊，俭则固。"俭非圣人之中制也。臣闻良玉不瑑，资质润美，不待刻瑑，此亡异于达巷党人不学而自知也。然则常玉不瑑，不成文章；君子不学，不成其德。

"奢则不逊，俭则固"，语出《论语》。逊，顺也。固，陋也。意思是奢侈就不能长久、顺遂，俭朴则会导致鄙陋。董仲舒引用此句，意在强调俭非帝王所宜取，"俭非圣人之中制也"，中制，即符合、适当的制度。俭朴并不是适合圣人的制度。采用文采玄黄之饰，是为了建立起礼仪制度，明尊卑、异贵贱、劝有德，是必不可少的。大部分的玉，也都是要雕琢的。因此，对于帝王的奢与俭，董仲舒的态度是宜奢不宜俭。

关于第三个问题，即是否要使用刑法，董仲舒说：

> 臣闻圣王之治天下也，少则习之学，长则材诸位，爵禄以养其德，刑罚以威其恶，故民晓于礼谊而耻犯其上。武王行大谊，平残贼，周公作礼乐以文之，至于成康之隆，囹圄空虚四十余年。此亦教化之渐，而仁谊之流，非独伤肌肤之效也。至秦则不然。师申商之法，行韩非之说，憎帝王之道，以贪狼为俗，非有文德以教训于天下也。诛名而不察实，为善者不必免，而犯恶者未必刑也。是以百官皆饰虚辞而不顾实，外有事君之礼，内有背上之心，造伪饰诈，趣利无耻；又好用憯酷之吏，赋敛亡度，竭民财力，百姓散亡，不得从耕

织之业，群盗并起。是以刑者甚众，死者相望，而奸不息，俗化使然也。故孔子曰“导之以政，齐之以刑，民免而无耻”，此之谓也。

“少则习之学，长则材诸位，爵禄以养其德，刑罚以威其恶，故民晓于礼谊而耻犯其上”，这是圣王治理天下的五条途径：对于臣下，年少时就要让他们养成学习的习惯，成人之后则根据其才能之优劣授予其职位，用官爵俸禄培育其品德，用刑罚来威慑其作恶的潜能，进而使百姓都能明白礼义之道，而以犯上为耻。故圣人之政，需以德化为主，刑法为辅。秦专用刑法，故败亡。“导之以政，齐之以刑，民免而无耻”，亦出自《论语》，意为对待百姓，如果只是以政法教导之，以刑戮整齐之，那么，百姓不过是营求苟且地活着而已，心中并没有道德的理想和伦理的规范，违犯了政法、受了刑戮，也不会感到耻辱。秦朝就是这样的。然秦固然用刑过度，可也不能因此而完全不用刑法，还是要用刑法才能威慑臣民作恶的潜能。观董仲舒之意，盖以刑法不能专用，也不能不用；秦之败亡，既在专任刑法，不用德教，而其用刑法，又只是责名而不察实，不能做到名实相符，所以导致了很多问题。

第四个问题，是关于具体的施政措施。董仲舒说：只要君王心存仁义之心，以仁义慈爱之心对待百姓，善于听取臣子的建议（“广览兼听，极群下之知，尽天下之美”），诚心诚意地推行善政，天下就一定可致太平，三王时代那样的美好时代就可以重现。为此，他提出了两条具体的建议。一是兴太学以养士：

养士之大者，莫大虖太学；太学者，贤士之所关也，教化之本原也。今以一郡一国之众，对亡应书者，是王道往往而绝也。臣愿陛下兴太学，置明师，以养天下之士，数考问以尽其材，则英俊宜可得矣。今之郡守、县令，民之师帅，所使承流而宣化也；故师帅不贤，则主德不宣，恩泽不流。今吏既亡教训于下，或不承用主上之法，暴虐百姓，与奸为市，贫穷孤弱，冤苦失职，甚不称陛下之意。是以阴阳错缪，氛气充塞，群生寡遂，黎民未济，皆长吏不明，使至于此也。

换言之，为政之要，在于用人；用人之要，在于用贤士；贤士之得，在于育成之；育成贤士之途，在于兴太学。其要旨，用今人之套话，就是“国家大计，教育为本”。二是选良吏：

夫长吏多出于郎中、中郎，吏二千石子弟选郎吏，又以富訾，未必贤也。且古所谓功者，以任官称职为差，非谓积日絫久也。故小材虽絫日，不离于小官；贤材虽未久，不害为辅佐。是以有司竭力尽知，务治其业而以赴功。今则不然。累日以取贵，积久以致官，是以廉耻贸乱，贤不肖浑淆，未得其真。臣愚以为使诸列侯、郡守、二千石各择其吏民之贤者，岁贡各二人以给宿卫，且以观大臣之能；所贡贤者有赏，所贡不肖者有罚。夫如是，诸侯、吏二千石皆尽心于求贤，天下之士可得而官使也。遍得天下之贤人，则三王之盛易为，而尧舜之名可及也。毋以日月为功，实试贤能为上，量材而授官，录德而定位，则廉耻殊路，贤不肖异处矣。

盖西汉前期官吏之选拔，多出于军功勋阀与豪富集团，二千石官吏之子弟即入选郎中、中郎，积日而任官，或以富资入官，而无论其贤愚，是故贤、不肖既不能分别，廉耻、是非也不清晰。针对这种情况，董仲舒建议实行察举制度，由列侯、郡守、二千石官每岁各举其贤者二人，入为宿卫，历练后任为官吏。这一措施，旨在打破统治阶级中勋阀集团的固定势力，给平民阶层提供晋升的机会，有扩大统治阶级基础的意思。但董仲舒这里所作的建议，其实早已实行，并无多少新意。盖察举源于先秦时代的“贡士”、秦代的“荐吏”，是一种由下向上保荐人才的制度，推荐者本人都负有担保的责任。早在高祖十一年（前196），就曾下过求贤诏书，文、景之世也曾多次下诏，令诸侯王、公卿、郡守举贤良方正能直言极谏者。武帝即位之初，建元元年（前140）十月，就曾诏“丞相、御史、列侯、中二千石、二千石、诸侯相举贤良方正直言极谏之士”。所举之士亦皆得授官。所以，董仲舒于第二策中所言有关实政的建议，也并没有多少新意。

（三）第三策

汉武帝看了包括董仲舒在内的诸多贤良的回答，又出了第三道策问题目：

> 盖闻“善言天者必有征于人，善言古者必有验于今”。故朕垂问虖天人之应，上嘉唐虞，下悼桀纣，寖微寖灭寖明寖昌之道，虚心以改。今子大夫明于阴阳所以造化，习于先圣之道业，然而文采未极，岂惑虖当世之务哉？条贯靡竟，统纪未终，意朕之不明与？听若眩与？夫三王之教所祖不同，而皆有失，或谓久而不易者道也，意岂异哉？今子大夫既已著大道之极，陈治乱之端矣，其悉之究之，孰之复之。《诗》不云虖？“嗟尔君子，毋常安息，神之听之，介尔景福。”朕将亲览焉，子大夫其茂明之。

从策问的语气看，武帝对贤良们此前的回答并不完全满意，认为他们的回答“条贯靡竟，统纪未终”，觉得回答还是不够具体，特别是对“当世之务”的建议尚不全面、具体。武帝概括自己提出的问题，主要为三方面，即天人之应、微灭明昌之道以及当世之务，而第三次策问的核心，则是当世之务。“嗟尔君子，毋常安息，神之听之，介尔景福”，出自《诗·小雅·大明》。安息，安处也。介，助也。景，大也。意思是人君不当苟自安处而已，若能靖恭其位，直道而行，则神听而知之，将助之以致大福也。

董仲舒的回答，正是针对武帝的三方面问题的。首先，关于“天人相应”，他进一步阐发说：

> 天者群物之祖也，故遍覆包函而无所殊，建日月风雨以和之，经阴阳寒暑以成之。故圣人法天而立道，亦溥爱而亡私，布德施仁以厚之，设谊立礼以导之。春者天之所以生也，仁者君之所以爱也；夏者天之所以长也，德者君之所以养也；霜者天之所以杀也，刑者君之所以罚也。繇此言之，天人之征，古今之道也。孔子作《春秋》，上揆之天道，下质诸人情，参之于古，考之于今，故《春秋》之所讥，灾害之所加也；《春秋》之所恶，怪异之所施也。书邦家之过，兼灾异之变，以此见人之所为，其美恶之极，乃与天地流通而往来相应，此亦言天之一端也。

“天”是万物的根源，包含世间万物，对于万物一视同仁，它通过日月风雨、阴阳寒暑等现象建立起自然的秩序。圣人效法“天道”而建立“王道”，博爱无私，广布恩德，普施仁爱，建立伦理规范作为社会运行的法则。自然的秩序、法则，与人世间的秩序、法则，相互对应，“天”与“人”，“天道”与“人情”，是一种共生的关系：“天”的春、夏、霜是“人”的仁、德、刑的“征”，是包含在“君”的伦理、政治行为之中的。换言之，“君”的仁、德、刑的行为，是与

"天"的春、夏、霜的征候相对应的。所以，"人之所为"，乃与"天地流通往来相应"。这其实是对第一策中所述"天人相关"说的进一步阐发。董仲舒接着说：

> 天令之谓命，命非圣人不行；质朴之谓性，性非教化不成；人欲之谓情，情非度制不节。是故王者上谨于承天意，以顺命也；下务明教化民，以成性也；正法度之宜，别上下之序，以防欲也：修此三者，而大本举矣。

所谓"天命"，就是上天对人间治乱祸福的安排和干预，只有"圣人"或"王者"才能真正承受"天命"，并秉持上天的意旨而行事。人与生俱来的品质就是人性，人性不经过教化就不能完美、至善；人之欲求就是"情"，"情"如果没有制度纪律予以规范，就会没有节制（这就是所谓的"性善情恶"论）。所以，做君王的人，向上要谨顺天命，遵照天意而行事；向下要彰明德教，以化育万民，使万民都养育出美好高尚的品德；同时，还要制定正确而适宜的法度，以分别上下尊卑的秩序，防止某些人个人欲望极度膨胀。顺天命，明教化，正法度，是人君治世的根本。

那么，在这个"天人共生相应"的体系中，"人"又处在怎样的位置呢？

> 人受命于天，固超然异于群生，入有父子兄弟之亲，出有君臣上下之谊，会聚相遇，则有耆老长幼之施；粲然有文以相接，欢然有恩以相爱，此人之所以贵也。生五谷以食之，桑麻以衣之，六畜以养之，服牛乘马，圈豹槛虎，是其得天之灵，贵于物也。故孔子曰："天地之性人为贵。"明于天性，知自贵于物；知自贵于物，然后知仁谊；知仁谊，然后重

礼节；重礼节，然后安处善；安处善，然后乐循理；乐循理，然后谓之君子。故孔子曰“不知命，亡以为君子”，此之谓也。

人在天生万物之中处于“至贵”的位置，“超然异于群生”。而其所以“超然异于群生”者，是由于人有伦理，父子兄弟、君臣上下、耆老长幼皆判然有别，井然有序，绝不混乱。正因为此故，上天才让五谷桑麻六畜牛马等皆为人所用，让人感受到在万物之中的尊贵。人自知其贵，遂得自重；自贵自重，遂得兼爱他人，这就是仁义（谊）；知仁义，就会重礼节，遂得处于善道之中，生命安宁，遵照理性行事。这就是“君子”了。

在这个体系中，“人道”（人间的秩序、法则）因“天道”而来，受命于天，也遵循“天道”；“天道”更因为人间的秩序法则而得以体现。“天人同构”（自然的秩序与人间的秩序，结构性相同）乃“天人相应”说最深层的道理。

其次，针对武帝概括的第二个问题，即所谓“微灭明昌之道”，董仲舒的回答比较浅显，大抵不过是一些“众少成多，积小致巨”或“以暗致明，以微致显”之类的老生常谈，提醒君王“小心翼翼”、兢兢业业，“善积而名显，德章而身尊”，并无太多深意，可不具说。

最后，对于武帝重点提出的“当世之务”，董仲舒也作了重点回答。在这里，他先从“为政之道”（亦即政治的基本原则）出发，提出了一个重要论点，即“天不变，道亦不变”。他说：

夫乐而不乱复而不厌者谓之道；道者万世亡弊，弊者道之失也。先王之道必有偏而不起之处，故政有眊而不行，举其偏者以补其弊而已矣。三王之道所祖不同，非其相反，将以捄溢扶衰，所遭之变然也。故孔子曰：“亡为而治者，其舜虖!”改正朔，易服色，以顺天命而已；其余尽循尧道，何更为哉！故王者有改制之名，亡变道之实。然夏上忠，殷上敬，周上文者，所继之救，当用此也。孔子曰：“殷因于夏礼，所损益可知也；周因于殷礼，所损益可知也；其或继周者，虽百世可知也。”此言百王之用，以此三者矣。夏因于虞，而独不言所损益者，其道如一而所上同也。道之大原出于天，天不变，道亦不变，是以禹继舜，舜继尧，三圣相受而守一道，亡救弊之政也，故不言其所损益也。繇是观之，继治世者其道同，继乱世者其道变。今汉继大乱之后，若宜少损周之文，致用夏之忠者。

改制（改正朔，易服色）是为了顺天命，而不是为了“变道”。道的本源是天，所以可以反复行之而不会出现问题，“万世无弊”。“天下无二道，故圣人异治而同理也。”圣人、先王所同之理、不变之道，就是王道之“大数”，诸如人伦、德教之类，这是“百世不易之道”，是王道的根本。在这个意义上，“天不变，道亦不变”。但天、道的变与不变，又都是相对而言的。所谓“天不变”，是指上天没有显现出“灾异之变”，也就是在尧舜禹的太平治世里，上天没有显示出灾异。因为上天并没有用灾异之事来向君王提出警示，所以尧舜禹“三圣”就不需要“救弊”，也就无须“改制”，从而得持守“一道”。反过来说，“天”若变（即显现出灾异之事），“道”也得变。可以变的“道”，是“道”的“小数”，也就是“道”的具体做法。新王见“天不变”，知其所继之世为“治世”，所以得不变其“道”；而如果继承的是“乱世”，则在乱世时“天”已变，承其后者就必须“变”其道。现在，汉朝承大乱之后，天早已“变”，故所持之“道”也必须变（以德教为核心的道之“大数”则不必变）。由此，董仲舒提出了变革的一个方向：“宜少损周之文，致用夏之忠者。”

所谓“夏上忠”，是说夏用“忠”作为行政的基本法则。“忠”，就是“尊命”，秉承上意而行之。“忠”之利，是便于建立起上下条贯的秩序，使尊卑有序，便于统治；其弊，则在其民“蠢而愚，乔而野，朴而不文”，也就是愚昧、质朴、少礼节。“殷上敬”，是说殷商强调“敬”，即“尊神”，秉承神意而行之。“敬”之利，在于使人皆知有忌惮，从而在精神上服从；其弊，则在鬼神泛滥，成败得失皆委之于鬼神，人失责任之心。“周上文”，是说周人用“文”作为治世的基本规则，“文”是周治的特点，所谓“周监乎二代，郁郁乎文哉！”“文”，就是“尊礼”，根据礼法确定社会与政治的基本秩序，而礼的核心又在于人伦。“文”之利，是便于将人伦与政治、社会秩序“同构”，社会、政治相对稳定；其弊，在于人但守其本位，渐失坦诚之心，遂致人情浇薄，信义缺失，而政治细碎，为政苛责。拯救“文弊”之法，“莫若以忠”。太史公说：

> 夏之政忠。忠之敝，小人以野，故殷人承之以敬。敬之敝，小人以鬼，故周人承之以文。文之敝，小人以僿，故救僿莫若以忠。三王之道若循环，终而复始。周秦之间，可谓文敝矣。秦政不改，反酷刑法，岂不缪乎？故汉兴，承敝易变，使人不倦，得天统矣。①

夏、商、周分别尊尚忠、敬、文，分别以尊命、尊神、尊礼作为治世的根本原则，这就是武帝策问中所说的“三王之教所祖不同，而皆有失”。根据这种“三教说”，汉家继周，自然应当“背周道而用夏政”，也就是“损周之文”，“用夏之忠”，即用“忠”（尊命）来矫正周尚文尊礼而带来的问题。这样，董仲舒不仅否定了秦政，进而

① 《史记》卷八《高祖本纪》，第393—394页。

否定了以礼为核心的周政，要用“忠”（尊命）作为建构汉朝政治的基本法则。

这一点非常重要，而自来论者多未予充分注意、阐发。在董仲舒看来，汉朝前期的很多弊端，不仅来自暴秦的苛政，在本源上更是来自尚文尊礼的“周道”。他认为，暴秦苛政，是从周政中直接演化而来的，是周之“文敝”的继承与发展，特别是高度强化了周政中苛剥细碎的弊端，并将之推到了极致。而其根源，仍在于周政。至于汉朝前期，人情浇薄，世风奢靡，人竞争利，源头也在于周政。《汉书·五行志》载建元六年（前135）董仲舒对高园火灾奏，说：

> 昔秦受亡周之敝，而亡以化之；汉受亡秦之敝，又亡以化之。夫继二敝之后，承其下流，兼受其猥，难治甚矣。又多兄弟亲戚骨肉之连，骄扬奢侈，恣睢者众，所谓重难之时者也。[①]

“多兄弟亲戚骨肉之连”，正是周室重礼法、行宗法之制的必然结果，西汉前期的分封制，又是周之宗法制的翻版，所以汉初王侯贵戚富贵威武、骄奢淫佚，而民不聊生、困敝愁怨，其原因就在于没有奉行上天规定的均衡法则，而将尊尊亲亲之礼发挥到了极致。正是从这里出发，董仲舒提出了一个针对现实的政治主张，即重视民生，不与民争利。他说：

> 身宠而载高位，家温而食厚禄，因乘富贵之资力，以与民争利于下，民安能如之哉！是故众其奴婢，多其牛羊，广其田宅，博其产业，畜其积委，务此而亡已，以迫蹵民，民日

---

① 《汉书》卷二七上《五行志》，第1332页。

> 削月朘，寖以大穷。富者奢侈羡溢，贫者穷急愁苦；穷急愁苦而上不救，则民不乐生；民不乐生，尚不避死，安能避罪！此刑罚之所以蕃而奸邪不可胜者也。故受禄之家，食禄而已，不与民争业，然后利可均布，而民可家足。此上天之理，而亦太古之道，天子之所宜法以为制，大夫之所当循以为行也。

贵族官僚集团既占据了权势地位，又有强大的经济实力，乃乘富贵之资，与民争利，遂使富者更富，贫者愈贫。贫民既穷迫不能生存，遂铤而走险，不避死、罪，社会遂动乱不已。解决之途，在于约束贵势豪强，使之不与民争业，而社会财富稍得均平，使百姓能够生存下去。这里有抑制豪强的意味，但其意旨却更为深邃。董仲舒认为：利益均衡，使人民各有所生计，王侯贵戚不与民争利，这是“太古之道”，“周道”是与之不合的。董仲舒指出：

> 及至周室之衰，其卿大夫缓于谊而急于利，亡推让之风而有争田之讼。故诗人疾而刺之，曰：“节彼南山，惟石岩岩。赫赫师尹，民具尔瞻。”尔好谊，则民乡仁而俗善；尔好利，则民好邪而俗败。由是观之，天子大夫者，下民之所视效，远方之所四面而内望也。近者视而放之，远者望而效之，岂可以居贤人之位而为庶人行哉！夫皇皇求财利常恐乏匮者，庶人之意也；皇皇求仁义常恐不能化民者，大夫之意也。

周道陵迟，至于后来，卿大夫皆放弃礼义而急于争利，居贤人之位而为庶人之行，营营皇皇，以求财利。要彻底改变这种情况，必须回复到“太古之道”去。

那么，“太古之道”的本质又是什么呢？董仲舒回答：那就是《春秋》所说的“大一统”，“天地之常经，古今之通谊”，也就是上文所讲的天之大道，“天道”之“大数”。他说：

> 《春秋》大一统者，天地之常经，古今之通谊也。今师异道，人异论，百家殊方，指意不同，是以上亡以持一统；法制数变，下不知所守。臣愚以为诸不在六艺之科、孔子之术者，皆绝其道，勿使并进。邪辟之说灭息，然后统纪可一而法度可明，民知所从矣。

所谓“大一统”，是指万物之统绪皆归于一，亦即“元”，“元者，为万物之本”，“一元者，大始也”，“元”既是万物的开端，也是万物的本原。万物既归于“元”，遂成为“一”，所谓“天地之气，合而为一”。“一元”内涵的天地万物运行法则与规律，就是“天道”。天道之源，亦在“一元”之中，故天道也只有一个，天地所经、古今所历之天道，也是“大一统”的，天道无二。可是，当今之世，不同思想流派所讲的道不相同，学者之间的观点也不相同，诸家之间差异很大，目标与途径也不相同，所以在上者无以统一思想；法制屡屡变化，在下者不知道应当坚持什么。由此，董仲舒建议：凡不在六艺之科、不属于孔子之学者，都断绝其发展的途径，使他们没有机会与孔子之学一样得到发展。异端邪说既然灭绝，就可以统一法度，而百姓也就明白应当遵从什么了。这就是后世著称的“罢黜百家，独尊儒术”的思想根源。

（四）天子与儒生

与董仲舒一起应对策问的其他贤良的对答之辞，都没有保留下来。元光五年（前130）策问，公孙弘被武帝擢为第一名，《汉书·公孙弘传》中有明确记载。据此揣测，董仲舒的对策虽然可能颇得武帝认同，但并未得到第一名。策问之后，董仲舒被任为江都相，也没有留在长安。其后曾被废为中大夫，又起为胶西王相，但一直未得致身卿相，进入朝廷的核心集团。在这个意义上，不宜过分强调董仲舒的“天人三策”在武帝朝政治决策中的作用，更不能认为“天人三策”给武帝朝的政治决策指明了方向，可能更谈不上董仲舒上“天人三策”，从而开启了中国学术思想“独尊儒术”的“经学”时代。事实上，在《史记·董仲舒传》里，董仲舒不过是一名“明于《春秋》”、传播公羊学的儒生，其学问的特点是“以《春秋》灾异之变，推阴阳所以错行”，而其仕途并不顺利，可以说是怀才不遇。董仲舒的“天人三策”上于元光元年(前134)，当时如果即已非常著名，成为武帝推行儒家政治的“宝典”，司马迁不可能不知道，而《史记·董仲舒传》却于此只字未提，也说明在武帝之世，董仲舒及其学问，可能并未得到重视，更说不上影响武帝朝政治的走向。《汉书·董仲舒传》照录了他所上的“天人三策”，从而使《汉书·董仲舒传》的篇幅远过于《史记·董仲舒传》(前者是后者的二十多倍)，并把董仲舒推崇为确立儒学独尊地位的元勋，“及仲舒对策，推明孔氏，抑黜百家。立学校之官，州郡举茂材孝廉，皆自仲舒发之”。这种说法，很可能是西汉后期、东汉前中期儒学逐步发展之后，后世群儒溯本求源，“追溯”到董仲舒那里才产生的。在武帝时代甚至可能在整个西汉时期，大约都不会有这种说法。

那么，后世群儒(包括班固)何以会如此推崇“天人三策”呢？《汉书·五行志》说：“汉兴，承秦灭学之后，景、武之世，董仲舒治《公羊春秋》，始推阴阳，为儒者宗。”[①]把阴阳、天作为儒家学说的“核心”，这是董仲舒的一大创新。战国以来，讲到宇宙生成

① 《汉书》卷二七上《五行志》，第1317页。

论，道家多追溯到天、地之前，而儒家则大抵以天、地为起点，言“天命”而不言天由何来。阴阳家，则讲“气”，以为气是宇宙的本原。董仲舒融汇诸家之说，把阴阳四时五行的“气”，认定为“天”的具体内容，并将之拓展到政治、思想与人生各个领域，从而形成了以“天”为中心的大系统。“天人三策”的出发点，正是这个以“天”为中心的思想体系。

如果说“天”是董仲舒宇宙本体论的核心概念，那么，“天人相应”就是其政治哲学与社会伦理学的核心内涵。人既为天所生，自当敬奉上天而以之为行事之法则。然而天道高远，非凡人所及，必俟人君之教导，于是天子遂为天、人间的媒介，“唯天子受命于天，天下受命于天子”。人君既为“天之子”，则其立治行政，即必承天意以从事，也就是“法天”。天命、天意怎样显现呢？天意垂象于日月星辰风雨，示命于禽兽虫鱼草木。人君法天，就是依靠这些“天象”以求“天道”而随之以行“人事”。人君法天承天以治人，其权力以天意为根据，也就必然要受天意的制约，所以人主虽尊，但不能自恣。这就是董仲舒设计的“君权天授论”。

以“天”为核心的本体论和以“天人相应”为基础、以“君权天授”为核心的政治哲学，是董仲舒对先秦儒学的重大发展，也是后世儒学进一步发展并得以干预政治的出发点，而这两个方面，在“天人三策”中均得到充分而简明的阐发、论述。后世儒家之所以推重“天人三策”，原因也就在这里。

那么，对于汉武帝来说，这些思想，究竟有什么意义呢？

分析上引武帝征召贤良文学的诏书以及三道策问题目，可以见出，武帝关心的问题，不外乎两个方面：一是帝王的“合法性”来源，即帝王何以得为帝王？所谓“天命”是如何显现的？它又如何得到认识？质言之，就是“我为什么可以做皇帝”？二是怎样做个好的帝王？三王五帝这些上古时代的好帝王是怎样做的？现在我应当怎样做？这两方面问题，可能是一直困惑年轻的汉武帝的核心问题。就其自身而言，他是景帝的第九子，前面有兄长荣做过太子，为什么他可以继承帝王，而不是别的皇子？"天命所归"这句话，究竟是如何落实到自己身上的？在武帝即位的前几年里，上有太皇太后窦氏直接干预朝政，下有武安侯田蚡"权移主上"，武帝对这个问题的追问自有其内心的担忧。而汉初制度，既沿袭秦制而来，行之六七十年，至此亦频现弊端。最为重要的是，虽然汉承秦制，可自汉初以来，朝野上下，却是异口同声，一致讨伐秦制。所以，"改革"的呼声一直甚为高涨，迄未消歇。《史记·封禅书》载武帝初即位：

> 元年，汉兴已六十余岁矣，天下艾安，搢绅之属皆望天子封禅改正度也。而上乡儒术，招贤良，赵绾、王臧等以文学为公卿，欲议古立明堂城南，以朝诸侯。草巡狩封禅改历服色，事未就。会窦太后治黄老言，不好儒术，使人微伺得赵绾等奸利事，召案绾、臧，绾、臧自杀，诸所兴为皆废。[1]

这次流产的改革，是打算依照儒家学说的设计，效法周公，制礼作乐，故计划先立明堂，然后巡狩、封禅、改历法、更服色，逐步建立起以礼、乐为基础的汉家制度。

董仲舒对武帝这两方面问题的回答，概括起来，用最直白的话表达，就是：第一，皇帝是"天之子"，所以可以做皇帝；而他之所以是"天之子"，又因为他是皇帝。所以，其实等于没有回答。第二，做皇帝要服从"天命"，依"天意"行事，要受上天的制约。这样的回答，显然不合武帝之意，距离其期望也很远。所以，可以相信，武帝本人即使真的亲览了"天人三策"，大约也没有非常

① 《史记》卷二八《封禅书》，第 1384 页。

肯定的表示。董仲舒对过策问之后，只是被任为江都相，事江都易王刘非，并没有受到重用。《史记》《汉书》都说董仲舒“为人廉直”，看不起希世用事、阿谀奉承的公孙弘；又说董仲舒“不问家产业，以修学著书为事”，说明他不过是一介廉洁正直、以学问自守的儒生而已，与希世用事、善于阿谀，又“习文法吏事，而又缘饰以儒术”的公孙弘，是不能相比的。

《汉书·董仲舒传》卷末赞语引刘向之语，称：“董仲舒有王佐之材，虽伊、吕亡以加，管、晏之属，伯者之佐，殆不及也。”伊、吕、管、晏，即伊尹、吕尚、管仲、晏婴。此言评价甚高。而又引刘向之子刘歆的话，驳刘向之说，以为：“仲舒遭汉承秦灭学之后，六经离析，下帷发愤，潜心大业，令后学者有所统壹，为群儒首。然考其师友渊源所渐，犹未及虖游、夏，而曰管、晏弗及，伊、吕不加，过矣。”游、夏，即子游、子夏。刘歆说董仲舒的功绩，在于参合六经，使后世学者“有所统壹”，把他看作为群儒之首，其贡献重在学术、思想，而非在事功政绩。所说是确当的。以为董仲舒之说，引动汉武帝，影响汉朝政局变动，甚至确立“独尊儒术”的千年大局，故而将他看作为“帝王师”的典范，是后世史家的愿望与想象，并非历史真实。

二　轮台诏：帝王的忏悔

（一）武帝的追悔

征和四年（前89），汉武帝刘彻六十八岁，在位已经五十二年。他已经垂垂老矣，青壮年时代的雄心壮志大约早已化作一缕缕青烟，无复记起；而在此前两年，征和二年（前91），发生了震惊天下的“巫蛊之祸”，卫太子据、卫皇后卫子夫等均被杀，卫氏悉灭；曾经宠幸的李夫人等早已过世，女儿诸邑、阳石公主（皆卫皇后女）等也早已被杀。由于多年来忍而好杀，法令无常，大臣动辄得罪，致无罪而被夷灭者数十家。公孙贺被任为丞相（事在太初二年，前 103 年），“不受印绶，顿首涕泣”。身边的人问他何以如此，他回答说：“主上贤明，臣不足以称，恐负重责，从是殆矣。”[1]君臣间的隔膜疏离由此可以见出。武帝的身边，当然一直是簇拥着无数宫女、宦者以及方士、臣僚的，但真正亲近的人大约越来越少，竟至于没有了。所以，暮年的汉武帝多少有些落寞萧索。

这年正月，七十高龄的武帝听了方士的话，向东巡幸到东莱（郡名，治在今山东掖县），亲临大海，还试图乘船浮海，去寻找海上的神山，以求取不死之药。随从的群臣苦苦劝阻，都无法让他回心转意。所幸天公不作美，连续十余天，“大风晦冥，海水沸涌”，根本无法登船。武帝在海边停留了十多天，无可奈何，只得回返。三月，他经过齐国的钜定县（治在今山东广饶县北），举行了劝农的籍田仪式。然后登上泰山，举行修封仪式；之后再到泰山南麓的石闾山，举行封禅仪式。在石闾山的封禅仪式上，武帝对群臣说：

> 朕即位以来，所为狂悖，使天下愁苦，不可追悔。自今事有伤害百姓，糜费天下者，悉罢之！

在巫蛊之祸后因上言戾太子之冤而受到武帝信任的大鸿胪田千秋，这时首先进言：“方士言神仙者甚众，而无显功，臣请皆罢斥遣之！”武帝回答说：“大鸿胪言是也。”于是悉罢诸方士候神人者。在此之后，武帝还多次对群臣说：“向时愚惑，为方士所欺。天下岂有仙人，尽妖妄耳！节食服药，差可少病而已。”[2]他好像

① 《汉书》卷六六《公孙贺传》，第 2877—2878 页。

② 《资治通鉴》卷二二，武帝征和四年三月，北京：中华书局，2012 年，第二版，第 748 页。

终于从方士编造的神仙不死梦中醒了过来。

《汉书·武帝纪》没有记叙上述情节，只是简单地写道："三月，上耕于钜定。还幸泰山，修封。庚寅，祀于明堂。癸巳，禅石闾。"①上引武帝追悔之言与田千秋奏对之语，来自《资治通鉴》卷二二的记叙。《资治通鉴》的"汉纪"出自刘邠之手，其所取用之史料，大大超过了《史记》《汉书》范围，这段记载或者有可靠根据。据此，可以想象武帝的追悔之念，盖直接发源于觉察到方士的欺骗，以及长生之不可求。所以，首先罢废的"伤害百姓、糜费天下"之事，就是在各处等候神人光降的方士。而观武帝之言，称从即位以来，"所为狂悖，使天下愁苦，不可追悔"，似乎是对自己在位五十余年的历程基本上持全面否定的态度，而且用"狂悖"来形容，更称"不可追悔"，其悔过之心烛然可见，也确乎发自内心，绝非作态之辞。他以九五之尊，对群臣明言己非，确乎超出常人之所能，更非一般君主之所能。古往今来，文功武略，逾越汉武帝的帝王君主，或不乏其人，然而对群臣如此痛自非悔者，则并不多见。

六月，武帝回到甘泉宫。不久，就下了著名的轮台诏。《汉书·西域传》"渠犁国"下述轮台诏之本末云：

> 自武帝初通西域，置校尉，屯田渠犁。是时军旅连出，师行三十二年，海内虚耗。征和中，贰师将军李广利以军降匈奴。上既悔远征伐，而搜粟都尉桑弘羊与丞相、御史奏言："故轮台东捷枝、渠犁皆故国，地广，饶水草，有溉田五千顷以上，处温和，田美，可益通沟渠，种五谷，与中国同时孰。其旁国少锥刀，贵黄金采缯，可以易谷食，宜给足不乏。臣愚以为可遣屯田卒诣故轮台以东，置校尉三人分护，各举图

① 《汉书》卷六《武帝纪》，第210页。

地形，通利沟渠，务使以时，益种五谷。张掖、酒泉遣骑假司马为斥候，属校尉，事有便宜，因骑置以闻。田一岁，有积谷，募民壮健有累重敢徙者诣田所，就畜积为本业，益垦溉田，稍筑列亭，连城而西，以威西国，辅乌孙，为便。臣谨遣征事臣昌分部行边，严敕太守、都尉明熢火，选士马，谨斥候，蓄茭草。愿陛下遣使使西国，以安其意。臣昧死请。"[①]

武帝下轮台诏的直接导因是搜粟都尉桑弘羊与丞相田千秋、御史大夫商丘成一起，奏言在轮台以东的捷枝、渠犁地区（今新疆尉犁一带）开展屯田，并在渠犁屯垦区与敦煌连城之间修筑亭障，以便将敦煌以西至盐水上游的亭障向西延伸到渠犁乃至轮台地区（今新疆轮台东）。正如田余庆先生所指出的那样，这里的重心是修筑连城与渠犁之间的亭障，并非在渠犁屯田。[②] 所以，桑弘羊等命令昌分部行边，同时令敦煌太守、都尉"明熢火，选士马，谨斥候，蓄茭草"，都是为修筑亭障作准备的。

这一建议，虽然是以搜粟都尉桑弘羊为首提出的，联署的还有当时的丞相田千秋、御史大夫商丘成，但创议的应当是商丘成。在此之前，征和三年（前90）三月，御史大夫商丘成受命将二万人出西河郡（治平罗，在今内蒙古准格尔旗南境），与贰师将军李广利（出五原）、重合侯马通（出酒泉）一起，兵分三路，进击匈奴。后来，李广利兵败，投降匈奴；商丘成进至凌蒙山，无功而返；马通军至天山，开陵侯成娩将楼兰、尉犁、危须等六国兵共围车师，尽得其王及民众而还，而马通军在东归途中，死者数千人。马通（又作"莽通"）本为武帝身边的侍郎，在巫蛊之祸中因功封

① 《汉书》卷九六《西域传》，第3912页。

② 田余庆：《论轮台诏》，初刊于《历史研究》1984年第2期，后收入氏著《秦汉魏晋史探微》（重订本），北京：中华书局，2011年，第3版，第30—63页。

为重合侯，并没有多少军政经验。田千秋其时刚任丞相（田千秋于征和四年六月刚由大鸿胪升任丞相），于边事向无所知。桑弘羊是贾人之子，此前一直担任大司农、搜粟都尉等职，是武帝朝后期著名的财臣，其于边事军政亦相隔甚远。所以，当时实际负责边事的朝臣，应当是商丘成。商丘成也是在巫蛊之祸中因击卫太子之功而受任为御史大夫的，很可能与刘屈氂、李广利是一党，当时的地位已是岌岌可危，很可能急需兴边事以自固。如果此议果然是商丘成首先提出的，那么，武帝的否决，就有进一步清算刘屈氂、李广利一党的意图。到翌年（武帝后元元年，前88年）六月，商丘成因罪自杀，马通与其弟马何罗亦因谋反被杀，举凡因在巫蛊之祸中击讨戾太子有功之人，率被废弃，刘屈氂余党被彻底清除。所以，武帝这时候的“悔”，最重要的，可能是对处置戾太子事件不当的后悔。轮台诏针对商丘成的建议而发，背后隐含的是对商丘成、马通等在击讨戾太子之役中有功之人的“恨”，以及自己当年信用这些人的“悔”。因为巫蛊事件的结果，使武帝后顾空虚，后来虽然立了刘弗陵，然弗陵幼弱，顾命大臣再忠心，也远远赶不上卫太子可靠。武帝当然痛悔自己举措失当，中了刘屈氂、李广利一党的诡计，必然会痛恨刘、李的党羽，如商丘成、马通以及马何罗之类。

按照上引《汉书·西域传》的说法，轮台诏的背景，是武帝“悔远征伐”。《汉书·西域传》并称：“是时军旅连出，师行三十二年，海内虚耗。”显然，是认为武帝后悔的“远征伐”包括了三十二年来武帝所主持的各种征伐。田余庆先生指出，所谓“师行三十二年”，是指自元光二年（前133）至太初三年（前102），并引《汉书·西域传》徐松补注，谓：“自元光二年谋马邑，诱单于，绝和亲，为用兵之始。其后连年用兵，至太初三年西域贡献，凡三十二年。”田先生又引《汉书·五行志》：“自是（元光二年）始征伐四夷，师出三十余年，天下户口减半。”以解释所谓“海内虚耗”之辞，并进而认为早在元封五年（前 106）前后，武帝就已经意识到长期出师征伐给国家民众所带来的沉重负担，因而有意改弦更张，转变政策，只是由于与戾太子的矛盾冲突等因素，一直拖着未办而已。这个解释虽然宏大深刻，更言之成理，令人佩服，但由诏书所见，武帝陈述自己真正后悔的“远征伐”，实际是指刚刚失败或至少是无功的征和三年之役。陈苏镇先生说：

> 细读轮台之诏，武帝兴兵数十年，而诏中所“悔”的只是征和三年之役。他后悔误信军候弘之言及“皆反谬”的群臣计谋与占筮“卦兆”，从而做出错误决策；更后悔在海内虚耗、百姓疲敝、政局动荡、不能再大举远征的情况下，没有及时转变政策，因而招致惨重损失，使已经相当严重的局面又雪上加霜。①

所说可能更为切合实际。不仅如此。武帝对征和三年之役的后悔，可能还包括了对李广利、马通乃至商丘成的任用，使李氏一系势力坐大，给本来就已经非常复杂微妙的形势增加了更多的可变因素。

李广利是昌邑王髆的母舅。卫太子被废、卫氏夷灭之后，朝中势力最大的，就是李氏集团。《汉书·刘屈氂传》载：

> 其明年，贰师将军李广利将兵出击匈奴，丞相为祖道，送至渭桥，与广利辞决。广利曰：“愿君侯早请昌邑王为太子。如立为帝，君侯长何忧乎？”屈氂许诺。昌邑王者，贰师

① 陈苏镇：《〈春秋〉与“汉道”：两汉政治与政治文化研究》，北京：中华书局，2012 年，第 282 页。

> 将军女弟李夫人子也。贰师女为屈氂子妻，故共欲立焉。是时治巫蛊狱急，内者令郭穰告丞相夫人以丞相数有谴，使巫祠社，祝诅主上，有恶言，及与贰师共祷祠，欲令昌邑王为帝。

刘屈氂与李广利是儿女亲家，一在内为相，一在外为将，朝廷内外更广布党羽，隐然可左右朝政，拥立昌邑王髆。其谋虽终为武帝所破，刘屈氂被腰斩，李广利兵败投敌，但本已大伤元气的汉朝，又受到了一次大的残害：李广利所领七万精锐尽陷，马通所部四万骑存者亦无多，只有商丘成所部二万得以较完整地保留下来；朝中能臣名将，经过又一次杀戮，所剩更少。这些，一定都会让武帝感到很痛心。因此，所谓“海内虚耗”，最根本性的是人才虚耗，武帝环视满朝文武，几已无人可用。他在晚年骤然提拔重用霍光、金日磾、上官桀等人，固然因为这些人确实忠勇可靠、才干卓然，但当时朝中也确实没有资历、才干更为合适可靠的其他人选。

要之，武帝晚年的后悔，大约包括三个方面：一是信用方士多年，求取长生之药却终不可得；二是巫蛊之祸处置过当，至戕杀嫡子，动摇皇家根本；三是发动征和三年之役，使刘屈氂、李广利一党乘机坐大，随之而来的一系列事变，更使朝廷内外均受到进一步损失，汉家天下人才虚耗，兵少将寡，无人可用。这三个方面的后悔，涉及武帝自己的身心、身后的继承人以及身边的臣工，从大处而言，也都关涉国运大政，但其出发点，却主要是武帝自己，是武帝从自身立场出发，对一系列做法与事件的反省，反省的范围也比较有限，可能说不上是对他数十年来政治的彻底反思。

(二)轮台诏文本复原

《汉书·西域传》谓武帝在接览桑弘羊等人的上疏后,乃下诏,"深陈既往之悔",其所录诏书云:

> 前有司奏,欲益民赋三十助边用,是重困老弱孤独也。
>
> 而今又请遣卒田轮台。轮台西于车师千余里,前开陵侯击车师时,危须、尉犁、楼兰六国子弟在京师者皆先归,发畜食迎汉军,又自发兵,凡数万人,王各自将,共围车师,降其王。诸国兵便罢,力不能复至道上食汉军。汉军破城,食至多。然士自载不足以竟师,强者尽食畜产,羸者道死数千人。朕发酒泉驴橐驼负食,出玉门迎军。吏卒起张掖,不甚远,然尚厮留甚众。曩者,朕之不明,以军候弘上书言:"匈奴缚马前后足,置城下,驰言'秦人,我丐若马'。"又汉使者久留不还,故兴师,遣贰师将军,欲以为使者威重也。古者卿大夫与谋,参以蓍龟,不吉不行。乃者以缚马书遍视丞相、御史、二千石、诸大夫、郎为文学者,乃至郡、属国都尉。成忠、赵破奴等,皆以"虏自缚其马,不祥甚哉!"或以为"欲以见强,夫不足者视人有余。"《易》之,卦得《大过》,爻在九五,匈奴困败。公车方士、太史治星望气,及太卜龟蓍,皆以为吉,匈奴必破,时不可再得也。又曰"北伐行将,于鬴山必克。"卦诸将,贰师最吉。故朕亲发贰师下鬴山,诏之必毋深入。今计谋卦兆皆反缪。重合侯[得](毋)虏候者,言"闻汉军当来,匈奴使巫埋羊牛所出诸道及水上以诅军。单于遗天子马裘,常使巫祝之。缚马者,诅军事也"。又卜"汉军一将不吉"。匈奴常言"汉极大。然不能饥渴,失一狼,走千羊"。乃者贰师败,军士死略离散,悲痛常在朕心。今请远

田轮台，欲起亭隧，是扰劳天下，非所以优民也。今朕不忍闻。

大鸿胪等又议，欲募囚徒送匈奴使者，明封侯之赏以报忿，五伯所弗能为也。且匈奴得汉降者，常提掖搜索，问以所闻。今边塞未正，阑出不禁，障候长吏使卒猎兽，以皮肉为利，卒苦而燧火乏，失亦上集不得，后降者来，若捕生口虏，乃知之。

当今务在禁苛暴，止擅赋，力本农，修马复令，以补缺，毋乏武备而已。郡国二千石各上进畜马方略补边状，与计对。[①]

这里引录的诏书，应当不是诏书的原文，而是节录。《西域传》末班固赞谓武帝末年“遂弃轮台之地，而下哀痛之诏，岂非仁圣之所悔哉！”可知此诏书的语气，应当是非常“哀痛”的。在今存诏书文本中，有“曩者，朕之不明”、“今朕不忍闻”这样的语句，可以见出其哀痛之情。然今本诏书首句“前有司奏，欲益民赋三十助边用，是重困老弱孤独也”，其下并无哀痛“老弱孤独”之言。且其第二节述及轮台屯田始末，甚为详悉，由此反推，其所言“益民赋”之事，亦当略言民赋重困之情，以明其拒绝益赋之意。而今本诏书仅此一句，盖因在《西域传》中录用此诏，故于益赋之事仅节用一句。又《汉书·食货志》说：

武帝末年，悔征伐之事，乃封丞相为富民侯。下诏曰：“方今之务，在于力农。”以赵过为搜粟都尉。[②]

① 《汉书》卷九六《西域传》，第3912—3914页。

② 《汉书》卷二四《食货志》，第1138页。

《食货志》所引“方今之务，在于力农”，与《西域传》所引“当今务在禁苛暴，止擅赋，力本农”之句，显然是同一诏书文本的不同节录。那么，此一诏书的内容，或者当包括以赵过取代桑弘羊为搜粟都尉（桑弘羊当即于此时转任御史大夫）。而《西域传》在节录此诏书之后，续云：“由是不复出军。而封丞相车千秋为富民侯，以明休息，思富养民也。”结合上引《食货志》，封丞相田千秋（即车千秋）为富民侯，也可能包括在此诏书之内。

如果上述揣测不误，那么，此一诏书，大抵包括五个方面的内容。

一是针对有司“增加民赋三十，以助边用”的奏请，给出的答复。此前有司的奏言，今已不得见。所谓“益民赋三十”，即每口增加口算钱三十。汉代的口算钱，就是人头税。《汉书·高帝纪》如淳注引《汉仪注》：“民年十五以上至五十六出赋钱，人百二十为一算，为治库兵车马。”[①]这是汉王四年（前203）的定制，一直没有改。征收的算钱，主要用于“治库兵车马”，即军费开支。除算钱外，还有口赋钱。《汉书·昭帝纪》如淳注引《汉仪注》说：“民年七岁至十四出口赋钱，人二十三。二十钱以食天子，其三钱者，武帝加口钱以补车骑马。”[②]有司所奏增收民赋三十，可能主要是在算钱上加的，未包括口赋钱。据上引诏书，武帝没有同意这个要求。但实际上，武帝时百姓的口算赋是有所增加的。《汉书·萧望之传》载宣帝时京兆尹张敞之言，谓：“昔先帝征四夷，兵行三十余年，百姓犹不加赋，而军用给。”[③]所言并不确实。《汉书·贡禹传》记元帝时说：“古民亡赋算口钱，起武帝征伐四夷，重赋于民，民产子三岁则出口钱，故民重困，至于生子辄杀，

① 《汉书》卷一《高帝纪》汉王四年八月“初为算赋”句下注，第46页。

② 《汉书》卷七《昭帝纪》元凤四年“毋收四年、五年口赋”句下注，第229—230页。

③ 《汉书》卷七八《萧望之传》，第3277页。

甚可悲痛。宜令儿七岁去齿乃出口钱，年二十乃算。”①则知武帝时曾将口赋钱的起征年龄从七岁提前到三岁。上引《汉仪注》所说口钱从二十钱加到二十三钱，也是武帝时的事。更为重要的是，武帝诏书中说有司“欲益民赋三十助边用，是重困老弱孤独也”，反对的，只是给老弱孤独加赋。我怀疑“有司”的“益民赋”奏中，除了人均算钱增加三十钱，可能还有延长口算钱纳赋年龄的打算，比如将口赋钱的纳赋年龄从七岁提前到三岁，将算钱的纳赋年龄也相应地向前、向后延伸之类，所以，武帝诏书中才会特别强调这样做是“重困老弱孤独”。否则，只是人均增加算钱三十钱，又哪里说得上是给“老弱”以重困？诏书下文说要“止擅赋”，也只是要禁止官员擅自加赋，并非说不加赋。

总之，轮台诏中关于“益民赋”的内容，只有一句话，残缺较甚，不能落实其具体内容。但由文义及前后背景揣测，我认为诏书原文可能是对此前有司提出的“益民赋”主张作出回应，肯定了其中的一部分（可能加了赋，口赋钱加三钱，可能就是在此时），对其中涉及“老弱孤独”的部分则作了调整，但并没有完全否决“益民赋”的主张。

二是拒绝桑弘羊、田千秋、商丘成等人的奏请，屯田轮台（以东之渠犁），并修筑亭障。这是今本诏书的核心内容。诏书先述刚刚结束的车师之役的艰难困苦与损失惨重，然后追述此役之缘起。军候弘之上书颇奇怪。军候，是军队的中下级军官，比六百石，掌一曲之众。《续汉书·百官志》云：“大将军营五部，部校尉一人，比二千石；军司马一人，比千石。部下有曲，曲有军候一人，比六百石。曲下有屯，屯长一人，比二百石。”②秦人，是汉时匈奴对“中国之人”的称谓。军候弘上书说，匈奴人把马的前后

① 《汉书》卷七二《贡禹传》，第3075页。

② 《后汉书》，《百官志一》，北京：中华书局，1965年，第3564页。

腿都捆住，送到长城之下，跑过来大声说："秦人，我送给你们一匹马。"匈奴自动送马前来，大概被看作为吉祥之事吧。但这样的事情很不寻常，不可能是真实的，很可能是在当时普遍制造"祥瑞"的气氛中，好事者制造出来的一件"祥瑞"，意在引发战争。这个小伎俩，武帝应当是很易于觉察的，但他竟然没有，所以说是"朕之不明"。"汉使者久留不还"，当是指苏武等出使匈奴的使者长期为匈奴所留，不能回返。"古者卿、大夫与谋，参以蓍、龟，不吉不行。"师古注曰："谓共卿大夫谋事，尚不专决，犹杂问蓍、龟也。蓍，筮也。龟，卜也。"蓍是一种草，蒿属，青色，据说有灵异。当时朝野意见曾一致认为应当进讨：成忠、赵破奴等认为匈奴自缚其马，是兵败之兆；有的人认为匈奴这样做是虚张声势，意在掩饰其兵马不足的实情；方士、太史观察星空、气势，又占卜问卦，结果都是大吉，以为匈奴必破，机不可失。决定出兵之后，即以卜卦的方式择将，选定贰师将军李广利为统帅。鬴山，当为五原塞外的山，可能就是《匈奴传》所见的夫羊句山。这是北出五原的一路大军，是此次汉军的主力，有七万人。诏书称"朕亲发贰师下鬴山，诏之必毋深入"，其进军路线与方略当是由武帝亲自制定的。"今计谋卦兆皆反缪"，这是"朕之不明"的第二个方面。至于马通、商丘成之败，则是李广利军败之后引发的连锁反应，所谓"失一狼，走千羊"，所以不能责怪二将。总之，军败之责任，在于"朕之不明"，不能明察缚马书之伪，也不能明于任将。如今，军士死略离散，"悲痛常在朕心"，所以，目前不能再"远田轮台"，"起亭隧"，进一步扰劳天下了。

这一段叙述相当详尽，絮絮叨叨的，完全是一个老年人的口气，很可能就出自武帝的口述，而且没有经过较大的润饰，其中所反映的悔过与痛心之情，也是真实的。但武帝的痛悔，仅及于征和三年之役，并未包括数十年来的征伐；其所否决的，也仅是屯田轮台、起亭隧之议，并没有说要中止对外的征伐。

三是拒绝大鸿胪等议请，募囚徒以送匈奴使者。大鸿胪的奏请，今亦未见。据《汉书·百官公卿表》，其时任大鸿胪的是田广明。汉代大鸿胪，为秦代典客之改称。《续汉书·百官志》记大鸿胪："掌诸侯及四方归义蛮夷。其郊庙行礼，赞导，请行事，既可，以命群司。诸王入朝，当郊迎，典其礼仪。及郡国上计，匡四方来，亦属焉。"[①]所以，迎送匈奴使者，属于大鸿胪的职掌范围。诏书没有明言大鸿胪此议的具体内容，但从下文"明封侯之赏以报忿，五伯所弗能为也"来看，大鸿胪的请求，很可能是要招募囚徒敢死之士，扮作卫送匈奴使者的士兵，前往匈奴，寻机刺杀匈奴单于以"报忿"，以报复汉军失败的怨愤，所以武帝才会说，"即便是春秋时代的五霸，也不会这样做"，何况我大汉呢？而且匈奴防范甚严，此举事实上也不可能成功。"今边塞未正，阑出不禁，障候长吏使卒猎兽，以皮肉为利，卒苦而烽火乏，失亦上集不得。"颜师古注曰："言边塞有阑出逃亡之人，而主者不禁。又长吏利于皮肉，多使障候之卒猎兽，故令烽火有乏。又其人劳苦，因致奔亡。凡有此失，皆不集于所上文书。"上集，即上计。汉时郡国每岁皆遣使者至京师，报告当地户口、赋税等各方面情况。这里是说朝廷实际上并不完全掌握边塞的真实情况。"后降者来，若捕生口虏，乃知之。"颜师古注曰："既不上书，所以当时不知，至有降者来，及捕生口，或虏得匈奴人言之，乃知此事。"这两句中间当有脱文，此句并非紧接上句所言，中间省略的部分，当是说匈奴的情况。

所以，这段诏文也当是节录而来，并非原文。其意旨是否决大鸿胪招募囚徒敢死之士随匈奴使者前往匈奴，寻机刺杀单于的动议，并分析当时边境地带汉军与匈奴的态势，认为汉军并不

---

① 《后汉书》，《百官志二》，第 3583 页。

占优势，所以不宜挑衅生事，而应保持边境安定。

四是关于“当今之务”。诏书称：“当今务在禁苛暴，止擅赋，力本农。”同样的话，亦见于《盐铁论》卷四《地广》篇“文学”所引，作：“当今之务，在于禁苛暴，止擅赋，力本农。”所以诏书原文一定有类似的话。所谓“禁苛暴”，是禁止官吏严苛暴政，不能以严刑酷法对待百姓；“止擅赋”，是禁止官员擅自加赋；“力本农”，即鼓励百姓专心务农，发展农业经济。但这几句话，其实都比较空洞，在任何时候说出来，都是正确的主张，似乎并没有确切的政策内涵。仅仅根据这样的抽象表达，就认为这意味着武帝的大政方针发生了根本性的转变，把国家政治的重心，从军事领域转移到经济领域来，从对外扩张转移到对内安定、发展经济上来，似乎很难服人。实际上，这段话的核心，乃在后面的几句：“修马复令，以补缺，毋乏武备而已。郡国二千石各上进畜马方略补边状，与计对。”马复令，即养马得免徭役之令；“以补缺”，或有缺文，应是指补充上文提及的边塞障候各种逃亡缺失的士卒以及相关武备设施。同时，沿边各郡国的守、相（二千石官）都应当条陈畜养军马、筹划边防、补充武备的方略，让上计吏带到京师来。这三件事情（修马复令、补缺武备、郡国二千石上呈边防方略）都非常具体，与上文的“禁苛暴，止擅赋，力本农”这样抽象而宏大的方针完全接不上，二者之间要么有大段的缺文，要么所谓“禁苛暴，止擅赋，力本农”云云，只是抽象的幌子，并没有打算实际落实。

五是相应的人事调整，包括封丞相田千秋为富民侯，任赵过为搜粟都尉等。田千秋“无他材能术学，又无伐阅功劳”，以一言悦上意，遂得拜丞相、封侯，时人轻之。《汉书·车千秋传》说：

> 然千秋为人敦厚有智，居位自称，逾于前后数公。初，

> 千秋始视事，见上连年治太子狱，诛罚尤多，群下恐惧，思欲宽广上意，尉安众庶。乃与御史、中二千石共上寿颂德美，劝上施恩惠，缓刑罚，玩听音乐，养志和神，为天下自虞乐。上报曰："朕之不德，自左丞相与贰师阴谋逆乱，巫蛊之祸流及士大夫。朕日一食者累月，乃何乐之听？痛士大夫常在心，既事不咎。虽然，巫蛊始发，诏丞相、御史督二千石求捕，廷尉治，未闻九卿廷尉有所鞫也。曩者，江充先治甘泉宫人，转至未央椒房，以及敬声之畴、李禹之属谋入匈奴，有司无所发，今丞相亲掘兰台蛊验，所明知也。至今余巫颇脱不止，阴贼侵身，远近为蛊，朕愧之甚，何寿之有？敬不举君之觞！谨谢丞相、二千石各就馆。《书》曰：'毋偏毋党，王道荡荡。'毋有复言。"①

这里所录武帝致田千秋的"报"（回答），似可以看作轮台诏书的一个补充。我们看武帝对自己"不德"行为的反省，主要包括刘屈氂与李广利的阴谋逆乱，巫蛊之祸之流及士大夫，以及丞相御史等百官之未能履行职责。"朕日一食者累月"，并无任何可乐之事，应当是实情；"痛士大夫常在心"，也不完全是虚话，虽然更"痛在心"的可能是太子与皇后之死。"朕愧之甚，何寿之有？"意思是说："我做了那么多的错事，惭愧无地，后悔不及，活那么长做什么呢？"如此痛悔之言，针对的都是巫蛊之祸、刘李之谋等，而与"远征伐"、"伤害百姓"并无多少关联。因此，田千秋做丞相，揣测武帝之意，努力奉行宽仁之政，劝武帝施恩惠，缓刑罚，改变以前大事诛罚的做法，使朝廷的政治气氛有所缓和，臣僚们不再像前些年那样战战兢兢，而"国家少事，百姓稍益充实"。但桑弘羊改任御史大夫，也可能就在此时或稍后，说明武帝并非要

① 《汉书》卷六六《车千秋传》，第2884—2885页。

彻底改变国家大政方针，其任用田千秋，不过是用来缓和太过紧张的政治局势而已。

（三）“晚而改过”

关于汉武帝的这一诏书，田余庆先生《论轮台诏》一文曾有详论。他指出：“汉武帝所颁布的轮台‘哀痛之诏’，是中国古代帝王罪己以收民心的一次比较成功的尝试，它澄清了纷乱局面，稳定了统治秩序，导致了所谓‘昭宣中兴’，使西汉统治得以再延续百年之久。”田先生此文，最初发表于1984年，其撰写，正当“文化大革命”结束后的“拨乱反正”时期，可能受时政变化之启发，田先生所强调者在于武帝晚年的“改弦易辙”，其着眼点主要是汉政权的延续，以及政治经验与教训的总结，所以，他特别强调：

> 汉武帝作为早期的专制皇帝，实际上是在探索统治经验，既要尽可能地发展秦始皇创建的专制主义中央集权的统一国家，又要力图不蹈亡秦覆辙。在西汉国家大发展之后继之以轮台罪己之诏，表明汉武帝的探索获得了相当的成功。汉武帝罪己之诏虽然不能像所谓“禹汤罪己，其兴也勃焉”那样，臻汉室于鼎盛，毕竟挽回了将颓之局。不过，轮台诏能够奏效，是由于它颁行于局势有可挽回之际，而且有可挽回之方。崇祯罪己，词旨可谓酷切，但是既非其时，又无其方，不足阻闯王的锋锐。所以汉武帝虽然提供了专制帝王收拾局面的先例，而直到有清之末为止的王朝历史中，真能成功地效法汉武帝以“罪己”诏取得成效的皇帝，却不

多见。[①]

田先生没有明说，但意思是非常明白的：武帝的轮台罪己诏，不管其主观动因如何，至少在客观上，它是一个政治手段，是一场政治“秀”，其目的，是以罪己的方式，收拾分崩离析的残局，挽救已处于崩溃边缘的汉王朝。武帝的罪己诏，成功地做到了这一点，达到了其目标。在这个意义上，这是一个成功的政治经验。

陈苏镇先生的看法与田先生有所不同。他认为：武帝虽然以诏书形式公开否定了益民赋、增田卒、筑亭障等主张，希望停止远征及与远征相关的一切扰民劳民之事，使百姓得以休养生息，使国家得以恢复元气，但在总体上说，轮台诏“并未全盘否定武帝数十年的开边事业，更未否定其全部事业”；轮台诏也不意味着武帝改变了原来的主张，“他只是推迟了征服匈奴的时间，放慢了经营西域的节奏，使百姓得以喘息，使国力得以恢复，使对外战争引起的社会矛盾得以缓解”。而且，陈先生还认为，以霍光为核心推行的“昭宣之治”，实际上是武帝事业的继续，并没有“改弦易辙”，改变国家的大政方针。[②] 劳榦先生的看法，和陈先生比较相近。他说：“汉武帝轮台之诏，也只是认清楚了当时的客观情势，为了国家一定要做一番休息，决不允许再做新的进取。但在武帝的志愿里面，并未完全放弃进取。这就是武帝指定顾命大臣之中，桑弘羊还要占一席地的原因。”[③]

我倾向于认同陈苏镇先生的看法。还可以略作补充的是：在我看来，巫蛊之祸后的三年多时间里，武帝考虑的重心一直放

---

① 田余庆：《论轮台诏》，见氏著《秦汉魏晋史探微》(重订本)，第30—63页，引文见第31、55页。

② 陈苏镇：《〈春秋〉与“汉道”：两汉政治与政治文化研究》，第282—297页。

③ 劳榦：《霍光当政时的政治问题》，见氏著《古代中国的历史与文化》，北京：中华书局，2006年，第135—146页，引文见第141页。

在重立太子、并为太子准备辅政班底方面。征和三年(前90)六月,试图与李广利一起拥护李夫人之子昌邑王髆为太子的丞相刘屈氂被杀,李广利在前线投降匈奴,李氏家族夷灭。后元元年(前88)初,昌邑王髆死,死因不明。至此,昌邑王这个潜在的太子集团彻底覆灭。其时齐王闳已死,燕王旦、广陵王胥皆有过失,不能立,武帝乃不得不设法扶立幼子弗陵(钩弋夫人赵氏所生)为太子。《资治通鉴》综叙其事,谓:

> 时钩弋夫人之子弗陵,年数岁,形体壮大,多知,上奇爱之,心欲立焉;以其年稚,母少,犹与久之。欲以大臣辅之,察群臣,唯奉车都尉、光禄大夫霍光,忠厚可任大事,上乃使黄门画周公负成王朝诸侯以赐光。后数日,帝谴责钩弋夫人;夫人脱簪珥,叩头。帝曰:"引持去,送掖庭狱!"夫人还顾,帝曰:"趣行,汝不得活!"卒赐死。顷之,帝闲居,问左右曰:"外人言云何?"左右对曰:"人言'且立其子,何去其母乎?'"帝曰:"然,是非儿曹愚人之所知也。往古国家所以乱,由主少、母壮也。女主独居骄蹇,淫乱自恣,莫能禁也。汝不闻吕后邪!故不得不先去之也。"①

欲立弗陵为太子,先杀其母,以去除母后干政之危险;复宠霍光,托以后事,甚乃以周公相期,皆为非常之举。而武帝布置甫毕,于后元二年(前87)二月乙丑立弗陵为太子;隔了一天,武帝即死于五柞宫。所以,武帝晚年,即使曾有改弦易辙、全面调整政策的想法,但实际上其大部分精力都放在安排继位者,并为继位者准备辅政班底方面,也不太可能全面考虑并真正实施其政策调整。

① 《资治通鉴》卷二二,武帝后元元年秋七月,第755页。

在前人研究的基础上，我试图进一步理清轮台诏颁发之前所发生的各种事情，武帝所面对的问题，以及他所表示出来的追悔之情，尽可能复原轮台诏的本来面貌，然后去弄清轮台诏的真正意旨及其目的。换言之，我试图把轮台诏还原到武帝晚年政治与个人心境的特定背景之下去考察，更着意于看一个身居至高无上之高位的落寞老人，在丰功伟业的盛宴之后，面对着杯盘狼藉的残席，如何去反省自己，“复原”这场盛宴的准备、开宴以及走向残席的过程，找出某些让自己追悔的关节，去追问自己何以会如此。因此，我更关注从这个诏书中可以见出的武帝发自内心的痛悔之情，以及基本出自个人动因的、对自己错误的认识和纠正。换言之，我相信武帝的痛悔和改正错误的决心基本上是发自内心的，而不仅仅是一种政治表演；也正是在这个意义上，我感受到武帝的人格力量是超乎寻常的，因为以帝王的威权与强大的国家资源，去成就丰功伟业，固然不容易，而更困难的却是承认自己的错误，甚至是否定自己的丰功伟绩，这种否定所需要的勇气和力量，远远大于创建丰功伟业所需要的勇气和力量。

如所周知，武帝的功业，大约包括三个方面：一是“罢黜百家，独尊儒术”，诸如兴太学、修郊祀、改正朔、定历数、协音律、作诗、建封禅、礼百神等文化事业；二是“外攘夷狄，开疆拓土”，包括收两越、击匈奴、通西域、开西南夷等对外军事外交活动；三是“内修法度，立法建制”，包括收相权、行察举、削王国、改兵制、设刺史等政治军事措施，以及统一货币、管盐铁、立平准均输、算缗钱等经济制度的改革。从以上的分析可以见出，武帝的痛悔，主要涉及信用方士、巫蛊事件之处理以及征和三年之役三个方面，并未涉及武帝朝政治的核心方面，而且提出的措施，也主要是策略性调整与局部政策性调整，并非国家大政方针的改变。尽管如此，轮台诏的颁布，仍然充分显示出武帝非凡的政治智慧和他自己的省察，这种省察，是痛定思痛之后的反省和觉悟，能达致这种觉悟，非有大智慧与大勇气者所不能为。朱熹说："武帝病痛固多，然天资高，志向大，足以有为。""轮台之悔，亦是天资高，方如此。"[①]志向远大，有所作为，这对于帝王来说，并不难；难在能够认识自己的错误，而且公开地说出来。朱熹所说的"天资高"，也包括有足够的能力与勇气承认自己的错误，这样的"天资"，是最难能可贵的。

司马光《资治通鉴》卷二二末，对武帝的一生作出了一个总概性的评价，说：

> 孝武穷奢极欲，繁刑重敛，内侈宫室，外事四夷，信惑神怪，巡游无度，使百姓疲敝，起为盗贼，其所以异于秦始皇者无几矣。然秦以之亡，汉以之兴者，孝武能尊先王之道，知所统守，受忠直之言，恶人欺蔽，好贤不倦，诛赏严明，晚而改过，顾托得人，此其所以有亡秦之失而免亡秦之祸乎！[②]

司马光所否定的部分，大多属于为政与事功；而其肯定的部分，则主要是武帝的个人品格，"受忠直之言，恶人欺蔽，好贤不倦"。显然，在"晚而改过"这个问题上，武帝的个人品格发挥了重要作用。

甘肃玉门花海汉代烽燧遗址所出觚上书，一般认为是武帝遗诏的抄写本，据说是一个戍卒手抄的。抄本不全，文字舛误颇多，然其意仍大致可通解。抄本诏书文字云：

① 《朱子语类》卷一三五，北京：中华书局，1986年，第3226—3227页。

② 《资治通鉴》卷二二，第758页。

> 制诏：皇[太](大)子，朕体不安，今将绝矣！与地合同，[终](众)不复起。谨视皇[天](大)之[嗣](笥)，加[增](曾)朕在。善[遇](禺)百姓，赋敛以理；存贤近圣，必聚谞士。表教奉先，自致天子。胡亥自[圯](汜)，灭名绝[祀](纪)。审察朕言，[终](众)身毋[已](久)。苍苍之天不可得久视，堂堂之地不可得久履，道此绝矣！告后世及其[子孙](孙子)。忽忽锡锡，恐见故里，毋负天地。更亡更在，□如□庐，下敦闾里。人固当死，慎毋敢佞。①

这当然不是遗诏的全文，文字也不会是原文，但从其语气看，仍可信是出自武帝之口，特别是"朕体不安，今将绝矣！与地合同，终不复起"，"苍苍之天不可得久视，堂堂之地不可得久履，道此绝矣"，以及"人固当死，慎毋敢佞"三句，显然出自垂死之人，而不会是代拟遗诏的大臣之手。

这份遗诏抄本，主要包括两个内容。其一，"谨视皇天之嗣，加增朕在。"这是给顾命大臣的，要求他们恭谨地看视、维护嗣君，"比我在世的时候还要用心"。其二，"善遇百姓，赋敛以理；存贤近圣，必聚谞士。表教奉先，自致天子。胡亥自圯，灭名绝祀。审察朕言，终身毋已。"这是给嗣君的，希望他善待百姓，赋役征科按照规矩；要选用贤士，亲近圣人之教(当指儒家)，这样，天下的贤才士大夫就会为你所用；你只要尊崇圣教，敬奉祖先，就符合做天子的标准了。秦二世而亡，你一定要记住这个前车之鉴。这份遗诏里也提出亡秦的问题，但显然是汉初以来君臣频频以秦亡作为鉴戒的惯常表达，在这里提出来，而且特别提到

① 嘉峪关市文物保管所：《玉门花海汉代烽燧遗址出土的简牍》，见甘肃省文物工作队、甘肃省博物馆编《汉简研究文集》，兰州：甘肃人民出版社，1984年，第15—33页；吴礽骧、李永良、马建华释校：《敦煌汉简释文》，兰州：甘肃人民出版社，1991年，第150页。

胡亥，不过是为了让幼年的嗣君更加悚惕而已。陈苏镇先生说："从武帝为身后之事所做的精心安排来看，遗诏的基本思想，应当是要求昭帝及霍光等人继承他的事业，并继续执行他晚年定下的政策。"[①]这个判断，应当是有道理的。

我更注意的却是这篇遗诏里所透露出来的武帝个人对生的留恋。"我的病越来越重，现在要死了。我将要回到大地的怀抱，再也不能站起来。""谁也不能永远活在苍天之下，永远在大地上行走。我的事业到此结束了。"这样感性的语句，写在遗诏里，大约也非武帝莫能为。"忽忽锡锡，恐见故里，毋负天地。更亡更在，□如□庐，下敦闾里。人固当死，慎毋敢佞"一般理解为"告后世及其子孙"的内容，然细绎其意，更像是武帝的自言自语："战战兢兢，非常害怕要去见地下故里的祖先了；回顾一生，并未有负天地的托付，所以不用愧对天地。死、生又有什么区别呢（更亡更在，或者可理解为'死'与'生'可以互相变换位置）？也许，在那个世界上，我也会如同生活在自己家里一样，就像仍然活在世上那样感到温暖舒适。人固有一死，又何必留恋这个世界呢？"佞，《说文》释作"巧调高材"，也就是花言巧语、假装的意思。"人固当死，慎毋敢佞"，意思应当是：每个人都要死的，就不用再花言巧语地想留在这个世界上了。话虽然这么说，可是，通篇遗诏里，流露出来的却都是对生的留恋，对死的恐惧。"薤上露，何易晞。露晞明朝更复落，人死一去何时归。"人生如朝露，去日苦多，古今同慨。在死亡面前，帝王与庶民罪隶同归于平等。

① 陈苏镇：《〈春秋〉与"汉道"：两汉政治与政治文化研究》，第285页。

三　王莽的天子梦

(一)入梦

王莽从什么时候开始起意要做皇帝、当天子的？这个问题，可能连王莽自己都不能够回答。

可以相信，王莽在第一次执政时，应当还没有做皇帝的想法。成帝绥和元年(前8)，王莽以皇太后、姑姑王政君之命，被擢为大司马，继其四位叔伯(王凤、王商、王音、王根“诸父”)之后执政，其时三十八岁。《汉书·王莽传》称：

> 莽既拔出同列，继四父而辅政，欲令名誉过前人，遂克己不倦，聘诸贤良以为掾、史，赏赐邑钱悉以享士，愈为俭约。母病，公卿列侯遣夫人问疾，莽妻迎之，衣不曳地，布蔽膝。见之者以为僮使，问知其夫人，皆惊。[①]

观其所为，志向大抵是想做一个好宰相的，至多也不过是想做一个权臣。他使用阴谋诡计，取代淳于长而取得辅政之位，虽非光明行为，但也不过是政治斗争的一般手段。翌年，哀帝继位，外戚傅氏、丁氏专权，王莽被迫辞职。其间王莽执政仅一年余，虽与领尚书事师丹结为同盟，然哀帝“政事由己出”，傅太后(哀帝祖母)“为人刚暴，长于权谋”，所以王莽并没有多少专权的可能。而且哀帝即位后，老的外戚势力王氏(以太皇太后王政君为首)在与新起的外戚傅氏(傅太后之族)、丁氏(哀帝母丁氏之族)的斗争中，实处于下风，王莽保家守业尚属不易，更不可能有非分

---

① 《汉书》卷九九上《王莽传上》，第4041页。本节以下引文，凡未注出者，皆出自《汉书·王莽传》。

之想。建平二年(前5),王莽奉命离京到他所封的侯国新都(在今河南南阳)去居住,更是谨小慎微,小心翼翼,唯恐被政敌抓住把柄。他的儿子王获杀了家奴,王莽"切责获,令自杀"。王莽此举,后人或指以为作伪装假,但牺牲自己的儿子以沽名钓誉,代价实在是太大了,更可能是不得已。

元寿二年(前1)九月,哀帝死,王莽受太皇太后王政君(元帝的皇后)之命,任为大司马,主持政事。王莽初秉政,政事的中心是拥立九岁的中山王箕子为帝(是为平帝),重新确立王氏家族的地位。他断然处置哀帝男宠董贤,严厉打击傅氏、丁氏,"诸哀帝外戚及大臣居位素所不说者,莽皆傅致其罪",并贬损傅太后、丁太后尊号,排挤叔父王立,建立自己的亲信班底(王舜、王邑为腹心,甄丰、甄邯主击断,平晏领机事,刘歆典文章,孙建为爪牙)。凡此,也都属于正常的政争范畴,看不出王莽有什么"异志"。虽然只有九岁的小皇帝坐在那个宝座上,不免让人想入非非,但并没有证据表明,王莽扶立刘箕子为帝,是为了有朝一日自己取而代之。拥立幼君,大抵不过是一般权臣的惯用手段,便于自己专权而已。

风起于青蘋之末。王莽最初的"心动",可能是在重新执政之后第四个月。元始元年(1)正月,遥远的南方小国越裳氏经过多重翻译("重译"),不远万里,派人送来一只白雉、两只黑雉,"诏使三公以荐宗庙"。这件事情本身就很奇怪,因为这个越裳国究竟在哪里,实际上一直没有人说得清楚。这件事情很可能是王莽让人制造的。《资治通鉴》窥见了其中的奥秘,直截了当地写道:

春,正月,王莽风益州,令塞外蛮夷自称越裳氏重译献白雉一、黑雉二。莽白太后下诏,以白雉荐宗庙。于是群臣

> 盛陈莽功德，“致周成白雉之瑞；周公及身在而托号于周，莽宜赐号曰安汉公，益户畴爵邑”。[1]

原来，越裳氏的献白、黑雉，是王莽指使益州让境外蛮夷假托的；而群臣的“盛陈莽功德”，倒是不难，自古以来，最不缺少的就是阿谀奉承、溜须拍马之辈，他们一定会在需要的时候出现并做出最好的表现。

这样的祥瑞出现了第一次，而且很有效用之后，更多的祥瑞自然而然地就层出不穷、接踵而至了。翌年（元始二年，2 年），黄支国就送来了犀牛。黄支国倒是有的，应劭说：“黄支在日南之南，去京师三万里。”大概在今天的越南南部。《资治通鉴》记其事：“王莽欲耀威德，故厚遗其王，令遣使贡献。”也就是说，黄支国遣使来朝，是王莽出了钱的。紧接着，越巂郡（治邛都，在今四川西昌市）就上言有黄龙在江中游，太师孔光、大司徒马宫等都称“莽功德比周公，宜告祠宗庙”。只有大司马孙宝上书说：“周公上圣，召公大贤。尚犹有不相说，著于经典，两不相损。今风雨未时，百姓不足，每有一事，群臣同声，得无非其美者。”[2]一片歌功颂德声中，竟然有如此不协调的声音，自然招来王莽“粉丝”们的口诛笔伐，甄邯、陈崇很快找到由头，罢了孙宝的官。于是，王莽就因为黄支国的犀牛、越巂江中的黄龙，而成了“周公”，“采伊尹、周公称号”，为宰衡，位上公，朝廷礼仪议事，皆“如周公故事”。按照陈崇的说法，“公卿咸叹公德，同盛公勋，皆以周公为比”，而“四海辐凑，靡不得所”，“三年之间，化行如神，嘉瑞叠累”，“盛世”已经来临。

既然做了周公，就要像周公那样行事。于是，王莽着手筹划

---

① 《资治通鉴》卷三五，元始元年春正月，第 1151 页。

② 《汉书》卷七七《孙宝传》，第 3263 页。

明堂、辟雍、灵台等礼制建筑，以与“文王灵台、周公作洛同符”。至元始五年(5)正月，乃在明堂举行“祫祭”大典，“诸侯王二十八人，列侯百二十人，宗室子九百余人，征助祭。礼毕，封孝宣曾孙信等三十六人为列侯，余皆益户赐爵，金帛之赏各有数”。王莽在朝野内外的声望，似乎达到了顶点。当时，“吏民以莽不受新野田而上书者，前后四十八万七千五百七十二人，及诸侯王、公、列侯、宗室见者皆叩头言，宜亟加赏于安汉公”。可谓举国上下，对王莽都感佩得五体投地，衷心拥戴。于是，公卿大夫、博士、议郎、列侯张纯等九百多人一起上书，要求给王莽加九锡：

> 圣帝明王招贤劝能，德盛者位高，功大者赏厚。故宗臣有九命上公之尊，则有九锡登等之宠。今九族亲睦，百姓既章，万国和协，黎民时雍，圣瑞毕溱，太平已洽。帝者之盛莫隆于唐虞，而陛下任之；忠臣茂功莫著于伊周，而宰衡配之。所谓异时而兴，如合符者也。谨以六艺通义，经文所见，《周官》《礼记》宜于今者，为九命之锡。

天下治平，风俗齐同，百蛮率服，万国和协，太平盛世已经来临。当今之世，唐虞盛世犹有不及；王莽功业，伊尹、周公所不能比。自然应当根据古时礼法，加以“九锡”。所谓“九锡”，按照应劭的说法，就是九种礼仪舆服制度，“一曰车马，二曰衣服，三曰乐器，四曰朱户，五曰纳陛，六曰虎贲百人，七曰铁钺，八曰弓矢，九曰秬鬯。此皆天子制度，尊之，故事事锡与，但数少耳”。也就是说：这九种礼仪舆服制度，本来都是天子专用的，如果尊崇某位大臣，可赐予他使用某一种或几种，但很少有赐予九种的(因为全面使用这九种，就与天子没有区别了)。宋均进一步解释说：

> 进退有节，行步有度，赐之车马以代其步。言成文章，行成法则，赐之衣服以表其德。长于教训，内怀至仁，赐之乐则以化其民。居处修理，房内不渫，赐之朱户以明其别。动作有礼，赐之纳陛以安其体。勇猛劲疾，执义坚强，赐之虎贲以备非常。亢扬威武，志在宿卫，赐之斧钺使得专杀。内怀仁德，执义不倾，赐之弓矢使得专征。孝慈父母，赐之秬鬯以事先祖。[1]

然则，所谓“九锡”，代表着九种权力。此九种权力，涉及军事、造化、行政、礼仪等各方面，几乎是王朝政治权力的全部。所以，“加九锡”，实际上意味着移交皇帝的全部权力。元始五年（5）五月，太皇太后王政君亲临前殿，策命王莽加九锡，“于是莽稽首再拜”，穿上绿色的、长过膝（“绿韨”）的衮冕衣裳，接过玚琫、玚珌等各种玉器，“鸾路乘马，龙旂九旒，皮弁素积，戎路乘马，彤弓矢、卢弓矢，左建朱钺，右建金戚，甲胄一具，秬鬯二卣，圭瓒二，九命青玉圭二，朱户纳陛”，离做皇帝已经不远了。

可能就在此前后，王莽开始有意识地走上了他的称帝之路。所以，在加九锡之后，上天又给他显示了一系列的祥瑞。他派出八名风俗使者，专门到各地去搜集祥瑞现象。使者们回来，自然如期带回了很多的祥瑞，还有亿万兆民歌功颂德的歌谣，共三万多言。这些祥瑞，除了“市无二贾，官无狱讼，邑无盗贼，野无饥民，道不拾遗，男女异路”，主要是“五谷成孰，或禾长丈余，或一粟三米，或不种自生，或茧不蚕自成，甘露从天下，醴泉自地出，凤皇来仪，神爵降集”，等等，还不够分量，所以，王莽又让人带着金币玉帛，去劝诱塞外的羌人，让他们自己上书，表示愿意归属中国。在这一切都做好之后，泉陵侯刘庆遂适时上书，称：“周成

---

① 《资治通鉴》卷三六，元始四年，第1171页。

王幼少，称孺子，周公居摄。今帝富于春秋，宜令安汉公行天子事，如周公。”

对于王莽来说，最大的祥瑞于此时降临：“富于春秋”，年方十四岁的平帝恰好死了。当时，元帝一系已经没有后嗣，而宣帝曾孙尚存者有五人为王、列侯四十八人，王莽当然不愿扶立年岁较长的刘氏宗室为帝，托辞“兄弟不得相为后”，决定选立宣帝玄孙中年龄最幼、只有两岁的广戚侯子婴为帝，说他的相“最吉”。当此关键时刻，祥瑞纷纷涌现，而且不再遮掩，径直言明天命应由王莽做皇帝了。其中，武功县长孟通浚井得到一方白石，上圆下方，石上有丹书：“告安汉公莽为皇帝。”《汉书·王莽传》说：“符命之起，自此始矣。”这一次造假的痕迹太过明显，连太皇太后王政君都不相信，说：“此诬罔天下，不可施行！”然“天命”既已昭示，如果违反，恐汉家更将失去天命的庇护。折中协商的结果，是请王莽以“假皇帝”（代理皇帝）的身份，“居摄践祚，服天子韨冕，背斧依于户牖之间，南面朝群臣，听政事。车服出入警跸，民臣称臣妾，皆如天子之制。郊祀天地，宗祀明堂，共祀宗庙，享祭群神，赞曰‘假皇帝’，民臣谓之‘摄皇帝’，自称曰‘予’。平决朝事，常以皇帝之诏称‘制’”。王莽已经取得皇帝的所有权力，并且在制度上建立了与皇帝同样的保障，唯一不同的是，他还不是“天子”。

越裳氏献雉，王莽得为安汉公；黄支国贡犀牛、越巂江黄龙游，王莽遂得比“周公”；明堂成，加九锡；丹石出，“假皇帝”。祥瑞一个个显现，“天命”越来越明确，王莽如果不做皇帝，真是要天怒人怨了。王莽“居摄”做了两年“假皇帝”，要进一步顺应“天命”，于是，广饶侯刘京、车骑将军千人扈云、大保属臧鸿等，纷纷上言，说是发现了“符命”。刘京说：七月中，齐郡临淄县昌兴亭长辛当一天夜里，做了好几个梦，梦见一个神人对他说：“吾，天公使也。天公使我告亭长曰：'摄皇帝当为真。'即不信我，此亭中当有新井。"亭长辛当早上起来，果然看见亭中有一孔新井，深达百尺。巴郡所出的石牛和扶风雍县所出的石头上，都有铜符帛图，上面写着："天告帝符，献者封侯。承天命，用神令。"更为神奇的是，一位名叫"哀章"的梓潼人，在长安游学，找人做了一个铜匮，做两个封检封好，封检上各写好了字，一曰"天帝行玺金匮图"，一曰"赤帝行玺某传予黄帝金策书"。"某"，原本当作"邦"，是汉高祖刘邦的名字，《汉书》编者避讳改写的。匮中的书说：王莽当为真天子，皇太后应当遵从天命。图书还写了王莽八位大臣的姓名，加上王兴、王盛两个好听的名字，以及哀章自己，共有十一人，都署好了官爵，说是王莽的辅佐之臣。哀章在一天黄昏时，穿着黄衣，拿着铜匮，来到高庙，把铜匮交给守护高庙的仆射。高庙仆射赶快奏闻。王莽闻知，立刻沐浴更衣，亲自来到高庙，拜受金匮神命。

至此，天命的文章已经做得十足。王莽戴上王冠，去进谒太后；然后回到未央宫前殿，下达了代汉称帝的策书：

> 予以不德，托于皇初祖考黄帝之后，皇始祖考虞帝之苗裔，而太皇太后之末属。皇天上帝隆显大佑，成命统序，符契图文，金匮策书，神明诏告，属予以天下兆民。赤帝汉氏高皇帝之灵，承天命，传国金策之书，予甚祗畏，敢不钦受！以戊辰直定，御王冠，即真天子位，定有天下之号曰新。其改正朔，易服色，变牺牲，殊徽帜，异器制。以十二月朔癸酉为建国元年正月之朔，以鸡鸣为时。服色配德上黄，牺牲应正用白，使节之旄幡皆纯黄，其署曰"新使五威节"，以承皇天上帝威命也。

根据王莽自己的说法，王氏乃黄帝之后，“黄帝姓姚氏，八世生虞舜。舜起妫汭，以妫为姓。至周武王封舜后妫满于陈，是为胡公，十三世生完。完字敬仲，犇齐，齐桓公以为卿，姓田氏。十一世，田和有齐国，二世称王，至王建为秦所灭。项羽起，封建孙安为济北王。至汉兴，安失国，齐人谓之‘王家’，因以为氏”。[①] 这个王莽自己编造的世系，意在声明王氏自来贵显。现在，上天连辅政臣工都安排好了，天命所归，只有遵从做“天子”了。

(二)梦酣

邢义田先生在《母权·外戚·儒生——王莽篡汉的几点解释》一文的起首，描述了王莽代汉的一幕场景：

> 始建国元年正月一日，也就是公元9年1月15日，王莽在满朝文武的面前，亲自握着五岁小皇帝的手，不胜𫏋欷地说：“当年周公摄政，终能归还大政，而我却迫于天命，不能如愿，无法像周公一样还政了。”说完，哀叹良久。小皇帝孺子由师傅搀扶，下了殿，北面向王莽称臣。从此，汉家天下结束，新朝开始。百官公卿目睹这改朝换代的一幕，据说“莫不感动”。[②]

这段描述，根据的是《汉书·王莽传》的记载：

> 始建国元年正月朔，莽帅公侯卿士奉皇太后玺韨，上太皇太后，顺符命，去汉号焉。

---

① 《汉书》卷九八《元后传》，第4013页。

② 邢义田：《母权·外戚·儒生——王莽篡汉的几点解释》，初刊于《历史月刊》第14期（1989年），后收入氏著《天下一家：皇帝、官僚与社会》，北京：中华书局，2011年，第160—176页，引文见第160页。

……

莽乃策命孺子曰："咨尔婴，昔皇天右乃太祖，历世十二，享国二百一十载，历数在于予躬。《诗》不云乎？'侯服于周，天命靡常。'封尔为定安公，永为新室宾。於戏！敬天之休，往践乃位，毋废予命。"又曰："其以平原、安德、漯阴、鬲、重丘，凡户万，地方百里，为定安公国。立汉祖宗之庙于其国，与周后并，行其正朔、服色。世世以事其祖宗，永以命德茂功，享历代之祀焉。以孝平皇后为定安太后。"读策毕，莽亲执孺子手，流涕歔欷，曰："昔周公摄位，终得复子明辟，今予独迫皇天威命，不得如意！"哀叹良久。中傅将孺子下殿，北面而称臣。百僚陪位，莫不感动。①

这里的皇太后，是汉平帝的皇后、王莽的女儿；太皇太后，则是元帝的皇后、成帝的母亲、王莽的姑姑，王政君。王莽设计的代汉第一道程序是：亲自率领公侯大臣，奉着皇太后（他自己的女儿）的玉玺，向太皇太后（他的姑姑）提出请求，要顺应"符命"，去掉"汉"的称号。太皇太后王政君的态度，这里没有明写。按照《汉书·元后传》的记载，太皇太后是有些勉强地同意了：

初，汉高祖入咸阳至霸上，秦王子婴降于轵道，奉上始皇玺。及高祖诛项籍，即天子位，因御服其玺，世世传受，号曰汉传国玺。以孺子未立，玺臧长乐宫。及莽即位，请玺，太后不肯授莽。莽使安阳侯舜谕指。舜素谨敕，太后雅爱信之。舜既见，太后知其为莽求玺，怒骂之曰："而属父子宗族蒙汉家力，富贵累世，既无以报，受人孤寄，乘便利时，夺取其国，不复顾恩义。人如此者，狗猪不食其余，天下岂有

① 《汉书》卷九九中《王莽传中》，第4099—4100页。

而兄弟邪！且若自以金匮符命为新皇帝，变更正朔服制，亦当自更作玺，传之万世，何用此亡国不祥玺为，而欲求之？我汉家老寡妇，旦暮且死，欲与此玺俱葬，终不可得！”太后因涕泣而言，旁侧长御以下皆垂涕。舜亦悲不能自止，良久乃仰谓太后：“臣等已无可言者。莽必欲得传国玺，太后宁能终不与邪！”太后闻舜语切，恐莽欲胁之，乃出汉传国玺，投之地以授舜，曰：“我老已死，如而兄弟，今族灭也！”舜既得传国玺，奏之，莽大说。[1]

这个传国玺，据说上面写着“受命于天，既寿永昌”八个字，当然被视作为顺天受命的象征，所以王莽必欲得之而后已。王舜向王政君求取传国玺，应当是在此之前，但很可能在这时又举行了一次“授玺”仪式：由王政君将传国玺授予王莽，以示将天命由刘氏转移到王家。

之后，就是在未央宫前殿举行正式的代汉大典。孺子婴是在三年前被王莽立为皇太子的，迄未正式即位为皇帝。王莽在给孺子婴的策命中，先说刘氏之所以得天下，是由于“皇天”的佑护；然刘家传承十二世之后，历数已改到他自己的身上，所以应当由他来接任皇帝了。“侯服于周，天命靡常”，出自《诗·大雅·文王》，意思是说“天命”无常，现在天命由殷商转移到周室了，所以殷商的后嗣要做周的诸侯，服事周天子。王莽用这个典故，既是表明封孺子婴为定安公、奉汉家祭祀，是文王的故事，更是为了说明“天命靡常”，现在转移到王家了。

“哀叹”、“感动”之后，王莽正式成为新室开国皇帝，开始封拜群臣，分封了四辅、三公、四将，合为十一公；同时封拜卿大夫、侍中、尚书官数百人。封拜的根据是“金匮”。《汉书·王莽传》

① 《汉书》卷九八《元后传》，第4032页。

说："又按金匮，辅臣皆封拜。"所谓"金匮"，就是哀章假造的那个铜匮。因为金匮中有王兴、王盛之名，就按照符命搜求叫这两个名字的人，共找到十余人，其中有"两人容貌应卜相"，遂直接从布衣登用，分别封为奉新公、崇新公。

王莽既以符命代汉称帝，建立新朝，其设官改制，遂颇用神道立教。《汉书·王莽传》载王莽在确定群司职守的策文中说：

> 岁星司肃，东岳太师典致时雨，青炜登平，考景以晷。荧惑司悊，南岳太傅典致时奥，赤炜颂平，考声以律。太白司艾，西岳国师典致时阳，白炜象平，考量以铨。辰星司谋，北岳国将典致时寒，玄炜和平，考星以漏。月刑元股左，司马典致武应，考方法矩，主司天文，钦若昊天，敬授民时，力来农事，以丰年谷。日德元厷右，司徒典致文瑞，考圜合规，主司人道，五教是辅，帅民承上，宣美风俗，五品乃训。斗平元心中，司空典致物图，考度以绳，主司地里，平治水土，掌名山川，众殖鸟兽，蕃茂草木。

这段文字颇不易解，亦不必细解，其大意是说：岁星主管礼敬，对不敬之事加以惩戒；东岳太师掌理适时霖雨，使雨泽以时；东方青阳之气上升，使万物生长；日出东方，故用太阳影子的变化来确定节气（"考景以晷"）。荧惑星主管智识（悊，智也），对不智不明之事加以惩戒；南岳太傅主管时令暑热，使气温合宜；赤色的光芒明亮大气，普照大地；根据律令考察所发布的命令是否适当（"考声以律"，或释"律"为"六"，此处不从）。太白星主管安全，对各种变乱予以惩戒（艾，安也）；西岳国师掌理旱炀，使湿度合乎时令；白色之气显示出平和，象征着安宁；用"铨"来衡量、考察天下万物诸事是否失衡。辰星主管谋略，对诸种无谋不聪明的行为予以惩戒;北岳国将掌管寒冷,使阴阳均衡;黑色之气氤氲环绕,万物宁静,波澜不兴;观察五星的运行,以度量时间,并用“漏”来计算时辰。月亮主管刑杀,辅佐左侧;司马主管武事,制定各种法规律令,掌理天文,尊重自然规律,敬授民时,劝农力耕,使年丰谷登。太阳则主管德教,辅佐右侧;司徒主管文教,制定各种伦理规范,掌理人伦道德,奉行仁、义、礼、智、信五教,率领民众忠于上官,推广美风雅俗,使五常之道得到全面奉行。北斗则平衡万物,使其各居其位;司空掌理天下地理水土,制定各种度量衡的标准,并主管天下疆域,平治水土,管理名山大川,鸟兽草木,山珍海藏。

对于王莽称帝的改革官制,论者多指为慕古,或径称为“复古改制”。然仔细研读王莽的这个策文,可以发现,这才是其官制改革的理论依据。其所述东、南、西、北四方与四岳,正对应着四辅;而月、日、斗三星,则正对应着三公。他以王舜为太师,对应的是东岳太师;平宴为太傅,对应南岳太傅;刘歆为国师,对应西岳国师;哀章为国将,对应北岳国将。是为四辅。又以甄邯为大司马,王寻为大司徒,王邑为大司空,是为三公,正与月、日、北斗所应的三职相对应。特别值得注意的是月居于三星之首,且司马主管武事民政,又居于三公之首,显然是因为王莽以大司马而起的缘故。《汉书·王莽传》既称王莽封拜辅臣,所据者为金匮图书,那么,这一段文字,可能就是金匮书中所有。如果这一揣测不误,那么,金匮图书就不会出于哀章之手,而只能出自王莽自己,否则很难相信王莽会按照一个“好为大言”的哀章设计出来的官制,来安排自己的新朝。而此种四方四岳三星之说,显然并无“上古”之依据,而只能来自诸种阴阳谶纬之说,特别是与第一讲所及五方五帝(四方四帝)之说存在密切关联。至于四将、六监、二十七大夫、八十一元士,也很难说是古制,而更可能是与所谓“天数”相对应的。董仲舒曾经说：

> 王者受十端于天，而一条之率，每条一端以十二时，如天之每终一岁以十二月也。十者，天之数也；十二者，岁之度也。用岁之度，条天之数，十二而天数毕，是故终十岁而用百二十月，条十端亦用百二十臣。以率被之，皆合于天。其率三臣而成一慎，故八十一元士为二十七慎，以持二十七大夫；二十七大夫为九慎；以持九卿，九卿为三慎；以持三公，三公为一慎；以持天子，天子积四十慎，以为四选，选一慎三臣，皆天数也。[①]

王莽改定新官制，“每一卿置大夫三人，一大夫置元士三人，凡二十七大夫，八十一元士，分主中都官诸职”。虽然王莽御用的理论家刘歆为古文家，对专治公羊《春秋》的董仲舒未必以为然，但如此惊人的巧合，正说明以所谓天数对应设官的说法，很可能已成为常识。

所以，我以为王莽的复古是假，是表象，或者说是手段，而信奉天命、好事鬼神则为真。当王莽长子王宇与其师吴章、妇兄吕宽图谋联络平帝外戚卫氏之族时，吴章曾以“莽不可谏而好鬼神，可为变怪以惊惧之”，献计因变怪之事推言事类以说莽，说明王莽颇好鬼神。[②]《汉书·王莽传》也说他“性好时日小数，及事迫急，亶为厌胜”。符命之说，亦皆属鬼神之事。王莽称帝后，广建众庙，祭祀三皇五帝以至于孔子。他在立祖宗亲庙的策文中说：“予前在摄时，建郊宫，定祧庙，立社稷，神祇报况，或光自上

---

① 苏舆撰，钟哲点校：《春秋繁露义证》卷七《官制象天》，北京：中华书局，1992年，第214—215页。

② 《资治通鉴》卷三六，平帝元始三年，第1163页。

复于下，流为乌，或黄气熏蒸，昭耀章明，以著黄、虞之烈焉。”“神祇报况”之说，无从查证，只能是王莽自欺欺人而已。

让人惊奇的是，他竟然因为“劉”字上有“卯”，下有“金”，旁有“刀”，下令禁止使用刚卯与刀钱。《汉书·王莽传》载其策文，谓：

> 予前在大麓，至于摄假，深惟汉氏三七之厄，赤德气尽，思索广求，所以辅刘延期之术，靡所不用。以故作金刀之利，几以济之。然自孔子作《春秋》以为后王法，至于哀之十四而一代毕，协之于今，亦哀之十四也。赤世计尽，终不可强济。皇天明威，黄德当兴，隆显大命，属予以天下。今百姓咸言皇天革汉而立新，废刘而兴王。夫“劉”之为字“卯、金、刀”也，正月刚卯，金刀之利，皆不得行。博谋卿士，佥曰天人同应，昭然著明。其去刚卯莫以为佩，除刀钱勿以为利，承顺天心，快百姓意。

“前在大麓，至于摄假”，是说他在做大司马、宰衡以及假、摄皇帝的时候。“三七之厄”，当时有一种说法，认为三七二百一十年为一节纪，每一节纪当有一次大灾难，故谓之三七之厄。《汉书·谷永传》载元延元年（前12）谷永上书，就说：“陛下（指成帝）承八世之功业，当阳数之标季，涉三七之节纪，遭《无妄》之卦运，直百六之灾厄。”[①]（“百六”亦为历法应有灾岁之期）《路温舒传》也说：“温舒从祖父受历数天文，以为汉厄三七之间。”[②]张晏注称：“三七二百一十岁也。自汉初至哀帝元年二百一年也，至平帝崩二百十一年。”金刀，是王莽在此前主持铸造的钱币。刚卯，是一种

① 《汉书》卷八五《谷永传》，第3468页。

② 《汉书》卷五一《路温舒传》，第2372页。

佩带的装饰品。服虔说："刚卯，以正月卯日作佩之，长三寸，广一寸，四方，或用玉，或用金，或用桃，著革带佩之。今有玉在者，铭其一面曰'正月刚卯'。"王莽说，他以前做大司马、宰衡乃至假、摄皇帝的时候，想方设法，以延续汉氏的气运，所以铸金刀之类的钱币，以增加"劉"氏的力量。现在，十四年过去了，天命已革汉而立新，天下人心也都背汉而向新，自然不能再使用金刀之币及刚卯之佩。

符命既然是新朝立国之"合法性"的根据，自然需要大事宣传，让天下士庶广为知悉。这年秋天，王莽派出五威将王奇等十二人，到各地去，向天下颁示四十二篇《符命》。《符命》四十二篇，包括《德祥》五篇、《符命》二十五篇以及《福应》十二篇。《德祥》讲述的是文、宣之世黄龙见于成纪、新都，高祖刘邦伯父的墓门梓柱上长出了枝叶之类；《符命》叙述井中所出丹书石、金匮图书之属；《福应》则记载雌鸡化为雄之属。其文字都尽可能"仿古"（"尔雅依托"，也就是模仿正式的经书，写成古文），并像给经文作注说一样，给《符命》作出解释。其根本的意旨，就是讲王莽应当代汉，统有天下。其总论称：

> 帝王受命，必有德祥之符瑞，协成五命，申以福应，然后能立巍巍之功，传于子孙，永享无穷之祚。故新室之兴也，德祥发于汉三七九世之后。肇命于新都，受瑞于黄支，开王于武功，定命于子同，成命于巴宕，申福于十二应，天所以保祐新室者深矣，固矣！武功丹石出于汉氏平帝末年，火德销尽，土德当代，皇天眷然，去汉与新，以丹石始命于皇帝。皇帝谦让，以摄居之，未当天意，故其秋七月，天重以三能文马。皇帝复谦让，未即位，故三以铁契，四以石龟，五以虞符，六以文圭，七以玄印，八以茂陵石书，九以玄龙石，十以

神井，十一以大神石，十二以铜符帛图。申命之瑞，浸以显著，至于十二，以昭告新皇帝。皇帝深惟上天之威不可不畏，故去摄号，犹尚称假，改元为初始，欲以承塞天命，克厌上帝之心。然非皇天所以郑重降符命之意，故是日天复决以勉书。又侍郎王盱见人衣白布单衣，赤缋方领，冠小冠，立于王路殿前，谓盱曰："今日天同色，以天下人民属皇帝。"盱怪之，行十余步，人忽不见。至丙寅暮，汉氏高庙有金匮图策："高帝承天命，以国传新皇帝。"明旦，宗伯忠孝侯刘宏以闻，乃召公卿议，未决，而大神石人谈曰："趣新皇帝之高庙受命，毋留！"于是新皇帝立登车，之汉氏高庙受命。受命之日，丁卯也。丁，火，汉氏之德也。卯，劉姓所以为字也。明汉刘火德尽，而传于新室也。皇帝谦谦，既备固让，十二符应迫著，命不可辞。惧然祗畏，苇然闵汉氏之终不可济，亹亹在左右之不得从意，为之三夜不御寝，三日不御食。延问公侯卿大夫，佥曰："宜奉如上天威命。"于是乃改元定号，海内更始。新室既定，神祇欢喜，申以福应，吉瑞累仍。《诗》曰："宜民宜人，受禄于天；保右命之，自天申之。"此之谓也。

这段文字，真是千古奇文，构建王朝国家"合法性"的范本，故全文照录于此。"帝王受命，必有德祥之符瑞"，其理论根据是"天人相应"说，已见前述。五命，是指"五行之次，相承以受命也"，用的是"五德终始说"。"汉三七九世"，指汉室传了九世天子，二百一十年，用的是天文历数说。在抬出这些理论根据之后，《符命》总说历数黄支国贡犀牛，武功、子同（梓潼）、巴宕（巴郡宕渠县）出丹石，三台星现文马（"三能文马"）等各种各样的符应，并一再强调天命之急迫与不可违抗，以明王莽称帝立新之不得不然。总而言之，新朝之建立，乃天命所归，人心所向，皇帝不过是应天命、顺人心而已，绝无个人私心杂念。

至此，新朝的“合法性”遂得以建构起来。王莽让五威将拿着四十二篇《符命》，带着王侯官吏的印绶，驰往全国各地，“外及匈奴、西域，徼外蛮夷”，去宣示新朝的“合法性”，改授新室印绶，收回旧的汉朝印绶。“赐吏爵人二级，民爵人一级，女子百户羊酒，蛮夷币帛各有差。大赦天下。”《汉书·王莽传》描述说：

> 五威将乘乾文车，驾坤六马，背负鷩鸟之毛，服饰甚伟。每一将各置左右前后中帅，凡五帅。衣冠车服驾马，各如其方面色数。将持节，称太一之使；帅持幢，称五帝之使。

乾文车，是画着天文图像的车子；坤六马，是六匹牝马；鷩鸟，就是山鸡。五威将及其属下的车马服色，都与其所去方向的颜色相符（如东方青色，南方赤色）。太一，即天皇大帝；五帝，当指五方之五帝。五威将及其属下怒马辂车，服饰华丽，颜色各依其所去之方位，节上书“太一之使”，幢上署“五帝之使”，威风凛凛，旌旗猎猎，驰往四面八方。王莽在给他们的策命中说：“普天之下，迄于四表，靡所不至。”溥天之下，莫非王土；率土之滨，莫非王臣。新朝的恩威雨露及于海隅天荒，天下大治，“盛世”来临了。

（三）惊梦

符命鬼神之事，幽冥渺茫，实所难言。既然王莽可以据之代汉立新，视天下士庶均为盲瞽，自亦有人照样学样，也造作出别的符命来，以谋取自己的利益。不仅如此，王莽既然能造作有利于己的符命，他人也可能造作出不利于王莽的符命，依靠符命构建的新朝“合法性”，也很容易走向其反面，成为证明其“非法性”

的根据。

新朝建立之初，因为献言符命受到鼓励，趋利之徒乃争相献言，一时之间蔚为风气，成为时尚。《汉书·王莽传》说：

> 是时争为符命封侯，其不为者相戏曰："独无天帝除书乎？"司命陈崇白莽曰："此开奸臣作福之路而乱天命，宜绝其原。"莽亦厌之，遂使尚书大夫赵并验治，非五威将率所班，皆下狱。

大家见了面，互相问候的话语就是："你还没有得到天帝给你的信吗？"新朝符命已经成了一个笑话，供大家娱乐了。

符命也被用于王莽集团内部的争权夺利与倾轧。甄丰、刘歆、王舜是王莽的心腹，为王莽夺取政权出谋划策，鞍前马后，立下了汗马功劳。但三人并不赞同王莽代汉，其中甄丰态度最为明朗，所以，在封拜辅臣时，王莽托言是金匮图书的安排，任命甄丰为更始将军，与卖饼儿王盛同列。甄氏父子心中不满。甄丰的儿子甄寻就造作了一个符命，说新室当分陕而治，用周公、召公分陕而治的故事，设立二伯，以甄丰为右伯，太傅平晏为左伯，如周、召故事。王莽不好否认，只得拜甄丰为右伯。甄丰还没有履职，甄寻又造作了一个新符命，说原来嫁给汉平帝做皇后的、王莽的女儿黄皇室主，应当给甄寻作妻子。这个"符命"超出了王莽的底线，他发怒说："黄皇室主天下母，此何谓也！"随即杀掉了甄氏父子。

这还不算什么。反对新朝的"符命"很快就出现了。始建国元年(9)秋，就在王莽派遣五威将四处宣讲《符命》四十二篇之后不久，有一个名叫"碧"的长安女子，就在路上大呼小叫，说："高皇帝大怒，趣归我国。不者，九月必杀汝！"这个"碧"，显然是向王莽编造的白布单衣神人、大神石人学来的。翌年(10)十一月癸酉，有一个名叫武仲的长安男子，拦住立国将军孙建的车马，自称是汉氏刘子舆，乃成帝与妃妾所生之子，说："刘氏当复，趣空宫。"碧与武仲虽然皆被捕杀，但"汉家当复"的"符命"却一再显现，并逐渐形成不能遏止的舆论洪流，给新朝带来极大威胁。

天凤二年(14)新年伊始，道路传言，说是有一条黄龙堕死在黄山宫中，"百姓奔走往观者有万数"。王莽自称新朝系出土德，黄龙坠死，显然是个凶兆。王莽非常讨厌这样的事情，派人追查这个谣言从何而起，自然什么都查不到。地皇二年(21)，魏成郡(故魏郡，治邺县)大尹(即太守)李焉与卜者王况一起图谋反乱，称"汉家当复兴，李氏为辅"，并制作了一份谶书，说：

> 文帝发忿，居地下趣军，北告匈奴，南告越人。江中刘信，执敌报怨，复续古先，四年当发军。江湖有盗，自称樊王，姓为刘氏，万人成行，不受赦令，欲动秦、雒阳。十一年当相攻，太白扬光，岁星入东井，其号当行。

这份谶书很可能是模仿哀章所上的金匮图书制作的，其中历数王莽大臣的吉凶，各有日期，正与金匮书相对。李焉、王况虽然被捕杀，但"汉家当复兴，李氏为辅"的谶语却传播开来。王莽自己也心中疑惑，任命李棽为大将军、扬州牧，改名为"李圣"，让他带兵进攻长江中下游地区("江中"、"江湖")的义军。到了后来，连王莽集团内部的中坚人物王涉、刘歆也都相信"刘氏当复"的谶语了。《汉书·王莽传》载：

> 先是，卫将军王涉素养道士西门君惠。君惠好天文谶记，为涉言："星孛扫宫室，刘氏当复兴，国师公姓名是也。"

涉信其言，以语大司马董忠，数俱至国师殿中庐道语星宿，国师不应，后涉特往，对歆涕泣言："诚欲与公共安宗族，奈何不信涉也！"歆因为言天文人事，东方必成。

国师公即刘歆。王涉、刘歆及大司马董忠借此密谋反对王莽，虽事败被杀，然仍可见出王莽集团内部也有人试图利用这一谶语了。

王莽以符命而得立，至死犹指望靠符命救命。天凤六年(19)，赤眉、绿林已经大起，到处都是反对新朝的呼声。王莽让太史推算三万六千岁的历纪，六岁一改元，布告天下，并据此而将明年改称地皇元年。其下书称：

《紫阁图》曰："太一、黄帝皆仙上天，张乐昆仑虔山之上。后世圣主得瑞者，当张乐秦终南山之上。"予之不敏，奉行未明，乃今谕矣。复以宁始将军为更始将军，以顺符命。《易》不云乎？"日新之谓盛德，生生之谓易。"予其飨哉！

想用这种办法来"诳耀百姓，销解盗贼"，结果只能是"众皆笑之"。既无效验，复下书说：

予之皇初祖考黄帝定天下，将兵为上将军，建华盖，立斗献，内设大将，外置大司马五人，大将军二十五人，偏将军百二十五人，裨将军千二百五十人，校尉万二千五百人，司马三万七千五百人，候十一万二千五百人，当百二十二万五千人，士吏四十五万人，士千三百五十万人，应协于《易》"弧矢之利，以威天下"。予受符命之文，稽前人，将条备焉。

黄帝时设置如此之多的将吏士官，不知何所据。王莽自己若确然信以为实，他一定是陷入迷梦之中了。他还果然据此设置前、后、左、右、中五大司马之位，赐诸州牧号为大将军，郡卒正、连帅、大尹为偏将军，属令长为裨将军，县宰为校尉，真说得上是痴迷颠狂了。

越是统治不稳，越要乞灵于神鬼祖先。为了得到神鬼祖先的保佑，王莽决定大举兴工，营造九庙。他下令征发天下工匠吏民，“坏彻城西苑中建章、承光、包阳、大台、储元宫及平乐、当路、阳禄馆，凡十余所，取其材瓦，以起九庙”。这九庙分别是：黄帝太初祖庙、帝虞始祖昭庙、陈胡王统祖穆庙、齐敬王世祖昭庙、济北愍王王祖穆庙、济南伯王尊祢昭庙、元城孺王尊祢穆庙、阳平顷王戚祢昭庙、新都显王戚祢穆庙。太初祖庙东西南北各四十丈，高十七丈，余庙半之。廊柱上都用铜包裹起来，饰以金银雕刻的花纹，穷极百工之巧，“功费数百巨万，卒徒死者万数”。

王莽梦见长乐宫里的五个铜人站起来，心里打鼓。他记起铜人铭文中有“皇帝初兼天下”之类的话，就让尚方工凿灭铜人铭文。又梦见汉高庙的神灵谴责他，就让虎贲武士进入高庙，拔剑四面打击，用斧头砍坏门窗，用桃木煮的热水洒在屋子的墙壁上，还用赤色的皮鞭抽打屋壁。

有人上言黄帝时曾建华盖以登仙，王莽听了，就建造了一所九重的华盖，高八丈一尺，装饰得金碧辉煌，用一辆秘机四轮车装载着，六匹马拉着，后边跟着穿着黄色衣服头巾的三百名力士。车上人击鼓，拉挽的人齐声高呼“登仙”。王莽每次出来，就让这个华盖车走在前面。百官纷纷窃窃私语：“这是丧车，哪里是什么登仙台啊？”

地皇四年(23)，更始已称帝复汉。王莽听到这个消息，知道自己大势已去，但仍想做垂死挣扎。这一年，他将满七十岁，为了表示自己年轻力壮，“乃染其须发，进所征天下淑女杜陵史氏女为皇后”，演出了一场七十老翁娶新妇的戏。他还让张邯向群臣解说符命，称：

> 《易》言：“伏戎于莽，升其高陵，三岁不兴。”“莽”，皇帝之名。“升”，谓刘伯升。“高陵”，谓高陵侯子翟义也。言刘升、翟义为伏戎之兵于新皇帝世，犹殄灭不兴也。

“伏戎于莽”云云，本是《易·同人卦》九三爻之辞，意思是说“伏兵戎于草莽之中，升高陵而望，不敢前进，至于三岁不能起”。张邯承王莽之意，作如此曲解，群臣也只能“皆称万岁”。他又让人从东方用槛车传送了几个人，对众宣扬：“刘伯升等皆行大戮。”可是，刘伯升并没有死，老百姓也都知道这不过是又一次欺骗而已。

在彻底败亡的前夕，王莽最后演出了一场乞灵于符命的戏。他率领群臣一起来到长安南郊，“陈其符命本末”，然后仰天大哭，说：“皇天既命授臣莽，何不殄灭众贼？即令臣莽非是，愿下雷霆诛臣莽！”他捶胸大哭，哭得死去活来。又自己撰写了一份“告天策”，向上天陈述自己的功劳。为了让天帝听到他的哭声和陈词，他召集了诸生小民，让他们从早哭到晚，准备了粥犒劳他们，哭得“甚悲哀及能诵策文者，除以为郎”，共有五千余人因为会哭而得授为郎官。

一直到临死，王莽还在做他的符命之梦。长安局势已完全失控，宫门也已被城中少年燃起了大火，王莽穿上深青而扬赤色的衣服（“绀袀服”），佩上玉玺，手里拿着虞帝匕首，按照北斗斗柄的方位坐下来，说：“天生德于予，汉兵其如予何！”这句话，是变用《论语》所记孔子之言：“天生德于予，桓魋其如予何？”即使在这样的危急时刻，他也还没有忘记自己是一个有学问的皇帝，但这句话，已经没有一点底气了。

王莽死时，还抱着符命、威斗。符命最终送了他的命。

四　皇帝与天子

(一)“选”皇帝

秦、西汉时期的皇帝，是可以“选”的，当然，这里的“选”，绝不是“民选”，也不是现代意义上的“选举”。

秦始皇二十六年(前 221)，秦始皇定制以“皇帝”作为最高统治者的称号，下诏自己为始皇帝，“后世以计数，二世三世至于万世，传之无穷”。[①] 但对于二世、三世如何产生，秦始皇并没有确定的主张，他一直也没有立太子。所以，到三十七年(前 211)秦始皇死于东巡途次，丞相李斯“恐诸公子及天下有变，乃秘之，不发丧”，这说明诸公子(秦始皇有二十余子)都是可能的皇位候选人。按照《史记·秦始皇本纪》的记载，秦始皇在病重时曾赐给长子扶苏书，要他“与丧会咸阳而葬”，但并没有明确指定扶苏为继承人。于是赵高、李斯等朝臣，就从自己的利益出发，立了胡亥。按照赵高的说法，胡亥“慈仁笃厚，轻财重士，辩于心而诎于口，尽礼敬士”，大概是比较温和的，与“刚毅而武勇，信人而奋士”的长子扶苏形成鲜明对照。[②] 赵高、李斯之所以选立胡亥，看中的就是他的仁弱温和，便于他们二人弄权、保位。至于赵高杀二世，秦诸公子尚多有存者，赵高决意立子婴为王，理由是“子婴仁俭，百姓皆载其言”[③]，也考虑到子婴的个人性格及其在百姓中

① 《史记》卷六《秦始皇本纪》，第 236 页。
② 《史记》卷八七《李斯列传》，第 2549—2550 页。
③ 《史记》卷六《秦始皇本纪》，第 274 页。

的影响。

刘邦虽于汉王二年(前205)即立嫡子刘盈为太子,然后来,又曾试图以赵王如意代之。刘邦想更换太子的理由,是"太子为人仁弱",而"如意类我"。[①] 这中间也有一个选的过程。虽然刘邦最后并没有更换太子,但认为嗣君应当"类己",是刘邦选择嗣君的一个标准,是没有疑问的。惠帝死,吕后临朝称制,其间曾立有二帝,一是惠帝宫中美人所生的废帝,连名字都没有留下来,做了不到四年的傀儡皇帝;二是惠帝庶子山(更名义,又更名弘),即少帝,都是幼子,立之以便于吕后专权。

吕后死,大臣平定诸吕,要废少帝,另立新帝。《史记·吕后本纪》记其事说:

> 诸大臣相与阴谋曰:"少帝及梁、淮阳、常山王,皆非真孝惠子也。吕后以计诈名他人子,杀其母,养后宫,令孝惠子之,立以为后,及诸王,以强吕氏。今皆已夷灭诸吕,而置所立,即长用事,吾属无类矣。不如视诸王最贤者立之。"或言:"齐悼惠王高帝长子,今其嫡子为齐王,推本言之,高帝嫡长孙,可立也。"大臣皆曰:"吕氏以外家恶而几危宗庙,乱功臣。今齐王母家驷,驷钧,恶人也,即立齐王,则复为吕氏。"欲立淮南王,以为少,母家又恶。乃曰:"代王方今高帝见子,最长,仁孝宽厚。太后家薄氏谨良。且立长故顺,以仁孝闻于天下,便。"乃相与共阴使人召代王。代王使人辞谢。再反,然后乘六乘传。后九月晦日己酉,至长安,舍代邸。大臣皆往谒,奉天子玺上代王,共尊立为天子。代王数让,群臣固请,然后听。[②]

① 《汉书》卷九七《外戚传》上,第3937页。

② 《史记》卷九《吕后本纪》,第410—411页。

当时大臣选任新君的原则，是“视诸王最贤者”。当时候选的有齐王襄、代王恒与淮南王长三人。淮南王刘长是刘邦最小的儿子，赵姬所生。他生于高祖九年（前 198），十一年受封为淮南王，其时已有十九岁，不能称为“少”。刘长幼年时母亲即已自杀，“母家又恶”之说似也无从说起。但赵姬自杀后，刘邦“令吕后母之”，所以，刘长实际上是吕后抚育大的。《史记·淮南厉王传》说：“厉王早失母，常附吕后，孝惠、吕后时以故得幸无患害。”[①]在大臣们看来，刘长应当算是吕氏一党的外围，当然不得立为皇帝。因此，刘长是第一个被排除的。齐王襄是齐悼惠王刘肥的儿子。刘肥是高祖刘邦的长子，因系外室（曹夫人）所出，不得为太子，高祖六年（前 201）受封为齐王。惠帝六年（前 189）死，子襄嗣王位。吕后死时，齐王襄的弟弟朱虚侯刘章、东牟侯刘兴居正在长安宫中，而刘章娶吕禄女为妻，故颇知诸吕之谋，遂使人“阴出告其兄齐王，欲令发兵西”，自己作为内应，以诛除诸吕，推齐王襄为帝。齐王遂发兵，以驷钧为相，并挟持琅邪王刘泽亦发兵。[②] 在诛除诸吕之役中，齐王刘襄、朱虚侯刘章、东牟侯刘兴居兄弟三人，立功甚著（齐王起兵，朱虚侯杀吕产，东牟侯逐少帝），立齐王为帝，本为顺理成章之事，然琅邪王刘泽表示反对，并对大臣们说：

> 齐王母家驷钧，恶戾，虎而冠者也。方以吕氏故，几乱天下，今又立齐王，是欲复为吕氏也。代王母家薄氏，君子长者。且代王又亲高帝子，于今见在，且最为长。以子则

---

① 《史记》卷一一八《淮南衡山列传》，第 3075—3076 页。

② 《史记》卷五二《齐悼惠王世家》，第 2001—2002 页。

顺，以善人则大臣安。[1]

这里的考虑，是齐王外戚家族势力较大，唯恐立齐王后仍有外戚当政，以致重演吕氏之乱。而刘泽之推立代王刘恒的理由，除其为尚存的高帝亲子中最年长者外，还因为其为人和顺，性情亲善，“仁孝宽厚”，拥立其为帝，诸大臣得保平安。

文帝即位之后，对其得帝位，仍然心存疑虑。文帝元年（前179）正月，大臣请早立太子，文帝回答说：

> 楚王，季父也，春秋高，阅天下之义理多矣，明于国家之大体。吴王于朕，兄也，惠仁以好德；淮南王，弟也，秉德以陪朕。岂为不豫哉！诸侯王宗室昆弟有功臣，多贤及有德义者，若举有德以陪朕之不能终，是社稷之灵、天下之福也。今不选举焉，而曰必子，人其以朕为忘贤有德者而专于子，非所以忧天下也。朕甚不取也。[2]

楚王刘交，是高祖刘邦的弟弟，所以文帝称为“季父”；吴王刘濞，是高祖兄仲的儿子，是文帝的堂兄；淮南王刘长，是文帝的亲弟弟。在文帝看来，这三个人，都是有资格选任皇帝的（其时齐王刘襄已死）。“如果现在不加选举，就立我的儿子为太子，人们将会说我忘记了帝位应当由贤良而有德者为之的道理，而专为自己的儿子谋划，不是为天下考虑了”。然则，由于文帝是被“选”立为帝的，所以，在他的观念里，以后的帝位也应“选举”“贤而有德者”任之。不管文帝是不是真的这样认为，当时至少有这样的舆论。而大臣们的答复则把帝位选举作为一种特例，称：

① 《史记》卷五二《齐悼惠王世家》，第2003页。
② 《史记》卷一〇《孝文本纪》，第419页。

> 古者殷、周有国，治安皆千余岁，古之有天下者莫长焉，用此道也。立嗣必子，所从来远矣。高帝亲率士大夫，始平天下，建诸侯，为帝者太祖。诸侯王及列侯始受国者，皆亦为其国祖。子孙继嗣，世世弗绝，天下之大义也，故高帝设之以抚海内。今释宜建，而更选于诸侯及宗室，非高帝之志也。更议不宜。子某最长，纯厚慈仁，请建以为太子。[1]

这里说自殷、周以来，立嗣必子，“子孙继嗣，世世不绝，天下之大义也”，所以立长子启为太子，是符合“大义”的。至于前此“选于诸侯及宗室”，实为非常之举，不是高帝的意愿。

但“立子”之说并未成为定规。文帝共有四个儿子，长子刘启立为太子，即后来的景帝。次子刘武初封为代王，后改封为淮阳王，又徙为梁王。启与武都是窦皇后所生。至景帝即位，仍以梁王武作为未来的嗣君。景帝前元三年（前 154），梁孝王入朝。当时景帝还没有置太子，与梁王宴饮，从容言曰：“千秋万岁后传于王。”这当然不是景帝的心里话，但说明那时还没有确立传子的规矩，“传弟”还是可能的选择之一。梁王听了景帝的话，“辞谢，虽知非至言，然心内喜”；他们的母亲窦太后也很高兴。[2] 詹事窦婴意识到这中间的问题，上前奉酒进言，说：“天下者，高祖天下，父子相传，汉之约也，上何以得传梁王！”[3]那么，大概大臣们已经不能认同“兄终弟及”的做法了。可能是为了堵塞梁王的觊觎之心，翌年（前 153），景帝即立长子荣为太子（同时封子刘彻为胶东王）。荣的母亲是栗姬，所以当时又称荣作“栗太子”。景

---

① 《史记》卷一〇《孝文本纪》，第 419—420 页。

② 《史记》卷五八《梁孝王世家》，第 2082 页。

③ 《汉书》卷五二《窦婴传》，第 2375 页。

帝的姐姐嫖在景、武二朝中非常活跃，她想把自己的女儿嫁给太子，被栗姬拒绝，乃谮毁栗姬，而把女儿（就是后来的陈皇后）嫁给了王夫人生的刘彻。至景帝七年（前150），景帝乃正式废掉栗太子，改立刘彻为太子。当栗太子既废（正月）而刘彻尚未得立之时（中间有三个多月），梁孝王在窦太后的支持下，还曾图谋立为嗣君。然则，在景帝朝，可能得为嗣君的先后有梁王武、长子荣及胶东王彻。最后刘彻得立为太子，并继位为帝（即汉武帝），这中间也存在着一个“选”的过程。只是这个选的过程，非常残酷罢了。《史记·梁孝王世家》记梁孝王图谋为嗣君而未果之事，说：

> （景帝七年）十一月，上废栗太子，窦太后心欲以孝王为后嗣。大臣及袁盎等有所关说于景帝，窦太后义格，亦遂不复言以梁王为嗣事。由此以事秘，世莫知。乃辞归国。[①]

袁盎的关说，大抵是说“汉家法周道立子”、不能行殷商“兄终弟及”之制；格，止也。窦太后与梁孝王之谋，于义理无据，所以不得不停止。这中间有无数的密谋诡计，是世人无法得知的。刘彻得立为太子后，梁王彻底绝望，为了报复，竟然派人去刺杀袁盎。被派去刺杀袁盎的刺客中有一位，是个侠义道中人，他到了关中，打听袁盎的为人，听来的都是赞美的好话。他就跑去告诉袁盎：“臣受梁王金来刺君，君长者，不忍刺君。然后刺君者十余曹，备之！”但梁王派遣的刺客很多，袁盎防不胜防，终于被刺杀在安陵郭门之外。[②]

武帝六子，即卫皇后（子夫）所生的太子据（又称作“卫太

① 《史记》卷五八《梁孝王世家》，第2084页。
② 《史记》卷一〇一《袁盎列传》，第2744—2745页。

子”、“戾太子”)，齐王闳(王夫人生)，李姬所生燕王旦、广陵王胥，李夫人所生昌邑王髆，以及钩弋夫人赵倢伃所生弗陵(后来的昭帝)。据生于元朔元年(前 128 年)，是武帝的嫡长子，元狩元年(前 122)立为太子，时年七岁。刘据长大后，性格“仁恕温谨”，武帝“嫌其材能少，不类己”。《资治通鉴》称：“上用法严，多任深刻吏；太子宽厚，多所平反，虽得百姓心，而用法大臣皆不悦。……群臣宽厚长者皆附太子，而深酷用法者皆毁之；邪臣多党与，故太子誉少而毁多。卫青薨，臣下无复外家为据，竞欲构太子。”[①]然则，刘据久居太子之位后，形成了自己的政治小圈子，且政治理念与施政风格均大异于武帝，从而导致“巫蛊之祸”发生。武帝决定废除刘据太子之位，并迫其举兵、最终将之诛杀，虽然也有喜恶方面的情感原因，但在根本上乃一种政治抉择，对此，前人(特别是田余庆、劳榦先生以及日本学者西嶋定生等)都已有很好的论述。巫蛊之祸后，太子之位既空缺，诸种潜在的可能性就纷纷呈现出来。丞相刘屈氂与贰师将军李广利图谋拥立李夫人所生子昌邑王髆，为武帝厌恶，刘屈氂被腰斩，李广利降匈奴，宗族亦灭。时齐王闳已死，燕王旦自以为按照顺序当立为太子，上书求入为宿卫，正触犯了武帝的忌讳，“下其使狱”，后来又以其曾藏匿亡命为由，削减了其封国的三个县。至武帝死、昭帝继位，燕王旦自以为应当由自己即位为帝，竟扬言弗陵非武帝子，与中山哀王子刘长、齐孝王孙刘泽等结谋，试图夺取皇位。后来，左将军上官桀父子、桑弘羊等图谋清除霍光，亦计划拥立燕王旦。[②] 这说明当时诸侯大臣中至少有部分人，认为燕王旦是有选任皇帝之资格的。即便是广陵王胥，在昭帝末年，也曾觊觎帝位。《汉书·广陵厉王胥传》载：

---

① 《资治通鉴》卷二二，征和二年闰月，第 737 页。

② 《汉书》卷六三《燕刺王旦传》，第 2751—2759 页。

昭帝时，胥见上年少无子，有觊欲心。而楚地巫鬼，胥迎女巫李女须，使下神祝诅。女须泣曰："孝武帝下我。"左右皆伏。言"吾必令胥为天子"。胥多赐女须钱，使祷巫山。会昭帝崩，胥曰："女须良巫也！"杀牛塞祷。及昌邑王征，复使巫祝诅之。后王废，胥寖信女须等，数赐予钱物。宣帝即位，胥曰："太子孙何以反得立？"复令女须祝诅如前。[1]

刘胥让女巫相继诅咒昭帝、昌邑王贺以及宣帝询，是因为如果他们死亡，胥是有资格得选任为帝的，也就是说，他是可能的候选人。

至昭帝薨，无嗣，广陵王胥是唯一尚存的武帝之子，所以群臣多认为应由胥继为皇帝。《汉书·霍光传》说：

元平元年，昭帝崩，亡嗣。武帝六男独有广陵王胥在，群臣议所立，咸持广陵王。王本以行失道，先帝所不用。光内不自安。郎有上书言："周太王废太伯立王季，文王舍伯邑考立武王，唯在所宜，虽废长立少可也。广陵王不可以承宗庙。"言合光意。光以其书视丞相敞等，擢郎为九江太守，即日承皇太后诏，遣行大鸿胪事少府乐成、宗正德、光禄大夫吉、中郎将利汉迎昌邑王贺。

霍光放弃了最有资格继为嗣君的广陵王胥，而决定选立昔年曾得刘屈氂、李广利拥护的昌邑王髆之子、继为昌邑王的贺为帝，确属非常之举。其何以选立昌邑王贺，旋又废之，至所难言，兹不具论。《霍光传》说：

① 《汉书》卷六三《广陵王胥传》，第2760—2761页。

> 贺者，武帝孙，昌邑哀王子也。既至，即位，行淫乱。光忧懑，独以问所亲故吏大司农田延年。延年曰："将军为国柱石，审此人不可，何不建白太后，更选贤而立之？"光曰："今欲如是，于古尝有此否？"延年曰："伊尹相殷，废太甲以安宗庙，后世称其忠。将军若能行此，亦汉之伊尹也。"①

那么，至少在原则上，是应当"选贤"的。但这不过是一种说辞。广陵王未得入选，据说是以其行"失道"，也就是不贤；后废昌邑王，也是因为其失道、不贤。可是，昌邑王之不贤，并不自被立为帝始。早在王国时，就"素狂纵，动作无节。武帝之丧，贺游猎不止"②，霍光对此，不会不知，又何以会选其为帝？所谓"选贤"云云，是颇可怀疑的。但无论如何，其时刘氏宗王何人可以得继帝位，是由大臣霍光等"选贤"而任的，却无可怀疑。而再次遴选的结果，是选中了卫太子刘据的孙子刘询，即后来的汉宣帝。《霍光传》记录了这次选立的过程：

> 光坐庭中，会丞相以下议定所立。广陵王已前不用，及燕刺王反诛，其子不在议中。近亲唯有卫太子孙号皇曾孙在民间，咸称述焉。光遂复与丞相敞等上奏曰："《礼》曰：'人道亲亲故尊祖，尊祖故敬宗。'太宗亡嗣，择支子孙贤者为嗣。孝武皇帝曾孙病已，武帝时有诏掖庭养视，至今年十八，师受《诗》《论语》《孝经》，躬行节俭，慈仁爱人，可以嗣孝昭皇帝后，奉承祖宗庙，子万姓。臣昧死以闻。"皇太后诏

---

① 《汉书》卷六八《霍光传》，第 2937 页。

② 《资治通鉴》卷二四，元平元年四月，第 787 页。

曰："可。"[1]

刘询得立的理由，一是他是武帝的曾孙，有选任为皇帝的资格；二是他"躬行节俭，慈仁爱人"，个人品德优秀。当然，这些都是冠冕堂皇的理由，真正的原因要复杂曲折得多。

元帝奭、成帝骜皆以太子继位，故无选立问题。而成帝无子，于绥和元年（前8）择立定陶王欣为嗣子。元帝三子，除成帝外，傅昭仪生康，后封为定陶王；冯昭仪生兴，后封为中山王。康死，子欣嗣为定陶王，所以欣是成帝的侄子。当成帝议立太子时，御史大夫孔光曾引《尚书》所记殷商时"兄终弟及"之义，建议以中山王兴为嗣君，成帝"以中山王不材"，又是兄弟，"不得相入庙"，而加以拒绝，最后决定立定陶王欣为太子（即后来的哀帝）。[2]《资治通鉴》综述成帝选立太子之过程：

> 中山王兴、定陶王欣皆来朝，中山王独从傅，定陶王尽从傅、相、中尉。上怪之，以问定陶王，对曰："令：诸侯王朝，得从其国二千石。傅、相、中尉，皆国二千石，故尽从之。"上令诵《诗》，通习，能说。他日，问中山王："独从傅，在何法令？"不能对；令诵《尚书》，又废；及赐食于前，后饱；起下，袜系解。帝由此以为不能，而贤定陶王，数称其材。是时诸侯王唯二人于帝为至亲，定陶王祖母傅太后随王来朝，私赂遗赵皇后、昭仪及票骑将军王根。后、昭仪、根见上无子，亦欲豫自结，为长久计，皆更称定陶王，劝帝以为嗣。帝亦自美其材，为加元服而遣之，时年十七矣。[3]

① 《汉书》卷六八《霍光传》，第2947页。
② 《汉书》卷八〇《中山孝王兴传》，第3326页。
③ 《资治通鉴》卷三二，元延四年，第1057—1058页。

看来，选立太子既经过成帝面试这一关，又经过很多隐秘的幕后角逐。幕后角逐也是一种“选”的过程。而欣之所以能中选，除了他身为成帝之侄外，还因为其贤，有材，又有祖母傅太后的活动，以及赵皇后（赵飞燕）、昭仪（合德）以及骠骑将军王根等后宫、大臣的支持。

哀帝复无嗣而死，且事出突然，太皇太后王政君收取玺绶，任王莽为大司马，与议立嗣。元帝的后裔，这时只有中山孝王兴的儿子衎还在世，他是哀帝欣的堂弟，所以算是嗣成帝之位，这就是后来的平帝。平帝即位时只有八岁，这个选择，显然是为了便于王莽掌握政权。至元始五年（5），平帝在位五年后死，复无嗣。这时元帝后裔再无人存世，所以王莽不得不从皇室谱系中向上追一代，从宣帝后裔中选一个继承人。这样选择的余地非常大，有资格的候选人有五个王和将近五十个侯。王莽选了一个年纪最小的刘孺子（婴），他只有两岁。衎、孺子之所以受到王莽的青睐，正是由于他们年少、易于摆布，更利于王莽专权。显然，“选”皇帝的标准发生了根本性的变化，德、贤都被远远地抛开来，年少无知成为了最重要的条件。

（二）“受命之王”与“继体之君”

如所周知，所有的皇帝都被称为“天子”，但是，在上述“选立”皇帝的过程中，我们并没有看到他们是“上天之子”的意味。在挑选的过程中，他们都是被当作具体的、活生生的“人”的，有贤与不肖之别、宽仁与勇武之分，更有年龄、体质的差异，还有周围亲属与社会关系网络的不同。当然，他们都有一个共同的特征，即在血缘上被认为与“天命所归”的汉高祖是联系在一起的，即在血缘上均出于皇室（无论真假，比如惠帝的两个继承人的血缘,后来都受到质疑)。这一共同点是他们可以进入皇帝候选人之列的必要条件,也是可能将他们与“天”联系起来的唯一根据。但靠这一点还不“充分”,还不足以“必然”成为皇帝,特别是在有多人符合这一必要条件的时候。于是,对“充分”条件的界定与考量,就是选立嗣君的主要根据。

因此,那些被选任为皇帝的“个人”,在其被选任为皇帝之前,并没有“天命所归”的迹象和根据,而主要是作为可能的候选人存在的,表现出来的以及被现任皇帝及朝臣们关注的,主要是其个人的品格、才能及其政治关联或影响。换言之,皇帝在即位之前,最基本的品质乃其“个人性”,其“政治性”是伴随着其入选皇位候选人而取得的,至于其“神性”亦即“上天之子”的身份,则是在做了皇帝之后才取得的。

我们知道,中国古代的君主,拥有天子与皇帝两个称号,前者代表其神性,表达的主要是其权力的合法性根源;后者代表其政治性,表达的主要是其权力的至高无上及其实施的无所不在。中国古代君权的二重性,经过西嶋定生、尾形勇、金子修一、渡边信一郎等日本学者的分析讨论,大约已成为一种共识。我想补充的是,在这种二重性的君权结构中,个人性仍然保持一种重要的位置,是不能忽视的;不仅如此,最初的君权二重性,应当主要是君主的个人性与政治性的结合,君主的神性,主要是因其政治性而附加的,更主要的是一种“文化述说”。

我们读《史记·秦始皇本纪》,惊异地发现秦始皇没有“天命”的授予。他的出生和少年时代都没有任何可以表现出天命所归的异迹。早期的文献在述及秦始皇的伟大功业时,几乎完全归功于他个人的魅力、才能和智谋。在平定天下后下的诏书中,秦始皇曾追述其攻灭六国的历程,然后说:“寡人以眇眇之身，兴兵诛暴乱，赖宗庙之灵，六王咸伏其辜，天下大定。”[①]这里除了赞颂其祖宗神灵之助的一句空话外，并没有提到“上天”在统一六国中发挥过任何作用。显然，他至高无上的地位主要来源于其强大的武力，也来自他个人的非凡能力。李斯在讨论应当实行分封制还是郡县制时，也说“今海内赖陛下神灵一统”[②]，也是把统一伟业归功于秦始皇个人。甚至在秦始皇的诸种封禅刻石中，也没有将统一天下归功于“天命”，其所强调的，主要是人事之修为。在著名的琅邪台刻石中，甚至还直接指斥古之五帝三王，假借鬼神，欺骗民众：

> 古之五帝三王，知教不同，法度不明，假威鬼神，以欺远方，实不称名。故不久长。其身未殁，诸侯倍叛，法令不行。今皇帝并一海内，以为郡县，天下和平。昭明宗庙，体道行德，尊号大成。[③]

在秦始皇看来，上古时代的三皇五帝，假借鬼神以立威，完全不能跟自己以军威统一海内相比。“古之帝王，地不过千里，诸侯各守其封域，或朝或否，相侵暴乱，残万不止”，哪里比得上他呢？所以他从根本上是否定所谓“天命”说的。

汉高祖刘邦自己，真的相信自己是“天命所归”的“天子”吗？在今本《史记》与《汉书》的记载中，他很早就意识到自己受到上天的眷顾，这一点，大约是很不可信的。对此，我在《〈汉书〉的成立》中作过分析。观其自述取天下之艰难困苦，谓：“前日天下大乱，兵革并起，万民苦殃，朕亲被坚执锐，自帅士卒，犯危难，平暴

① 《史记》卷六《秦始皇本纪》，第236页。
② 《史记》卷六《秦始皇本纪》，第239页。
③ 《史记》卷六《秦始皇本纪》，第246—247页。

乱，立诸侯，偃兵息民，天下大安，此皆太公之教训也。”[①]除了假惺惺地感谢太公的教训之外，也完全是自己“被坚执锐，自帅士卒，犯危难，平暴乱，立诸侯”的结果，一点见不到上天的特殊眷顾。但在另一方面，刘邦以一介布衣而有天下，又特别需要“天命”以建构其政权的“合法性”。他曾经宣称：“吾以布衣，持三尺剑取天下，此非天命乎？命乃在天。”[②]陆贾出使南越，对南越王赵佗说：

> 秦失其政，诸侯豪杰并起，唯汉王先入关，据咸阳。项羽倍约，自立为西楚霸王，诸侯皆属，可谓至强。然汉王起巴蜀，鞭笞天下，劫略诸侯，遂诛项羽灭之。五年之间，海内平定，此非人力，天之所建也。[③]

这也是用“天力”、“天命”来强调刘邦之得天下实为必然。诸吕平定后，大臣拥立代王刘恒为帝，代国中尉宋昌给刘恒分析形势说，“秦失其政，诸侯豪杰并起，人人自以为得之者以万数，然卒践天子之位者刘氏也”；吕后专权，“立诸吕为三王，擅权专制，然而太尉以一节入北军，一呼士皆左袒，为刘氏，叛诸吕，卒以灭之”，凡此，“乃天授，非人力也”。[④] 这些观念，到了武帝时代，得到董仲舒等人的充分论证，遂成为汉室之所以据有天下的“合法性”根据。到元、成间，褚少孙就更明确地说：

> 天命难言，非圣人莫能见。舜、禹、契、后稷皆黄帝子孙也。黄帝策天命而治天下，德泽深后世，故其子孙皆复立为

① 《汉书》卷一下《高帝纪下》，第 62 页。
② 《史记》卷八《高祖本纪》，第 391 页。
③ 《史记》卷九七《陆贾列传》，第 2697 页。
④ 《史记》卷一〇《孝文本纪》，第 413—414 页。

> 天子，是天之报有德也。人不知，以为泛从布衣匹夫起耳。夫布衣匹夫，安能无故而起王天下乎？其有天命然。[①]

布衣匹夫，如果没有上天眷顾、授予天命，是不可能起而成为统治天下的君王的。一般认为可能出于褚少孙之手或其他后人的《日者列传》起首就说："自古受命而王。王者之兴，何尝不以卜筮决于天命哉！"[②]是以不"受命"者，就不得为君王。两汉之际，班彪作《王命论》，综论汉家之当有天下，谓：

> 盖在高祖，其兴也有五：一曰帝尧之苗裔，二曰体貌多奇异，三曰神武有征应，四曰宽明而仁恕，五曰知人善任使。加之以信诚好谋，达于听受，见善如不及，用人如由己，从谏如顺流，趣时如向赴；当食吐哺，纳子房之策；拔足挥洗，揖郦生之说；寤戍卒之言，断怀土之情；高四皓之名，割肌肤之爱；举韩信于行陈，收陈平于亡命，英雄陈力，群策毕举：此高祖之大略，所以成帝业也。若乃灵瑞符应，又可略闻矣。初刘媪任高祖而梦与神遇，震电晦冥，有龙蛇之怪。及其长而多灵，有异于众，是以王、武感物而折券，吕公睹形而进女；秦皇东游以厌其气，吕后望云而知所处；始受命则白蛇分，西入关则五星聚。故淮阴、留侯谓之天授，非人力也。[③]

是以高祖之有天下，除其本身的雄才大略之外，更因为诸种灵瑞符应，都表明他已是"天命所归"。如果没有后者，单靠雄才大略，是不行的。

明了此点之后，我们就可以理解王莽何以会如此亟亟于给

---

① 《史记》卷一三《三代世表》，第 505—506 页。

② 《史记》卷一二七《日者列传》，第 3215 页。

③ 《汉书》卷一〇〇《叙传》，第 4211—4212 页。

自己制造符命了。毫无疑问，他对自己的“雄才大略”没有什么信心。《汉书·王莽传》描述说：

> 莽为人侈口蹷頣，露眼赤精，大声而嘶。长七尺五寸，好厚履高冠，以氂装衣，反膺高视，瞰临左右。是时，有用方技待诏黄门者，或问以莽形貌，待诏曰：“莽所谓鸱目虎吻豺狼之声者也，故能食人，亦当为人所食。”问者告之，莽诛灭待诏，而封告者。后常翳云母屏面，非亲近莫得见也。[①]

侈，大；侈口，即大嘴巴。蹷，短；頣，颐；蹷頣，即短下巴。“以氂装衣”，颜师古注：“毛之强曲者曰氂，以装褚衣中，令其张起也。”膺，是胸脯；反，覆。反膺，就是抱着胸。“瞰临左右”的“瞰”，远视。屏面，师古注：“即便面，盖扇之类也。”显然，这是一个不够自信的人。他也没有什么丰功伟绩可言，既非凭本身打下的天下，也谈不上开疆拓土，说到底，不过是靠着裙带关系爬上来的“外戚”。班固说：

> 王莽始起外戚，折节力行，以要名誉，宗族称孝，师友归仁。及其居位辅政，成、哀之际，勤劳国家，直道而行，动见称述。岂所谓“在家必闻，在国必闻”，“色取仁而行违”者邪？莽既不仁而有佞邪之材，又乘四父历世之权，遭汉中微，国统三绝，而太后寿考为之宗主，故得肆其奸慝，以成篡盗之祸。[②]

王莽虽然“折节力行”，“勤劳国家”，在士大夫中名声不恶，但毕竟并无显著功业，根本无法与汉高祖相比，甚至也比不上后世的

① 《汉书》卷九九中《王莽传中》，第 4124 页。
② 《汉书》卷九九下《王莽传下》，第 4194 页。

曹操、司马氏、刘裕、杨坚。正因为此，他就不得不乞灵于幽冥难言的“天命”了。

汉武帝刘彻就没有这个烦恼。他生下来就是汉家的血胤，拥有皇帝候选人的资格。他是所谓“继体守文之君”，其之所以成为“天子”，是因为他是“受命之王”的后裔。元帝时，匡衡上书说：

> 盖受命之王，务在创业垂统，传之无穷；继体之君，心存于承宣先王之德，而褒大其功。昔者成王之嗣位，思述文、武之道以养其心，休烈盛美，皆归之二后而不敢专其名，是以上天歆享，鬼神佑焉。其《诗》曰：“念我皇祖，陟降廷止。”言成王常思祖考之业，而鬼神佑助其治也。[①]

这里将“受命之王”与“继体之君”分开来，把开创王朝的君主称为“受命之王”，认为他们承受天命，开创基业，并传之后世；而“继体之君”则并未直接承受天命，所以，其所膺受之“天命”来源于对“先王之德”的继承与发扬光大，必须“常思祖考之业”，保证君权的延续性，才能得到上天的歆享与鬼神的佑护。二后，即二君，指文王、武王。“念我皇祖，陟降廷止”，出自《诗经·周颂·闵予小子》，谓成王常念文王、武王之德，奉而行之，故鬼神降临其朝廷，保佑他的福祉。因此，继位君王的神性来自对“受命之王”的继承，这种继承不仅是血缘上的，还是“德性”方面的，如果不能延续先王的德性，其神性就要大打折扣，甚至消失，从而也就得不到上天神祇的佑护。这种理念，应当是汉代选立君王的理论根基，亦即所谓“选贤”的根据。霍光废昌邑王贺，奏疏末段总结说：

---

① 《汉书》卷八一《匡衡传》，第3338页。

高皇帝建功业为汉太祖，孝文皇帝慈仁节俭为太宗，今陛下嗣孝昭皇帝后，行淫辟不轨。《诗》云："籍曰未知，亦既抱子。"五辟之属，莫大不孝。周襄王不能事母，《春秋》曰"天王出居于郑"，繇不孝出之，绝之于天下也。宗庙重于君，陛下未见命高庙，不可以承天序，奉祖宗庙，子万姓，当废。①

"籍曰未知，亦既抱子"，语出《诗·大雅·抑》，用卫武公刺厉王的典故。籍，假也。意思是说如果有人说昌邑王尚幼少，未有所知，而实际上他已经长大而且抱子了，实在算不上幼少。"天王出居于郑"，用的是周襄王因为与母弟关系不好而出居于郑的典故。继位之君，之所以能够秉续天命而得为君王，是因为孝顺、继承其先王，如果不孝顺，这个纽带就断了，他也就不再具备嗣君的资格。

因此，在西汉人的观念里，君王的神性、政治性与其个人性，实际上是密切交织在一起的，神性来源于个人的血缘（指继体之君）及其对先王德性的继承与延续，亦即孝于先王宗庙，所以，神性的很大部分，取决于其个人性。但神性的真正赋予，则是在其坐上了帝王宝座亦即具备了其政治性之后。如果个人性不符合具备神性的条件，他就不能当皇帝，因而也就不会具备政治性，同样也就没有神性。所以，昌邑王被选任为皇帝，是因为他是武帝的嫡系子孙，在血缘上具备承绪天命、帝位的资格；而其被废弃，是因为其个人品德不足以与其应当具备的神性相匹配，他也就没有神性，而没有神性，理所当然地不配当皇帝。因此，追根究底，我们似乎可以说：皇帝的神性与政治性，源自其个人性。

① 《汉书》卷六八《霍光传》，第2945—2946页。

酷吏与循吏：霸王道的治理实践

“官僚”这个词，在今天，基本上是一个贬义词：我们都痛恨“官僚”、“官僚主义”与“官僚政治”，但又不能不与“官僚”打交道。实际上，我们在痛恨“官僚”与“官僚主义”的同时，多少是有些羡慕的，只要有机会，我们一定会努力成为“官僚”，并且尽可能摆足“官僚”的“谱”或“派头”，演绎出新版的“官僚主义”。这，或者就是“官僚政治”的社会基础吧。

我们知道，“专制主义官僚政治”下的各级官僚，只对君主负责或下级只层层对其上级负责，而无须对人民、国家或社会负责。所以，官僚政治的根本特征是“人治”，是依靠“官僚”本身的素质、品德、才能以及官僚与官僚之间以效忠或控制为核心的关系而得以展开、实施的。在专制主义官僚政治下，政治的清明与否、治理的有效与否，全系于官僚与官僚集团身上，甚至国家安危、社会治乱、人民荣枯，都要视专制帝王及官僚们的忠奸、智愚、宽仁或是残暴而定，人民对之无可奈何，只有承受雨露恩泽或雷霆暴虐的份儿。

正因为此，明君、清官、循吏，就成为老百姓朝思暮想的美梦，而昏君、贪官、酷吏，则是老百姓深恶痛绝的噩梦。不幸的是，在中国历史上，对于老百姓来说，美梦成真的时候一直不是很多，噩梦却往往连连不绝。在专制主义官僚政治之下，贪官污吏（贪官必暴，所以贪官也多是酷吏）层出不穷，清官廉吏（清官多仁，所以清官一般也是爱民的好官）却寥如晨星。何以会如此？这不能不引起我们的思考。

一　“三尺法”与“人主意指”

（一）少年张汤的故事

张汤，这个名字，是与残暴、严苛、无情联系在一起的；在很多时候，他就是严刑酷法的象征。

据说，张汤在少年时代喜欢玩的游戏，就是审理案件。《史记·酷吏列传》记载了这样一个故事：

> 张汤者，杜人也。其父为长安丞，出，汤为儿守舍。还而鼠盗肉，其父怒，笞汤。汤掘窟得盗鼠及余肉，劾鼠掠治，传，爰书，讯鞫论报，并取鼠与肉，具狱，磔堂下。其父见之，视其文辞如老狱吏，大惊，遂使书狱。父死后，汤为长安吏，久之。①

这是酷吏张汤的少年英雄故事。这里有几个法律概念需要略加解释：

1.劾，《说文》：“法有罪也。”《广韵》：“推究罪人也。”其意与

① 《史记》卷一二二《酷吏列传》，“张汤”，北京：中华书局，1959 年，第 3137 页。《汉书》卷五九《张汤传》所记略同，北京：中华书局，1962 年，第 2637 页。

"告"相同，大致相当于对案犯提出有罪指责，相当于起诉。一般说来，"劾"用于指诉官吏的场合，而"告"则用于指诉庶民的场合。但二者在法律程序上是一致的。

2.掠治，就是刑讯，用拷打、笞击等方式加以审问。

3.传，颜师古解释说："谓传逮，若今之追送赴对也。"张晏说："传，考证验也。"就是质证，提取相关证据、证人加以比对、证实。

4.爰书，自来有各种不同说法。颜师古说："爰，换也，以文书代换其口辞也。"张晏说："自证不如此言，反受其罪，讯考三日复问之，知与前辞同不也。"韦昭说："爰，换也。古者重刑，嫌有爱恶，故移换狱书，使他官考实之，故曰'传爰书'也。"我以为这里的"传"与"爰书"当分开来解，是两个司法程序。爰书，应当是指整理各种诉讼文书，包括劾告之辞（起诉书）、审理记录（包括口供、自辩以及证明文书等），甚至可能还包括初步拟定的谳辞（判决书）。如果这个理解不误，则"爰"当从其本义，"引也"（《说文》），即同"援"，排比、整理的意思。盖"爰书"本是指整理相关讼诉文书，后渐变为名词，用以指审理过程中的各种文书。云梦睡虎地所出秦简《封诊式》记讯狱的程序，说：

> 凡讯狱，必尽听其言而书之，各展其辞。虽知其訑，勿庸辄诘。其辞已尽书而毋解，乃以诘者诘之。诘之，有尽听，书其解辞，有（又）视其它毋解者，以复诘之。诘之极而数訑。更言不服，其律当治（笞）谅（掠）者，乃治（笞）谅（掠）。治（笞）谅（掠）之，必书曰：爰书，以某数更言，毋解辞，治（笞）讯某。[①]

① 睡虎地秦墓竹简整理小组编：《睡虎地秦墓竹简》，北京：文物出版社，1990年，第147—148页。

这里大致是说：大凡审讯案件，一定要尽可能全面地听取相关各方的口供，并记录下来，让各方都能充分地表达自己的意见（“各展其辞”）。即使发现其有谎言（“詑”），也不要马上揭穿、追问。等他全部说完，并且记录下来了，不再有辩解，再把有疑问的地方拿来仔细地问他。追问时，仍然听他全部说完，记录下他的辩解之辞；然后再找出其他没有解释清楚的地方，再去追问他。一直追问到他理屈词穷，然后揭露他说了哪些谎话。如果案犯在审讯过程中翻供（改变口供，“更言”），或者拒不认罪，不愿供认（不服），按照法律符合刑讯条件者，可以使用笞刑。如果使用刑讯，一定要写清楚：这里的口供，是在某人多次翻供却并没有实质性证据可供辩解的情况下，使用笞刑之后得到的。

所谓“爰书”，就应当是在审讯过程中形成的各种文书，是审讯过程的原始记录和材料汇编。睡虎地秦简《封诊式》中所录的数宗爰书，也就是相关案件的审讯记录或总结。居延甲渠候官遗址所出“建武三年候粟君所责寇恩事”，也是粟君诉告寇恩一案的审理文书。

5.讯鞫论报，颜师古说：“讯，考问也。鞫，穷也，谓穷核之也。论报，谓上论之而获报也。”讯鞫，也是拷打审讯、穷追不舍，并且与相关证据证人比证、对质。论，应当是分析案情，找出适用的法律条文，拟定可能的处罚方式。报，《说文》：“当罪人也。”苏林说：“报，论也。断狱为报。”也就是确定罪人所犯罪行应当适用怎样的法律条文。颜师古将“报”解释为呈报上司并得到回复，不太妥当。

6.具狱，颜师古说：“具为治狱之文，处正其罪而磔鼠也。”不甚妥贴。具，当作“全”、“全备”、“完成”解。具狱，就是结案。

7.磔，是死刑的一种，本意应当是在公开场合肢解犯人（包括用车裂的方式）。磔，应当是秦的法定刑名，汉景帝时因为磔刑太过血腥残暴，改为“弃市”，即将人杀死之后在公众场合展示其尸体。张汤将老鼠“磔堂下”，就是在堂下肢解老鼠。

8.书狱，如淳曰：“决狱之书，谓律令也。”不甚恰当。狱，盖即指律令。书狱，这里当解作“学习律令”。

审鼠磔鼠，作为少儿的游戏，还是太过暴力了些。不过，从这个故事，我们可以大致了解汉代审理司法案件的程序：第一步是劾、告，即提出诉讼，也就是起诉。第二步，是讯鞫，包括掠治（刑讯）、传（质证、验）等，也就是审讯，在这一过程中，形成“爰书”，也就是审讯记录及相关文书。第三步，是论报，即讨论、拟定判决书，决定应给予犯人怎样的刑罚。第四步，是具狱，即结案、执行。少年张汤，对这一套程序就相当熟稔，应当是从他做长安县吏的父亲那里听来学会的。一个孩子，玩这样的游戏，不能不说这个家庭的影响太过负面了；他的父亲因此而让他去学习法律，虽然说是“因材施教”，但可就有很多人要遭殃了。

（二）刀笔吏

张汤玩审讯老鼠游戏，大概是在景帝的时候。稍长，应当是利用了父亲曾经做过长安丞的资源，张汤得任为长安县的吏。景帝王皇后（武帝的母亲）的母亲名叫臧儿，是汉初燕王臧荼的孙女，在与王皇后的父亲王仲生下一男两女之后，王仲病死，臧儿改嫁给长陵田氏，生了田蚡、田胜两个儿子。田胜因罪被囚禁在长安县狱中，张汤倾身相接，服侍得非常好。至武帝即位，田胜出狱，以皇帝舅父之尊，封为周阳侯，遂认张汤为故交，向各方权贵引见张汤。于是张汤得入于内史署中，成为内史长官宁成的掾属。宁成很欣赏他，向丞相府举荐他。而当时的丞相，正是田胜的哥哥，也是武帝舅父的武安侯田蚡。这样，张汤就进入丞相府，成为丞相府中的史。因此，张汤之发迹，实际上是利用了各种关系，苦心经营得来的。

张汤经手的第一个大案，是陈皇后巫蛊案，事在元光五年（前130）七月。陈皇后是武帝的第一个皇后，是景帝长公主嫖（武帝的姑姑）与堂邑侯陈午所生的女儿，亦即阿娇。武帝得立为太子，长公主嫖是出了大力的；武帝也非常喜欢这个表姐，所以在当太子时即纳为妃。至武帝即位，遂立为皇后。然陈皇后却多年未能生子。《汉书·外戚传》说：

> 及帝即位，立为皇后，擅宠骄贵，十余年而无子。闻卫子夫得幸，几死者数焉。上愈怒。后又挟妇人媚道，颇觉。元光五年，上遂穷治之，女子楚服等坐为皇后巫蛊祠祭祝诅，大逆无道，相连及诛者三百余人。楚服枭首于市。使有司赐皇后策曰："皇后失序，惑于巫祝，不可以承天命。其上玺绶，罢退居长门宫。"①

所谓"挟妇人媚道"，大概是施展女性的各种小手段的意思。女子楚服，应当是楚地的女子名叫服的。汉时女巫多出楚地。楚服"为皇后巫蛊祠祭祝诅"，应当是使用埋设人偶以诅咒对方之类的巫术。《汉书·外戚传》没有说审理此案的是谁，按照《史记·酷吏列传》与《汉书·张汤传》，就是张汤。此时张汤的身份是侍御史。《汉书·张汤传》说："治陈皇后巫蛊狱，深竟党与，上以为能，迁太中大夫。""深竟党与"，即深挖同党及参与之人，所以受到株连的人很多。

张汤审理司法案件的特点，除善于"深竟党与"、"穷治根本"亦即穷追猛打、广泛株连之外，更为突出的是他善于舞文弄墨，罗织构陷，致人于罪。元朔三年（前126），张汤升任廷尉。廷尉

① 《汉书》卷九七上《外戚传上》，第3948页。

属于九卿之一，是中二千石官，“掌平狱，奏当所应。凡郡国谳疑罪，皆处当以报”①，是掌理全国司法事务的最高长官。《汉书·汲黯传》谓：

> 张汤以更定律令为廷尉，黯质责汤于上前，曰：“公为正卿，上不能褒先帝之功业，下不能化天下之邪心，安国富民，使囹圄空虚，何空取高皇帝约束纷更之为？而公以此无种矣！”黯时与汤论议，汤辩常在文深小苛，黯愤发，骂曰：“天下谓刀笔吏不可为公卿，果然。必汤也，令天下重足而立，仄目而视矣！”②

汲黯当时的职务，是主爵都尉，掌理列侯事务，也属于九卿之列。他奉行黄老家言，治官理民，主张清静无为，宽厚为政，不拘泥于文法。所以，他对张汤持严厉的批评态度。文深，又作“深文”，即持文法深刻，指运用法律条文尽可能扩大其适用范围，并从严把握。文，指论狱之辞。《史记》《汉书》所言“文深”、“文恶”、“舞文弄法”，诸“文”字义并同。“文深”者，引据法律条文，多从其重、从其严也。小苛，均指细小之事。据此，张汤主持全国司法事务，解释、适用法律条文，大都是从严、从重，而且对细小的罪过也绝不放过，往往上纲上线，深文周纳，罗织罪名。刀笔吏，即指文吏。《汉书·萧何传》末赞语说：“萧何、曹参皆起秦刀笔吏，当时录录未有奇节。”颜师古解释说：“刀所以削书也，古者用简[牍]（牒），故吏皆以刀笔自随也。”③张守节说：“古用简牍书有错谬，以刀削之，故号曰‘刀笔吏’。”盖汉时文吏无论职司为何，均

① 《后汉书》，《志》第二十五，《百官二》，北京：中华书局，1965年，第3582页。
② 《汉书》卷五〇《汲黯传》，第2318页。
③ 《汉书》卷三九《萧何传》末，第2021—2022页。

需随身携带刀、笔，以备削制简牍，并书写文书。后世将此意扩大，以为文法吏可随意改动律令与案情，舞文弄法。《汉书·汲黯传》又说：

> 上方乡儒术，尊公孙弘，及事益多，吏民巧。上分别文法，汤等数奏决谳以幸。而黯常毁儒，面触弘等徒怀诈饰智以阿人主取容，而刀笔之吏专深文巧诋，陷人于罔，以自为功。[①]

分别文法，即将文法分门别类，进一步明确各种法律条文的意旨、蕴含与适用范围。决，即决罪，是最终确定对某一案件的判决。谳，《说文》："议罪也。"《广雅》："谳，疑也，谓罪有疑者谳于廷尉也。"据上引《续汉书·百官志》所言廷尉职责，知郡国凡有疑狱不能确定者，均上报到廷尉来，由廷尉讨论裁决，然后上奏。所以，"奏决谳"三个环节，应当是"谳"在前，接着是"决"，最后是"奏"。《汉书·刑法志》载高祖七年（前200）诏书，谓：

> 狱之疑者，吏或不敢决，有罪者久而不论，无罪者久系不决。自今以来，县道官狱疑者，各谳所属二千石官，二千石官以其罪名当报之。所不能决者，皆移廷尉，廷尉亦当报之。廷尉所不能决，谨具为奏，傅所当比律令以闻。[②]

按照这个诏令，县、道不能决断的案件，可以上报郡、国；郡、国不能断，则上报廷尉；廷尉讨论后，仍不能决者，则附上拟议的意见（主要是可以比附适用何种律令条文）上奏给皇帝，由皇帝裁决。

① 《汉书》卷五〇《汲黯传》，第2319页。
② 《汉书》卷二三《刑法志》，第1106页。

所以，廷尉不仅是司法行政的最高长官，还是司法判决的最高法官（当然其上还有皇帝）。汲黯说“刀笔之吏专深文巧诋，陷人于罔”，说的也是张汤，是说他深文周纳，精心毁辱，陷人于法网之中，而令人不能自知。

张汤任廷尉期间（元朔三年至元狩三年，前126—前120年），直接负责审理的大案，主要是淮南王刘安与衡山王刘赐谋反一案。元朔五年（前124），淮南王的太子迁与郎中雷被比剑，为雷被误伤，言于淮南王，令郎中令斥免雷被。雷被就逃亡到长安，上书自明。武帝命令由廷尉审理此案。廷尉受命，即下令将淮南太子迁送至由廷尉管辖、设在河南郡治雒阳的诏狱受讯，而淮南国都所在的寿春县丞顺从淮南王的意旨，并不遣送太子前往雒阳。当时淮南王国的相正是张释之，寿春县丞归他管辖，他就上书弹劾寿春丞。淮南王为寿春丞说情，张释之不从，刘安遂上书指责张释之。王国的相受到国王指责，也就只有交给廷尉审理了。审理的结果，理所当然就涉及淮南王，“踪迹连王”。武帝派中尉殷宏带领卫士，前往淮南“讯验王”。最后，下令削除了淮南王的两个县，算作惩罚。

至此为止，案件还仅限于淮南太子迁为郎中雷被误伤的层面上，尚未揭出淮南王谋反的迹象。总控此案进展的廷尉张汤大概很不以为然。转机来自淮南王阵营内部。淮南王的长子名叫不害，年龄虽最大，却不受淮南王以及王后、太子的喜欢，都瞧不起他。不害的儿子建，“材高有气，常怨望太子不省其父；又怨时诸侯皆得分子弟为侯，而淮南独二子，一为太子，建父独不得为侯。建阴结交，欲告败太子，以其父代之。太子知之，数捕系而榜笞建”。而当元朔五年（前124）间汉廷遣中尉殷宏到淮南国讯验时，淮南王与太子曾制订过一个诛杀汉使的计划。计划虽然没有实施，却颇有泄漏，建也得知其事。于是，元朔六年（前

123)，建就让他交往密切的寿春人庄芷(《汉书》作“严正”)直接给天子上书，报告淮南王刘安、太子迁与不害、建之间的矛盾，并称建愿意举证淮南王父子的阴谋。武帝仍将案情发送廷尉，由张汤审理，而张汤则交付在雒阳的廷尉府官员具体办理。负责审理案件的廷尉府官员在张汤与丞相公孙弘的授意下，“深穷治其狱”，遂引出淮南太子及其党羽阴谋反逆的证据。《史记·淮南列传》叙述说：

> 于是廷尉以王孙建辞连淮南王太子迁闻。上遣廷尉监因拜淮南中尉，逮捕太子。至淮南，淮南王闻，与太子谋召相、二千石，欲杀而发兵。召相，相至；内史以出为解。中尉曰：“臣受诏使，不得见王。”王念独杀相而内史、中尉不来，无益也，即罢相。王犹豫计未决。太子念所坐者谋刺汉中尉，所与谋者已死，以为口绝，乃谓王曰：“群臣可用者皆前系，今无足与举事者。王以非时发，恐无功，臣愿会逮。”王亦偷欲休，即许太子。太子即自刭，不殊。伍被自诣吏，因告与淮南王谋反，反踪迹具如此。
>
> 吏因捕太子、王后，围王宫，尽求捕王所与谋反宾客在国中者，索得反具以闻。上下公卿治，所连引与淮南王谋反列侯二千石豪杰数千人，皆以罪轻重受诛。……丞相弘、廷尉汤等以闻，天子使宗正以符节治王。未至，淮南王安自刭杀。王后荼、太子迁、诸所与谋反者皆族。[①]

此案所涉及者，据上引《史记·淮南列传》，除淮南王及其弟衡山王赐之外，还有列侯、二千石、豪杰数千人，其中大多被诛杀。而《资治通鉴》综述其事，谓：“凡淮南、衡山二狱，所连引列侯、二千

① 《史记》卷一一八《淮南衡山列传》，第3093—3094页。

石、豪杰等，死者数万人。”株连不可谓不惨酷。伍被为淮南王府中郎，曾参与淮南王反逆之谋，后又有自首及举告之功，武帝“以伍被雅辞多引汉之美，欲勿诛”。然张汤不同意，说：“被首为王画反计，罪不可赦。”乃诛被。侍中庄助（即严助）素与淮南王相结交，私论议，淮南王曾厚赂遗助；武帝有意薄其罪，欲勿诛。张汤争，以为：“助出入禁门，腹心之臣，而外与诸侯交私如此；不诛，后不可治。”助竟弃市。[①]

这个案子，应当主要是由张汤负责的，派往淮南国以中尉名义具体负责审理此案的，就是廷尉监。廷尉监是廷尉的副手，显然是代表张汤的。此前在雒阳审理该案的，可能一直是这位廷尉监。而他连名字都没有留下来，可见不过是秉承张汤的意旨行事而已。后来，博士狄山对武帝说：“汤之治淮南、江都，以深文痛诋诸侯，别疏骨肉，使藩臣不自安。”[②]而在这个案件审理过程中，张汤乘机清除了伍被、庄助两个政敌，也正显示出其政治手腕相当高明。《汉书·张汤传》说他“治狱所巧排大臣自以为功，多此类”。

审理淮南王谋反案之后不久，元狩三年（前120）三月，张汤升任御史大夫。御史大夫秩中二千石，职掌监察，是“副丞相”，属于上卿，其府与丞相府并称“二府”。其时汉朝与匈奴间的战事已进行了多年，军需孔亟，兴利聚财之议遂起，而张汤则利用自己长于法治的特点，推行告缗令，将摧抑豪强与兴利聚财结合在一起。《史记·酷吏列传》说：

会浑邪等降，汉大兴兵伐匈奴，山东水旱，贫民流徙，皆仰给县官，县官空虚。于是丞上指，请造白金及五铢钱，笼

① 《资治通鉴》卷十九，元狩元年三月，北京：中华书局，2012年，第二版，第634页。

② 《汉书》卷五九《张汤传》，第2642页。

天下盐铁，排富商大贾，出告缗令，锄豪强并兼之家，舞文巧诋以辅法。汤每朝奏事，语国家用，日晏，天子忘食。丞相取充位，天下事皆决于汤。百姓不安其生，骚动，县官所兴未获其利，奸吏并侵渔，于是痛绳以罪。则自公卿以下，至于庶人，咸指汤。[①]

浑邪王即昆邪王，其杀休屠王而降汉在元狩二年（前121）秋，汉得河西地；其年及元狩四年（前119）夏，汉军皆大举北伐匈奴，特别是元狩四年卫青、霍去病北伐，规模十分大。造白币及皮币，更铸钱币，以东郭咸阳、孔仅为大司农领盐铁，算缗钱等，大抵皆行于元狩四年。这些措施，与张汤之间究竟有怎样的关系，不能详知。但告缗令之实施，与张汤有关，则当无疑问。所谓算缗，即征收财产税。告缗，即检举告发别人的财产。缗，指钱贯。张守节《正义》："武帝伐四夷，国用不足，故税民田宅船乘畜产奴婢等，皆平作钱数，每千钱一算，出一等，贾人倍之；若隐不税，有告之，半与告人，余半入官，谓缗。出此令，用锄筑豪强兼并富商大贾之家也。一算，百二十文也。"拥有财产每一千钱，即需征收财产税一百二十文，财产税的税率为12%。如果隐匿财产而被告发，所有财产的一半即归告发人所有，另一半入官府。可以相信，这种鼓励告密的做法，很可能出于文法吏出身的张汤；而举国均以告密可获巨利，告密之风遂大行，"中家以上，大抵皆遇告"，社会遂陷入全面恐怖之中。"自公卿以下，至于庶人，咸指汤"，盖以张汤为此种恐怖政治的罪魁祸首。

（三）文法深刻

就在元光五年（前130）处理陈皇后巫蛊案后不久，张汤被任

① 《史记》卷一二二《酷吏列传》，第3140—3141页。

为太中大夫。太中大夫是郎中令属下的官职，秩比千石，职司议论，备顾问，并无固定的职掌，“应对无常事，唯诏命所使”。张汤因为熟谙律令刑狱，所以武帝就派他与赵禹一起修订律令。《史记·酷吏列传》说：

> 与赵禹共定诸律令，务在深文，拘守职之吏。已而赵禹迁为中尉，徙为少府，而张汤为廷尉，两人交欢，而兄事禹。禹为人廉倨，为吏以来，舍毋食客。公卿相造请禹，禹终不报谢，务在绝知友宾客之请，孤立行一意而已。见文法辄取，亦不覆案，求官属阴罪。汤为人多诈，舞智以御人。始为小吏，乾没，与长安富贾田甲、鱼翁叔之属交私。及列九卿，收接天下名士大夫，己心内虽不合，然阳浮慕之。[①]

赵禹是另一个有名的酷吏。他是扶风斄县人，长期在京师各官府中做佐史，因为廉洁能干，升任太尉府的史，得以侍从周亚夫。后来周亚夫升任丞相，赵禹也随同进入丞相府。合府上下都称道赵禹为人处事廉洁公平，可周亚夫却并不委之以要任，说“极知禹无害，然文深，不可以居大府”。意思是说：我知道赵禹为人公正无私，但他引用法律条文多从重从严，待人待己都很苛刻，所以不能担任要职。大府，即公府，三公九卿之府，均得称为“大府”。这时，赵禹已“以刀笔吏积劳”，且武帝“以为能”，任为太中大夫，所以与张汤一起“论定律令”。论，是讨论、商讨；定，制定。律令，包括律与令，是汉代法律的基本组成部分。

中国成文法典的编纂，一般认为始于战国时期魏国李悝所编定的《法经》六篇（盗法、贼法、囚法、捕法、杂法、具法）。秦商鞅变法，改“法”为“律”，就是后世所称的“秦律”。云梦睡虎地所

① 《史记》卷一二二《酷吏列传》，第3138页。

出秦简中，有很大一部分是墓主人根据需要摘录的秦律，整理者根据内容，命名为“秦律十八种”，包括田律、厩苑律、仓律、金布律、关市律、工律、徭律等，另有弟子律、中劳律、游士律等十一种，整理者定名为“杂律”。从这些律的内容可以见出，秦朝的法律是非常严密苛刻的。刘邦入关，约法三章，“杀人者死，伤人及盗抵罪”。这是大家都熟悉的。《汉书·刑法志》说：约法三章“蠲削烦苛，兆民大说”。在严苛的秦法之后，实行宽松简明的三章约法，老百姓当然是高兴的。但当时“四夷未附，兵革未息，三章之法不足以御奸”，真的仅用这三章约法治国，是不可能的。所以，“相国萧何捃摭秦法，取其宜于时者，作律九章”。这就是“九章律”。九章律，一般认为就是在盗、贼、囚、捕、杂、具六法的基础上，增加了户、兴、厩三律，成为“九章”。但《汉书·刑法志》既然说萧何是“捃摭秦法”而定“九章律”，则其依据是秦法，不当是《法经》。湖北江陵张家山所出汉简中，有一组题为“二年律令”，一般认为是墓主根据当时的需要，摘录自汉初至吕后二年(前186)间颁布之律令，大致体现出汉初律令的体系。《二年律令》共有竹简526枚，包括二十七种律和一种令，即贼律、盗律、具律、告律、捕律、亡律、收律、襍律(即杂律)、钱律、置吏律、均输律、传食律、田律、市律、行书律、复律、赐律、户律、效律、傅律、置后律、爵律、兴律、徭律、金布律、置律、史律以及津关令。所以，“九章律”未必只有九章，“九”可能是“多”的意思；也可能最初只有“九章”，后来虽然不断增加，但仍以“九章”为称。

令，是汉代法律体系的另一个重要组成部分。所谓“令”，就是以皇帝制书或诏书的形式颁行的法律条文，因为皇帝的制书或诏书在颁行此类规定时，末尾都有“著为令”、“具为令”之类的文句，所以就称为“令”。因为不断地颁布这种“令”，为了遵守、引证的方便，就需要把这些令编纂起来。最简单的编纂方法，是按照颁布的时间先后为序，这样编集起来的"令"就叫"干支令"。但干支令并不便于查找、引证，所以按内容编集的令大概是比较常见的，如功令、秩禄令、狱令等。有的以官厅的名称命名，如廷尉挈令（见于《汉书·张汤传》）、北边挈令、乐浪挈令、光禄挈令、兰台令、御史令等（挈令，大致可以理解为这些官署的内部规定，主要涉及官署的运行规则与方式等）。

赵禹、张汤修订律令，当在元朔初年至三年间（前128—前126）。《汉书·刑法志》说：

> 及至孝武即位，外事四夷之功，内盛耳目之好，征发烦数，百姓贫耗，穷民犯法，酷吏击断，奸轨不胜。于是招进张汤、赵禹之属，条定法令，作见知故纵、监临部主之法，缓深故之罪，急纵出之诛。其后奸猾巧法，转相比况，禁罔浸密。律令凡三百五十九章，大辟四百九条，千八百八十二事死罪，决事比万三千四百七十二事。文书盈于几阁，典者不能遍睹。是以郡国承用者驳，或罪同而论异。奸吏因缘为市，所欲活则傅生议，所欲陷则予死比，议者咸冤伤之。[①]

这里，也有一些法律术语需要解释：

1."见知故纵"之法。见知故纵，颜师古注："见知人犯法不举告为故纵。"《史记·平准书》称："自公孙弘以《春秋》之义绳臣下取汉相，张汤用峻文决理为廷尉，于是见知之法生，而废格沮诽穷治之狱用矣。"[②]张晏解释"见知之法"说："吏见知不举劾为故纵。"所以，见知故纵，大致即相当于窝藏包庇罪。如所周知，此条法律规定的延伸，乃株连治罪的根据，实施之后，必然给无限

---

① 《汉书》卷二三《刑法志》，第1101页。

② 《史记》卷三〇《平准书》，第1424页。

制的株连大开方便之门。

2.“监临部主之法”。“监临部主”，颜师古解释说：“所监临部主有罪并连坐也。”监、临二字，义大致相同，皆指以上视下，即监督、督察。部，意为领、管、总，与“主”义近。监督、领导的部属如果有罪，需要负有连带责任，并承担法律之责。这也是连坐治罪之法，并不仅仅是督察下属不力的失职罪。

3.“缓深故之罪”，孟康解释说：“孝武欲急刑，吏深害及故入人罪者，皆宽缓。”深，当是指持法深刻，即适用法律从严从重；故，指故意陷人于罪，罗织罪名。法吏使用法律太重，或者故意陷害、罗织罪名，被发现后，是要治罪的。现在，新定的律令对此类罪行予以宽缓。显然，这是鼓励法吏周纳深害，以及故入人罪。

4.“急纵出之诛”，颜师古注：“吏释罪人，疑以为纵出，则急诛之。亦言尚酷。”纵，是放纵，从宽；出，是脱人于罪。纵出，就是适用法律从宽从轻，大罪化小，小罪化无。如果法吏执法，被认为有“纵出”的嫌疑，就要立即予以诛杀。“缓深故之罪，急纵出之诛”，都是要求法吏执法从严从重，不得宽缓。

5.比，颜师古注：“以例相比况也。”在审案判定时，如果没有相应的律、令可资引用，就要采用相近的条文进行“比附”，根据已有的判例来进行裁决。“决事比万三千四百七十二事”，是说有一万三千多种“事”可根据案例“比附”定罪。“所欲活则傅生议，所欲陷则予死比”，傅，亦为比附之意。法吏要想让一个人活，就用可以让他活下来的律条来比附；如果要陷他于死，那就用可致人于死的律条来比附。生死之“比”，都有赖于“市”了。

6.大辟，即死刑，为五刑（墨、劓、宫、刖、杀）之一，是五刑中最重的处罚。《汉书·刑法志》：“汉兴之初，虽有约法三章，网漏吞舟之鱼，然其大辟，尚有夷三族之令。令曰：‘当三族者，皆先黥，劓，斩左右止，笞杀之，枭其首，菹其骨肉于市。其诽谤詈诅者，又先断舌。'故谓之具五刑。"[①]赵禹、张汤修定的法律，大辟之罪有四百余条，可"比"为死罪的有一千八百八十二事。到成帝河平中（前28—前25），诏书说："今大辟之刑千有余条，律令烦多，百有余万言，奇请它比，日以益滋，自明习者不知所由，欲以晓喻众庶，不亦难乎？"[②]说明死罪律条与比附之事例后来又有所增加。

除此之外，上引《史记·平准书》还说到：当张汤之时，"废格沮诽穷治之狱用矣"。"废格沮诽穷治之狱"，如淳说："废格天子文法，使不行也。诽谓非上所行，若颜异反唇之比也。"司马贞说："谓废格天子之命而不行，及沮败诽谤之者，皆被穷治，故云废格沮诽之狱用矣。"废，是废弃、放置；格，指反对、抗拒；沮，是使之停止、破坏的意思；诽，指批评、指责。废格沮诽，可以大致理解为不作为、反对法令、阻碍司法、批评法令。这些行为，都要追究法律责任（"穷治之狱"）。

总的说来，赵禹、张汤修定的律令，共有三百五十九章，又有可"比况"的事例万余条，其繁密严酷可见一斑。元帝初立，诏书称："夫法令者，所以抑暴扶弱，欲其难犯而易避也。今律令烦多而不约，自典文者不能分明，而欲罗元元之不逮，斯岂刑中之意哉！其议律令可蠲除轻减者，条奏，惟在便安万姓而已。"律令条文繁多，连专门负责主管法律事务的文法吏也弄不明白了，又怎么能让老百姓知晓呢？可以见出武帝以后，法律之繁苛已到了惊人的地步。而这一切，都源于赵禹、张汤之修定律令。

赵禹、张汤更定律令，应当是武帝欲以严法治世的具体措施之一。自汉初以来，陆贾、贾谊、董仲舒等，论及秦亡汉兴，莫不

① 《汉书》卷二三《刑法志》，第1104页。
② 《汉书》卷二三《刑法志》，第1103页。

以秦行严法苛政而亡为言，主张行仁义、施仁政、废苛法，然在另一方面，数十年来，政治宽仁，法治疏松，豪强跋扈，官吏营私，遂不能免。《史记·平准书》说：

> 至今上即位数岁，汉兴七十余年之间，国家无事，非遇水旱之灾，民则人给家足，都鄙廪庾皆满，而府库余货财。京师之钱累巨万，贯朽而不可校。大仓之粟陈陈相因，充溢露积于外，至腐败不可食。众庶街巷有马，阡陌之间成群，而乘字牝者傧而不得聚会。守闾阎者食粱肉，为吏者长子孙，居官者以为姓号。故人人自爱而重犯法，先行义而后绌耻辱焉。当此之时，网疏而民富，役财骄溢，或至兼并豪党之徒，以武断于乡曲。宗室有土，公卿大夫以下，争于奢侈，室庐舆服僭于上，无限度。物盛而衰，固其变也。[1]

在经济逐步繁荣、国家渐趋强大、民众日益富庶的背后，隐含着相当严重的社会矛盾，其中最重要的是，随着民间力量（豪强与富民）的崛起与发展，役财兼并的豪党之徒，以其雄厚的财力与人力为基础，横行乡里，成为民间社会的实际控制者，这种情形，对王朝国家已构成一种潜在的威胁。武断乡曲，司马贞《索隐》曰："谓乡曲豪富无官位，而以威势主断曲直，故曰武断也。"质言之，即以武力称雄于乡曲。至于拥有封土的宗室，以及公卿大夫，则竞相攀比，以财力相尚，而骄奢淫逸，没有止境，也对王朝国家的制度带来破坏。在这种情况下，"物盛而衰，固其变也"，适时地改变统治的基本政策，改宽仁之政为严酷之法治，不是没有原因的。

① 《史记》卷三〇《平准书》，第1420页。

（四）“人主意指”与“三尺法”

赵禹、张汤之徒，就是在这种背景下得势并实行其严刑酷法的。酷吏，是为人主所用，是人主实行统治、实现其政治目标的工具。酷吏之晋用，是因为他们迎合了君主的部分需要，其所以可以将其严酷苛责的性格发挥得淋漓尽致，并将之全面运用到执法施政之中去，根源就在于君主需要这样的人及其手段。

吕后执政时，有一位侯封，“刻轹宗室，侵辱功臣”，是吕后清除刘氏宗室以及大臣中拥刘势力的打手。所以吕氏败亡，侯封遂被“夷家”。景帝时代，郅都、宁成均以严酷暴烈为称，执法甚严。《史记·酷吏列传》载：

> 济南瞷氏宗人三百余家，豪猾，二千石莫能制，于是景帝乃拜都为济南太守。至则族灭瞷氏首恶，余皆股栗。居岁余，郡中不拾遗。旁十余郡守畏都如大府。
>
> 都为人勇，有气力，公廉，不发私书，问遗无所受，请寄无所听。常自称曰：“已倍亲而仕，身固当奉职死节官下，终不顾妻子矣。”
>
> 郅都迁为中尉。丞相条侯至贵倨也，而都揖丞相。是时民朴，畏罪自重，而都独先严酷，致行法不避贵戚，列侯宗室见都侧目而视，号曰“苍鹰”。

丞相条侯，即周亚夫。周亚夫在平定“七国之乱”中立功甚伟，地位高崇，故称其“至贵倨”。郅都治济南瞷氏，仅灭其首恶，看来并非杀戮无度之人；而其廉洁自守的品德，不顾妻子、舍身为国的忠诚，不畏豪贵、公正执法的勇气，今日读之，佩服景仰之情仍不禁油然而生。而郅都之所以得到重任，并能够有所坚持，显然是由于景帝需要利用他这样的人，对付那些飞扬跋扈、无所顾忌的豪猾之徒与宗室列侯。而郅都最终仍死于朝廷中的政治斗争。《史记·酷吏列传》：

> 临江王征诣中尉府对簿，临江王欲得刀笔为书谢上，而都禁吏不予。魏其侯使人以间与临江王。临江王既为书谢上，因自杀。窦太后闻之，怒，以危法中都，都免归家。……窦太后乃竟中都以汉法。景帝曰："都忠臣。"欲释之。窦太后曰："临江王独非忠臣邪？"于是遂斩郅都。[①]

临江王荣即原来的栗太子荣，他于景帝七年（前150）被废除太子之位，改封为临江王（同时立刘彻为太子，即后来的汉武帝）。两年后，景帝中元二年（前148），荣被控侵占了太宗庙的土地，让他到中尉府去接受调查。中尉，掌徼循京师，职司京师治安。这个案子本来就有些蹊跷，盖其时荣的母亲栗姬已死，王夫人被立为皇后，子刘彻被立为太子；而窦太后心中希望立梁王为太子，梁王亦跃跃欲试，"得赐天子旌旗，从千乘万骑，出称警，入言跸，拟于天子"[②]，政局扑朔迷离，波诡云谲。刘荣一案，很难确定究竟是何方势力所为，但从根本上说，是得到景帝认可的，当无疑问。郅都大概就是窥知了景帝彻底清除栗太子势力的意图，才会如此苛刻地对待刘荣。正因为此，景帝后来在窦太后面前，力辩郅都是忠臣。魏其侯窦婴是窦太后的侄子，曾经做过栗太子的师傅，所以伺机让人给刘荣提供了刀笔。在这个案件中，郅都的"严酷"，是为景帝的意图服务的。郅都死后，"长安左右宗室多暴犯法，于是上召宁成为中尉。其治效郅都，其廉弗如，然宗室

① 《史记》卷一二二《酷吏列传》，第3133页。
② 《汉书》卷四七《梁孝王武传》，第2208页。

豪杰皆人人惴恐”。郅都、宁成，都是景帝用来对付“宗室豪杰”的工具，其理甚明。

因此，做一个成功的酷吏，首要的一条，就是要善于揣摩人主之意。《史记·酷吏列传》描述张汤怎样揣摩武帝的意图，甚为详悉：

> 是时上方乡文学，汤决大狱，欲傅古义，乃请博士弟子治《尚书》《春秋》补廷尉史，亭疑法。奏谳疑事，必豫先为上分别其原，上所是，受而著谳决法廷尉挈令，扬主之明。……所治即上意所欲罪，予监史深祸者；即上意所欲释，与监史轻平者。所治即豪，必舞文巧诋；即下户羸弱，时口言，虽文致法，上财察。于是往往释汤所言。[①]

武帝作出尊儒的样子，张汤就聘请专治《尚书》《春秋》的博士弟子到廷尉府来做“史”（秘书），专门引用五经中的古义，作为评判疑狱的根据；武帝喜欢自以为明辨秋毫，张汤就把案子分析好，让武帝自己下定论，然后把明察之功归于武帝，并把武帝的裁决记录下来，作为“廷尉挈令”，也就是廷尉府判案的标本，以供后世学习引用。审理案件，如果是皇帝想要罪责处罚的人，就让廷尉监、史从重从严，致其于重罪；如果觉察到皇帝想要开释某人的罪责，就让监、史想方设法给他开脱，从轻发落；如果审理的是犯法的豪强，一定要多方援引法律条文，罗织坐实其罪行；如果犯罪的是贫穷羸弱的下户人家，即便按照法律应当治罪，他也经常找机会直接向皇帝报告，让皇帝裁定决断（“上财察”），而武帝这时候为了表示宽大，也往往听从张汤的建议，不予深究。总之，一切唯上意是从，把法律的伸缩性运用到最大限度，甚至完

① 《史记》卷一二二《酷吏列传》，第3139页。

全无视律令规定。

表面上看来，酷吏大多是法吏出身，其任事，多引据律令，故或将之视为“法治”。其实大不然。法治，不仅意味着依法治民，也意味着治民之法也要依法。法治之法，不仅是对民的，也是对官的。如果仅对民“绳之以法”，而官却不以法绳之，那不是法治。因此，酷吏之治的本质，并非法治，而是恐怖统治。更为重要的是，酷吏所禀持遵依的，并非法律，而是“上意”。杜周为廷尉，“善伺候”，就是善于窥伺武帝的意图。《史记·酷吏列传》说：

> 上所欲挤者，因而陷之；上所欲释者，久系待问而微见其冤状。客有让周曰：“君为天子决平，不循三尺法，专以人主意指为狱。狱者固如是乎？”周曰：“三尺安出哉？前主所是著为律，后主所是疏为令，当时为是，何古之法乎！”[①]

三尺法，《汉书音义》说：“以三尺竹简书法律也。”三尺法既源于帝王，帝王之意就是酷吏心目中最高的法，天下又哪里还有“法”可言？傅乐成先生说：“（酷吏）心目中的法，就是皇帝的命令。……他们办事，可以说完全秉承皇帝的意思去做，此外不以其他任何人或事或理论为根据，也不受其他任何人或事或理论的约束，因此把事办得极为彻底。武帝当然乐于任用这批既能干而又绝对服从命令的人。”[②]因此，酷吏们真正的后台，就是像武帝这样的皇帝。换言之，皇帝才是最大的酷吏。《史记·酷吏列传》说：

① 《史记》卷一二二《酷吏列传》，第3153页。

② 傅乐成：《西汉的几个政治集团》，见氏著《汉唐史论集》，台北：联经出版事业公司，1977年，第1—36页，引文见第27页。

至周为廷尉，诏狱亦益多矣。二千石系者新故相因，不减百余人。郡吏大府举之廷尉，一岁至千余章。章大者连逮证案数百，小者数十人；远者数千，近者数百里。会狱，吏因责如章告劾，不服以笞掠定之。于是闻有逮皆亡匿。狱久者至更数赦十有余岁，而相告言，大抵尽诋以不道以上。廷尉及中都官诏狱逮至六七万人，吏所增加十万余人。[①]

杜周任廷尉，在元封二年（前109）以后，至天汉初（前100）。太守、公卿二千石官动辄得咎，即被捕送廷尉所属诏狱，其所犯的罪行大都是"不道"，其重者是大逆、谋反，轻者是"不敬"，总之都是"政治罪"。诏狱中拘押了六七万人，各种衙门所属监狱又有十万余人，恐怖之治已经到了极致，而其最大的根源，显然是武帝。

（五）酷吏的人格

不少酷吏虽然待人严苛、残酷，但待己也比较苛刻，自持较严。上文说到的郅都，公正廉洁，连私人间的信件都不拆封，从不接受任何馈赠，更不受人请托（"不发私书，问遗无所受，请寄无所听"）。赵禹为人孤傲，很少与人来往。上引《史记》中说他自从做吏，家里没有再留过客人，公卿来访或邀请，赵禹一概不予回访、感谢，"务在绝知友宾客之请，孤立行一意而已"。张汤似乎也还比较清廉。《史记·酷吏列传》说张汤死时：

家产值不过五百金，皆所得奉赐，无他业。昆弟诸子欲厚葬汤，汤母曰："汤为天子大臣，被污恶言而死，何厚葬

① 《史记》卷一二二《酷吏列传》，第3153页。

乎!”载以牛车,有棺无椁。天子闻之,曰:“非此母不能生此子。”[①]

虽然这种做法很有些做秀的嫌疑,但张汤比较清廉,应当是没有太大疑问的。另一位酷吏,尹齐,担任中尉及淮阳都尉多年,死时“家直不满五十金”,也算是一个廉吏。

但或以为酷吏都比较清廉自守,却未必然。比如宁成,就比较贪渎,而且善于经营财货。据说,他曾公然宣称:“仕不至二千石,贾不至千万,安可比人乎!”武帝初年,宁成因罪放免,回到故乡南阳郡穰县,“买陂田千余顷,假贫民,役使数千家。数年,会赦。致产数千金,为任侠,持吏长短,出从数十骑。其使民威重于郡守”[②],俨然一副退居田舍的富家翁模样,而其用于“买陂田千余顷”的资金,很可能来自贪污受贿,至少也是“巨额财产来源不明”。杜周刚任为廷史时,只有一匹瘦马,“及身久任事,至三公列,子孙尊官,家訾累数巨万矣”。尽管如此,总的说来,酷吏一般还是比较清廉的,偶有既严酷又贪渎者,大多不能持久。

酷吏的人格,大抵皆有不同程度或不同方面的缺陷,其所以成为酷吏,除时势所需外,亦其人格使然。张汤性格最为突出的方面,除忮刻之外,在于阴险多诈。太史公说:“汤为人多诈,舞智以御人。始为小吏,干没,与长安富贾田甲、鱼翁叔之属交私。及列九卿,收接天下名士大夫,己心内虽不合,然阳浮慕之。”他并非不爱财,不过是把爱财的本性掩饰得很好而已。他的多诈善伪,在当时是非常有名的,以致武帝都不能确定他究竟哪些话是真实的,博士狄山更以“诈忠”来形容张汤表面上的忠诚。但一般说来,阴险多诈总是能收到较好的效果。《史记·酷吏列

① 《史记》卷一二二《酷吏列传》,第 3144 页。
② 《史记》卷一二二《酷吏列传》,第 3135 页。

传》载：

> 奏事即谴，汤应谢，乡上意所便，必引正、监、掾史贤者，曰："固为臣议，如上责臣，臣弗用，愚抵于此。"罪常释。闻即奏事，上善之，曰："臣非知为此奏，乃正、监、掾史某为之。"其欲荐吏，扬人之善蔽人之过如此。……汤至于大吏，内行修也。通宾客饮食。于故人子弟为吏及贫昆弟，调护之尤厚。其造请诸公，不避寒暑。是以汤虽文深意忌不专平，然得此声誉。而刻深吏多为爪牙用者，依于文学之士。丞相弘数称其美。①

正、监、掾史，都是廷尉府的属官。张汤奏事不合武帝之意，武帝刚要责备他，他立即认错，说："我的属下，廷尉府的正、监、掾史们，曾经给我提了很好的建议，可是我愚蠢不能采用他们的正确意见。"武帝听了，往往释而不问。如果武帝肯定、赞扬他的奏对，张汤则经常归美于其下属。所以，太史公也说张汤善于"扬人之善蔽人之过"。他对于知交故友的子弟及贫穷的宗族子弟，也照顾得很周到；无论寒暑，都定期拜望当朝的公卿显贵。因此，张汤虽然持法深刻严苛，执法也并不公正，但声誉却颇为不错。他手下的很多文法吏，也都像他一样，多与文学之士交往、学习，所以出身儒家的丞相公孙弘也常常在武帝面前称道张汤。

另一个酷吏义纵，是盗贼出身，因为姊姊义姁善医得幸于武帝母王太后而得官，以残杀著称。义纵任定襄太守，"掩定襄狱中重罪轻系二百余人，及宾客昆弟私入相视亦二百余人。纵一捕鞫，曰'为死罪解脱'。是日皆报杀四百余人。其后郡中不寒

---

① 《史记》卷一二二《酷吏列传》，第3139页。

而栗，猾民佐吏为治”[1]。重罪轻系，宾客昆弟且得入狱中陪伴，定襄吏民之乱败确已十分严重；但不分青红皂白，将之一概诛杀，这样的残暴也确乎令人瞠目结舌。此风一起，“吏之治以斩杀缚束为务”，百姓项上的人头，不知何时就会落地，酷吏之治，遂演变为恐怖统治了。

王温舒则更集阴险奸诈与残忍好杀于一身，是张汤与义纵合成版的酷吏。他“少时椎埋为奸”。椎埋，按照徐广的解释，是“椎杀人而埋之。或谓发冢”。就是这样一个杀人越货之徒或者盗墓贼，入吏之后，“以治狱至廷史”，受到张汤的赏识，迁为御史，任为广平都尉。“择郡中豪敢任吏十余人，以为爪牙，皆把其阴重罪，而纵使督盗贼。快其意所欲得。此人虽有百罪，弗法；即有避，因其事夷之，亦灭宗。以其故齐赵之郊盗贼不敢近广平，广平声为道不拾遗。”王温舒利用那些犯有罪行的“豪敢任吏”作为爪牙，让他们去督捕盗贼。这种以贼治寇的办法，受害最大的只能是百姓。而王温舒，就是最大的盗贼头子，他握有那些爪牙的阴私，随时可以将他们打入死牢，甚至是夷灭宗族，完全是一副黑社会老大的派头。所谓“官匪一家”，在王温舒治下的广平郡，得到了最好的说明。而这样的黑老大，却理所当然地得到重用，王温舒因为在广平的政绩，很快就被提拔为河内太守。《史记·酷吏列传》说：

> 上闻，迁为河内太守。素居广平时，皆知河内豪奸之家。及往，九月而至。令郡具私马五十匹，为驿自河内至长安，部吏如居广平时方略，捕郡中豪猾，郡中豪猾相连坐千余家。上书请，大者至族，小者乃死，家尽没入偿臧。奏行

① 《史记》卷一二二《酷吏列传》，第3144—3146页。

> 不过二三日，得可事。论报，至流血十余里。河内皆怪其奏，以为神速。尽十二月，郡中毋声，毋敢夜行，野无犬吠之盗。其颇不得失，之旁郡国，黎来，会春，温舒顿足叹曰："嗟呼！令冬月益展一月，足吾事矣！"其好杀伐行威不爱人如此。天子闻之以为能，迁为中尉。①

在河内，王温舒仍然推行在广平时那套以豪敢任吏为爪牙的做法，而厉行残杀政策，至流血十余里。"郡中毋声，毋敢夜行，野无犬吠之盗"，如此"稳定的社会，良好的治安"，是在残杀的基础上建立的，是彻头彻尾的恐怖统治。

或以为酷吏所打击者，主要是豪强奸猾权势之家，故或于百姓略有益处。实大谬不然。王温舒在河内所诛杀者，动辄千余家，其未必尽为豪猾，此且不论；即使是皆为豪猾之家，奸豪之徒亦仅为其家中之父子兄弟，妻子奴婢之属，何得豪猾？何得而尽诛之？又以豪敢任吏为爪牙，他们本身即为豪滑之辈，又怎能不以鱼肉百姓为务？

王温舒这样的人，有着明显的人格缺陷，甚至是精神疾病。史称他"为人少文，居廷惛惛不辩"；一到了中尉府，就心智顿开，精明强干，风采耀人。这样的人，又势必为势利之徒，谄上欺下，卑鄙猥琐，不可言状。太史公说：

> 温舒为人谄，善事有势者；即无势者，视之如奴。有势家，虽有奸如山，弗犯；无势者，贵戚必侵辱。舞文巧诋下户之猾，以焄大豪。其治中尉如此。奸猾穷治，大抵尽靡烂狱中，行论无出者。其爪牙吏虎而冠。于是中尉部中中猾以下皆伏，有势者为游声誉，称治。治数岁，其吏多以权富。

① 《史记》卷一二二《酷吏列传》，第3147—3148页。

"舞文巧诋下户之猾,以焄大豪。"焄,即熏,犹熏炙之。是说通过舞文弄墨,将下户人家里不争气的人,顶替真正犯罪的"大豪"。这就是今日之所谓"顶罪"。他又"素习关中俗,知豪恶吏,豪恶吏尽复为用,为方略。吏苛察,盗贼恶少年投缿,购告言奸。置伯格长,以牧司奸盗贼"。他所信用的,都是豪恶吏;又让那些恶少年匿名举报,或者悬赏收买情报,这些做法,都是利用了人性中最为卑劣的那部分与社会中最为阴暗卑鄙的那部分人,是以恶为治。

这种以恶为治的结果,虽然在短时间内、局部地区起到了压制部分豪强、"维护社会治安"的作用,但这种做法作为一种统治手段推行开来,并长期实行,势必引发社会普遍的紧张与动荡。《史记·酷吏列传》说:

> 自温舒等以恶为治,而郡守、都尉、诸侯二千石欲为治者,其治大抵尽放温舒,而吏民益轻犯法,盗贼滋起。南阳有梅免、白政,楚有殷中、杜少,齐有徐勃,燕赵之间有坚卢、范生之属。大群至数千人,擅自号,攻城邑,取库兵,释死罪,缚辱郡太守、都尉,杀二千石,为檄告县趣具食;小群以百数,掠卤乡里者,不可胜数也。于是天子始使御史中丞、丞相长史督之。犹弗能禁也,乃使光禄大夫范昆、诸辅都尉及故九卿张德等衣绣衣,持节,虎符发兵以兴击,斩首大部,或至万余级,及以法诛通饮食,坐连诸郡,甚者数千人。数岁,乃颇得其渠率。散卒失亡,复聚党阻山川者,往往而群居,无可奈何。于是作"沈命法",曰群盗起不发觉,发觉而捕弗满品者,二千石以下至小吏主者皆死。其后小吏畏诛,虽有盗不敢发,恐不能得,坐课累府,府亦使其不言。故盗

贼寖多，上下相为匿，以文辞避法焉。[1]

武帝中期民变之起，当然有其多重原因，但任用酷吏、以恶为治，显然是激起民变的要因之一。绣衣使者四出，更是法外之法，诛杀动辄数千人，其害甚于盗贼。沈[沉]命法，即藏匿逃亡之法，"群盗起不发觉，发觉而捕弗满品者"均视为"沉命"即藏匿亡命。严刑酷法之下，上下只有相互欺瞒，隐而不报，虚文巧饰，在各种官文书中，"天下无贼"，已经建成和谐安宁的太平盛世了。

太史公述及酷吏之流亚，谓："蜀守冯当暴挫，广汉李贞擅磔人，东郡弥仆锯项，天水骆璧推减，河东褚广妄杀，京兆无忌、冯翊殷周蝮鸷，水衡阎奉扑击卖请，何足数哉！何足数哉！"[2]在专制主义统治下，酷吏本即专制君主一只专事杀人的手，其秉承君王意旨，以摧抑人性、消灭人身为目的，本就在"法"中；至于使用何种手段杀人，复何足道哉！何足道哉！

二　奉法循理与宽仁待民

（一）奉法循理

《史记·太史公自序》述及其所以撰《循吏列传》，谓："奉法循理之吏，不伐功矜能，百姓无称，亦无过行。"[3]循，《说文》：行顺也。引申为顺从、遵从之意。奉法循理，即敬奉法律，遵从事理，也就是循规蹈矩，不去标新立异，更不好大喜功，徒事更张。这样的官吏，既不会夸耀自己的才能和功劳（"矜能伐功"）、追求政绩，也不会有百姓歌功颂德、歌舞叩拜，当然，也不会有较大的错

① 《史记》卷一二二《酷吏列传》，第3151页。
② 《史记》卷一二二《酷吏列传》，第3154页。
③ 《史记》卷一三〇《太史公自序》，第3317页。

误行为。在《循吏列传》序里，太史公进一步阐释说：

> 法令，所以导民也；刑罚，所以禁奸也。文武不备，良民懼然身修者，官未曾乱也。奉职循理，亦可以为治，何必威严哉？[①]

意思是说，如果法制齐备，百姓就知道怎样行事；刑罚严明，奸宄之徒就会屏息不敢乱动。这样，即使不动用文法与武力，善良的百姓也会循规蹈矩，注意使自己的行为适合法律与事理，这是因为官府未曾致乱。官吏奉职守法，遵循事理，就可以达到大治，又何需施展威武严厉呢？因此，所谓"循吏"，就是那些奉职守法、兢兢业业地履行自己的职责，却并没有丰功伟绩可供称述，平平常常的官吏，而正是这样的官吏，却最少扰乱民众的生活，因而也就让百姓获得最大程度的安宁。

在《史记·循吏列传》里，司马迁描述了五个循吏的典型。其一是楚令尹孙叔敖，说他"三月为楚相，施教导民，上下和合，世俗盛美，政缓禁止，吏无奸邪，盗贼不起。秋冬则劝民山采，春夏以水，各得其所便，民皆乐其生"。作为楚国的令尹，孙叔敖似乎没有什么政绩可述，太史公所记下的两项，也都是谏阻楚王更张法令的事例（一是谏阻楚庄王更改币制，一是谏阻楚王下令高其车），末尾竟然还称赞说："此不教而民从其化，近者视而效之，远者四面望而法之。故三得相而不喜，知其材自得之也；三去相而不悔，知非己之罪也。"[②]意思是说孙叔敖执政，并不刻意地要去教化民众、推行改革，而老百姓自然而然地遵从了他的教化，按照他希望的那样去做了。他三次被任命为相，也并不欣喜，因

① 《史记》卷一一九《循吏列传》，第3099页。

② 《史记》卷一一九《循吏列传》，第3099—3100页。

为他自己知道这是他的才能应当得到的；三次被罢相也不后悔，因为他知道自己并没有过错。

其二是郑国的大夫子产，说他“为相一年，竖子不戏狎，斑白不提挈，僮子不犁畔。二年，市不豫贾。三年，门不夜关，道不拾遗。四年，田器不归。五年，士无尺籍，丧期不令而治。治郑二十六年而死，丁壮号哭，老人儿啼，曰：‘子产去我死乎！民将安归？’”[①]竖子，是不良少年；斑白，指老人；僮子，是未成年的孩子。提挈，是搬运、提、扛、拉各种东西；犁畔，即耕田。“僮子不犁畔”，是说不再让未成年孩子去拉犁耕田了。豫贾，即“预价”，事先确定了价格。“士无尺籍”，张守节解释说：“言士民无一尺方板之籍书。什伍，什伍相保也。”意思是说：士与民都不再把自己的户口登记在籍簿上。所说不甚确当。按：战国秦汉时，把征召士、民从军的命令，写在一尺长的竹简或木牍上，称为“尺籍”。士卒在战阵中杀敌立功，也把斩首之功写在一尺长的简牍上，也称为“尺籍”。所以，“士无尺籍”应当是说士不再需要应征打仗，当然也就不会斩首立功。子产治理郑国二十六年，死时全国上下都万分悲痛。

其三是公仪休，曾经做过鲁相，“奉法循理，无所变更，百官自正。使食禄者不得与下民争利，受大者不得取小”。公仪休的主要政绩，大概是约束官吏贵族与民争利，也是守成的做法。太史公举了一个例子，说有人给他送了一条鱼，公仪休不接受，送鱼的人问：“闻君嗜鱼，遗君鱼，何故不受也？”公仪休回答说：“以嗜鱼，故不受也。今为相，能自给鱼。今受鱼而免，谁复给我鱼者？吾故不受也。”[②]这个故事又见于《韩非子》，略有不同：

① 《史记》卷一一九《循吏列传》，第3101页。
② 《史记》卷一一九《循吏列传》，第3101—3102页。

公仪休相鲁而嗜鱼，一国尽争买鱼而献之，公仪子不受，其弟谏曰："夫子嗜鱼而不受者何也?"对曰："夫唯嗜鱼，故不受也。夫即受鱼，必有下人之色。有下人之色，将枉于法。枉于法，则免于相。虽嗜鱼，此不必能自给致我鱼，我又不能自给鱼。即无受鱼而不免于相，虽嗜鱼，我能长自给鱼。"此明夫恃人不如自恃也，明于人之为己者不如己之自为也。[1]

韩非子与太史公所要说明的道理不同，所述故事也有所不同，但公仪休嗜鱼而不受人送鱼，是有其事的。太史公举这个例子，并非要说明公仪休奉公守法，廉洁自持，更是要说明公仪休"循理"，即遵循事理。太史公又说他看到自己妻子织的布非常好，就马上休了妻子，烧掉了织机，说：难道你想让农民、士人、工匠家的女子都卖不出她们织的布吗？（"欲令农士工女安所仇其货乎"?）这个故事有些太过夸张，但太史公的意思是明白的，就是在上者不能与小民争利。

其四是石奢，楚昭王时的楚相。太史公说他"竖直廉正，无所阿避"，还讲了一个石奢的故事：

行县，道有杀人者，相追之，乃其父也。纵其父而还自系焉。使人言之王曰："杀人者，臣之父也。夫以父立政，不孝也；废法纵罪，非忠也；臣罪当死。"王曰："追而不及，不当伏罪，子其治事矣。"石奢曰："不私其父，非孝子也；不奉主法，非忠臣也。王赦其罪，上惠也；伏诛而死，臣职也。"遂不

① 陈奇猷校注：《韩非子新校注》卷十四《外储说右下》，上海：上海古籍出版社，2000年，第820—821页。

受令，自刎而死。[1]

这个故事的真实性当然颇让人怀疑，因为石奢身为令尹（相），道遇杀人案发生，大抵是不需要自追的。但这个故事却很好地说明了循吏应当如何奉法循理的：石奢追父为奉法，自系乃循理；私父为循理，伏诛为奉法。

第五个典范李离，是晋文公的司法官（理）。他判案失误，错杀了人，自己判决自己应当处以死刑。晋文公为他开脱，说"官有贵贱，罪有轻重"，而且这是"下吏"的过错，并非李离之罪。李离回答说："臣居官为长，不与吏让位；受禄为多，不与下分利。今过听杀人，传其罪下吏，非所闻也。"文公说："如果按照你的逻辑，你既然有罪，那么我也应当有罪啦？"李离回答说："理有法，失刑则刑，失死则死。公以臣能听微决疑，故使为理。今过听杀人，罪当死。"遂不受令，伏剑而死。[2] 在这个故事里，李离认为"法"是以"理"为基础的，"奉法"就是"循理"，循理自当奉法。

孙叔敖、子产、公仪休倒也罢了，要像石奢、李离那样，舍生而奉法循理，确实很困难。要用生命来成就一个循吏，而且不能轰轰烈烈地献身，只能无声无息地死去，甚至还要蒙上违法的污名，这太不容易了。自古而今，这样的循吏少之又少。也许正是因为司马迁所定的循吏标准太高，所以，在他撰写的《循吏列传》里，竟然没有一个"当代"（汉代）的典型。联系到他在《酷吏列传》里所写的酷吏，可全部是汉朝"当代"的，让人产生"循吏只在古代存，当今唯有酷吏行"的联想，所以不能不让人质疑他对于自己所处的伟大时代（汉武帝时代）究竟抱持着一种怎样的态度！太史公说：

---

① 《史记》卷一一九《循吏列传》，第3102页。
② 《史记》卷一一九《循吏列传》，第3102—3103页。

孙叔敖出一言，郢市复。子产病死，郑民号哭。公仪子见好布而家妇逐。石奢纵父而死，楚昭名立。李离过杀而伏剑，晋文以正国法。

正因为历史上还有这些奉法循理、恤人体国的“循吏”，“法”与“理”才没有完全失去意义，或者彻底成为有权有势者欺压、剥夺弱小百姓的借口和工具，还能给人一些希望吧？

（二）力行教化而后诛罚

太史公所讲的“循吏”，是他心目中理想型的好官吏，也是民众盼望的好官吏，所以，只能在“古代”有，而不能落实到“当代”；《汉书·循吏传》所叙述的“循吏”，则是“当朝”的“模范官吏”，是朝廷、官吏阶层认可的好官吏。“酷吏“的形象比较容易描述，怎样的官吏被认为是酷吏，也没有太大争议。而“循吏”，就不好判断了。如果需要，在每一个官员身上，都可能找出许多优良品质和爱民、护民、为民谋求福祉的事例来，可以将之命名为“循吏”。所以，“循吏”的主观性很强，并无一定的标准。但在汉代人的观念里，对于循吏，其实还是有比较清楚的界定。《汉书·循吏传》的前面几段是“序”，综述西汉一朝“循吏”的总体情况。其起首谓：

汉兴之初，反秦之敝，与民休息，凡事简易，禁罔疏阔，而相国萧、曹以宽厚清静为天下帅，民作“画一”之歌。孝惠垂拱，高后女主，不出房闼，而天下晏然，民务稼穑，衣食滋殖。至于文、景，遂移风易俗。是时循吏如河南守吴公、蜀守文翁之属，皆谨身帅先，居以廉平，不至于严，而民从化。[1]

汉初高祖惠帝时以至吕后执政，奉行黄老之术，无为而治，政事简易，法网疏阔，上下官员务在清静，为政宽厚，大抵都不算好，也不算很坏，好官还是会有不少，但班固都不称之为“循吏”，只有到了文、景时代，朝廷重视移风易俗，推行教化，吴公、文翁这样的官员，持身严谨正直，以身作则，居官廉正公平，又不至于严厉，而老百姓遵从教诲，受其影响，纷纷向慕礼教，改变自己的生活方式，学习礼法，社会风气因之而大变，才得以被称为“循吏”。《汉书·循吏传》说文翁在景帝末年任蜀郡太守：

> 仁爱，好教化。见蜀地辟陋有蛮夷风，文翁欲诱进之，乃选郡县小吏开敏有材者张叔等十余人亲自饬厉，遣诣京师，受业博士，或学律令。减省少府用度，买刀布蜀物，赍计吏以遗博士。数岁，蜀生皆成就还归，文翁以为右职，用次察举，官有至郡守刺史者。
>
> 又修起学官于成都市中，招下县子弟以为学官弟子，为除更繇，高者以补郡县吏，次为孝弟力田。常选学官僮子，使在便坐受事。每出行县，益从学官诸生明经饬行者与俱，使传教令，出入闺阁。县邑吏民见而荣之，数年，争欲为学官弟子，富人至出钱以求之。繇是大化，蜀地学于京师者比齐鲁焉。

文翁推行教化的措施主要有三。一是选派官吏到京师长安去进修，相关费用由官府负担；学成归蜀后委以重任。据说，司马相

---

① 《汉书》卷八九《循吏传》，第3623页。本节下文所引《汉书·循吏传》，不再一一注明页码。

如就是文翁选拔送到京师去学习的。二是在成都创办学官，招收所属各县优秀子弟入学官学习，免除其徭役负担，学成后任以郡县吏，或通过察举渠道，推荐他们作为孝弟、力田，以进入任官候选序列。三是开展大众教育，每次出去视察各县，都让学官中学习较好、品德优秀的弟子随行，到处宣讲礼教与朝廷的法令，从而让礼教、朝命家喻户晓，深入内闺之中。这三个措施推行了几年，蜀地“大化”，也就是文化面貌发生了根本性的变化，社会道德、伦理规范越来越遵从礼教的规定。直到班固编纂《汉书》时，巴蜀都以“好文雅”著称，都是文翁推行教化的结果。

武帝以法制治天下，不以文教为尚，故“循吏”稀少；昭帝时，霍光秉政，继续推行武帝的政策，“俗吏尚严酷以为能”，循吏也乏人可纪。《汉书·循吏传》说：

> 孝武之世，外攘四夷，内改法度，民用凋敝，奸轨不禁。时少能以化治称者，唯江都相董仲舒、内史公孙弘、兒宽居官可纪。三人皆儒者，通于世务，明习文法，以经术润饰吏事，天子器之。
>
> 孝昭幼冲，霍光秉政，承奢侈师旅之后，海内虚耗，光因循守职，无所改作。至于始元、元凤之间，匈奴乡化，百姓益富，举贤良文学，问民所疾苦，于是罢酒榷而议盐铁矣。

这里提到武、昭时代，勉强可称为“循吏”的，在董仲舒、公孙弘与兒宽三人，并指出三人虽然都是儒者，但也“明习文法”，其所行“教化”，主要是以“经术润饰吏事”，也就是以经术、教化为表，文法吏事为里，其治理地方，在本质上仍然主要是根据“文法”以行“吏事”。

我们看董仲舒、公孙弘、兒宽三人为政，确然如此。《汉书·

董仲舒传》说董仲舒："凡相两国，辄事骄王，正身以率下，数上疏谏争，教令国中，所居而治。"[①]可知董仲舒相继任广陵、胶西二王国的相，是用教化和法令两种方式治理地方的（"教令国中"）。公孙弘曾经做内史数年。《汉书·公孙弘传》说武帝认为他"行慎厚，辩论有余，习文法吏事，缘饰以儒术"[②]，看来也是以"文法吏事"作为治理地方的基本手段。兒宽是由廷尉府奏谳掾（其时张汤为廷尉）、侍御史升任左内史的。《汉书·兒宽传》说：

> 宽既治民，劝农业，缓刑罚，理狱讼，卑体下士，务在于得人心；择用仁厚士，推情与下，不求名声，吏民大信爱之。宽表奏开六辅渠，定水令以广溉田。收租税，时裁阔狭，与民相假贷，以故租多不入。后有军发，左内史以负租课殿，当免。民闻当免，皆恐失之，大家牛车，小家担负，输租襁属不绝，课更以最。[③]

兒宽在左内史任上，比较像"循吏"的作为是择用仁厚之士，对下属比较关心爱护，但并未着意于推行文教。观其劝农业，缓刑罚，理狱讼，开水渠，收租税，假贷于民，都是明习吏事、谙于民生的"能吏"之所为，其所以得民心，绝不在于其行教化，而在于其精明能干。所以，这些人，都只能勉强算作"循吏"，不是真正的"循吏"。

到了宣帝时代，"以霸王道治天下"，在厉行法治的同时，也兼用教化，"政事文学法理之士咸精其能"[④]，熟谙政事吏治的贤相能吏、精于儒学文教的循吏、善于治狱司法的文法吏，遂纷纷

① 《汉书》卷五六《董仲舒传》，第 2525 页。
② 《汉书》卷五八《公孙弘传》，第 2618 页。
③ 《汉书》卷五八《兒宽传》，第 2630 页。
④ 《汉书》卷八《宣帝纪》，第 275 页。

竞出，各显其能。《汉书·循吏传》说：

> 及至孝宣，繇仄陋而登至尊，兴于闾阎，知民事之艰难。……及拜刺史守相，辄亲见问，观其所繇，退而考察所行以质其言，有名实不相应，必知其所以然。常称曰："庶民所以安其田里而亡叹息愁恨之心者，政平讼理也。与我共此者，其唯良二千石乎！"以为太守，吏民之本也，数变易则下不安，民知其将久，不或欺罔，乃服从其教化。故二千石有治理效，辄以玺书勉厉，增秩赐金，或爵至关内侯，公卿缺则选诸所表以次用之。是故汉世良吏，于是为盛，称中兴焉。若赵广汉、韩延寿、尹翁归、严延年、张敞之属，皆称其位，然任刑罚，或抵罪诛。王成、黄霸、朱邑、龚遂、郑弘、召信臣等，所居民富，所去见思，生有荣号，死见奉祀，此廪廪庶几德让君子之遗风矣。

宣帝所最为关注者，是"政平讼理"，亦即为政公平，诉讼得到依法公正的审理；在他看来，教化不过是达致"政平讼理"的手段，而不是目标。所以，宣帝一朝，最受重视的，是赵广汉、韩延寿那样的能吏（其末流则成为"酷吏"），黄霸、朱邑等，也不过较为重视教化，或者说以教化为先、刑罚为辅而已。

黄霸是一个典型的循吏，曾经获得过宣帝的表彰。《汉书·循吏传》记他做颍川太守：

> 时上垂意于治，数下恩泽诏书，吏不奉宣。太守霸为选择良吏，分部宣布诏令，令民咸知上意。使邮亭乡官皆畜鸡豚，以赡鳏寡贫穷者。然后为条教，置父老、师帅、伍长，班行之于民间，劝以为善防奸之意，及务耕桑，节用殖财，种树

畜养，去食谷马。米盐靡密，初若烦碎，然霸精力能推行之。

宣帝因为少年时曾经历苦难，颇知民间疾苦与官吏之严苛，所以多次下达诏书，要求官吏为政公平，待民以宽，依法审案，可是官吏们并不想让百姓知道这些诏书（“吏不奉宣”）。黄霸则选择郡府中贤良的属吏，让他们到所属各县去宣传皇帝的诏令，让百姓都了解皇帝的意旨。邮亭乡官，颜师古注称：“邮行书舍，谓传送文书所止处，亦如今之驿馆矣。乡官者，乡所治处也。”我以为不甚妥恰。邮，当指督邮，是郡中派出督察各县的官员；亭，是县下所置负责治安的机构，亭各有长；乡，是基层的行政机构。邮亭乡官，是指督邮、亭长、乡官的官舍。“使邮亭乡官皆畜鸡豚，以赡鳏寡贫穷者”，这应当是一个表现“爱民”形象的表面工夫，不必认真。条教，即制定规章。《史记·张丞相列传》末略记武帝朝征和以后诸丞相事迹，说黄霸“治颍川，以礼义条教喻告化之。犯法者，风晓令自杀。化大行，名声闻”。[1] 那么，黄霸所作的“条教”，大概是按“礼义”的基本原则，编纂“颍川郡编户齐民礼义守则”八条、十条、二十条之类的“乡规民约”。其内容，据上引《汉书》所记，当主要有两方面。一是树立模范，建立民间社会组织。父老，当即乡村中年高德劭的老人；师帅，即典型、表率，是民间的道德模范；伍长，是五家之长。就是在乡村推举道德模范，让他们担任不同层级的行为表率，并担当起“风化督察大使”的职责，对于各种不合“礼义”的行为予以批评、纠正，以实现“为善防奸”的目标。二是鼓励生产，发展经济。在黄霸制定的“条教”中，应有相当部分内容，是关于“务耕桑，节用殖财”的。节用，是撙节开支；殖财，即增加财富。这是鼓励百姓好好干活，努力生产，发家致富。“种树畜养”，是鼓励百姓多种经营，要广栽树木，

① 《史记》卷九六《张丞相传》，第2688页。

繁养牲畜。“去食谷马”，有人解释为“不再饲养吃粮食的马”，不妥。应当理解为“赶开在田里吃庄稼的马”。这里应当涉及乡村中经常发生的一个生产性纠纷，即牲畜害稼的问题。黄霸大概是制定了马不得践踏青苗之类的条规。

这些都非常琐碎，而且虽然看上去很细致，真正实施起来却又非常抽象，不知从何着手，所以很让人怀疑这些“条教”究竟怎样实行。《汉书·循吏传》也说：“米盐靡密，初若烦碎，然霸精力能推行之。”黄霸大概是一个精力充沛的人，而且明察秋毫，非常细心。《汉书·循吏传》记载了两个故事，一个说他知道属吏在何处吃饭：

> 尝欲有所司察，择长年廉吏遣行，属令周密。吏出，不敢舍邮亭，食于道旁，乌攫其肉。民有欲诣府口言事者适见之，霸与语道此。后日吏还谒霸，霸见迎劳之，曰：“甚苦！食于道旁乃为乌所盗肉。”吏大惊，以霸具知其起居，所问豪氂不敢有所隐。

这不过是一件碰巧的事情，黄霸如果是一个忠厚长者，告诉那位属吏，正好有人告知了他，就可以了。可黄霸是郡太守，是长官，当然要表现出能够明察万里的神明来，以让属吏“大惊”，“不敢有所隐”。另一个是他处理鳏寡丧葬的故事：

> 鳏寡孤独有死无以葬者，乡部书言。霸具为区处：某所大木可以为棺，某亭猪子可以祭。吏往，皆如言。其识事聪明如此。吏民不知所出，咸称神明。奸人去入它郡，盗贼日少。

这是一个兢兢业业、事必躬亲、明察秋毫、关爱百姓的官员形象。黄霸对很多细节有非常清楚的了解与把握，所以，他在性格上其实与张汤是很相似的，所不同的是在怎样的问题上明察苛细而已。他指挥属吏为一个死后无力安葬的人处理后事，某处大木可以做棺材，哪个亭的小猪仔可以供祭，他都知道，完全是一个亲民乡官的形象，倒也确实是难能可贵的。

《汉书·循吏传》说黄霸在颍川的施政，是"力行教化而后诛罚"。颜师古解释说："力犹勤也。言先以德教化于下，若有弗从，然后用刑罚也。"也就是说，循吏行教化，并非不用刑罚，只是把教化放在前面，刑罚放在后头。但这大约也只能是一个施政的原则，具体做起来，在日常的行政中，可能还是要以刑罚之事为多。实际上，黄霸也是一个明于文法的人。他在少时即"学律吏，喜为吏"，后来做河南太守丞，"明察内敏，又习文法"，"处议当于法，合人心"。宣帝即位，要改变武、昭以来持法深重的做法，强调用法宽和、公平，"闻霸持法平，召以为廷尉正，数决疑狱，庭中称平"。所以，黄霸其实很懂文法，只是不把"法治"放在首要地位而已。《风俗通义》记载了一个故事，反映出黄霸怎样善于判案：

> 颍川有富室，兄弟同居，两妇皆怀妊，数月，长妇胎伤，因闭匿之；产期至，同到乳舍，弟妇生男、夜因盗取之，争讼三年，州郡不能决。丞相黄霸出坐殿前，令卒抱儿，去两妇各十余步，叱妇曰："自往取之。"长妇抱持甚急，儿大啼叫；弟妇恐伤害之，因乃放与，而心甚自凄怆，长妇甚喜。霸曰："此弟妇子也。"责问大妇，乃伏。[①]

① 王利器校注：《风俗通义校注》，"佚文"，北京：中华书局，1981年，第590页。

这个故事，如果确有其事，大概也当发生在黄霸做颍川太守时，“丞相”云云，当是追述之辞，不能认为发生在黄霸已贵为丞相之后。从这个故事可以见出，黄霸确实是非常明敏，《汉书·循吏传》说他“外宽内明”，是非常确当的。

黄霸任颍川太守前后八年，考核为天下第一。《汉书·循吏传》录宣帝褒扬黄霸治绩的诏书，说：

> 颍川太守霸，宣布诏令，百姓乡化，孝子、弟弟、贞妇、顺孙日以众多，田者让畔，道不拾遗，养视鳏寡，赡助贫穷，狱或八年亡重罪囚，吏民乡于教化，兴于行谊，可谓贤人君子矣。

这个诏书虽然不免溢美，但以人伦敦睦、社会稳定、贫弱得助、狱无重囚、人心慕化、行为适宜作为社会大治的标准，从结果上给出了作为循吏的基本标准，即要能使所管辖的地方达到这一标准的，才可以称得上是“循吏”。

实际上，黄霸在颍川郡的“政绩”，是在其前任韩延寿的基础上取得的。《汉书·韩延寿传》说：

> 颍川多豪强，难治，国家常为选良二千石。先是，赵广汉为太守，患其俗多朋党，故构会吏民，令相告讦，一切以为聪明，颍川由是以为俗，民多怨仇。延寿欲更改之，教以礼让，恐百姓不从，乃历召郡中长老为乡里所信向者数十人，设酒具食，亲与相对，接以礼意，人人问以谣俗，民所疾苦，为陈和睦亲爱销除怨咎之路。长老皆以为便，可施行，因与议定嫁娶丧祭仪品，略依古礼，不得过法。延寿于是令文学校官诸生皮弁执俎豆，为吏民行丧嫁娶礼。百姓遵用其教，

卖偶车马下里伪物者，弃之市道。[1]

韩延寿治理颍川郡，确实是以教化为先的。他在赵广汉厉行法治特别是推行告密法，使颍川地方社会发生分裂（“民多怨仇”）之后，试图恢复社会的安宁，重建和谐平静的地方社会，只能“教以礼让”，即祭出礼法谦让的法宝。他亲自做出表率，多次宴请郡中年高德劭、受人尊敬的社会贤达，以礼相待，向他们咨询民间疾苦，问以施政方略，并向他们陈说和睦相处、亲爱相待、消除仇怨的必要性和途径，希望化解弥漫在颍川上下的疑忌、暴戾之气。然后，他从具体的生活礼仪着手，规范嫁娶丧葬的礼仪规格，不得逾越规制，并让郡学的师生带着相关的礼器，去给吏民百姓主持婚葬仪式。这样，老百姓就慢慢地遵守、采用礼法规定的各种礼仪，而把那些泥土做的车、马、人偶等丧葬用的明器都丢弃到集市的路边去了。《韩延寿传》接着说：

> 延寿为吏，上礼义，好古教化，所至必聘其贤士，以礼待用，广谋议，纳谏争；举行丧让财，表孝弟有行；修治学官，春秋乡射，陈钟鼓管弦，盛升降揖让，及都试讲武，设斧钺旌旗，习射御之事。治城郭，收赋租，先明布告其日，以期会为大事，吏民敬畏趋乡之。又置正、五长，相率以孝弟，不得舍奸人。闾里仟佰有非常，吏辄闻知，奸人莫敢入界。其始若烦，后吏无追捕之苦，民无棰楚之忧，皆便安之。

韩延寿的施政措施，概括起来，大约有五条：一是任用地方贤达，以礼待用；二是表彰美德善行，通过树立模范，影响民众，改变社会风气；三是建立学校，通过教育培养人才，养育尚文尊礼之风；

---

① 《汉书》卷七六《韩延寿传》，第3210页。

四是行政公开，举凡修治城郭、敛收赋税等政务，都定下日期，与吏民会商，然后实行；五是健全社会组织，以正、五长控制社会基层，强化治安。闾里，指城市居住区；仟佰，即阡陌，指乡村；非常，指不正常的事情。不管是城市，还是乡村，一有不正常的事态出现，官吏就可以立即获知。这样，坏人自然就不敢到颍川地面上来了。

显然，韩延寿将儒家的礼治与法家的法治有机地结合在了一起。黄霸后来在颍川郡的施政，不过是沿用韩延寿的做法，并据此制定规章（“条教”），使之制度化而已。所以，班固说“黄霸代延寿居颍川，霸因其迹而大治”。

（三）宽仁待民

循吏的另一个典范是龚遂。他出身儒林，以明经为官，任为昌邑王贺的郎中令（王府官员之一，位在王太傅、相、中尉之下，秩六百石）。昌邑王贺立为帝二十七日而被废，他的故属群臣多被诛，独龚遂与中尉王阳以曾数次诤谏减死，髡为城旦（髡是一种刑罚，即削发；城旦，是一种劳役。髡为城旦，就是削掉须发，罚去服劳役）。宣帝即位，龚遂被起用，任为渤海太守。《汉书·循吏传》说：

> 宣帝即位，久之，渤海左右郡岁饥，盗贼并起，二千石不能禽制。上选能治者，丞相御史举遂可用，上以为渤海太守。时遂年七十余，召见，形貌短小，宣帝望见，不副所闻，心内轻焉，谓遂曰：“渤海废乱，朕甚忧之。君欲何以息其盗贼，以称朕意？”遂对曰：“海濒遐远，不沾圣化，其民困于饥寒而吏不恤，故使陛下赤子盗弄陛下之兵于潢池中耳。今欲使臣胜之邪，将安之也？”上闻遂对，甚说，答曰：“选用贤

良，固欲安之也。”遂曰：“臣闻治乱民犹治乱绳，不可急也；唯缓之，然后可治。臣愿丞相御史且无拘臣以文法，得一切便宜从事。”上许焉，加赐黄金，赠遣乘传。至渤海界，郡闻新太守至，发兵以迎，遂皆遣还。移书敕属县，悉罢逐捕盗贼吏。诸持锄钩田器者皆为良民，吏无得问，持兵者乃为盗贼。遂单车独行至府，郡中翕然，盗贼亦皆罢。渤海又多劫略相随，闻遂教令，即时解散，弃其兵弩而持钩锄。盗贼于是悉平，民安土乐业。

龚遂能够认识到民众之所以发生变乱，是因为困于饥寒而官吏不加抚恤，而不是不问青红皂白，概以叛民视之，此点已至为难能。盖古往今来，官府与民众，一直站在对立立场上，官府视民众如仇寇，而民众更视官府为盗贼，鲜有例外者。龚遂提出任职的条件，是丞相、御史“无拘臣以文法，得一切便宜从事”，即不要用法律条文来约束他，允许他根据情况相机行事。宣帝同意了他的这个条件。龚遂到渤海郡后，下令属县全部罢逐负责捕捉盗贼的官吏，把那些拿着锄头、铁钩等农耕器械的造反农民全部认定为良民，官吏不得拿问；只有那些仍持有兵器的人，才算作盗贼。可想而知，当时反叛的大多数人，都只有农具可持，甚少人拥有兵器。这样，此前被官府指为盗贼的反抗农民，大部分被认定为良民，盗贼自然而然地平息了。

龚遂在渤海郡的做法，大概是走到了循吏的极致，因为事实上已经逾越了“奉法”的范畴，而专一强调“循理”，即按照事理当所为而为，不管法律怎样规定。显然，法律是要求惩罚那些举着锄头等田器反抗官府的民众的，龚遂想方设法开脱了他们，让他们重新回到田地上去。龚遂在应召时，曾问宣帝：“今欲使臣胜之邪，将安之也？”颜师古注：“胜，谓以威力克而杀之也。安，谓以德化抚而安之。”龚遂将“胜之”与“安之”对立起来:“胜之”则以武立威,据法诛之,必杀人盈野,而民未必安;“安之”则以德化之,以仁爱待民,则盗贼不诛而没,社会自安。说起来非常简单,似乎每一位官员都会选择“安之”,但事实上,自古及今,无论是对待大规模的民众反抗,还是对待小规模的骚乱或“群体性事件”,绝大多数的官府与官员,都几乎是毫不犹豫地选择了“胜之”一途。这是由官府乃至王朝国家的本性所决定的。

黄霸以及王成、朱邑那样的循吏,施政以教化为先,刑罚为辅,虽然可以说得上是“奉法循理”,但却感觉不到他们的爱民之念。黄霸的诸种作为,即使不是作伪以沽名钓誉,也绝非出于爱民。班固说黄霸“善御民”,又说他“材长于治民”,“御”与“治”,仍是把民众放在需要加以控制的对立面的。而在龚遂身上,我们则感受到一些真正的爱民之心。《汉书·循吏传》说:

> 遂见齐俗奢侈,好末技,不田作,乃躬率以俭约,劝民务农桑,令口种一树榆、百本薤、五十本葱、一畦韭,家二母彘、五鸡。民有带持刀剑者,使卖剑买牛,卖刀买犊,曰:“何为带牛佩犊!”春夏不得不趋田亩,秋冬课收敛,益畜果实菱芡。劳来循行,郡中皆有畜积,吏民皆富实。狱讼止息。

渤海郡(治浮阳)属齐地,故称其地风俗为“齐俗”。末技,指工商业。这个七十岁的老翁,喋喋不休,唠唠叨叨地让百姓种菜养鸡,卖刀买犊,看不出他这样做可以得出怎样的政绩来,对他有什么样的功利,但其中包含的对百姓生计诚挚的关心,却在两千多年后,依然能让人感受得到。百姓遵照他的唠叨,辛苦劳作了几年(“劳来循行”),果然都富裕起来。仓廪实而知礼节,衣食足而知荣辱。生活富足,狱讼自然而然地就少了。《汉书·循吏传》还讲了龚遂的另一个故事：

> 数年，上遣使者征遂，议曹王生愿从。功曹以为王生素耆酒，亡节度，不可使。遂不忍逆，从至京师。王生日饮酒，不视太守。会遂引入宫。王生醉，从后呼，曰："明府且止，愿有所白。"遂还问其故，王生曰："天子即问君何以治渤海，君不可有所陈，对宜曰'皆圣主之德，非小臣之力也'。"遂受其言。既至前，上果问以治状，遂对如王生言。天子说其有让，笑曰："君安得长者之言而称之？"遂因前曰："臣非知此，乃臣议曹教戒臣也。"

据《百官公卿表》，龚遂于地节四年（前66）由渤海太守升任水衡都尉（主管皇家苑囿上林苑，秩比二千石）。议曹，是太守的属吏，并无具体职掌；功曹，则是郡府属吏之首，职统诸曹。这个议曹王生，跟随太守龚遂到了长安，每天喝酒，不到太守跟前去。龚遂应命要到宫里去，王生喝得醉醺醺的，追上去，教了太守一句话；太守龚遂果然听了他的教导，见到皇帝之后就如他所教的那样说；而当皇帝问起为什么会这样回答时，龚遂更直言是议曹王生所教。这个过程中间，一点伪装巧饰都没有，一派的质朴与天真。唯有真性情的人，才能真正发自内心地爱护百姓，这在龚遂身上，得到了最好的证明。

朱邑是另一位有名的循吏。《汉书·循吏传》说他是庐江郡舒县人，"少时为舒桐乡啬夫，廉平不苛，以爱利为行，未尝笞辱人，存问耆老孤寡，遇之有恩，所部吏民爱敬焉。迁太守卒史，举贤良为大司农丞，迁北海太守，以治行第一入为大司农。为人惇厚，笃于故旧，然性公正，不可交以私"。"以爱利为行"，颜师古注称："仁爱于人而安利也。"也就是待人宽仁友爱，能充分地考虑到百姓的利益,使百姓能够安心获取自己的利益。朝大处说,也就是把百姓的利益放在心上,为老百姓谋福利。《汉书·循吏传》记召信臣做南阳太守:

> 好为民兴利,务在富之。躬劝耕农,出入阡陌,止舍离乡亭,稀有安居时。行视郡中水泉,开通沟渎,起水门提阏凡数十处,以广溉灌,岁岁增加,多至三万顷。民得其利,畜积有余。信臣为民作均水约束,刻石立于田畔,以防分争。禁止嫁娶送终奢靡,务出于俭约。府县吏家子弟好游敖,不以田作为事,辄斥罢之,甚者案其不法,以视好恶。其化大行,郡中莫不耕稼力田,百姓归之,户口增倍,盗贼狱讼衰止。吏民亲爱信臣,号之曰"召父"。

鼓励农桑,兴修水利,禁止奢靡,提倡俭约,教育子弟,惩治不法,营役奔走,为百姓谋求福利。这才是"循吏"的最高境界。

朱邑死后,葬在他少年时做啬夫的舒县桐乡西门外,百姓给他起冢立祠,"岁时祠祭,至今不绝";召信臣在日,南阳吏民即称他为"召父"。真正爱护人民、为人民谋福利的官员,人民也是会感戴他们、纪念他们的。在这里,我们触及循吏及其治理的本质,那就是行仁政,以爱民为核心,以保护民众的生存、发展为主旨。质言之,"循吏"之治,就是以民为本的统治,或者可以概括为"民本统治"。

三 "汉家自有制度,本以霸王道杂之"

(一)循吏与酷吏的交锋

当黄霸在颍川太守时,严延年正在与颍川郡相邻的河南郡做太守。严延年，在《汉书》里，是列入《酷吏传》的，说他任河南大守：

> 豪强胁息，野无行盗，威震旁郡。其治务在摧折豪强，扶助贫弱。贫弱虽陷法，曲文以出之；其豪桀侵小民者，以文内之。众人所谓当死者，一朝出之；所谓当生者，诡杀之。吏民莫能测其意深浅，战栗不敢犯禁。桉其狱，皆文致不可得反。①

胁息，即屏住气息，不敢发出大声。“以文内之”，颜师古注：“饰文而入之为罪。”“诡杀之”，颜师古注：“诡，违正理而杀也。”“文致”，文书、运用法律都非常严密，没有漏洞。严延年少年时代，就跟随父亲（时任丞相掾）在丞相府学习法律，曾任侍御史，舞文弄法本其长项。班固说他“尤巧为狱文，善史书，所欲诛杀，奏成于手，中主簿亲近史不得闻知。奏可论死，奄忽如神。冬月，传属县囚，会论府上，流血数里，河南号曰‘屠伯’。令行禁止，郡中正清”。这个“屠伯”以杀人为能事，“自矜伐其能”，也非常自负。《汉书·酷吏传》载：

> 时黄霸在颍川，以宽恕为治，郡中亦平，娄蒙丰年，凤皇下，上贤焉，下诏称扬其行，加金爵之赏。延年素轻霸为人，及比郡为守，褒赏反在己前，心内不服。河南界中又有蝗虫，府丞义出行蝗，还见延年，延年曰：“此蝗岂凤皇食邪？”②

黄霸确实很有些弄虚作假，凤凰下降颍川云云，可以相信是造假

① 《汉书》卷九〇《酷吏传》，第3669页。
② 《汉书》卷九〇《酷吏传》，第3670页。

的，难怪严延年要痛加讥讽：我们郡的蝗虫，是等着隔壁颍川郡的凤凰来吃的吧？京兆尹张敞对黄霸也很不服气。五凤三年（前55），黄霸已做了丞相，本来在张敞家里做窝的一群鹖雀飞到丞相府来，黄霸看到了，以为是神雀，张罗着要作为祥瑞上奏。这下可是闹了个大笑话。张敞立即上奏说：

> 窃见丞相请与中二千石、博士杂问郡国上计长吏守丞，为民兴利除害，成大化，条其对，有耕者让畔，男女异路，道不拾遗，及举孝子悌弟贞妇者为一辈，先上殿，举而不知其人数者次之，不为条教者在后叩头谢。丞相虽口不言，而心欲其为之也。长吏守丞对时，臣敞舍有鹖雀飞止丞相府屋上，丞相以下见者数百人。边吏多知鹖雀者，问之，皆阳不知。丞相图议上奏曰："臣问上计长吏守丞以兴化条，皇天报下神雀。"后知从臣敞舍来，乃止。郡国吏窃笑丞相仁厚有知略，微信奇怪也。……臣敞非敢毁丞相也，诚恐群臣莫白，而长吏守丞畏丞相指，归舍法令，各为私教，务相增加，浇淳散朴，并行伪貌，有名亡实，倾摇解怠，甚者为妖。假令京师先行让畔异路，道不拾遗，其实亡益廉贪贞淫之行，而以伪先天下，固未可也；即诸侯先行之，伪声轶于京师，非细事也。汉家承敝通变，造起律令，所以劝善禁奸，条贯详备，不可复加。宜令贵臣明饬长吏守丞，归告二千石，举三老、孝弟、力田、孝廉、廉吏务得其人，郡事皆以义法令捡式，毋得擅为条教。敢挟诈伪以奸名誉者，必先受戮，以正明好恶。[①]

张敞（就是理直气壮地给夫人画眉的那位）虽未列入《酷吏传》，

① 《汉书》卷八九《循吏传》，第3632—3633页。

然其在胶东相、京兆尹任上的施政，基本上是以法治为主。《汉书·张敞传》说他："为人敏疾，赏罚分明，见恶辄取，时时越法纵舍，有足大者。其治京兆，略循赵广汉之迹。方略耳目，发伏禁奸，不如广汉。然敞本治《春秋》，以经术自辅，其政颇杂儒雅，往往表贤显善，不醇用诛罚，以此能自全，竟免于刑戮。"[①]那么，其施政是以严刑酷法为主，表贤显善为辅，不单纯使用诛罚（这是"良吏"了，见下文），但在内心深处，张敞是站在"法治派"一边的。而且张敞与严延年关系很好，也有趁机给严延年出气的意味。所以，张敞的这个奏疏，可以看作"法治派"对"化治派"的批评。

张敞对黄霸的批评，主要有两方面。一是说黄霸等人弄虚作假，善于做表面文章，他们所说的"耕者让畔，男女异路，道不拾遗"多比较空洞，不能落实，表彰孝子、悌弟、贞妇等也无关民生，其实无益于真正改变社会风气，反而鼓励天下百姓"并行伪貌，有名亡实"，造成"普天之下皆说假话"的局面，从而使淳正朴实之风变成浇薄浮夸之风。所以，这绝非小事，长此以往，"以伪先天下"，也就是天下率皆虚伪浮夸，将动摇国家的根本。二是说在黄霸的倡导下，地方长吏纷纷"归舍法令，各为私教，务相增加"，也就是舍弃现成的国家法令，自行制定各种各样的地方法规、守则，而且不断增加；那些没有自设"条教"的郡，在上计时，上计吏就只能"在后叩头谢"。张敞指出：汉室承秦敝之后，综合考量社会变化（"承敝通变"），制定律令，就是用于鼓励美德善行，惩罚、禁止奸邪恶行的，法律体系已相当详细、完备，不能随意增加。所以，他建议郡国长吏施政，要坚持"以义法令捡式"，也就是在原则上要以朝廷颁行的法令为根据，"毋得擅为条教"，不能擅自制定地方法规。

---

① 《汉书》卷七六《张敞传》，第3222页。

应当承认，张敞对黄霸为代表的“化治派”的批评正中要害，所以，宣帝非常赞同张敞的奏言，让侍中向黄霸传达张敞的批评意见，“霸甚惭”。但更为重要的一点，张敞没有谈到，即“教化之治”并不能有效地适用于所有地方。黄霸做颍川太守，治为天下第一；升任京兆尹，竟不能胜任，连连贬秩。京兆尹是京畿地区的长官，京师长安户口殷繁，势家众多，奸猾横行，自来号称难治，张敞说“非赏罚无以劝善惩恶”，不是没有道理的。其实，包括京兆在内的“三辅”（汉初沿用秦“内史”作为京畿地区的行政长官，武帝时先分置左、右内史，后改置为京兆尹、左冯翊、右扶风，合称“三辅”）都以“难治”为称。《汉书·地理志》说：

> 汉兴，立都长安，徙齐诸田，楚昭、屈、景及诸功臣家于长陵。后世世徙吏二千石、高訾富人及豪桀并兼之家于诸陵。盖亦以强干弱支，非独为奉山园也。是故五方杂厝，风俗不纯。其世家则好礼文，富人则商贾为利，豪桀则游侠通奸。濒南山，近夏阳，多阻险轻薄，易为盗贼，常为天下剧。又郡国辐凑，浮食者多，民去本就末，列侯贵人车服僭上，众庶放效，羞不相及，嫁娶尤崇侈靡，送死过度。[①]

正因为此故，历来治三辅者，皆不得不用重典。《汉书·张敞传》说：“京兆典京师，长安中浩穰，于三辅尤为剧。郡国二千石以高弟入守，及为真，久者不过二三年，近者数月一岁，辄毁伤失名，以罪过罢。唯广汉及敞为久任职。”[②]京兆这样的地方，也只有赵广汉、张敞这样的人才“镇得住”。

“酷吏之治”是所谓“法治”的极端发展，其弊端是显而易见

① 《汉书》卷二八下《地理志下》，第1642—1643页。

② 《汉书》卷七六《张敞传》，第3222页。

的。《后汉书·酷吏传》序称：

汉承战国余烈，多豪猾之民。其并兼者则陵横邦邑，桀健者则雄张闾里。且宰守旷远，户口殷大。故临民之职，专事威断，族灭奸轨，先行后闻。肆情刚烈，成其不桡之威。违众用己，表其难测之智。至于重文横入，为穷怒之所迁及者，亦何可胜言。故乃积骸满阱，漂血十里。致温舒有虎冠之吏，延年受屠伯之名，岂虚也哉！若其揣挫强执，摧勒公卿，碎裂头脑而不顾，亦为壮也。[1]

据此所说，酷吏的产生，既有其社会背景，也有其制度背景。社会背景是战国以来，地方豪强（“豪猾之民”）势力强大，凌驾于地方官府之上（“陵横邦邑”），横行于闾里乡曲之间（“雄张闾里”）。其制度背景则是因为郡国守相管辖的区域相当辽阔，户口繁盛，而守、相被赋予了极大的权力，拥有统治区域内的军事、行政、治安与司法权，可以“专事威断”，“先行后闻”。在这种情况下，郡国守相如果以个人暴虐之性情专制一方，威福由己，决断自智，那就势必成为“酷吏”。虽然他们“揣挫强执，摧勒公卿”，严厉打击豪强势力，也“厌快众愤”，对豪强势力的胡作非为有所抑制，但其心理阴暗，待人忮刻，手段残酷、暴虐，至有“虎吏”、“屠伯”之号，“亦云酷矣”。最为重要的是，如上所说，酷吏之治在本质上是一种恐怖政治，给社会造成极大不安，也给民众带来威胁和残害。对此，宣帝本人其实有非常清醒的认识。元康二年（前64）诏书称：

狱者，万民之命，所以禁暴止邪，养育群生也。能使生

① 《后汉书》卷七七《酷吏传》，北京：中华书局，1965年，第2487页。

者不怨，死者不恨，则可谓文吏矣。今则不然。用法或持巧心，析律贰端，深浅不平，增辞饰非，以成其罪。奏不如实，上亦亡繇知。此朕之不明，吏之不称，四方黎民，将何仰哉！[①]

司法关乎天下苍生的身家性命，是用来禁止暴虐、遏制奸邪，保护百姓的生命财产安全，让他们能够平安生活、发展的。审理案件，应当做到使生者不怨、死者不恨。这是宣帝心目中的良法、良吏。可是，当今之世，却并非如此。官吏审理案件，适用法律，都用心不纯，心怀个人目的，甚至是刻意残害他人，往往分破律条，妄生端绪（"析律贰端"），适用法律轻重不一，宽严随意，更往往舞文弄法，罗织周纳，致人以罪。凡此种种，受害最大的，还是四方黎民百姓。

酷吏与循吏，构成了专制主义政治下统治方式的两个极端：一种是秉承专制君主的个人意志或小集团意志，以严格执行法律的名义与形式，推行事实上的恐怖统治；一种是在专制主义制度许可的范围内，遵循法律的规定，尽可能尊重、保护人民的生命财产，为民众谋求福祉。显然，这两种统治形式，不会也不应当是专制主义统治的常态，而只能是异态。但是，这两种极端的形式，却反映了专制主义统治的实质，即一方面要最大可能地保证极少数人对权力与各种资源的垄断性占有，另一方面也不能不考虑到作为权力运作对象与资源开发者的民众最起码的生存，因为没有了后者，权力与占有也就失去了对象。

这里有一个问题需要辨析：或以为酷吏是法家，而循吏就是儒家。此说笼统言之，虽不能说错，但其实并不确切，也不是很妥帖。《汉书·艺文志》说：

① 《汉书》卷八《宣帝纪》，第255—256页。

法家者流，盖出于理官，信赏必罚，以辅礼制。《易》曰“先王以明罚饬法”，此其所长也。及刻者为之，则无教化，去仁爱，专任刑法而欲以致治，至于残害至亲，伤恩薄厚。①

“无教化、去仁爱，专任刑法而欲以致治，至于残害至亲”，这是法家走向极端的表现，是法家中的“刻者”所为。所以，酷吏应当说是法家中的“刻者”，他们把自己性格中阴暗、忮刻的那部分，运用到司法行政之中，从而将法家的手段运用到极致，“专任刑法”，完全不理会人伦恩义，彻底背离人性，与法家的主张并不相合。更为重要的是，法家特别是申、韩实际上是主张君王也应当遵从法的，而酷吏则一切唯上是从，以专制君王的意志为最高法律；其所作所为，更往往不过是假借法律的名义，以实现个人一己之欲，其本身的诸多行为并不合法。所以，与其说酷吏是法家，还不如说他们是一些没有信仰、没有或较少人性的机会主义者。

循吏也不全是儒家，虽然其中可能有儒家。太史公所记载春秋时期的五个循吏，孙叔敖、公仪休、石奢三人，难说是什么家，总之不会是儒家；子产、李离大概只能算作法家。班固所记的汉代循吏，文翁“少好学，通《春秋》”；召信臣“以明经甲科为郎”，可以算是儒家；王成、朱邑等，也不以儒术称，至少不能算作正宗的儒家；黄霸少学律令，习文法，应当出身于法家，或者说是受法家的影响更多。盖当时社会，以习文法为入官之一途径。盖法家之言，较之儒学，简明易学又切于实务，学法之途径当也很广。然仅仅学习文法大约只能是务小知、任小数，官也不能做得太大，这就需要以儒术缘饰了。黄霸恰恰有机会与夏侯胜同

① 《汉书》卷三〇《艺文志》，第1736页。

狱，得学《尚书》于狱中，遂得以扶摇直上。观黄霸之施政，亦以儒教为表，而以法术为实。黄霸这个循吏的代表，尚且如此，其他人就更无须论了。只有龚遂与召信臣，以仁爱待民，可以看作为儒家学说的治理实践。但这样的人，确实微乎其微。最为重要的是，黄霸等人的"循"，行教化，按照张敞的说法，在很大程度上，很可能出于"伪饰"，也就是弄虚作假，而"伪"，虚伪巧饰，浮夸作秀，又正是真正的儒家所深恶痛绝的。《汉书・艺文志》说儒家"游文于六经之中，留意于仁义之际，祖述尧舜，宪章文武，宗师仲尼，以重其言"。这哪里是黄霸之流所能做得到的？《艺文志》又说儒家之末流，"辟儒"（偏僻之儒），既已丢失孔孟学说之精义，复"随时抑扬，远离道本"，甚者"哗众取宠"，以儒术作为缘饰，遂使"《五经》乖析，儒学浸衰"。黄霸之类循吏，应当可以算得上"辟儒"吧。

（二）能吏

在上引《汉书・循吏传》中，赵广汉、韩延寿、张敞以及尹翁归等，是列入"良吏"的，认为他们治理地方有"效"，"皆称其位"，所以虽然"任刑罚，或抵罪诛"，但都还算得上是"良吏"。当然，黄霸、龚遂等"循吏"也属于"良吏"的范畴。分析《汉书》对于赵广汉、韩延寿等人的肯定，多着意其治理地方绩效较好、称职，以及其个人的才能等，看重的是其能力，所以，这些人，其实可以概括为"能吏"。《汉书・王吉传》说宣帝"颇修武帝故事"，"任用能吏"[①]；《张敞传》记萧望之评价张敞，说他是"能吏，任治烦乱"，但"材轻"，不宜充任皇太子的师傅（"非师傅之器"）。[②] 所以，我们不妨用"能吏"来指称这一类的官员。

① 《汉书》卷七二《王吉传》，第 3062 页。
② 《汉书》卷七六《张敞传》，第 3226 页。

那么，这些最受宣帝重用的“能吏”是什么样的呢？韩延寿、张敞，上文已经说到过，我们来看看赵广汉与尹赏是怎样做地方官的。

赵广汉在韩延寿、黄霸之前，做颍川太守，事在宣帝本始元年至三年间（前73—前71）。《汉书·赵广汉传》说：

> 郡大姓原、褚宗族横恣，宾客犯为盗贼，前二千石莫能禽制。广汉既至数月，诛原、褚首恶，郡中震栗。先是，颍川豪桀大姓相与为婚姻，吏俗朋党。广汉患之，厉使其中可用者受记，出有案问，既得罪名，行法罚之，广汉故漏泄其语，令相怨咎。又教吏为缿筩，及得投书，削其主名，而托以为豪桀大姓子弟所言。其后强宗大族家家结为仇雠，奸党散落，风俗大改。吏民相告讦，广汉得以为耳目，盗贼以故不发，发又辄得。壹切治理，威名流闻。[1]

赵广汉到颍川后，首先诛除首恶，借势立威。然后分化瓦解，使地方势力彼此猜忌、相互攻讦，使“奸党散落”，然后再一网打尽，“一切治理”，即集中在一起算总账。“厉使其中可用者受记”，颜师古注：“择其中可使者，奖厉而使之。”是先从地方势力集团中找出可为己用的力量，但又并不真心信用这些人，而是把他们当作分化地方集团的工具。让他们对自己正在审理的案件有所了解，然后故意泄漏给相关当事人，并透漏说：你们被立案审查，与那些投靠新太守的“受记者”有关，让当事人怨恨这些“受记者”。“缿筩”，孟康说：“筩，竹筩也，如今官受密事筩也。”颜师古注：“缿，若今盛钱臧瓶，为小孔，可入而不可出。或缿或筩，皆为此制，而用受书，令投于其中也。”不管其形状、材质如何，性质上就

① 《汉书》卷七六《赵广汉传》，第3200—3201页。

是今日常见的“举报箱”。鼓励检举揭发，收到检举后把检举者的信息隐匿，却放出风去，说是某某豪杰大姓的子弟举报的。这些做法，都是法家的“驭下之术”，应当是由韩非子所讲的“疑诏诡使”之类的“诡术”中衍化出来的。

与此同时，赵广汉对待自己的部下，却极为照顾。《汉书·赵广汉传》说：“以和颜接士，其尉荐待遇吏，殷勤甚备。事推功善，归之于下，曰：‘某椽卿所为，非二千石所及。’行之发于至诚。吏见者皆输写心腹，无所隐匿，咸愿为用，僵仆无所避。”“尉荐待遇吏”，意思是对待属吏多方抚慰、推荐。他归功于属下，一有机会，就尽可能推荐属吏，诚心诚意地关怀、照顾属吏。难怪他的部下，都能够倾心服从，累死累活，也心甘情愿了。这种做法，却不是出自法家，而稍接近于儒家的主张了。

《汉书》记载了赵广汉在京兆尹任上，解决人质事件的一个故事，以见广汉如何精明强干，熟谙吏事，以及怎样将人道与执法很好地结合在一起：

> 郡中盗贼，闾里轻侠，其根株窟穴所在，及吏受取请求铢两之奸，皆知之。长安少年数人会穷里空舍谋共劫人，坐语未讫，广汉使吏捕治，具服。富人苏回为郎，二人劫之。有顷，广汉将吏到家，自立庭下，使长安丞龚奢叩堂户晓贼，曰：“京兆尹赵君谢两卿，无得杀质，此宿卫臣也。释质，束手，得善相遇，幸逢赦令，或时解脱。”二人惊愕，又素闻广汉名，即开户出，下堂叩头。广汉跪谢曰：“幸全活郎，甚厚！”送狱，敕吏谨遇，给酒肉。至冬当出死，豫为调棺，给敛葬具，告语之，皆曰：“死无所恨！”[①]

① 《汉书》卷七六《赵广汉传》，第3202页。

赵广汉也是一位明察秋毫的人，而且平日里非常留心，对辖区内的各种犯罪集团都熟谙在胸，大概安插的“眼线”也很多，所以一帮长安少年刚刚在一处偏僻里巷里碰头，准备去劫持某位富人，还没有商议好，赵广汉派出的捕快就到了。有两个少年，刚刚抓住在朝中担任郎官的“富二代”苏回，赵广汉就带着大批属吏来到二人挟持人质的院子里，让长安丞龚奢向劫犯喊话。两位劫犯先机尽失，只能开门投降。至此，赵广汉之所为，完全是法吏的本份。但接下来所发生的事情，却让人惊愕万分，赵广汉跪下来，向两位劫犯叩首致谢：“多谢你们没有杀害这个郎官，真是太好了！”把两位劫犯送进监狱后，还嘱咐狱吏好好照顾，给他们安排了酒肉；到冬天来临，两位劫犯按律当死，赵广汉给他们准备了棺木，许诺会好好安葬他们。两位劫犯临死，都说：“死无所恨！”赵广汉之所作所为，可以说是做到了使“生者不怨，死者不恨”，称得上宣帝所希望的“文吏”了。而这，就不是法吏所能为的了。

我们看赵广汉之施政，用法不能谓不严，作为几乎与酷吏张汤、王温舒之属并无不同；然其对待属吏，温煦和缓，照顾无微不至，提携有加，令人甘受驱使，赴汤蹈火，在所不辞；其对待劫持富人朝官的劫犯，也富有人情味，又绝非酷吏之所能，倒是与老翁龚遂之宽纵渤海乱民相似了。史称：“京兆政清，吏民称之不容口。长老传以为自汉兴治京兆者莫能及。”这既非单靠严刑罚所能致，更非仅凭行教化、设条教所可达，只有将法治与宽仁之政有机地结合在一起，才有可能做到。至赵广汉在与丞相魏相的斗争中失败被处斩，“吏民守阙号泣者数万人，或言‘臣生无益县官，愿代赵京兆死，使得牧养小民’”。班固评价他：“为京兆尹廉明，威制豪强，小民得职。百姓追思，歌之至今。”这就更非酷吏所能想望的了。

宣帝朝的另一位良吏尹翁归也出身法家。《汉书·尹翁归传》说他“为狱小吏，晓习文法。喜击剑，人莫能当”。他自称“文武兼备”，其所说的“文”，就是指文法。他任东海太守，“明察，郡中吏民贤不肖，及奸邪罪名尽知之。县县各有记籍。自听其政，有急名则少缓之；吏民小解，辄披籍。县县收取黠吏豪民，案致其罪，高至于死。收取人必于秋冬课吏大会中，及出行县，不以无事时。其有所取也，以一警百，吏民皆服，恐惧改行自新”，是严格按照法制推行法治的典范。他治理右扶风，也如治理东海郡一样，“奸邪罪名亦县县有名籍”。“京师畏其威严，扶风大治，盗贼课常为三辅最。”他不仅严格执法，自己也严格守法。史称他“为政虽任刑，其在公卿之间清洁自守，语不及私，然温良嗛退，不以行能骄人，甚得名誉于朝廷”。当其元康四年（前62）病卒时，“家无余财”。他对待属吏，也如赵广汉那样，“接待以礼，好恶以同之”[①]，也是将仁爱待民之心寓于法治之中，而且严于律己，廉洁自守，所以才能得到天子称贤、吏民赞扬的好名声。

班固于赵、尹、韩、张及二王（王尊、王章）诸人传末赞语中说：“广汉聪明，下不能欺；延寿厉善，所居移风”；“翁归抱公絜己，为近世表。张敞衎衎，履忠进言，缘饰儒雅，刑罚必行，纵赦有度，条教可观。”凡此诸人，皆强敏干练，明于吏治，施政多以法治为基础，刑罚必行，而辅之以教化，缘饰儒术，宽严适度，有张有弛，所以往往治理有效，政绩可观，上得天子、朝廷褒赏，下得百姓爱戴、拥护。这样的良吏，既非专行法治，单靠刑罚，亦非专行教化，仅凭“条教”，而是因时度势，因地制宜，兼用法治与教化，不拘法、儒，杂用霸、王之道，正得“汉家制度”的精髓，是所谓“霸王道杂之”的践行者。

① 《汉书》卷七六《尹翁归传》，第3206—3209页。

（三）“汉家制度，本以霸王道杂之”的“本事”

《汉书·元帝纪》起首就记载了这样一个故事：

> 孝元皇帝，宣帝太子也。母曰共哀许皇后，宣帝微时生民间。年二岁，宣帝即位。八岁，立为太子。壮大，柔仁好儒。见宣帝所用多文法吏，以刑名绳下，大臣杨恽、盖宽饶等坐刺讥辞语为罪而诛，尝侍燕从容言：“陛下持刑太深，宜用儒生。”宣帝作色曰：“汉家自有制度，本以霸王道杂之，奈何纯任德教，用周政乎？且俗儒不达时宜，好是古非今，使人眩于名实，不知所守，何足委任？”乃叹曰：“乱我家者，太子也。”繇是疏太子而爱淮阳王，曰：“淮阳王明察好法，宜为吾子。”而王母张倢伃尤幸。上有意欲用淮阳王代太子，然以少依许氏，俱从微起，故终不背焉。①

这个故事，《汉书》未载明岁月，《资治通鉴》系于甘露元年（前53）正月杨恽受诛之后，或有所据。按：杨恽案，起于五凤二年（前56）。杨恽为昭帝朝丞相杨敞的次子，司马迁的外孙。《汉书·杨恽传》说他“始读外祖《太史公记》，颇为《春秋》。以材能称。好交英俊诸儒，名显朝庭”，大概是与儒士多有来往。然杨氏家传学问，可能还是比较倾向于法家，杨恽本人，也很难说是儒生。他以首发霍氏逆谋而受封为平通侯，迁中郎将，后晋升为光禄勋。光禄勋是中二千石官，位列九卿，掌管宫殿掖庭门户。《汉书·杨恽传》说：“恽居殿中，廉洁无私，郎官称公平。然恽伐其行治，又性刻害，好发人阴伏，同位有忤己者，必欲害之，以其能高人。由是多怨于朝廷。”大概杨恽很有才干，也非常自负，而为

① 《汉书》卷九《元帝纪》，第277页。

人则比较狭隘、阴险而刻薄，所以很招人忌恨。其所以致败，也是由于与太仆戴长乐闹矛盾，戴长乐揭发他有诸多“诽谤当世，无人臣礼”的言行。事下廷尉于定国验治，定案杨恽“怨望，称引为妖恶言，大逆不道”，宣帝诏命免为庶人。杨恽既失去爵位，回到老家，专心经营产业，“以财自娱”。他的朋友孙会宗，当时正在做安定太守，给他写了封信，告诫他为人处事要低调些，不应当太过营求财富，广招宾客，邀取名誉。杨恽给孙会宗写了封回信，这就是有名的《报孙会宗书》。宣帝见了这封信，“恶之”。廷尉乃判处杨恽大逆无道之罪，处以腰斩，妻、子徙酒泉郡。“诸在位与恽厚善者，未央卫尉韦玄成、京兆尹张敞及孙会宗等，皆免官。”所以，杨恽案实际上是典型的文字狱，而且株连甚广，是宣帝末年的大案。①

《资治通鉴》将太子奭（后来的元帝）与宣帝的谈话，系于杨恽案之后，并非没有道理，因为此案株连较多，又是典型的文字狱，太子趁机劝谏，是有可能的。然当时朝堂中，黄霸已代丙吉为丞相，御史大夫是杜延年，大司马、车骑将军是许延寿，韦玄成、陈万年、王禹、萧望之、梁丘贺等并为列卿。这些人，很难说“多文法吏”（或以为所谓宣帝所用“多文法吏”，乃是指张敞、赵广汉、尹翁归等郡国二千石官，我以为非是，太子刘奭居于宫中，对郡国守相之任用当不会熟悉，观其所言，也是指朝堂之事）。审理此案的于定国虽然“少学法于父”，起家狱史、郡决曹，长则“迎师学《春秋》，身执经，北面备弟子礼。为人谦恭，尤重经术士，虽卑贱徒步往过，定国皆与钧礼，恩敬甚备，学士咸称焉”，更难以“文法吏”称之。而且于定国持法平正，用法审慎，朝廷称之，说：“张释之为廷尉，天下无冤民；于定国为廷尉，民自以不

① 《汉书》卷六六《杨恽传》，第 2889—2898 页。

冤。”杨恽一案，虽系文字言语之狱，但查有实证，并非锻炼成狱。[①] 最为重要的是：杨恽并非儒生；戴长乐揭发他所发表的诽谤性言辞，多直斥当朝，并未言及古今、名实，也没有说到过德教、周政；《报孙会宗书》文辞华丽，直抒胸臆，却并未引经据典，说古道今。宣帝所谓德教、周政、古今、名实之说，遂不知所从起。因此，我怀疑太子奭与宣帝的这次谈话，并非发生在杨恽案之后。

盖宽饶案在杨恽案之前，发生在神爵二年（前 60）。盖宽饶是儒生出身，曾经受《易》于孟喜，后又向韩生学《易》，故兼通二家《易》。他以“明经为郡文学，以孝廉为郎，举方正，对策高第，迁谏大夫”，历官郎中户将、卫司马、太中大夫，擢司隶校尉。《汉书·盖宽饶传》说他“刺举无所回避，小大辄举，所劾奏众多，廷尉处其法，半用半不用，公卿贵戚及郡国吏繇使至长安，皆恐惧莫敢犯禁，京师为清”。其施政看来也并非以儒家礼教为主，而颇行法家刑罚之事。《汉书》说他“为人刚直高节，志在奉公”，“然深刻喜陷害人，在位及贵戚人与为怨，又好言事刺讥，奸犯上意。上以其儒者，优容之，然亦不得迁”。盖其为人与杨恽相似，所以两人也是好朋友。盖宽饶可能与太子一系有所来往，太子庶子王生曾经致信给他，劝他要明哲保身，不要太过指斥当朝政治。信中说：

> 明主知君絜白公正，不畏强御，故命君以司察之位，擅君以奉使之权，尊官厚禄已施于君矣。君宜夙夜惟思当世之务，奉法宣化，忧劳天下，虽日有益，月有功，犹未足以称职而报恩也。自古之治，三王之术，各有制度。今君不务循

① 《汉书》卷七一《于定国传》，第 3041—3042 页。

职而已，乃欲以太古久远之事匡拂天子，数进不用难听之语以摩切左右，非所以扬令名全寿命者也。方今用事之人皆明习法令，言足以饰君之辞，文足以成君之过，君不惟蘧氏之高踪，而慕子胥之末行，用不訾之躯，临不测之险，窃为君痛之。

太子庶子是太子宫官属，四百石，位在太子舍人之上。王生，很可能就是跟随龚遂来到京师、得任水衡丞的那个王生。从王生的信中可知，盖宽饶所上言辞，当多引述“三王之术”及“太古久远之事”。王生的劝言，盖宽饶当然没有听进去。《汉书》本传说：

是时，上方用刑法，信任中尚书宦官，宽饶奏封事曰：“方今圣道浸废，儒术不行，以刑余为周、召，以法律为《诗》《书》。”又引《韩氏易传》言：“五帝官天下，三王家天下，家以传子，官以传贤，若四时之运，功成者去，不得其人则不居其位。”书奏，上以宽饶怨谤终不改，下其书中二千石。①

“以刑余为周、召，以法律为《诗》《书》”，颜师古注称：言使奄人当权轴、以刑法成教化也。这里的中尚书宦官，当即指弘恭、石显之流。《汉书·佞幸传》说二人：“皆少坐法腐刑，为中黄门，以选为中尚书。宣帝时，任中书官。恭明习法令故事，善为请奏，能称其职。恭为令，显为仆射。元帝即位，数年，恭死，显代为中书令。”②则弘恭为中书令、石显为中书仆射，当在宣帝后期。而二人皆明习法令。“上方用刑法，信任中尚书宦官”，当即指宣帝任

① 《汉书》卷七七《盖宽饶传》，第3247页。
② 《汉书》卷九三《佞幸传》，第3726页。

用弘恭、石显等中尚书宦官担任中书令、仆射，直接干预刑狱司法事务。盖宽饶以圣道、儒术、周召、诗书与刑余、法律对举，显然是用儒术、外朝反对法术、中朝。这当然犯了宣帝的大忌，其中尤为犯忌者是涉及对任用中朝宦官的批评。

“五帝官天下，三王家天下，家以传子，官以传贤”，语出《韩诗外传》。其下文称：“故自唐虞已上，经、传无太子称号。夏殷之王虽则传嗣，其文略矣。至周，始见文王世子之制。”[1]盖宽饶的真正意旨是什么，已不能知，但天下官则让贤，天下家则世继，无论如何，他提及此语，都让人联想起有请宣帝让贤的意思。所以，当时的执金吾广意指责盖宽饶“意欲求禅，大逆不道”，并非无因。想来盖宽饶不过一介儒生，虽自视甚高，但也还不至于疯狂到直接上书请皇帝禅位给自己的地步。我猜测盖宽饶的奏言，可能涉及太子的地位，很可能是提请宣帝给太子以更多历练的机会，让太子多参与一些朝政。谏大夫郑昌上书，给盖宽饶鸣冤，说他忠直忧国，“以言事不当意而为文吏所诋挫”，也说明盖宽饶应绝无让宣帝禅位之意。可其中有两句话颇耐人寻味，他说：盖宽饶的奏言，“上无许、史之属，下无金、张之托”。应劭解释说：“许伯，宣帝皇后父。史高，宣帝外家也。金，金日磾也。张，张安世也。此四家属无不听。”其时太子奭的母亲、宣帝患难妻子许皇后已死，太子外祖父许广汉尚在，封为平恩侯；广汉弟延寿则受封为乐成侯，任大司马、车骑将军，辅政。郑昌的辩解，正透露出盖宽饶之上书，很可能是受到许氏的嘱托，至少宣帝是这样认为的，或者他很可能会这样认为。

根据以上分析，我认为太子奭与宣帝的这次重要谈话，应当发生在神爵二年（前60）九月盖宽饶案之后不久，可能就是因为

① 《太平御览》卷一四六《皇亲部十二·太子一》所引，北京：中华书局，1960年，影印本，第712页。

盖案隐约牵连到太子，太子不得不出面缓颊或解释。如果这一揣测不误，那么，《元帝纪》所说的“宣帝多用文法吏，以刑名绳下”，就应当是指宣帝任用弘恭、石显等明习法令的中朝宦官，干预刑狱司法。盖宽饶案未经过廷尉审理，也非由御史大夫办案，而在执金吾广意提出指诉之后，即遽然定案，盖宽饶随即自杀，也说明案件进展很可能由“中朝”直接掌控。这很可能是太子所谓“陛下持刑太深”的真正蕴含：“太深”者，谓出自深宫也。盖宽饶是儒生出身，太子所谓“宜用儒生”，既有给盖宽饶求情的意思，也隐含不宜信用宦者的讽谏。而宣帝所谓“俗儒不达时宜，好是古非今，使人眩于名实，不知所守，何足委任”，也就是专指盖宽饶，并不涉及当时朝中的黄霸、梁丘贺等名儒。德教、周政云云，也当是针对盖宽饶的上言所发，并非要否定儒家的主张。

这里还有一个问题需要辨析。太子奭在处理盖宽饶一案上与宣帝有不同意见，直接向宣帝求情、解释，甚或为此而就国家大政问题与宣帝发生了争论，宣帝自可教育、垂训，何以竟然会发出“乱我家者，太子也”的感叹，甚至由此立意更换太子？我以为最关键的问题，还在于“五帝官天下，三王家天下，家以传子，官以传贤”。盖太子颇受儒家学说熏染，亦或赞同至少是不反对此说。然如果把“天下官则让贤”确定为帝位传承的原则，那么，终有一天，汉家天下要让于他人（贤者）。这才是宣帝真正担心的问题。这样的话，别人说，可能被视为图谋不轨，有大逆不道之心；身为太子的刘奭要是也这样想，岂不是会葬送汉家天下？

（四）释“霸道”

“汉家自有制度，本以霸王道杂之”一语，历来论者颇多。司马光针对宣帝的说法，有一段议论，也相当著名。他说：

> 王霸无异道。昔三代之隆，礼乐、征伐自天子出，则谓之王。天子微弱不能治诸侯，诸侯有能率其与国同讨不庭以尊王室者，则谓之霸。其所以行之也，皆本仁祖义，任贤使能，赏善罚恶，禁暴诛乱；顾名位有尊卑，德泽有深浅，功业有钜细，政令有广狭耳，非若白黑、甘苦之相反也。汉之所以不能复三代之治者，由人主之不为，非先王之道不可复行于后世也。①

司马光以春秋史事来解释王与霸，谓王道即周天子之道，霸道即春秋五霸之道，并谓王霸之道同，皆以仁、义为本，“任贤使能，赏善罚恶，禁暴诛乱”，是以宋儒的观念来解释汉代的政治理念与实践，并不妥当，兹不详说。联系宣帝所言之上下文，其所说的王道，大致就相当于德教，也就是周政，应当没有太大疑问。质言之，在汉人观念里，王道即天子之道，天子之道则来源于天道；将天道行之于世间，就是王道；王道的核心，就是“德教”，也是以道德伦理作为建构社会、政治与文化的根基和原则；将“德教”落实到政治架构与政治体系上，就是“周政”，亦即周代的政治经济与文化制度。而王道的根本，就是“谨庠序，崇仁义，立教化”。因此，所谓“行王道”，在汉代的政治话语中，就是谨人伦，严尊卑，崇仁义，行教化。如果纯用德教，也就是单纯地使用教化之法，作为治理天下的根本方法。

那么，“霸道”又是什么呢？

我以为汉人所讲的“霸道”，不再是春秋五霸之道，亦即所谓“诸侯有能率其与国同讨不庭以尊王室”的“道”，因为专制主义中央集权的汉帝国早已不再是周天子为天下共主、诸侯封邦建国的政治结构，诸侯结盟、共举霸主、同讨不臣、以尊王室，早已

① 《资治通鉴》卷二七，甘露元年，第 895 页。

无从说起；宣帝更不会以霸主自拟，其所说之“霸道”，更非诸侯把持王政之道。两汉之际，桓谭作《新论》十六篇，其第二篇《王霸篇》说：

> 夫上古称三皇五帝，而次有三王五霸（或作“伯”，下同），此天下君之冠首也。故言三皇以道治，而五帝用德化；三王由仁义，五霸用（或作“以”）权智。其说之曰：无制令刑罚，谓之皇；有制令而无刑罚，谓之帝；赏善诛恶，诸侯朝事，谓之王；兴兵众，约盟誓，以信义矫世，谓之霸。王者，往也，言其惠泽优游，天下归往也。五帝以上久远，经传无事，唯王、霸二盛之美，以定古今之理焉。夫王道之治，先除人害，而足其衣食，然后教以礼仪，而威以刑诛，使知好恶去就，是故大化四凑，天下安乐，此王者之术。霸功之大者，尊君卑臣，权统由一，政不二门，赏罚必信，法令著明，百官修理，威令必行，此霸者之术。王道纯粹，其德如彼；霸道驳杂，其功如此；俱有天下，而君万民，垂统子孙，其实一也。[①]

这段文字，解说王、霸之义甚为明晰。“王”的初义，是以恩泽使民众归往，引申为以仁义治理天下，指“三王”时代。至于周世，“王”仅能做到“赏善诛恶，诸侯朝事”，也就是要用赏罚维系诸侯的服众。所谓“王道之治”，就是先除掉害人的暴君；然后发展生产，使百姓丰衣足食；然后教以礼仪，威以刑罚，使百姓明白礼法人伦，四方都响应慕化，天下大治。“霸”的初义，则是以力相胁、令对方服从，引申为以权力、智慧控制他人或他国，“五霸”“兴兵众，约盟誓，以信义矫世”，就是“霸”，而其中的权力、兵众以及盟誓，则隐含着后来的刑法律条。所谓“霸者之术”，就是“尊君卑

① 朱谦之校辑：《新辑本桓谭新论》，北京：中华书局，2009 年，第 3—4 页。

臣，权统由一，政不二门，赏罚必信，法令著明，百官修理，威令必行”，而所有这一切，就是法家所汲汲以求的“法治”。

因此，所谓“霸道”，就是以法家之术治天下，就是“法治”。所以，如果说王道与德教、周政相对应的话，那么，霸道就与刑名、秦政相对应（虽然宣帝不能直接这样说）。刑名，颜师古解释说：“刘向《别录》云：申子学号刑名。刑名者，以名责实，尊君卑臣，崇上抑下。宣帝好观其《君臣篇》。”所说极是。“以名责实，尊君卑臣，崇上抑下”正是“霸道”的核心，而“赏罚必信，法令著明，威令必行”则是霸道的具体实施办法。

至此，我们对宣帝所说的“汉家自有制度，本以霸王道杂之”，就有了更为清楚的理解。首先，霸道居前，说明汉家制度是以法治为基础；王道居后，处于辅助地位。其次，汉家制度的基础，是霸道与王道：霸道奠定专制主义中央集权的政治基础，而王道则奠定皇权的“合法性”基础；霸道以法令、威令、赏罚将百官民众纳入一个井然有序的统治体系之中，王道则使他们心甘情愿、主动投附到王朝控制体系中来。最后，在具体的社会治理中，兼用霸道与王道，既推行教化，更不忘刑法。

仰首向天，口称天子；右手拿着兵器刑具，指向霸道；左手持着礼器乐器，指向王道（左虽为上，但右手却更有力量）；身后是三皇五帝、三王五霸，前面左首站着一排循吏，右首站着一排酷吏，这就是兼用“霸王道”的汉天子的伟大形象。

义气仁心：侠客与儒生的世界

昔年与先师石泉先生闲话，说及王仲宣的《七哀诗》，其一句云：

> 西京乱无象，豺虎方遘患。复弃中国去，远身适荆蛮。亲戚对我悲，朋友相追攀。出门无所见，白骨蔽平原。路有饥妇人，抱子弃草间。顾闻号泣声，挥涕独不还。未知身死处，何能两相完？驱马弃之去，不忍听此言。南登霸陵岸，回首望长安。悟彼下泉人，喟然伤心肝。

读之令人凄然。曾问先生：如果我们生当汉末，将何以存？先生看看我，只说了一句："你是学历史的，怎么会悲观呢？"

是啊，一个"学历史的"，什么样的荣华富贵没有见过？什么样的黑暗无望没有经历过？我还在这里"学历史"，人类的前景该是多么光明！"怎么会悲观呢？"

一 从“风尘三侠”和“柳毅传书”说起

(一)“风尘三侠”的故事

虬髯客与红拂女、李靖“风尘三侠”的故事，经过金庸的高度评价与王小波的现代阐释(《红拂夜奔》)，已为众所周知。我们来看虬髯客与红拂、李靖的相见与结交：

(红拂女与李靖)将归太原，行次灵石旅舍。既设床，炉中烹肉且熟，张氏以发长委地，立梳床前；公(指李靖——引者)方刷马。忽有一人，中形，赤髯而虬，乘蹇驴而来，投革囊于炉前，取枕欹卧，看张梳头。靖怒甚，未决，犹刷马。张熟视其面，一手握发，一手映身摇示公，令勿怒。急急梳头毕，敛衽前问其姓。卧客答曰：“姓张。”对曰：“妾亦姓张，合是妹。”遽拜之，问第几？曰：“第三。”曰问妹第几？曰：“最长。”遂喜曰：“今多幸，逢一妹。”张氏遥呼：“李郎且来见三兄。”靖骤拜之。遂环坐，曰：“煮者何肉？”曰：“羊肉，计已熟矣。”客曰：“饥甚。”公出市胡饼。客抽腰间匕首，切肉共食。食竟，余肉乱切，送驴前食之，甚速。客曰：“观李郎之行，贫士也，何以致斯异人？”曰：“靖虽贫，亦有心者焉。他人见问，固不言。兄之问，则不隐耳。”具言其由，曰：“然则，将何之？”曰：“将避地太原。”客曰：“然，吾故非君所致也。”曰：“有酒乎？”靖曰：“主人西，则酒肆也。”靖取酒一斗。既巡，客曰：“吾有少下酒物，李郎能同之乎？”曰：“不敢。”于是开革囊，取一人头并心肝。却头囊中，以匕首切心肝，共食之。曰：“此人天下负心者，衔之十年，今始获之，吾憾释矣。”又曰：“观李郎仪形器宇，真丈夫也。亦闻太原有异人乎？”曰：“尝识一人，愚谓之真人也。其余，将相而已。”“何姓？”曰：

> “靖之同姓。”曰：“年几?”曰：“仅二十。”“今何为?”曰：“州将之子也。”曰：“似矣。亦须见之，李郎能致吾一见乎?”曰：“靖之友刘文静者，与之狎。因文静见之可也。然兄何为?”曰：“望气者言太原有奇气，使访之。李郎明发，何时到太原?”靖计之日。曰：“达之明日，日方曙，候我于汾阳桥。”言讫，乘驴而去，其行若飞，回顾已失。[①]

虬，卷曲；赤髯，是红胡子。虬髯客有一蓬卷曲的红胡子，中等身材，骑着一头跛足的驴子。灵石的客舍大概甚为简陋，红拂与李靖住的客房，与旅舍的大堂(如果有的话)应当是相通的，或者竟然是一间大通铺。我们可以想见那个情景：旅舍房间的右首摆好了床铺，红拂立在床前，正在梳头；房间正中支着一个炉子，火烧得正旺，镬里炖上了羊肉；李靖正在院子里刷马；虬髯客排闼而入，下驴，投掷革囊，重重地倒在房间靠左首的另一张床上，然后斜倚着枕头，笑笑地看着红拂梳头。这完全是一个黑社会老大的形象，肆无忌惮，而又意态自如；空气中充溢着暧昧的气味，却并未入于下流。

红拂究竟有怎样的豪情和美丽，我们无法想象，但她让阅人无数的虬髯客遽然受到吸引，自然有其独到之处。无论如何，我们从中仍然体会到了形象或美丽的价值。显然，虬髯客和红拂女的外在形象和气质，是让对方内心钦服的直接原因。因为在他们还没有说话之前，就已经留下了很好的印象。而且，红拂还“熟视其面”，在察言观色中，去把握对方的形象、气度以及背后的实力。不管怎么说，这不是理性的认识，更不是功利的考量，几乎所有的决定都是在“一见”之下做出的，所以，这基本上是

① 杜光庭：《虬髯客传》，见鲁迅辑《唐宋传奇集》卷五，《鲁迅全集》第10卷，北京：人民文学出版社，1973年，第334—338页。

“没有道理的情感”在起作用。在这里，我们看到了人与人关系发生的第一种可能，“一见”。一见钟情，一见即以生死相托，性命相许，虽然听上去像是童话里的故事，但仍然是可能存在的。

虬髯客最初对李靖，大约是有些瞧不起的。“观李郎之行，贫士也，何以致斯异人?”这里的“贫士”，是与“豪士”相对的，并不指其财产菲薄(因为李靖与红拂出逃，是“雄服乘马”，并不困窘的)，主要是指其行为较为拘谨。李靖的回答，“靖虽贫，亦有心人焉”，应当理解为“靖虽然行为谨慎，但内心是抱有志向的”。“他人见问，故不言；兄之问，则不隐耳。”李靖何以会对初次见面的虬髯客全盘托出他与红拂之间的底细，以及自己内心的志向?当然不会是因为虬髯客对红拂女的爱慕，更可能也是源于“一见倾心”，进而觉得可以信靠。虬髯客在听完他的陈述之后，大约也将之引为同道，问：“你们打算去哪里呢?”在李靖回答说将要去太原之后，虬髯客的反应非常突兀：“好啊！我本来就不是你们打算投奔的人。”(“然。吾故非君所致也。”)这句话太奇怪了，甚至让人怀疑有脱文。如果不是有遗漏，那一定是虬髯客自言自语的话，显露出他马上就想罗致李靖的意图。我们虽然不详李靖究竟向虬髯客说出了怎样的志向，但他的言语，得到了虬髯客的赏识与敬佩，起了罗致他的念头，是可以肯定的。

再下一段是对李靖胆量的考量。“开革囊，取一人头并心肝。却头囊中，以匕首切心肝，共食之。”这个场景，在中古时代，大约并非绝无仅有，不致惊世骇俗，但也绝不会是家常便饭，平常人家的下酒菜，还是不会随便就端出一碟卤人心或卤人肝冷盘的，更何况是生切人心肝。传奇文没有写到李靖的反应，只用了“共食之”三个字，如果不是李靖此前常以人心肝下酒，那一定是超强的镇定力在发挥作用。

经过这番考察，虬髯客对李靖才真正放心，“观李郎神形器宇，真丈夫也”。这就不全是“观”的结果了，早已有了言与行。其下则是政治意向的试探。无论这篇传奇文是成于杜光庭，还是成于张说或裴铏，都是在李世民为主起事太原的故事已经成为唐代主流的政治述说之后，所以，李靖所说的“真人”，毫无疑问是指李世民。“其余，将帅而已。”那么，在“将帅”之上的“真人”，只能是君王了。“真人”本身，就有“真命天子”的意思。这还是大隋的天下，这样的言辞，自然是造反了。而虬髯客所托于李靖者，也事涉机密，“观气者言太原有奇气，使访之”，从后来的事情或可见出，虬髯客实别有怀抱，似乎在选择可栖之木，又似乎是在罗致天下英豪。

在“风尘三侠”相见、结交的故事里，我们看到了所谓豪侠之士交往的一种方式及其所需的要素：一见倾心、衷情或投缘，惺惺相惜，此其一；志向远大，心胸开阔，此其二；行事果敢，胆气逼人，此其三。具备了这三方面，即可肝胆相照，以性命相托，共谋大事。在这个故事里，虬髯客与李靖、红拂女既无血缘关系，也无地缘关系，更没有同党关系，在此之前他们甚至没有见过面，却得一见如故，结为可以共生死的密谋小“组织”。这是人际交往与组织的极端形式。这种形式，就是所谓的“结义”。它超出了血缘、地缘、业缘等因“缘”而起的人际关系范畴，或者只能称为“义缘”。

“义”字的繁体，“義”，从羊从我，本义或可释为“像我”、“与我相仿佛”，故引申为宜，相宜，即二人互相欣赏，相处相洽，觉得对方与自己非常投缘、合适。《太玄·玄攡》：“列敌度宜之谓义也。”范望注：“义者，宜人及物也。”《论语·学而》：“信近于义。”皇侃疏：“合宜也。”邢昺疏：“义者，于事合宜。”《尚书·高宗肜日》“典厥义”句下蔡沈集传：“义者，理之当然，行而宜之之谓。”凡此，都是从“适宜”引申出来的意思。因此，所谓的“结义”，简单地说，就是因为互相认为对方与自己相宜、“合适”，而结为小组织，而此种行为既为理之当然，其所行之事，亦为应当行之事，即所谓“循理而行”、“循理以处事”。

将“义”付诸实践、行动，就是“侠”。“俠”字的右边“夾”，象形为二人夹扶一人，其本义就有辅佐、帮助之意。《说文·人部》：“侠，俜也。从人，夹声。”俜，是“使”的意思，即运用。《玉篇·人部》：“侠，又谓任使其气力。”所以，“侠”的本义，就应当是“任使其气力”。引申为以权、力辅佐、帮助别人。《汉书·季布栾布传》“为人任侠有名”句下颜师古注：“侠之言挟也，以权力侠辅人也。”裴骃《史记集解序》“序游侠则退处士而进奸雄”句下司马贞索隐说：“侠，挟也，持也，言能相从游行挟持之事。”然则，任侠，就是以各种手段，包括威权、武力以及财富，来帮助与自己“义气相投”的人，这就是“侠义道”。我们看虬髯客在决定退出中原逐鹿的行列之后，决定将自己的全部财产和苦心经营的社会网络送给李靖与红拂女，以助其辅佐李世民成就大业。传奇文描述说：

> 虬髯曰：“此尽宝货泉贝之数。吾之所有，悉以充赠。何者？欲于此世界求事，当龙战三二十年，建少功业。今既有主，住亦何为？太原李氏，真英主也。三五年内，即当太平。李郎以英特之才，辅清平之主，竭心尽善，必极人臣。一妹以天人之姿，蕴不世之艺，从夫之贵，以盛轩裳。非一妹不能识李郎，非李郎不能荣一妹。起陆之[渐]（贵），际会如期，虎啸风生，龙吟云萃，固非偶然也。持余之赠，以佐真主、赞功业也。勉之哉！此后十年，当东南数千里外有异事，是吾得志之秋也。一妹与李郎可沥酒东南相贺。”因命家僮列拜，曰：“李郎一妹，是汝主也。”言讫，与其妻从一奴，

> 乘马而去。数步，遂不复见。公据其宅，乃为豪家，得以助文皇缔构之资，遂匡天下。

举资财赠佳士，以助其成功，这是行侠的核心部分。武，与此相比，不过是末技罢了。

侠义道中的“义”，盖仅取其相得、彼此适宜、投缘的意思，却并没有正义、仁爱，是小义，而不是公义，也不是天下大义。我们看风尘三侠的结交与行事，并没有顾念及天下苍生，其所谓“举大事”，也在个人之得志与功业，绝不在救民于水火。至于是非曲直，可能在相宜投缘的“义”字面前，也不是那么重要。这里有义，仁爱却是少了些。义而不仁或少仁，则难免恩威由己，令由己出，最终走向专制。“義”字从我，由“我”而生，也可能因“我”而亡。

（二）柳毅与龙女

在“风尘三侠”的故事里，红拂女、李靖与虬髯客之间，基本上是平等的，没有强者与弱者之别，这是三人能“结义”的基础。如果当事人有强、弱之分，而且当事人意识到这种强、弱之别，那就很难“结义”了，但有可能形成另外一种关系。我们来看看《柳毅传》中柳毅与龙女的初见：

> 仪凤中，有儒生柳毅者应举下第，将还湘滨。念乡人有客于泾阳者，遂往告别。至六七里，鸟起马惊，疾逸道左。又六七里，乃止。见有妇人，牧羊于道畔。毅怪视之，乃殊色也。然而蛾脸不舒，巾袖无光，凝听翔立，若有所伺。毅诘之曰：“子何苦而自辱如是？”妇始楚而谢，终泣而对曰：“贱妾不幸，今日见辱问于长者。然而恨贯肌骨，亦何能愧

> 避？幸一闻焉。妾洞庭龙君小女也，父母配嫁泾川次子，而夫婿乐逸，为婢仆所惑，日以厌薄。既而将诉于舅姑，舅姑爱其子，不能御。迨诉频切，又得罪舅姑。舅姑毁黜，以至此。”言讫，歔欷流涕，悲不自胜。又曰：“洞庭于兹，相远不知其几多也？长天茫茫，信耗莫通，心目断尽，无所知哀。闻君将还吴，密[迩]（通）洞庭，或以尺书寄托侍者，未卜将以为可乎？”毅曰：“吾义夫也。闻子之说，气血俱动，恨无毛羽，不能奋飞。是何可否之谓乎！然而洞庭，深水也。吾行尘间，宁可致意耶？唯恐道途显晦，不相通达，致负诚托，又乖恳愿。子有何术，可导我邪？”女悲泣且谢曰：“负载珍重，不复言矣。脱获回耗，虽死必谢。君不许，何敢言？既许而问，则洞庭之与京邑，不足为异也。”毅请闻之。女曰：“洞庭之阴，有大橘树焉，乡人谓之社橘。君当解去兹带，束以他物，然后叩树三发，当有应者。因而随之，无有碍矣。幸君子书叙之外，悉以心诚之话倚托，千万无渝！”毅曰：“敬闻命矣。”女遂于襦间解书，再拜以进，东望愁泣，若不自胜。毅深为之戚，乃置书囊中。①

这个故事所涉的地名，显然有相当的混乱，其首既谓柳毅将还“湘滨”，下文却又说“闻君将还吴，密[迩]（通）洞庭”，显然是将湖南的洞庭湖与吴郡太湖中的“洞庭山”混为一谈，说明这篇传奇文的作者，可能是北方人，对南方地理不甚详悉。这且不论。在这个故事里，因为龙女是位美艳的女子，后来龙女确又归了柳毅，所以很让人怀疑柳毅的同情带上了好美色的成分。但事实大约未必然。龙女初见柳毅之时，不过是一个牧羊女，虽然风姿

① 李朝威：《柳毅传》，见鲁迅辑《唐宋传奇集》卷二，《鲁迅全集》第10卷，第230—239页，引文见第230—231页。

或依稀可见，但“蛾脸不舒，巾袖无光”，衣着既不鲜艳，又是满脸愁容，绝非惊世之容，应当是可以想见的。据下文柳毅之言，说她“风环雨鬓”，大约是颇为憔悴的。而她“凝听翔立，若有所伺”，又“始楚而谢，终泣而对”，是一副楚楚可怜的模样。所以，认为柳毅是因为龙女的美色而答应代她传书，是不公正的。更合理的解释，应是柳毅主要是基于对落难的龙女的同情。我们看柳毅的回答：“吾义夫也。闻子之说，气血俱动，恨无毛羽，不能奋飞，是何可否之谓乎？”其发自胸臆的同情之心是何等诚挚，扶危济困的慷慨之气又是何等激烈。后来，柳毅在回答龙女追问时，说：“仆始见君子长泾之隅，枉抑憔悴，诚有不平之志。然自约其心者，达君之冤，余无及也。以言‘慎勿相避’者，偶然耳。岂有意哉？”应当是真实的。因此，我们说，柳毅对于龙女的帮助，主要是出于怜爱、同情，一种超出性爱的爱。当然，其中更没有血缘之爱、地缘之情以及同业之利。这种对于弱者或同类的怜惜、同情、爱念之情，就是“仁”。

《说文·人部》：“仁，亲也。从人，从二。”它的本义，或者可以理解为二人间的关系非常亲密，以致二人如一人，故所谓“爱人如己”，对待别人就像对待自己一样，是对“仁”最好的解释。看到别人经受苦难，就像自己在经受一般，感同身受，从内心深处生出同情之念，这是“仁”的本源。《国语·周语》说：“仁必及人。”又说：“爱人能仁。”《荀子·议兵》：“仁者，爱人。”《韩非子·解老》：“仁者，谓其中心欣然爱人也。”《孟子·告子上》：“恻隐之心，仁也。”《诗经》中称誉某人，往往说他“洵美且仁”，也是指其与人相亲爱之貌。虽然说法有所不同，但都认为“仁”是发自内心的爱人之念。这种爱人之念，超脱于血缘、地缘、业缘等诸种利益的考量之上，是非功利的，没有功用的。这是人与人交往与建立起关系的又一种根源。为了区别于因情爱（血缘之情，情爱之情等）而产生的人际关系，我姑且把这种人际关系称为“仁缘”。

柳毅对龙女的帮助，至少在最初，并没有利益的考虑；他对于龙女出于仁爱之心的救助，也并未建立起与龙女间的稳定关系。这种关系可能是短暂的、一次性的。龙女获救后，洞庭君、钱塘君一家致谢柳毅，对他万般感激与赞扬，赠以宝物，毅谢而受之。在宴席上，洞庭君乃击席而歌曰：

> 大天苍苍兮，大地茫茫。人各有志兮，何可思量？狐神鼠圣兮，薄社依墙。雷霆一发兮，其孰敢当？荷真人兮信义长，令骨肉兮还故乡。齐言惭愧兮何时忘？

钱塘君歌曰：

> 上天配合兮，生死有途。此不当妇兮，彼不当夫。腹心辛苦兮，泾水之隅。风霜满鬓兮，雨雪罗襦。赖明公兮引素书，令骨肉兮家如初。永言珍重兮无时无。

这是对柳毅恩德的感谢。至此，洞庭君一家只是把柳毅当作恩人对待，并没有看作亲人。柳毅也不过以为自己在行一次仁义之举，龙女既已归家，自己就可以辞去了。其歌云：

> 碧云悠悠兮，泾水东流。伤美人兮，雨泣花愁。尺书远达兮，以解君忧。哀冤果雪兮，还处其休。荷和雅兮感甘羞，山家寂寞兮难久留。欲将辞去兮悲绸缪。

然当鲁莽暴烈的钱塘君看中了他，也为报答他而迫使他当场许约娶龙女时，他说出了一番义正辞严、掷地有声的慷慨言词：

> 诚不知钱塘君孱困如是！毅始闻跨九州，怀五岳，泄其愤怒，复见断锁金，掣玉柱，赴其急难。毅以为刚决明直，无如君者。盖犯之者不避其死，感之者不爱其生，此真丈夫之志。奈何箫管方洽，亲宾正和，不顾其道，以威加人？岂仆之素望哉？若遇公于洪波之中，玄山之间，鼓以鳞须，被以云雨，将迫毅以死，毅则以禽兽视之，亦何恨哉？今体被衣冠，坐谈礼义，尽五常之志性，负百行之微旨，虽人世贤杰，有不如者，况江河灵类乎？而欲以蠢然之躯，悍然之性，乘酒假气，将迫于人，岂近直哉！且毅之质，不足以藏王一甲之间。然而敢以不伏之心，胜王不道之气。惟王筹之！

这番言词，不仅表明他最初并无纳龙女为妻之念，更表现他“敢以不伏之心，胜王不道之气”的威武不屈之志，标举他绝不行“杀其婿而纳其妻”之不义的正直无私之气。在此番言词之后，柳毅才真正得到钱塘君的敬重，“与钱塘遂为知心友”。这是仁爱之心的重要前提：不以功利为目的。如果施仁而带上了功利的目的，包括希望得到报答或至少是感谢，那就不是纯粹的“仁爱”，而只能看作是为了“果报”的施舍了。

在告别洞庭君一家之后的数年中，柳毅与龙君一家并无联系，与龙女更是“天各一方，不能相问”。他“娶于张氏，亡；又娶韩氏，数月，韩氏又亡。徙家金陵，常以鳏旷多感”。直到他娶了范阳卢氏（即龙女的化身），才又重新与龙女及其一家建立了联系。与龙女的婚姻，是柳毅得与洞庭君一家建立起稳定关系的重要前提。传奇文叙述柳毅与卢氏女的联姻，说：

有媒氏告之曰："有卢氏女，范阳人也。父名曰浩，尝为清流宰，晚岁好道，独游云泉，今则不知所在矣。母曰郑氏。前年适清河张氏，不幸而张夫早亡。母怜其少，惜其慧美，欲择德以配焉。不识何如?"毅乃卜日就礼。既而男女二姓，俱为豪族。法用礼物，尽其丰盛。金陵之士，莫不健仰。

这是一宗合乎礼制的婚姻，"男女二姓，俱为豪族。法用礼物，尽其丰盛"，从当时的礼法上讲，是没有任何问题的。但至此还不够，龙女还是没有告诉柳毅她的真实身份。直到他们生了孩子，龙女才道出真相。她解释说：

始不言者，知君无重色之心；今乃言者，知君有感余之意。妇人匪薄，不足以确厚永心。故因君爱子，以托相生。

仅仅靠情爱还不足以维系长久，只有建立起血缘家庭，才能长久地维系情爱。这是用"礼"来维护仁念与情爱。自此之后，柳毅遂得与洞庭君一家建立起稳定关系，并在几十年后，"相与归洞庭"，正式加入了洞庭龙君的家族。

在这个故事里，也多次提到了"义"。柳毅自称为"义夫"，以其所为为"义行"，洞庭君也说他"信义长"。这里的"义"，是"应当"的意思，是指"应当这样做"以及"当为之事"，也是从"宜"延伸出来的。这个"义"，源出于仁爱之心，其所谓"应当"，根据是自己的"仁心"。它是可以普遍适用的。换言之，柳毅的仁与义，不仅是对龙女这个具体的人的，也可以施之于更为普遍的个体身上。这种"义"，是公义，也是"大义"，与风尘三侠的"小义"、"私义"是迥然不同的。这样的仁、义不仅是普遍的，还可以是永恒的。在《柳毅传》里，作者给了柳毅一个长生不老的结局，固然是神仙家言的影响，却也暗示着仁、义的永恒性。

(三)仁以爱之，义以正之

人与人的关系，交往与结合，是人类历史上最重要的话题。最为自然且最为亲密的关系，应当是血缘与性爱的关系，这两种关系，基本上可视为生物法则的延续与扩展，以此为基础，人类建立起家庭，成为社会的基本细胞。其次是以各种功利需求为基础建立起来的关系，包括生存的需求、安全的需要，以及发展的动因，形成了诸种血缘或拟血缘的、地缘的、业缘的关系及组织，进而组成各种各样的结构性社会。再其次是超越了具体功利，以特定的文化认同为线索而形成的人群认同及其关系，族群、民族或其他文化共同体内部的人际关系，或者只能归结为这一种。所有这些关系，以及由这些关系而形成的组织，从两性组合、家庭，到民族国家，甚至是国家联盟，背后都或多或少地存在着利益的考量，在根源上是利益在驱动着。所谓的"理性"，从根本上说，就是对诸种利益的权衡与计算。

但是，人类之所以成为人类，建立起人类文明，并使人类文明得以延续、发展，还因为它并非全然是功利的动物。作为一种物种，人类最大的特征是具有情感，而且具有超越具体对象之上的情感。对同类以及万物的爱，构成了人类社会得以存在的根本性基础之一，这就是爱人如己的仁爱之念，也是人类最高的、具有普适性的价值观。同时，人与人的关系，是通过感知建立的，"宜"是人际关系建立的最高法则，它超出了所有的利益考量，并成为最高的世俗判断标准。二人或多人间如果"相宜"，则可放弃所有的利益考量，甚至是以生命为代价；不宜，则虽有万利而不交。由于建立在"感知"之上的宜与不宜，主要限于小群体之间，所以这种纯粹的关系是相对狭隘的，甚至是排他的，并不指向社会的构建，而是纯粹的个人性的表达。正是在这种纯粹的小集团中，那些非功利的个人性得以充分展现与发挥。

在主要依靠“功能”或主要立基于功能而得以建立并发展的人类社会与文化中，非功能性的仁与义却一直得以保持下来，并持续地在发挥着作用，根本的原因，在于“仁”标举了人类共同的标尺，而“义”则顽强地突显了个人的存在。一个没有仁爱的社会，将是冰冷的世界；而一个没有“正义”的社会，则将是邪恶的世界。《孟子》说：“仁也者，人也。合而言之，道也。”如果没有仁爱之心，就不成其为“人”；人而有仁，人间才有道，所谓“人道”，也就是爱人之道。《礼记·缁衣》：“身不正，言不信，则义不壹，行无类也。”“义”乃行为的规范与准则，其核心是身正、言信。孔子说：“其身正，不令而行；其身不正，虽令不从。”《墨子》说：“言不信者，行不果。”没有义，则立身不正，为人不直，言而无信，行而不果，人与人之间将无法交往，社会也就无以形成并发展。《荀子》说：“仁者爱人，义者循理。”《史记·乐书》里说：“仁以爱之，义以正之。”（《礼记·乐记》之词）爱人而循理，以仁爱之心，行正义之道，庶几可为圣人矣；世人多以仁义之道为上，践而行之，则大同之世或可期也。

可是，我们的仁爱之心在哪里呢？正义之道又在何方？

二　救人于厄，振人不赡

（一）“侠以武犯禁”

《史记·游侠列传》起首，太史公就给“游侠”做出了一个界定：

> 韩子曰：“儒以文乱法，而侠以武犯禁。”二者皆讥，而学

士多称于世云。至如以术取宰相卿大夫，辅翼其世主，功名俱著于《春秋》，固无可言者。及若季次、原宪，闾巷人也，读书怀独行君子之德，义不苟合当世，当世亦笑之。故季次、原宪终身空室蓬户，褐衣疏食不厌。死而已四百余年，而弟子志之不倦。今游侠，其行虽不轨于正义，然其言必信，其行必果，已诺必诚，不爱其躯，赴士之厄困，既已存亡死生矣，而不矜其能，羞伐其德，盖亦有足多者焉。①

“儒以文乱法，而侠以武犯禁”，语出《韩非子·五蠹》，其原文作：

儒以文乱法，侠以武犯禁，而人主兼礼之，此所以乱也。夫离法者罪，而诸先生以文学取；犯禁者诛，而群侠以私剑养。故法之所非，君之所取；吏之所诛，上之所养也。②

“儒以文乱法”，张守节《正义》解释说：“言文之蔽，小人以僿。谓细碎苛法乱政。”不甚妥恰。这里的“文”，据《韩非子》下文所说“诸先生以文学取”，当指“文学”，在战国、秦汉时期，即指儒家之《诗》《书》。所谓“儒以文乱法”，就是说儒生根据儒家学说（“文”），来批评国君的“法”。与其相对应，“侠以武犯禁”，就是说侠士用武力反抗各种禁令。“先生”，当即习知诗书的儒生，陈奇猷先生已予指出。在这里，韩非子将儒、先生与侠、群侠对举，都列为乱法、犯禁之辈，而其用以乱法、犯禁的工具，则分别是“文学”（儒家学说）和“私剑”（武力）。原来，在法家及其所代表的国家权威面前，儒生与侠士，都属于蠹害，是应当严加防范的。

① 《史记》卷一二四《游侠列传》，北京：中华书局，1959年，第3181页。

② 陈奇猷校注：《韩非子新校注》卷十九《五蠹》，上海：上海古籍出版社，2000年，第1104页。

“二者皆讥，而学士多称于世云”，张守节说：“讥，非言也。儒敝乱法，侠盛犯禁，二道皆非，而学士多称于世者，故太史公引《韩子》，欲陈游侠之美。”既然儒、侠二道皆非，太史公又何以称美游侠？张说非是。“二者皆讥”的对象，应当是法与禁。这句话的意思，当解作“二者都批评（非言）国法禁令”，即对国法禁条持有异议，甚至是反抗。所以，学士们才会对儒与侠多所称美。学士，当指天下游学之士。当战国以降至于西汉，天下游学之士，可学者有礼、乐、射、御、书、数等诸艺，分别可以学做儒士、乐官、武士、术士等，而学士们在诸艺及可成为的诸种人当中，独独称美儒与侠。

“以术取宰相士大夫”，这里的“术”，是指法、术，是针对法家而言的。那些以法、术得位至于宰相士大夫的法家，虽然功名都写在国史上，却并无足道者。这是对上引《韩非子》之言的否定。至于季次（孔子弟子，即公皙哀）、原宪这样的人，处闾巷之中，“读书怀独行君子之德，义不苟合当世”，虽当世笑之，然其独立之精神却得长存，死后四百余年，弟子仍志之不倦。这是对儒者的肯定。

“今游侠，其行虽不轨于正义”，“正义”，即正道，得到认可的正确的道理、方式和原则。据下引《汉书·游侠传》，“正义”当主要指“守职奉上之义”，即履行职责、承命上司的义务。其行不轨于正义，是说其所作所为不符合社会伦理、道德规范以及国家法律制度的相关规定和要求。

“然其言必信，其行必果，已诺必诚，不爱其躯，赴士之厄困，既已存亡死生矣，而不矜其能，羞伐其德”，这是侠士的基本准则与特征。“其言必信，其行必果，已诺必诚”，是作为个体的品德。“不爱其躯，赴士之厄困”，“不矜其能，羞伐其德”，是舍身为人，而不求任何报答。

在这一段文字里，太史公首先把侠与儒一起，放在了国法禁令的对立面，赋予了他们以不同方式批评、反抗国法的“正义”的角色，也都是行为方式不同的“独行者”甚至是“异见者”。而侠士之不同儒生者，在于其不爱其躯、舍生死而赴他人之困厄急难，是行动者；而儒生则大都处闾巷之中，读书修身，更主要的是思想者。

《汉书·游侠传》的叙事倾向，与《史记·游侠列传》有很大的不同：如果说太史公对游侠倾向于同情、肯定乃至向往的话，班固则明显倾向于指责、否定乃至痛恨。在《汉书·游侠传》中，班固首先叙述国家秩序的建立，有赖于“百官有司奉法承令，以修所职，失职有诛，侵官有罚”，唯有如此，才能“上下相顺，而庶事理焉”。而所谓游侠，正是这种秩序的挑战者和破坏者。所以，他把战国诸公子，视为“游侠”兴起的根源：

> 陵夷至于战国，合从连衡，力政争强。繇是列国公子，魏有信陵，赵有平原，齐有孟尝，楚有春申，皆藉王公之势，竞为游侠，鸡鸣狗盗，无不宾礼。而赵相虞卿弃国捐君，以周穷交魏齐之厄；信陵无忌窃符矫命，戮将专师，以赴平原之急。皆以取重诸侯，显名天下。搤拳而游谈者，以四豪为称首。于是背公死党之议成，守职奉上之义废矣。[①]

信陵、平原、孟尝、春申四公子，无论如何，都绝非侠客，而班固以其权侔国君、戮将专师、豢养门客（包括侠客），将之称为“四豪”，并认为正是在他们的提倡鼓励下，“背公死党之议成，守职奉上之义废”。所以，在班固看来，背公死党（即背离国家大义、公义和公益，而效死于同党）乃游侠的根本特征，而游侠既以“同党之

① 《汉书》卷九二《游侠传》，北京：中华书局，1962 年，第 3697 页。

义”为至上之义，自然就会背离公义，废弃“守职奉上之义”。所以，从一开始，班固就更强调游侠对固有的国家与社会秩序的挑战与破坏，其倾向是否定的。班固接着说：

> 及至汉兴，禁网疏阔，未之匡改也。是故代相陈豨从车千乘，而吴濞、淮南皆招宾客以千数。外戚大臣魏其、武安之属竞逐于京师，布衣游侠剧孟、郭解之徒驰骛于闾阎，权行州域，力折公侯。众庶荣其名迹，觊而慕之。虽其陷于刑辟，自与杀身成名，若季路、仇牧，死而不悔。故曾子曰：“上失其道，民散久矣。”非明王在上，视之以好恶，齐之以礼法，民曷繇知禁而反正乎！①

在班固看来，游侠产生并生存的土壤，是从战国以来，一直存在着逸出于国家权力控制的社会集团，那就是战国四公子、汉初诸侯王以及魏其侯窦婴、武安侯田蚡等外戚大臣为代表的政治势力，这些势力存在本身，就是对既有政治与社会秩序的破坏，游侠依附于此种势力之上，也就更强化了对法、禁的破坏。至于剧孟、郭解之类的布衣之侠，虽然没有四公子、诸侯那样显赫的身份，但同样也处于王朝国家的政治控制体系与社会管理体系之外，是相对独立的社会力量。这些布衣之侠，实际控制着闾阎乡里，干扰甚至取代郡县的行政司法权力（“权行州域”），拥有的势力甚至可以挫折公侯（“力折公侯”）。而且，这些人还自认为很有节操，自比于季路、仇牧，死而不悔。季路，即仲由，是孔子的弟子，卫人。卫有蒯聩之乱，季路听说后，特意赶回卫国赴难。敌人用戈击打他，打断了结冠的缨。季路说：“君子死，冠不免。”挣扎着系好了缨，之后才咽气。仇牧，是宋国的大夫。宋万杀宋

① 《汉书》卷九七《游侠传》，第3698页。

闵公，仇牧听说后，跑去责备宋万；宋万挥拳狠命地打他；仇牧的头被打烂，牙齿嵌在门框上。这两个人，都是当时公认为很有气节操守，也很坚持“正义”的人。班固说汉代的这些游侠竟然把自己与古时候的“义士”相比，反过来也说明这些人心目中自有一个“义”，是他们认为应当坚持的，虽然这个“义”与国法律条、“守职奉上之义”相冲突。班固感慨说：这些人已经很久不知道什么是真正的“正义”了，完全走到了邪道上去，如果没有英明的天子领导，给他们指示清楚什么是好、什么是坏（“视之以好恶”），用礼与法来规范、整顿他们（“齐之以礼法”），他们哪里会明白什么是国家禁止不当做的并幡然悔悟改过自新重新走到“正道”上来呢？

在序文的最后，班固总结说：

> 古之正法：五伯，三王之罪人也；而六国，五伯之罪人也。夫四豪者，又六国之罪人也。况于郭解之伦，以匹夫之细，窃杀生之权，其罪已不容于诛矣。观其温良泛爱，振穷周急，谦退不伐，亦皆有绝异之姿。惜乎不入于道德，苟放纵于末流，杀身亡宗，非不幸也！

五霸、六国、四豪，都破坏了其所在的政治社会之伦理和秩序，违犯了原有的法与禁；郭解之徒，不过是一个匹夫，却擅自行使本该由国家、官府掌握的生杀之权，对国家的法律体系与既有秩序构成严重挑战与破坏，当然罪不容诛。这些人虽然待人仁爱，性情道德都非常不错，风姿言行更往往令人倾倒，可是他们不在国家社会的既有体制之内，所行不合正道，如果放任性情，随心所欲，为所欲为，必然会杀身亡宗，自取灭亡。

我们应当很容易发现司马迁与班固立场的差别。太史公游离于国家与社会之间：站在国家的立场上，他承认游侠违反国法禁律，所行“不轨于正义”；站在社会的立场上，他敬仰游侠“赴士之厄困”，“存亡死生”（使亡者存，使死者生），更表彰其“言必信，行必果，诺必诚、不爱其躯”的高尚品德。显然，他只在国家立场上站了一下，更多的时候是站在社会立场上的。而班固则不同，他的国家立场非常清楚而且坚定，没有丝毫游移。不仅如此，他的国家立场甚至超出了汉朝，站到了一个更为“正义”、更为理想的“国家”层面上，那就是三代和周天子。正是在这个立场上，他不仅谴责郭解之徒，更进一步批判五霸、四公子以及汉初诸侯、外戚大臣是游侠的根源，这还不仅因为他们给游侠的产生与成长提供了土壤，更因为他们本身的存在和行为，就是对既有政治与社会秩序的破坏，他们本身就在“犯禁”，其所作所为就“不轨于正义”。

大致说清楚侠客的“犯禁”、“不轨”之后，我们再回到“武”字上来。“侠以武犯禁”的“武”，当然可以在宽泛的意义上理解，意指武力、暴力的手段，甚至是威势、强力（不仅包括武力、暴力，还包括了财力、智力以及社会关系的力量等等）。但侠客既然专门列为一种专业人群，一定是有其专业技术特长的。换言之，游侠应当是会武技的，他用以犯禁的武，又绝非主要用于战阵征伐的射、御之术，而只能是主要用于近身搏击的剑术。

在《酷吏与循吏：霸王道的治理实践》中，我们曾提到淮南王太子迁与郎中比剑的事情。《史记·淮南王列传》记其事，谓：“元朔五年，太子学用剑，自以为人莫及，闻郎中雷被巧，乃召与戏。被一再辞让，误中太子。”[①]雷被大概是一位剑术名家，用剑以“巧”为称，淮南太子学了几手三脚猫的功夫，但因为是王太子，自以为（当然也被身边的人鼓吹为）剑术无人可比；雷被推托

---

① 《史记》卷一一八《淮南衡山列传》，第3083页。

不掉，就与王太子比了一次剑，王太子当然不是对手，给刺伤了，由此引发了一场大案。在这个故事里，淮南王太子迁与郎中雷被都很会用剑。

我们还记得刘邦自称“持三尺剑取天下”。汉代的一尺，大约相当于 23.1 厘米；三尺剑，应当有 70 厘米，是中等长度的剑。短剑可能只有三尺剑的一半长，一米左右的长剑可能非常少用（我怀疑长剑不实用，主要用于壮威仪，但没有证据）。无论是短剑，还是中等长度的剑，都比较适用于近身击杀，不便用于战阵（冲锋陷阵，还是要用戟、刀以及弓）。所以，剑术就以轻灵迅捷为上，讲究“持短入长，倏忽纵横”[①]。《汉书·艺文志》于兵家中著录《剑道》一种，三十八篇，列入“兵技巧”类。李零先生说：“剑道，刀剑劈刺之术。”[②]说明当时有专门教剑术的专家，并著成了书。成书于东汉至魏晋间的《吴越春秋》中，有一段论剑道的话，假借越女之口说出来：

> 其道甚微而易，其意甚幽而深。道有门户，亦有阴阳。开门闭户，阴衰阳兴。凡手战之道，内实精神，外示安仪；见之似好妇，夺之似惧虎；布形候气，与神俱往；杳之若日，偏如滕兔；追形逐影，光若佛彷；呼吸往来，不及法禁；纵横逆顺，直复不闻。斯道者，一人当百，百人当万。[③]

这应当就是后世武侠小说中所写“越女剑法”的总诀了。按照越

---

① 《史记》卷八六《刺客列传》“荆卿好读书击剑”句下《集解》引《吕氏剑技》，第 2527 页。

② 李零：《兰台万卷：读〈汉书·艺文志〉》，北京：生活·读书·新知三联书店，2011 年，第 165 页。

③ 张觉校注：《吴越春秋校注》卷九《勾践阴谋外传》，长沙：岳麓书社，2006 年，第 242 页。

女的说法，剑术之道，微妙而变化多端（“甚微而易”，“易”当作“变化”、“变幻”解）；运剑之意，则幽邃而深长，须讲究绵绵不绝。学剑要走堂堂正正的光明大道，不能走狭窄逼仄的捷径；走上正途，所学剑术就英武阳刚；走上邪道，所学剑术就会猥琐阴柔（“道有门户，亦有阴阳。开门闭户，阴衰阳兴”）。执剑相斗时，内心要凝聚精神，全神贯注，而外表则要安静平和、仪态安娴；让人看了觉得你不过是一个美丽动人的弱女子，可真正打起来，你一定要让他知道你是一只“母老虎”；气息、精神贯注到身体的每一个部分，把全身凝聚成一个整体；动作要轻快敏捷，刚刚还远在天边，悠忽之间，就如脱兔一般，翩然而至（“偏如滕兔”，即“翩如腾兔”）；身法快如电光，一闪即逝，让人无法捕捉追逐；呼吸则要轻微，让人无法听到你的声息，也就无法抓住你呼吸的间隙，施展手段；前进后退，左腾右跃，都让对方无法揣摩，更无从把握规律。如果剑术学到了这个地步，一人即可当百人，百人就可当万人了。

侠客大约也用刀，但不如用剑普遍。韩信少时，淮阴少年说他“好带刀剑”，刀、剑并提，应当是执刀佩剑。郭解的外甥强迫别人喝酒，那个人恼了，“拔刀刺杀”之，用的也是刀。我猜测刀没有剑贵，所以多为少年或低级的武士所用，如果已经成名，就最好佩剑而不是执刀了。既执刀，复佩剑，大概有点装样子，所以淮阴少年笑话韩信。刀可能更便于砍杀，用于实战，其实比剑更有效而方便，只是手里拿着把刀，更像是屠夫，而不太像侠客。剑走轻灵，而运刀如斤，也就是使刀就如用斧头一样，讲究沉稳厚重，稳扎稳打。以用刀而著名的女侠客，今见者有秦女休。东汉末年左延年所作乐府杂歌《秦女休行》云：

始出上西门，遥望秦氏家。秦氏有好女，自名曰女休。

> 女休年十五，为宗行报雠。左执白阳刀，右据宛景矛。雠家东南僵，女休西上山。上山四五里，关吏不得休。女休前置辞："生为燕王妇，今为诏狱囚。"刀矛未及下，拢撞击鼓赦书下。[1]

这首诗虽然作于东汉末年，但秦女休自称曾为燕王妇，故事可能成于西汉时期。这个秦女休，左手拿着白阳刀（又作"白杨刀"），右手执宛景矛（又作"宛鲁矛"），俨然一副女侠的模样。关吏围住了她，她并未放下刀矛，束手就擒，而是拒捕格斗，慷慨陈辞，武艺应当很不错。

（二）公侯之门，仁义焉存

世间是需要侠客的，至少曾经需要过。因为社会多有"不公"（至少传统社会多有"不公"），而这些不公又不是循"正义"（行政与法律的"正义"？）所能解决的。太史公说：

> 且缓急，人之所时有也。太史公曰：昔者虞舜窘于井廪，伊尹负于鼎俎，傅说匿于傅险，吕尚困于棘津，夷吾桎梏，百里饭牛，仲尼畏匡，菜色陈、蔡。此皆学士所谓有道仁人也，犹然遭此灾，况以中材而涉乱世之末流乎？其遇害何可胜道哉！[2]

这里的太史公，应当是迁父司马谈。这里接连用了好几个典故，需要略加解释。

① 《太平御览》卷四八一《人事部一二二·仇雠上》，北京：中华书局，1960年，影印本，第2203页。

② 《史记》卷一二四《游侠列传》，第3182页。

1.“虞舜窘于井廪”。是说舜的父亲瞽叟与弟弟象曾设计谋害舜，让舜去涂仓廪的墙壁，瞽叟从下纵火焚廪，舜撑着两个斗笠，跳下来，一点都没有损伤。瞽叟又让舜去穿井，舜挖井的时候，在井壁上另挖了一个小洞，以便往外运土；舜下到深井时，瞽叟与象一起往井里填土，舜就从那个小洞里逃了出来。

2.“伊尹负于鼎俎”。伊尹是商初的名臣，佐汤伐夏桀，又训育太甲；鼎俎，是祭祀用的礼器，也是炊具。据《史记·殷本纪》说：当伊尹微时，想投靠汤，却没有人介绍，他就先去给有莘氏做下臣，送有莘氏之女到商汤那里去。他背着鼎俎，来到汤的住处，用饮食滋味作喻，说服汤应当致力于王道大业（伊尹“欲干汤而无由，乃为有莘氏媵臣，负鼎俎，以滋味说汤，致于王道”）。

3.“傅说匿于傅险”。傅说是商王武丁时的名臣；傅险是地名，据说在唐时陕州河北县，亦即今河南三门峡市之黄河北岸。据说，傅说未起时，曾经作为“胥靡”（刑徒的一种），在傅险这个地方修路。

4.“吕尚困于棘津”。吕尚，即姜太公。张守节《正义》引《尉缭子》说：“太公望行年七十，卖食棘津云。古亦谓之石济津，故南津。”

5.“夷吾桎梏”。夷吾即管仲。管仲初事公子纠，与公子小白争位；后小白胜出得立（即后来的齐桓公），公子纠死，管仲被系囚，这就是“夷吾桎梏”。

6.“百里饭牛”。百里，是百里奚；饭，即“贩”。据说百里奚早年穷困，一位商人用五张羝羊皮的价格，买下了他，让他到秦国去卖牛。

7.“仲尼畏匡，菜色陈、蔡”。据说孔子在匡邑曾经被当地人误以为是阳货，想要谋害他；在陈、蔡二国时，曾经绝粮。这就是孔子“畏匡厄陈”的故事。（《史记·孔子世家》：“将适陈，过匡，颜刻为仆，以其策指之曰：'昔吾入此，由彼缺也。'匡人闻之，以为鲁之阳虎。阳虎尝暴匡人，匡人于是遂止孔子。孔子状类阳虎，拘焉五日。")

舜、伊尹、傅说、吕尚、夷吾、百里奚、孔仲尼，都是所谓"有道仁人"，尚且遭遇到难以解脱的困境，何况是处于乱世之末流的普通人呢？昔年李涵（缪希相）先生尝述及：陈寅恪先生于成都病目住院，漫漫长夜中，令陪侍之诸生读《儿女英雄传》，想必先生于乱离之中，颇思侠义道如十三妹者之再世吧。年轻时奔波于乡间，或见不公不平之事，胸臆间愤懑之气不可抑制，然手无缚鸡之力，恨不早学剑术，仗义行侠，杀尽天下恶顽。"胸中小不平，可以酒消之；世间大不平，非剑不能消之。"然己既不能，徒唤奈何，不免会梦想古侠客之再世。"安得剑仙床下士，人间遍取不平人。"而当今之世，"吟到恩仇心事涌，江湖侠骨恐无多"，只能沉浸在武侠小说里做剑侠的梦了。

不仅如此。所谓的"正义"又究竟是谁的"正义"呢？国法律条都是统治者制定的，批评、反对它未必就是"非正义"或"不轨于正义"。因为这些"正义"是统治者的"正义"，不是人民的正义，因而也就是"伪正义"。太史公说：

> 鄙人有言曰："何知仁义，已向其利者为有德。"故伯夷丑周，饿死首阳山，而文、武不以其故贬王；跖、蹻暴戾，其徒诵义无穷。由此观之，"窃钩者诛，窃国者侯，侯之门仁义存"，非虚言也。[1]

鄙人，即乡下人。乡下人不会讲那么多大话，只会说："官家讲的那些仁义，哪里是什么仁义，得了人家的好处，就说人家有德罢

① 《史记》卷一二四《游侠列传》，第 3182 页。

了。"伯夷(以及叔齐)不认同周天子,不食周粟,饿死首阳山,可文王、武王并不因此而名声受损、不能成就王业;盗跖、庄蹻,人人都说他们暴戾无道,可是他们的徒众却称颂其恩义。"窃钩者诛,窃国者侯,侯之门仁义存",语出《庄子·胠箧》,原文作"彼窃钩者诛,窃国者为诸侯,诸侯之门,而仁义存焉","存焉",王引之谓当作"焉存",应可从。这句话,实际上是说,诸侯之门,是没有仁义的。因此,真正的仁义,就要到诸侯之门之外去寻求。

> 今拘学或抱咫尺之义,久孤于世,岂若卑论侪俗,与世沉浮而取荣名哉!而布衣之徒,设取予然诺,千里诵义,为死不顾世,此亦有所长,非苟而已也。故士穷窘而得委命,此岂非人之所谓贤豪间者邪?诚使乡曲之侠,予季次、原宪比权量力,效功于当世,不同日而论矣。要以功见言信,侠客之义又曷可少哉![1]

那些处身闾巷之中,读书自持的儒者,怀抱咫尺之义,不向世俗之念低头,这样的人,哪里是那些抱持世俗之念、与世沉浮而谋取功名的人可比的呢?即便是那些布衣之徒,取予然诺,不顾生死,绝不苟且偷生,千里之内都诵扬其仁义,这也不是一般的人啊。至于那些陷入穷窘境界的士,临危受命,也当纳入贤豪的行列。那些乡曲之侠,虽然与季次、原宪那样的儒生不可同日而语,但他们同样以自己的权与力,在乡曲间发挥着作用。总之,无论是功效还是言信,侠客之义都是不可少的。这段话,实际是在回答:哪里有真正的仁义呢?在那些怀抱咫尺之义、在世俗沉浮荣名面前绝不苟且的人身上,在那些取予然诺、不顾生死而得千里诵义的布衣之徒身上,在那些陷身困窘之境而生死以之的

---

① 《史记》卷一二四《游侠列传》,第3182页。

贤豪身上，也在那些于乡曲间以权、力践行季次、原宪理想的乡曲之侠身上。所以，真正的仁义，存于民间，存于社会的底层，而不在侯门，也就是不在国家，不在国法与律条中。

（三）布衣之侠

正是从这里出发，太史公将所谓侠客分为卿相豪贤之侠、布衣之侠、闾巷之侠与匹夫之侠等类型。这显然不是严格的分类，特别是布衣之侠、闾巷之侠与匹夫之侠三者之间，社会身份基本相同，可以概称为“布衣之侠”，而得与卿相豪贤之侠相比肩。所以，司马迁实际上是把游侠分为两大类，即卿相豪贤之侠（也就是班固所说的“公卿之侠”与“宾客之侠”）与布衣之侠（也就是班固所说的“匹夫之侠”）。太史公说：

> 近世延陵、孟尝、春申、平原、信陵之徒，皆因王者亲属，藉于有土卿相之富厚，招天下贤者，显名诸侯，不可谓不贤者矣。比如顺风而呼，声非加疾，其势激也。[①]

那么，所谓公卿豪贤之侠，是那些有权有势而心中能持天下公义的公卿贵族以及那些依附于他们的侠义道门客。这些人得以称为“侠”，盖取其“不轨于正义”亦即非效命于国君而言，且其为人，亦多言必信、行必果，更能舍生死以效命。在《游侠列传》中，太史公实际上没有描写这一类侠客，而是分见于《孟尝君列传》（冯驩）、《平原君列传》（毛遂）、《魏公子列传》（侯赢、朱亥）、《刺客列传》（专诸、豫让、聂政、荆轲）等列传中。在《游侠列传》中，他所描写的朱家、田仲、王公、剧孟、郭解之徒，实际上都是布衣之侠。

① 《史记》卷一二四《游侠列传》，第 3183 页。

在《游侠列传》中，朱家的故事甚为简略，只是一些白描：

鲁朱家者，与高祖同时。鲁人皆以儒教，而朱家用侠闻。所藏活豪士以百数，其余庸人不可胜言。然终不伐其能，歆其德，诸所尝施唯恐见之。振人不赡，先从贫贱始。家无余财，衣不完采，食不重味，乘不过軥牛。专趋人之急，甚己之私。既阴脱季布将军之厄，及布尊贵，终身不见也。自关以东，莫不延颈愿交焉。①

鲁地的人大都学做儒生，而朱家"用侠闻"，这里以"侠"与"儒"并称，也说明当时人是将侠士与儒生同等看待的。朱家"用侠闻"，正是在秦、楚、汉交替之时，盖其时天下乱离，正是他这样的豪强可以大有作为的时候。传文说他"藏活豪士以百数，其余庸人不可胜言"，应当也是秦末苛政到楚汉相争这一段时间的事情。他藏活众人，并非把这些人作为自己的"客"，用以佣耕或门下士，以扩充自己的势力。得到他救助的人，往往并不知道恩主是谁。他的家产也不多，生活也非常俭朴。所以，他绝不是那种"朋党宗强比周，设财役贫，豪暴侵凌孤弱，恣欲自快"的豪强，更非豪族。其解救季布之事，见于《史记·季布列传》：

季布者，楚人也。为气任侠，有名于楚。项籍使将兵，数窘汉王。及项羽灭，高祖购求布千金，敢有舍匿，罪及三族。季布匿濮阳周氏。周氏曰："汉购将军急，迹且至臣家。将军能听臣，臣敢献计；即不能，愿先自刭。"季布许之。乃髡钳季布，衣褐衣，置广柳车中，并与其家僮数十人，之鲁朱家所卖之。朱家心知是季布，乃买而置之田。诫其子曰：

① 《史记》卷一二四《游侠列传》，第3184页。

"田事听此奴，必与同食。"朱家乃乘轺车之洛阳，见汝阴侯滕公。滕公留朱家饮数日。因谓滕公曰："季布何大罪，而上求之急也?"滕公曰："布数为项羽窘上，上怨之，故必欲得之。"朱家曰："君视季布何如人也?"曰："贤者也。"朱家曰："臣各为其主用，季布为项籍用，职耳。项氏臣可尽诛邪?今上始得天下，独以己之私怨求一人，何示天下之不广也!且以季布之贤而汉求之急如此，此不北走胡即南走越耳。夫忌壮士以资敌国，此伍子胥所以鞭荆平王之墓也。君何不从容为上言邪?"汝阴侯滕公心知朱家大侠，意季布匿其所，乃许曰："诺。"待间，果言如朱家指。上乃赦季布。当是时，诸公皆多季布能摧刚为柔，朱家亦以此名闻当世。①

季布本人也是一个侠客。我们看不出他在逃亡之前与朱家曾有过联系。朱家所犯之"禁"，是"舍匿罪人"。按律，舍(窝藏)匿(隐匿)犯了死罪的罪人，应当处以黥刑(在脸上刺青)，罚作城旦舂(一种劳役刑罚)，"它各与罪同"，也就是与所隐匿犯人所犯之罪的处罚相同。② 刘邦为追捕季布，定下了"敢有舍匿，罪及三族"的严厉处罚。朱家把季布藏在自己的田庄里，善自款待，已冒着极大危险；他还动用各种关系，想方设法，让季布脱险，唯一的理由，是英雄间的惺惺相惜。汝阴侯滕公，即夏侯婴，是沛县人，刘邦早年的朋友，曾代刘邦坐过牢，是在刘邦面前能说得上话的人。朱家可能很早就与夏侯婴相识，所以去找夏侯婴的门路。分析朱家对夏侯婴所言，所谓"臣各为其主用"，正是战国以来各忠其主的观念；而其所说季布穷急，不北走胡(当指匈奴)即

① 《史记》卷一〇〇《季布列传》，第2729—2730页。

② 《二年律令·亡律》，见张家山二四七号汉墓竹简整理小组《张家山汉墓竹简(二四七号墓)》(释文修订本)，北京：文物出版社，2006年，第31页。

南投越（当指赵佗的南越国），以及引证伍子胥鞭楚平王的故典，都说明他对当时政局、历史文化均有较好的认识与理解，绝不是只知道任性使气的一介武夫。

太史公详细描写的另一个游侠，是郭解。郭解是河内郡轵人，其父即以任侠著称，文帝时被官府诛杀。太史公说：

> 解为人短小精悍，不饮酒。少时阴贼，慨不快意，身所杀甚众。以躯借交报仇，藏命作奸剽攻，休乃铸钱掘冢，固不可胜数。适有天幸，窘急常得脱，若遇赦。及解年长，更折节为俭，以德报怨，厚施而薄望。然其自喜为侠益甚。既已振人之命，不矜其功，其阴贼著于心，卒发于睚眦如故云。

“阴贼”，司马贞《索隐》“以内心忍害”，是说他内心深处是残忍的。郭解是会武的，稍不如意，即亲手杀人，前后所杀者甚众。被杀者为何人，不详，但想必并非皆为可杀之辈。他还代别人报仇，是职业杀手（“以躯借交报仇”），隐匿逃亡（“藏命”），做各种坏事，甚至相互攻杀（“剽攻”），或者铸钱掘冢，为非作歹。如果按照这里的说法，郭解本来是一个内心残忍的匪徒，他年长后不过是以行侠来掩饰他内心的残忍而已，其所表现出来的侠义都是假的。但这里的描述与下文多有不合，更与卷末太史公所言“郭解状貌不及中人，言语不足采者。然天下无贤与不肖，知与不知，皆慕其声，言侠者皆引以为名”直接冲突。我以为这里的叙述源自郭解被捕后法司的爰书或谳词，是文法吏给他罗织的少年非法行状，所以才会如此抽象，并无实指。而在具体的事例中，则恰反映出郭解正是那种“修行砥名，声施于天下，莫不称贤”的闾巷之侠。太史公记下了这样一个事例：

解姊子负解之势，与人饮，使之嚼。非其任，强必灌之。人怒，拔刀刺杀解姊子，亡去。解姊怒曰："以翁伯之义，人杀吾子，贼不得！"弃其尸于道，弗葬，欲以辱解。解使人微知贼处，贼窘，自归，具以实告解。解曰："公杀之固当，吾儿不直。"遂去其贼，罪其姊子，乃收而葬之。诸公闻之，皆多解之义，益附焉。

郭解的这种形象，与"阴贼，慨不快意，身所杀者甚众"的形象完全不合，二者必有一伪，而此事的结果是"诸公多闻之，皆多解之义，益附焉"，看来不会是造假，那就只能是前文的抽象描述是假的了。所以，我以为"折节为俭，以德报怨，厚施而薄望"，"振人之命，不矜其功"，才是真实的郭解。否则，我们就无法理解天下知与不知，皆倾慕郭解，而太史公复特为之作传了。

郭解的任侠，大概并不以武力为主要手段，而是持论公平，发挥了民间公正人的作用。太史公讲了一个故事：

雒阳人有相仇者，邑中贤豪居间者以十数，终不听。客乃见郭解。解夜见仇家，仇家曲听解。解乃谓仇家曰："吾闻雒阳诸公在此间，多不听者。今子幸而听解，解奈何乃从他县夺人邑中贤大夫权乎！"乃夜去，不使人知，曰："且无用。待我去，令雒阳豪居其间，乃听之。"①

看来郭解经常性地为相仇的两造进行调解，而各邑又都有郭解这样的人，郭解不过是其中最为著名者而已。仇家间的纠纷，本应由官府按照法律来解决，而竟然由郭解这样的侠客、贤豪来调解，显然是侵夺了官府的权限，并违犯了国法。在上一个案例

① 《史记》卷一二四《游侠列传》，第 3185—3187 页。

中，“贼”杀害了郭解的外甥，无论如何，也应当是由官府按法审理的，而郭解竟然以私意纵放杀人者而去，也是对国法的藐视。郭解被捕后，轵县的一个儒生说：“郭解专以奸犯公法，何谓贤！”所说是符合事实的，郭解确实是以“私义”犯了“公法”。

郭解被捕时，公孙弘正为御史大夫，其事当在武帝元朔初（前 128）。盖公孙弘于元朔元年三月为御史大夫，二年即任为丞相，所以郭解案只能是在元朔元年三月至二年间。郭解案应当是一起冤案。史载郭解被捕后，法司“穷治所犯，为解所杀，解在赦前”，也就是说并没有能落实郭解的杀人罪。能够坐实的是郭解的客杀死了上文所见指责郭解“专以奸犯公法”的那个儒生，而“吏以此责解，解实不知杀者。杀者亦竟绝，莫知为谁”，所以吏不得不“奏解无罪”。但当时武帝已下决心要诛杀郭解，所以御史大夫公孙弘议曰：“解布衣为任侠行权，以睚眦杀人，解虽弗知，此罪甚于解杀之。当大逆无道。”这样的罪名，是于法无据的。但郭解任侠行权，确实是对朝廷官府的直接挑战，而且其影响甚大，不杀之不足以立官威，泄武帝之愤。

郭解虽被诛，然任侠之风却并未消歇。太史公说：

> 自是之后，为侠者极众，敖而无足数者。然关中长安樊仲子，槐里赵王孙，长陵高公子，西河郭公仲，太原卤公孺，临淮兒长卿，东阳田君孺，虽为侠，而逡逡有退让君子之风。至若北道姚氏，西道诸杜，南道仇景，东道赵他、羽公子，南阳赵调之徒，此盗跖居民间者耳，曷足道哉！[①]

这些人，大概都属于布衣之侠，其中有些人，则完全是民间之盗跖，所行大概都是劫富济贫之类，亦即所谓侠盗。但这些侠客，

① 《史记》卷一二四《游侠列传》，第 3188—3189 页。

大都比较倨傲，无复昔年朱家谦谦君子之风。

在太史公的笔下，朱家、郭解之徒，虽然也与朝中大员有着千丝万缕的联系，如朱家得与汝阴侯滕公相交，郭解得有骠骑将军卫青代为缓颊，但他们自己都没有做官，也没有投身于公卿贵戚之门，而主要是以救人危难、排解纠纷、主持公义著称；他们本身虽然也有一些家产，但并不雄富，更不是以财富势力见称于世，利用财富势力役使他人，而是以正直、公正、仗义的言行，获得社会的普遍认同和赞誉。这些人，是真正的布衣之侠，也是比较纯粹的侠客。

（四）闾巷豪侠

朱家、郭解之徒，影响范围都不仅仅限于其本乡本县甚至本郡，而是全国性的。濮阳周氏自知无力庇护逃亡的季布，想到了鲁地的朱家，说明此前朱家的名声已广为传布。朱家"舍匿"了季布之后，自己乘着马车到洛阳去找滕公夏侯婴，说明他的交际网络及于洛阳。郭解本是河内轵县人，却跑到洛阳去给人排解纠纷；又"之旁郡国，为人请求事"，也就是跑到别的郡国去，找人请托；他受命迁徙茂陵邑，"诸公送者出千余万"；他出逃亡命，"置其母家室夏阳"，自己逃至临晋、太原，可以见出其交游网络之广。其所行侠之事，也多关涉较大，如季布之追捕之类。而闾巷乡曲之侠则不同。他们大都立足于一个城市或城市的某一街区，或者是一县一乡之地，在相对狭小的地域范围内行侠仗义，扶危解难，其所行侠义之事，则主要是赈施贫穷，赴人之急之类；而且，这些人大多刻意结交官府及势要之家，以保持其对于闾巷、乡曲的控制。班固对所谓侠客的否定，也主要是指这样的人，说他们"乃乡者朱家所羞也"，即以前的朱家也羞于与他们为伍。

班固所记载的这一类侠客，最著名的有萬章、楼护、原涉三人。我们先来看看萬章：

> 萬章字子夏，长安人也。长安炽盛，街闾各有豪侠，章在城西柳市，号曰“城西萬子夏”。为京兆尹门下督，从至殿中，侍中诸侯贵人争欲揖章，莫与京兆尹言者。章逡循甚惧。其后京兆不复从也。
>
> 与中书令石显相善，亦得显权力，门车常接毂。至成帝初，石显坐专权擅势免官，徙归故郡。显赀巨万，当去，留床席器物数百万直，欲以与章，章不受。宾客或问其故，章叹曰：“吾以布衣见哀于石君，石君家破，不能有以安也，而受其财物，此为石氏之祸，萬氏反当以为福邪！”诸公以是服而称之。
>
> 河平中，王尊为京兆尹，捕击豪侠，杀章及箭张回、酒市赵君都、贾子光，皆长安名豪，报仇怨、养刺客者也。[①]

萬章是宣、元、成帝时人。他的势力范围，在长安城西的柳市，江湖上的雅号是“城西萬子夏”。当时，长安城中“街闾各有豪侠”，箭张回、酒市赵君都、贾子光等，大约都是萬章之辈。长安街巷实际上控制在这些人手中。当然，他们就是“黑社会”。萬章是长安黑社会诸多老大中最为著名的，他的势力之大，让京师行政长官京兆尹也不得不聘他做“门下督”。他甚至得交结元帝朝最有权势的宦官石显。在这里，我们没有看到萬章仗义行侠的任何事例，只有他与势要显贵结交的情况，“侠”已不知所在，更遑论“义”了。张回、赵君都、贾子光之属“长安名豪”，也都“报仇怨、养刺客”，是“豪”，而不是“侠”。

---

① 《汉书》卷九二《游侠传》，第3705—3706页。

楼护更是出入王氏五兄弟之门,“咸得其欢心”,“与谷永俱为五侯上客”;“母死,送葬者致车二三千两,闾里歌之曰:‘五侯治丧楼君卿’”。他后来还出任谏大夫、天水太守、广汉太守,是以“豪侠”公开出任官职的显例;他甚至为王莽捕系密谋反莽的故交之子吕宽,被王莽任为前辉光,列于九卿,封息乡侯。[①] 楼护已完全沦为王莽的打手,离开“侠义”已经非常遥远了。

而原涉则走了一条“先官后侠”的路。他出身世家,父亲官至南阳太守,自己二十余岁即被任为谷口令。

> 先是,涉季父为茂陵秦氏所杀,涉居谷口半岁所,自劾去官,欲报仇。谷口豪桀为杀秦氏,亡命岁余,逢赦出。郡国诸豪及长安、五陵诸为气节者皆归慕之。涉遂倾身与相待,人无贤不肖阗门,在所闾里尽满客。或讥涉曰:“子本吏二千石之世,结发自修,以行丧推财礼让为名,正复雠取仇,犹不失仁义,何故遂自放纵,为轻侠之徒乎?”涉应曰:“子独不见家人寡妇邪?始自约敕之时,意乃慕宋伯姬及陈孝妇,不幸壹为盗贼所污,遂行淫失,知其非礼,然不能自还。吾犹此矣!”

原涉成为侠,看来是有些不得已的,他把自己由官入侠比喻为寡妇失节,看来,在内心深处,原涉其实是不以游侠之行为然的。但他既入“游侠”之列,较之萬章、楼护,还是有些侠义行为的。《汉书·游侠传》载:

> 专以振施贫穷、赴人之急为务。人尝置酒请涉,涉入里门,客有道涉所知母病避疾在里宅者。涉即往候,叩门。家

① 《汉书》卷九二《游侠传》,第3706—3709页。

哭，涉因入吊，问以丧事。家无所有，涉曰："但洁埽除沐浴，待涉。"还至主人，对宾客叹息曰："人亲卧地不收，涉何心乡此！愿彻去酒食。"宾客争问所当得，涉乃侧席而坐，削牍为疏，具记衣被棺木，下至饭含之物，分付诸客。诸客奔走市买，至日昳皆会。涉亲阅视已，谓主人："愿受赐矣。"既共饮食，涉独不饱，乃载棺物，从宾客往至丧家，为棺敛劳徕毕葬。其周急待人如此。[①]

这个故事应当是真实的，它表现了原涉对弱者的同情，是真正的侠义行为。但这样的事迹，即便是对原涉来说，大概也太少了，更多的是他"作威福，结私交，以立强于世"的种种作为。

这些闾巷乡曲之侠，实际上是算不上侠义道的。他们在闾里乡曲间拥有相当大的势力，武断乡曲，设财役贫，交结官府，直接为官府卖命，甚至自己本身就当官做吏。虽然偶或扶危济难，大抵也不过是做秀，志在沽名钓誉，并非真有仁爱之心，也说不上行侠仗义。

（五）"游侠"解

《宋书·乐志》录有汉时大曲《东门行》一首，其词云：

出东门，不顾归。来入门，怅欲悲。盎中无斗储，还视桁上无县衣。

拔剑出门去，儿女牵衣啼。它家但愿富贵，贱妾与君共储糜。

共储糜，上用仓浪天故，下为黄口小儿。今时清廉，难犯教言，君复自爱莫为非。

① 《汉书》卷九二《游侠传》，第 3715—3716 页。

今时清廉，难犯教言，君复自爱莫为非。行！吾去为迟，平慎行，望吾归。[①]

这个居于城中的家庭，盎（瓦器，盆、缶之类）中无米，桁（架于屋中的横木）上无衣，儿女啼哭喊饿。丈夫拔剑出门而去，看来是学过武的，出门是打算以剑谋生。妻子跟在后头叮嘱："人家都希望大富大贵，我只愿与你过平安的日子，只要有糁子煮的粥就行了。上有苍天（天故，指自然生成的天；仓浪，当即沧浪或苍茛，用以形容天空的颜色），下有黄口小儿。今天我们虽然清苦贫困，你也不要违反人伦教化之理（教言），一定要自爱，不要做坏事情。"丈夫回答说："好！已经不早了，我要走了。好好看家，等着我回来。"

在这首诗里，丈夫是一位剑客，他要离开家，到外地去行侠了。在这个故事里，我们看见"游侠"的三个基本要素：一是剑客，持剑而行；二是要"游"，离开家，到外地去，去做"客"，才能称为"侠客"；三是游侠乃谋生的手段。

游侠之需要学剑，是一种可以与学儒并称的职业，前文已有所述及。应当承认，早期的游侠是一种谋生的手段。冯驩"以贫身"投靠孟尝君，孟尝君的传舍长称"冯先生甚贫，犹有一剑耳，又蒯缑"，就是用小绳子系住剑。冯驩弹剑而歌，先后唱来了鱼、车，后来更应当是得到了家。[②] 出东门的那位剑客可能没有冯驩的好运气，儿女可能要啼泣着长大了。

早期的游侠应属于游士的一种，是择木而栖、择主而事的。我们知道，士本是最低级的贵族，有统驭平民之权利，亦有执干戈以卫社稷之义务，其地位处于大夫之下，庶人之上。春秋战国

① 《宋书》卷二一《乐志三》，北京：中华书局，1974年，第616页。

② 《史记》卷七五《孟尝君列传》，第2359—2362页。

时代，礼崩乐坏，相当一部分士脱离其原来“仕”、“事”的国君、卿、大夫，成为“游士”，亦即没有固定老板的士，其社会地位也大幅度下降，更靠近庶民了。另一方面，小部分庶人也通过学术而得以仕进，得列入“士”之列。这些由庶人上升的“士”，也没有固定的老板，所以也是游士。顾炎武说：

> 三代之时，民之秀者乃收之乡序，升之司徒，而谓之士，固千百之中不得一焉。……大抵皆有职之人矣，恶有所谓群萃而州处、四民各自为乡之法哉！春秋以后，游士之多。《齐语》言桓公为游士八十人奉以车马衣裘，多为资币，使周游四方，以号召天下之贤士。而战国之君遂以士为轻重，文者为儒，武者为侠。呜呼！游士兴而先王之法坏矣！[①]

士最初都是有固定职事的人，后来丢失了固定的职事，只有靠自己去找工作，就成了游士。士都受过良好的教育，拥有特殊技能和知识，熟谙礼法、擅长主持礼仪的，就成为儒；而长于技击的就成为侠士。顾颉刚先生说：“古代文、武兼包之士至是(指战国时代——引者)分歧为二，惮用力者归‘儒’，好用力者为‘侠’，所业既专，则文者益文，武者益武，各作极端之表现耳。”[②]应大致可从。

无论是儒士，还是侠士，都要择主而事。豫让尝事范氏与中行氏，而无所知名，“去而事智伯，智伯甚尊宠之”。后智伯为赵、韩、魏三家所灭，豫让遁逃山中，曰：“嗟乎！士为知己者死，女为说己者容。今智伯知我，我必为报仇而死，以报智伯，则吾魂魄

① 顾炎武著，黄汝成集释：《日知录集释》卷七，“士何事”条，上海：上海古籍出版社，2006年，第439—440页。

② 顾颉刚：《武士与文士之蜕化》，见氏著《史林杂识初编》，北京：中华书局，1963年，第89页。

不愧矣。”[①]豫让先后游仕范、中行、智三家，是典型的“游士”。荆轲的祖先是齐人，徙于卫，复至燕。他先“以术说卫元君，卫元君不用”；又游过榆次，与盖聂论剑；复游于邯郸，与鲁句践争道。“其所游诸侯，尽与其贤豪长者相结。”这个“游”的过程，就是选择“良主”、寻觅“知己”的过程。荆轲终于在燕国遇到了“知己”的燕太子丹，就把命卖给燕太子丹了。[②] 这里，择主的标准，是“知己”，也就是了解、看重自己。“士为知己者死，女为悦己者容”，可谓为游侠的精神宣言。聂政于母丧之后，决定为严仲子效命，说：“政将为知己者用。”聂政死后，他的姐姐聂荣跑去认领尸体，也说：“严仲子乃察举吾弟困污之中而交之。泽厚矣，可奈何！士固为知己者死。”[③]所强调的，都是“知己”。

因此，游侠生存的背景与重要特点，是“游”，可以择良木而栖，选明君而事。换言之，游侠的黄金时代，就是在战国时期，盖春秋时代，士还受到身份的制约，不能随便游于列国，不便择主而事；到了嬴秦一统，天下只有一主，也就谈不上“择”了。秦、楚、汉之际，天下乱离，诸侯峰起，侠士复有游而择的可能，所以朱家对夏侯婴说，“臣各为其主用”，正是战国时代思想的余绪。班固对此非常明了，所以说：

> 自魏其、武安、淮南之后，天子切齿，卫、霍改节。然郡国豪桀处处各有，京师亲戚冠盖相望，亦古今常道，莫足言者。唯成帝时，外家王氏宾客为盛，而楼护为帅。及王莽时，诸公之间，陈遵为雄；闾里之侠，原涉为魁。[④]

① 《史记》卷八六《刺客列传》，第2519页。

② 《史记》卷八六《刺客列传》，第2526—2528页。

③ 《史记》卷八六《刺客列传》，第2523—2525页。

④ 《汉书》卷九二《游侠传》，第3699页。

如果没有汝阴侯滕公、魏其侯窦婴、武安侯田蚡、淮南王刘安以及外戚卫氏、霍氏、王氏那样的公卿豪门，以及郡国的豪强势家，游侠也就无“主”可“事”，势必失去其生存的环境与可能；更为重要的是，如果所有的人都被纳入到王朝国家的控制体系之内，成为编户齐民或者官吏，那么，也就没有“士”可以自由“游动”，既不能再“游”，也就无所谓“游侠”了。待在自己的家乡，称雄闾里乡曲的，也就只能演变为雄霸一方的“黑恶势力”了。荀悦《汉纪》于建元二年(前139)公孙弘族郭解案纪事后论道：

> 世有三游，德之贼也。一曰游侠，二曰游说，三曰游行。立气势，作威福，结私交以立强于世者，谓之游侠。饰辨辞，设诈谋，驰逐于天下以要时势者，谓之游说。色取仁以合时好，连党类，立虚誉以为权利者，谓之游行。此三游者，乱之所由生也，伤道害德，败法惑世，失先王之所慎也。国有四民，各修其业。不由四民之业者，谓之奸民。奸民不生，王道乃成。凡此三游之作，生于季世，周秦之末尤甚焉。[①]

其所说的“游说”，当是指纵横家为代表的辩士；“游行”，应当是指像墨家那样有组织、有行动的政治派别，或可泛指以诸子学说为核心聚结而成的各种政治团体。诸子百家、纵横之士，和游侠一样，都不会固守一国一地，而是四处奔走，以售其说、其能。他们都没有固定的职业和位置，其共同点就是“游”。“游”的本义即“行”，也就是不安稳、不安定。所以，游者，无论是游侠，还是其他的游士，都不属于士、农、工、商的“国之四民”，因为他们不稳定地属于“国”，也没有固定的职业，所以，在东汉人荀悦看来，这

① 《汉纪》卷一〇《孝武皇帝纪一》，建元二年冬十月下，见张烈点校《两汉纪》上册，北京：中华书局，2002年，第158页。

些人已属于“奸民”，是“德之贼”，“乱之所由生”，“伤道害德，败法惑世”，所以是“王道”的大敌。这些游士与游侠最多、活动最为频繁、影响最大的时期，是周秦之末，周末亦即战国时代，秦末则当指秦、楚、汉之际。余英时先生说：

> 从“游”字的引申义（指“不安本业”——引者）言，大一统的政府之不能容忍游士、游侠过度活动，也是完全可以理解的。从社会秩序中游离出去的自由分子，无论如何，总是一股离心的力量，这和代表“法律与秩序”的政治权威多少是处在相对立的位置。社会学家研究古代帝国的政治系统，曾提出“自由流动的资源”（free-floating resources）的概念。所谓“资源”，人力和物力都包括在内。帝国的统治者对“自由流动的资源”的问题最为敏感。因为如果让“自由流动的资源”过于贫乏，传统的（主要即贵族的）势力大张，则帝国的行政系统又会为之失灵。因此，帝国的统治者必须经常地调节“自由流动的资源”，使之与传统的势力配合，并把这两股力量纳入共同的政治结构与组织之中。帝国的统治是否有效，就要看它的调节能力如何。中国的游士、游侠之类的人物，正好为“自由流动的资源”的概念提供了具体的例证。秦、汉统一的帝国出现，中国知识阶层史上的游士时代随即告终，这是完全不必诧异的。[①]

那么，游侠时代的结束，也就更不必诧异了。

① 余英时：《古代知识阶层的兴起与发展》，见氏著《士与中国文化》，上海：上海人民出版社，1987年，第1—83页，引文见第80—81页。

三　以仁安人，以义正我

（一）留意于仁义之际

在上引《史记·游侠列传》中，太史公是把儒与侠并列的，认为“儒”往往根据自己的学说（“文”），对现行的国家法律制度持批评态度。那么，“儒”究竟是些什么样的人呢？《汉书·艺文志》说：

> 儒家者流，盖出于司徒之官，助人君顺阴阳明教化者也。游文于六经之中，留意于仁义之际，祖述尧舜，宪章文武，宗师仲尼，以重其言，于道最为高。①

“助人君顺阴阳、明教化”，是儒家最初的职守。“游文于六经之中”，即精研六经，以六经作为为文的依据，这是儒生以六经为业。六经，即易、礼、乐、诗、书、春秋等六艺。《汉书·儒林传》：“古之儒者，博学乎六艺之文。六艺者，王教之典籍，先圣所以明天道，正人伦，致至治之成法也。”②也说古之儒者是博学六艺之文的。“祖述尧舜，宪章文武，宗师仲尼”，颜师古注：“祖，始也。述，修也。宪，法也。章，明也。宗，尊也。言以尧舜为本始而遵修之，文王、武王为明法，又师尊仲尼之道。”“留意于仁义之际”，才是儒家思想的核心。留意，当作“专心注意”解；仁义之际，谓在仁、义之间，亦即仁、义相会的领域。“留意于仁义之际”，即心意都放在仁、义相会合的领域，也就是将仁爱之心付诸实践的可行之道。据此，我们就可以这样理解儒家：儒起源于掌理教化的

① 《汉书》卷三〇《艺文志》，第1728页。
② 《汉书》卷八八《儒林传》，第3589页。

司徒之官(这并非历史事实,在此不论),其最初的职责是协助人君了解、认识自然及其变化的法则,建立符合自然法则的人间社会,向大众宣讲明示自然与社会的秩序法则与道德伦理规范,使他们响应遵守。其专长是博通六经,知识丰富;其学说的主要特征是奉尧舜为始祖,以周文王、武王的制度言行作为效法、治世的榜样与原则,而以孔子所言作为其学说论述的主要根据。其思想核心则在仁义之际,也就是如何将人的仁爱之心落实到具体的可行性实践中去。

那么,儒者所留意的"仁义之际",又有怎样的具体内涵呢?他们又是如何"留意"呢?《史记·儒林列传》起首说:

> 夫周室衰而《关雎》作,幽厉微而礼乐坏。诸侯恣行,政由强国。故孔子闵王路废而邪道兴,于是论次《诗》《书》,修起礼、乐。适齐闻《韶》,三月不知肉味。自卫返鲁,然后乐正,《雅》《颂》各得其所。世以混浊莫能用,是以仲尼干七十余君无所遇,曰"苟有用我者,期月而已矣"。西狩获麟,曰"吾道穷矣"。故因史记作《春秋》,以当王法,以辞微而指博,后世学者多录焉。[1]

"周室衰而《关雎》作",是以《关雎》作为讽谏之诗。张超(子并)《诮青衣赋》:"周渐将衰,康王晏起。毕公喟然,深思古道,感彼关雎,德不双侣,但愿周公,好以窈窕,防微消渐,讽喻君父。孔氏大之,列冠篇首。"[2]是以《关雎》为刺诗。盖以《关雎》之作,缘于周康王之晚起,哀周室之将衰,其所表达的,是对周王朝命运的担忧。幽厉,指周幽王、厉王。厉王在前,如以时间先后言,当

① 《史记》卷一二一《儒林列传》,第3115页。

② 《初学记》卷十九《人部·奴婢》,北京:中华书局,2004年,第465页。

作“厉幽”。“孔子闵王路废而邪道兴，于是论次《诗》《书》，修起礼乐”，是说孔子论次《诗》《书》，修起礼、乐，乃因缘于对“王路废”的悲悯。“王路”，当即“王道”，与“邪道”相对而异辞。仲尼干七十余君，是因悲悯之念而欲行之于世；“苟有用我者，期月而已矣”，非谓期月可致大同，仅谓期月即可使“我”的意图得到展示。“吾道穷矣”，是说“我”的济世之途走到尽头了。所以，以《春秋》当王法，也是寄托孔子经世之志的方式。《汉书·儒林传》说得更明白：

> 周道既衰，坏于幽、厉，礼乐征伐自诸侯出，陵夷二百余年而孔子兴，以圣德遭季世，知言之不用而道不行，乃叹曰：“凤鸟不至，河不出图，吾已矣夫!”“文王既没，文不在兹乎?”于是应聘诸侯，以答礼行谊。西入周，南至楚，畏匡厄陈，奸七十余君。适齐闻《韶》，三月不知肉味；自卫返鲁，然后乐正，《雅》《颂》各得其所。究观古今之篇籍，乃称曰：“大哉，尧之为君也！唯天为大，唯尧则之。巍巍乎其有成功也，焕乎其有文章!”又曰：“周监于二代，郁郁乎文哉！吾从周。”于是叙《书》则断《尧典》，称《乐》则法《韶舞》，论《诗》则首《周南》。缀周之礼，因鲁《春秋》，举十二公行事，绳之以文武之道，成一王法，至获麟而止。盖晚而好《易》，读之韦编三绝，而为之传。皆因近圣之事，以立先王之教，故曰：“述而不作，信而好古”；“下学而上达，知我者，其天乎!”①

“凤鸟不至，河不出图，吾已矣夫!”出自《论语》。凤鸟、河图皆有道王者的祥瑞，今皆不得见，“我的理想、抱负只能付诸流水了”。“文王既没，文不在兹乎?”亦见《论语》，意为文王已没久矣，文王

---

① 《汉书》卷八八《儒林传》，第3589—3590页。

之世还能再现吗？"答礼行谊"：如有问礼者，则为应答而申明应当如何行事方为合宜（义），以明礼义于天下。"大哉，尧之为君也！唯天为大，唯尧则之。巍巍乎其有成功也，焕乎其有文章！"亦出自《论语》，原文作："大哉，尧之为君也！巍巍乎！唯天为大，唯尧则之。荡荡乎！民无能名焉。巍巍乎！其有成功也；焕乎，其有文章！"意思是：尧作为君主，顺天行事，以自然的法则作为治世的法则，百姓从不感到束缚，所以也无从称道其德政究竟有多么好；其所成就的功业（"成功"）固然盛大，而他所确立的礼乐法度（"文章"）则更为光辉灿烂，昭示后人。"周监于二代，郁郁乎文哉！吾从周。"也出自《论语》。《汉书·礼乐志》说："周监于二代，礼文尤具，事为之制，曲为之防，故称礼经三百，威仪三千。于是教化浃洽，民用和睦，灾害不生，祸乱不作，囹圄空虚，四十余年。孔子美之曰：'郁郁乎文哉！吾从周。'"[①]二代，指夏、商；文，指礼乐法度。"举十二公行事"，指《春秋》记述隐公、桓公、庄公、闵公、僖公、文公、宣公、成公、襄公、昭公、定公、哀公凡十二公在位期间所发生的大事。"绳之以文武之道，成一王法"，是说用文王、武王的道作为标准，决定取舍，断其是非正误，以期建立起尊奉一个天王的礼法制度。"因近圣之事，以立先王之教"，意思是通过叙述"近圣"的事迹，以期重建"先王"的礼乐教化。所以下文引《论语》之辞，说是"述而不作"，即只是叙述古之圣人的事迹与做法，而并不重新创制。"下学而上达，知我者，其天乎！"亦出自《论语》，大意谓：下学人事，上达天命；所行所言，皆合乎天意，所以真正了解我的想法的，大概只有上天了。

大致理解了这两段《儒林传》的叙文之后，我们对儒者所"留意"的"仁义之际"之内涵，也就可以有一个初步的了解：儒家之仁义，盖发端于对世道人心的悲悯情怀，睹世道衰微、人心浇漓，

① 《汉书》卷二二《礼乐志》，第1029页。

起而思拯救之道，这就是仁，是对世道苍生的关爱之念、爱护之心；义，则是可行的办法。那么，仁义之际，就是秉持仁爱之心，起而行之，实际做起来，将对世人苍生的爱付诸行动。那么，哪些行动是可行的呢？就孔子通过自己的言行所树立的儒家标准而言，主要有三方面。一是奔波于各地，答礼行谊，也就是亲身践行礼义，并宣明教化，以启迪世人。二是“论次《诗》《书》，修起礼乐”，也就是编集文献，整理、规范有关礼乐制度，提出具体可行的制度体系，俾世人有法可依，有章可循，有礼可行，并为后世提供榜样、范本。太史公述及其作《孔子世家》之缘起，谓：“周室既衰，诸侯恣行。仲尼悼礼废乐崩，追修经术，以达王道。匡乱世反之于正，见其文辞，为天下制仪法，垂《六艺》之统纪于后世。”[①]强调的也是孔子在制作礼乐制度方面的贡献。三是下学人事，上达天命，究天人之际，穷古今之变，探讨人类与自然的关系以及人类历史的发展轨迹，以洞识幽冥，认知宇宙，并最终把握人的命运。孔子晚而喜《易》，曾说过，“假我数年，若是，我于《易》则彬彬矣”[②]，其根本意旨就在这里。太史公说：“《易》之为术，幽明远矣，非通人达才孰能注意焉！”[③]孔子晚年，应当算得上是“通人达才”了。

“仁义之际”的三个具体方面，第三个方面非“通人达才”不能及，第二方面又非大儒所不能为，故普通儒者，所能行者，主要在第一方面，即奔走四方，答礼行谊，宣明礼乐教化，并身体力行，以期发扬光大仁义之道。《史记·儒林列传》说：

> 自孔子卒后，七十子之徒散游诸侯，大者为师傅卿相，

---

① 《史记》卷一三〇《太史公自序》，第3310页。

② 《史记》卷四七《孔子世家》，第1937页。

③ 《史记》卷四六《田敬仲完世家》，第1903页。

小者友教士大夫，或隐而不见。故子路居卫，子张居陈，澹台子羽居楚，子夏居西河，子贡终于齐。如田子方、段干木、吴起、禽滑釐之属，皆受业于子夏之伦，为王者师。是时独魏文侯好学。[①]

子路、子张之徒，散游诸侯，或为王者师，或仕至卿相，或友教士大夫，都是与孔子当年"应聘诸侯，答礼行谊"一样，践行儒家之道，"留意于仁义之际"。至陈涉揭竿而起，称王立楚，鲁诸儒持孔氏之礼器往归之，而孔子八世孙孔甲为陈涉博士，后与涉俱死。"陈涉起匹夫，驱瓦合適戍，旬月以王楚，不满半岁竟灭亡，其事至微浅，然而缙绅先生之徒负孔子礼器往委质为臣者，何也？"太史公回答说："以秦焚其业，积怨而发愤于陈王也。"不仅如此。当乱离之世，诸儒于世于己，皆亟需寻觅生存之道，且陈涉起于匹夫，正可得而教之以行儒家所倡之道也。汉兴，郦食其、陆贾、叔孙通等儒生，纷纷投靠并不礼儒、更不好儒的刘邦，除生存所需之外，也不无借新兴的汉政权，以行其理想中的仁义之道的意味。"叔孙通作汉礼仪，因为太常，诸生弟子共定者，咸为选首，于是喟然叹兴于学。"贾谊、公孙弘之用世，固然有复杂的背景，但也是二人主动的选择。

武帝之重儒，根本意图也是利用儒家明于礼法、善于教化的长处。元朔四年（前125）六月，武帝诏书说：

盖闻导民以礼，风之以乐，今礼坏乐崩，朕甚闵焉。故详延天下方闻之士，咸荐诸朝。其令礼官劝学，讲议洽闻，举遗兴礼，以为天下先。太常其议予博士弟子，崇乡党之

① 《史记》卷一二一《儒林列传》，第3116页。

化，以厉贤材焉。[①]

方闻之士，谓方正博闻之士，即所谓贤良、文学；“举遗兴礼”，颜师古注：“举遗逸之文而兴礼学。”武帝之所以重视儒生，也是强调儒生导民以礼、风之以乐、崇乡党之化的职能，是希望借助儒生的力量，重建社会伦理与秩序。公孙弘在应诏的上书中说：

> 闻三代之道，乡里有教，夏曰校，殷曰序，周曰庠。其劝善也，显之朝廷；其惩恶也，加之刑罚。故教化之行也，建首善自京师始，由内及外。今陛下昭至德，开大明，配天地，本人伦，劝学修礼，崇化厉贤，以风四方，太平之原也。古者政教未洽，不备其礼，请因旧官而兴焉。为博士官置弟子五十人，复其身。……[②]

这也是把劝学与兴礼联系在一起，认为劝学是为了兴礼，而兴礼则是为了行教化、致太平。所以，可以相信，武帝时所兴起的各级学校，主要是学习“礼”的。在下文中，公孙弘还提到：治礼掌故之官本以有文学、习礼义者而为之，应当得到特殊照顾；应选择可通一艺的百石之吏，补为左右内史和大行的卒史，以及各郡的卒史，也就是鼓励士吏学习礼义。因此之故，此后“公卿大夫士吏彬彬多文学之士矣”。

孟子、荀子之列的行为贡献，则主要是在第二、第三个方面，“留意于仁义之际”，也就是主要从事制度建设和学术研究。太史公说：“于威、宣之际，孟子、荀卿之列，咸遵夫子之业而润色之，以学显于当世。”孟、荀于孔子之学的发扬光大，正是在礼、义

① 《汉书》卷六《武帝纪》，第 171—172 页。
② 《史记》卷一二一《儒林列传》，第 3119 页。

方面多所发挥，而且在制度设计与构想上也多有独到之处，故卓然成为大师，又非七十二子之可比。在上引元朔四年武帝诏书中，也要求“礼官劝学，讲议洽闻，举遗兴礼，以为天下先”，亦即要求儒生努力学习，共同讲求研讨不同的学说，收集遗存的礼乐旧章，制定出可行的礼乐制度，以供天下学习、奉行。这里强调的，也是儒者的第二方面功能或致用之途。在西汉群儒中，在第二、第三方面发挥作用、做出重要贡献的，则首推董仲舒。

我们注意到，儒者在上述三方面努力的核心，实际上是礼乐制度与伦理教化，前者是礼制，后者是“行礼”，所以又可归结到“礼”一个字上。换言之，将“仁”与“义”联系在一起的，或者说以仁爱之心行可行当行之事，最为可行、亦最为当行的事，就是“礼”。也就是说，礼介于仁与义之间，正处于仁义之际。因此，所谓“留意于仁义之际”，最根本性的内容，就是礼。

这样，儒即集仁、义、礼于一身，仁是心中的慈爱宽仁之念，义是行事的准则，礼则是行事的规范。儒者所持的根本在于仁，其论事行为的基本准则是义，经世致用的社会政治目标与手段则是礼。仁存乎心中，义表于人伦（只能在具体的人际交往中才能得到显现），可持而传授且行之于世者，则是礼。

因此，汉代儒生学习的基础性课程，应当是礼。如唐长宾、褚少孙师从王式学鲁《诗》，应博士弟子选，“诣博士，抠衣登堂，颂礼甚严”。[①] 说明无论治何经，一般的礼，都是要学的。武帝以后，即便是一般的吏，可能也要习礼，或至少有一部分吏，是要由习过礼的人担任的。礼是仁义的具体表现形式，也是可以具体学习、操作的知识和行为规则。“留意于仁义之际”的具体实践，就是习礼、行礼。

① 《汉书》卷八八《儒林传》，第3610页。

(二)游文于六经之中

上引《汉书·艺文志》说儒家“游文于六经之中”,《儒林传》则说“古之儒者,博学乎六艺之文”,则六经(六艺)之文乃儒者所必修之课程,是儒家的专业。《汉书·艺文志》总叙“六艺之文”说:

> 《乐》以和神,仁之表也。《诗》以正言,义之用也。《礼》以明体,明者著见,故无训也。《书》以广听,知之术也。《春秋》以断事,信之符也。五者,盖五常之道,相须而备,而《易》为之原。故曰“《易》不可见,则乾坤或几乎息矣”,言与天地为终始也。①

《乐》是用来和乐神祇的,是希望得到神明爱佑庇护帮助的表示;《诗》是用来规范言辞表达的,是社会准则的实际运用;《礼》是用来指明具体怎样行为的,相关规定都显而易见,所以不需要再作解释;《书》是用来讲给众人听的,从中可以获取统治的办法;《春秋》是用于判断世事之是非的,据其所著之是非行事,必可得到相应的结果。仁、义、礼、知、信,合起来就是“五常之道”;而《易》究天地之本原,是五常之道的根源。“《易》不可见,则乾坤或几乎息矣”,意为不能理解《易》,就不能认识世间万物皆属于乾坤阴阳的道理。专治《乐》《诗》《礼》《书》《春秋》中的一经,也就是专门研究五常中的一“道”;而治《易》经,则是探究天地之本原。所以,治经,最根本的目的,在于研讨仁、义、礼、知、信这五常之性以及天地之原。治经本身并不是目标,研讨经文中所蕴含的

① 《汉书》卷三〇《艺文志》,第1723页。本节下文所引《汉书·艺文志》,不再一一注出页码。

五常之道及天地之原，才是目标。那么，汉儒所治六艺又究竟是怎样蕴含着天地之原与五常之道的呢？西汉的儒者又是如何传承、研治这六艺之文的呢？

1.《易》。《汉书·艺文志》说：

> 《易》曰："宓戏氏仰观象于天，俯观法于地，观鸟兽之文，与地之宜，近取诸身，远取诸物，于是始作八卦，以通神明之德，以类万物之情。"至于殷、周之际，纣在上位，逆天暴物，文王以诸侯顺命而行道，天人之占可得而效，于是重《易》六爻，作上下篇。孔氏为之《彖》《象》《系辞》《文言》《序卦》之属十篇。故曰《易》道深矣，人更三圣，世历三古。及秦燔书，而《易》为筮卜之事，传者不绝。汉兴，田何传之。讫于宣、元，有施、孟、梁丘、京氏列于学官，而民间有费、高二家之说。刘向以中古文《易经》校施、孟、梁丘经，或脱去"无咎"、"悔亡"，唯费氏经与古文同。

这里说伏羲（宓戏氏）作八卦，"以通神明之德，以类万物之情"，即通达神明的德性，表示世间万物的形态与本质；文王作《周易》，以说明天命之所在，与所当遵行之天道；孔子复作《易传》，则由卜筮之辞，发明其哲理玄义。所以，《易》道之深，是由于其经过三圣（伏羲、文王、孔子）的不断改写，也因为它吸纳了三古（伏羲时代为上古，文王时代为中古，孔子时代为下古）的思想精华。秦虽燔书，但因为《易》为卜筮之书，故不禁，传者不绝。

《易》在西汉时代的传承与研习，据《艺文志》，分为三个阶段：

(1)"汉兴，田何传之。"《汉书·儒林传》称：

自鲁商瞿子木受《易》孔子，以授鲁桥庇子庸。子庸授江东馯臂子弓。子弓授燕周丑子家。子家授东武孙虞子乘。子乘授齐田何子装。及秦禁学，《易》为筮卜之书，独不禁，故传受者不绝也。汉兴，田何以齐田徙杜陵，号杜田生，授东武王同子中、雒阳周王孙、丁宽、齐服生，皆著《易传》数篇。同授淄川杨何，字叔元，元光中征为太中大夫。齐即墨成，至城阳相。广川孟但，为太子门大夫。鲁周霸、莒衡胡、临淄主父偃，皆以《易》至大官。要言《易》者，本之田何。[①]

商瞿受《易》于孔子，传授给桥庇，后馯臂、周丑、孙虞依次传承，至于田何。田何本为齐人，徙关中杜陵，传《易》于王同、周王孙、丁宽、齐服生四人，四人各著有《易传》数篇。《艺文志》载《王氏》一篇、《易传周氏》二篇、《丁氏》八篇、《服氏》二篇。周王孙所传称为"古义"，或有异于田何所传。丁宽另著《易说》三万言，"训故举大谊而已，今《小章句》是也"。王同传杨何（杨何即司马谈所从受《易》者，见《太史公自序》），杨何亦著有传，《艺文志》见有《杨氏》二篇。周王孙所传卫人蔡公亦著有传，《艺文志》见有《蔡公》二篇。即墨成、孟但、衡胡、主父偃或亦学于四人。而周霸则为申公弟子，以治《诗》为主，不专治《易》。《易》在秦时未被禁过，故所传皆为今文经。

(2)"讫于宣、元，有施、孟、梁丘、京氏列于学官，而民间有费、高二家之说。"田何所传四弟子中，盖以丁宽之学问最为融汇、通达古义今说，其所传也最广。《汉书·儒林传》说："宽授同郡砀田王孙。王孙授施雠、孟喜、梁丘贺。由是《易》有施、孟、梁丘之学。"施、孟、梁丘三家《易》皆列入学官，为博士。《艺文志》

---

① 《汉书》卷八八《儒林传》，第3597页。本节以下所引《汉书·儒林传》，不再一一注出页码。

录有《易经》十二篇（包括《易经》上下篇和《易传》十篇），施、孟、梁丘三家；另有《章句》，三家各二篇。三家之中，施氏之学传张禹（至丞相）、琅邪鲁伯（官至会稽太守），张禹授淮阳彭宣（官至大司空）、沛郡戴崇（至九卿），鲁伯授太山毛莫如（官至常山太守）、琅邪邴丹；张禹、彭宣皆各自名家，称为张、彭之学。孟氏传东海白光、沛郡翟牧，皆为博士，乃分为翟、孟、白三家。孟氏治《易》，多言阴阳灾异。《汉书·儒林传》说："（孟）喜好自称誉，得《易》家候阴阳灾变书，诈言师田生且死时枕喜膝，独传喜，诸儒以此耀之。"孟喜收"好小数书"、"持论巧慧"的蜀人赵宾为徒，说明孟喜本人对小数书也是认同的，其持论大概也以"巧慧"为宗。梁丘贺本出自京房门下，后改事田王孙，亦或颇涉阴阳术数卜筮。《汉书·儒林传》载：

> （宣帝时，梁丘贺为郎。）会八月饮酎，行祠孝昭庙，先驱旄头剑挺堕坠，首垂泥中，刃乡乘舆车，马惊。于是召贺筮之，有兵谋，不吉。上还，使有司侍祠。是时，霍氏外孙代郡太守任宣坐谋反诛，宣子章为公车丞，亡在渭城界中，夜玄服入庙，居郎间，执戟立庙门，待上至，欲为逆。发觉，伏诛。故事，上常夜入庙，其后待明而入，自此始也。贺以筮有应，繇是近幸，为太中大夫，给事中，至少府。为人小心周密，上信重之。

皇帝身边有非常之事发生，即召治《易》的梁丘贺筮之，说明梁丘贺当以善于卜筮为称。梁丘贺传子临，临"专行京房法"，传五鹿充宗（官至少府）、王骏（官至御史大夫），充宗著有《略说》三篇，授士孙张、邓彭祖、衡咸，遂有士孙、邓、衡之学。

京氏之学，则本为别出。《汉书·儒林传》说：

> 京房受《易》梁人焦延寿。延寿云尝从孟喜问《易》。会喜死，房以为延寿《易》即孟氏学，翟牧、白生不肯，皆曰非也。至成帝时，刘向校书，考《易》说，以为诸《易》家说皆祖田何、杨叔元、丁将军，大谊略同，唯京氏为异党，焦延寿独得隐士之说，托之孟氏，不相与同。

盖京氏自称其学属于孟氏之学，而孟门弟子翟牧、白生都不承认；至刘向校书，始将之正式从孟氏之学中分出来，单列为京氏之学。然京氏之学与孟氏之学盖颇为相同，皆善谈阴阳灾异，而京氏更重之，所以《儒林传》说京房"以明灾异得幸"。《汉书·京房传》说："其说长于灾变，分六十四卦，更直日用事，以风雨寒温为候，各有占验。"孟康解释说："分卦直日之法，一爻主一日，六十四卦为三百六十日。余四卦，《震》《离》《兑》《坎》，为方伯监司之官。所以用《震》《离》《兑》《坎》者，是二至二分用事之日，又是四时各专王之气。各卦主时，其占法各以其日观其善恶也。"[①]《汉书·艺文志》著录京氏著述二种，《孟氏京房》十一篇，《灾异孟氏京房》六十六篇。房授东海殷嘉、河东姚平、河南乘弘。殷嘉与《艺文志》所记之"段嘉"当为同一人，二者当有一误。《艺文志》录《京氏段嘉》十二篇。

费、高二家，未尝立于学官，仅得传于民间。《汉书·儒林传》说费氏《易》"长于卦筮，亡章句，徒以《彖》《象》《系辞》十篇、《文言》解说《上下经》"。高氏之学亦无章句，然"专说阴阳灾异"，与京氏大致相同。费、高二家皆晚出，师承不明，又皆无章句，《艺文志》下文说"唯费氏经与古文同"，说明费氏所传，盖为古文经。《汉书·艺文志》著录《古五子》十八篇。刘向《别录》称："所校雠中易传《古五子书》，除复重，定著十八篇，分六十四卦，著之

① 《汉书》卷七五《京房传》，第3160页。

日辰，自甲子至于壬子，凡五子，故号曰五子。”[①]又有《古杂》八十篇。沈钦韩说：“古杂者，盖年代汗漫，虽有其书，莫究其用，亦未知是周太卜所掌与否，故存疑云耳。或杂说古帝王卜筮之事，如汲郡师春，但取《左传》卜筮事为书耳。”则《古五子》《古杂》皆当刘向校书时据民间所传而编定者。很可能本即费、高二家所传。

(3)“刘向以中古文《易经》校施、孟、梁丘经，或脱去‘无咎’、‘悔亡’，唯费氏经与古文同。”刘向校书所用古文《易经》，来自“中”，即宫内秘府所藏，可能是从秦朝秘府传承下来的(秦未禁《易》，故其内府或藏有古本)。刘向用秘府所藏的古文《易》与施、孟、梁丘三家所传的今文《易》，费氏所传的民间古文《易》相互比勘，发现费氏古文《易》与秘府古文《易》大致相同，乃参合诸本，重新写定施、孟、梁丘三家《易》。这是汉代《易》学的集大成者，是将以前学官《易》学、民间《易》学及秘府未得传承的《易》汇校整理，而《汉书·艺文志》所记诸家著述，也应当是这次整理的结果。

2.《书》。《汉书·艺文志》说：

> 《易》曰：“河出图，洛出书，圣人则之。”故《书》之所起远矣，至孔子纂焉，上断于尧，下讫于秦，凡百篇，而为之序，言其作意。秦燔书禁学，济南伏生独壁藏之。汉兴亡失，求得二十九篇，以教齐鲁之间。讫孝宣世，有欧阳、大小夏侯氏，立于学官。《古文尚书》者，出孔子壁中。武帝末，鲁共王坏孔子宅，欲以广其宫，而得《古文尚书》及《礼记》《论语》《孝经》凡数十篇，皆古字也。共王往入其宅，闻鼓琴瑟钟磬之音，于是惧，乃止不坏。孔安国者，孔子后也，悉得其书，

① 《初学记》卷二一《文部·经典》，北京：中华书局，1980年，重印本，第499页。

以考二十九篇，得多十六篇。安国献之。遭巫蛊事，未列于学官。刘向以中古文校欧阳、大小夏侯三家经文，《酒诰》脱简一，《召诰》脱简二。率简二十五字者，脱亦二十五字，简二十二字者，脱亦二十二字，文字异者七百有余，脱字数十。《书》者，古之号令，号令于众，其言不立具，则听受施行者弗晓。古文读应尔雅，故解古今语而可知也。

按照这里的说法，《书》的源头可以上溯至河图、洛书，其性质是“古之号令”，用于号令大众的，它本来应当是有具体所指的，如果没有具体的指事，听受的人不明白，就无法实施。姚明辉《汉志注解》说：“古者左史记言（言为尚书），凡训诰誓命之文，皆号令也。”总的说来，今见《尚书》之文确多属号令之辞，然也不尽然。《甘誓》《汤誓》《盘庚》《高宗肜日》《西伯戡黎》《微子》《牧誓》《洪范》《金縢》《大诰》《康诰》《酒诰》《梓材》《召诰》《洛诰》《多士》《无逸》《君奭》《多方》《立政》《顾命》《费誓》《吕刑》《文侯之命》《秦誓》等二十六篇，都是号令之辞。然《尧典》（包括今本《舜典》）记尧、舜之事，首记尧所行之政，次记尧举舜，命之摄政，及舜摄政后所行之政，终于舜之死。《皋陶谟》记禹、皋陶、伯益之事。《禹贡》专记大禹治水之事，先分述九州，次总叙名山大川，又次记五服贡赋之制。这三篇都以记事为主，非属号令之辞。

这段小序，讲了两个内容。一是汉代今文《尚书》的传承。据上文所引，今文《尚书》出自济南伏生，传之于欧阳生、大小夏侯，共有三家。关于伏生传今文《尚书》，《汉书·儒林传》记载说：

伏生，济南人也，故为秦博士。孝文时，求能治《尚书》者，天下亡有，闻伏生治之，欲召。时伏生年九十余，老不能

> 行，于是诏太常，使掌故朝错（即晁错——引者）往受之。秦时禁书，伏生壁藏之，其后大兵起，流亡。汉定，伏生求其书，亡数十篇，独得二十九篇，即以教于齐、鲁之间。齐学者由此颇能言《尚书》，山东大师亡不涉《尚书》以教。伏生教济南张生及欧阳生，张生为博士，而伏生孙以治《尚书》征，弗能明定。是后鲁周霸、雒阳贾嘉颇能言《尚书》云。

颜师古注引卫宏《定古文尚书序》云："伏生老，不能正言，言不可晓也，使其女传言教错。齐人语多与颍川异，错所不知者凡十二三，略以其意属读而已。"则伏生壁藏之古文《尚书》早已丢失，后乃以口说传授，能够背诵出来的只有二十九篇。伏生不会说"正言"（官话），只能让自己的女儿转译；晁错是颍川人，对伏生女儿的"齐式正言"大概也听不太好，只能明其大意。或因为此故，文景之世直到武帝初年，《尚书》只在山东传习。根据伏生口说录写的《尚书》，当然是"今文"。

据《汉书·儒林传》，伏生传欧阳生、张生。《汉书·艺文志》著录《传》四十一篇，当即后世所谓《尚书大传》，据说就是欧阳生、张生等撰集伏生所说大义而成。欧阳生授兒宽，兒宽复授欧阳生之子，欧阳氏世世相传，至欧阳高时立为博士，《尚书》遂有欧阳氏之学。《汉书·艺文志》著录《欧阳章句》三十一卷，《欧阳说义》二篇，皆当为欧阳氏的学问。欧阳高门下又有林尊，亦得入为博士，并参与石渠阁会议。林尊授平当（官至丞相）、陈翁生（官至信都太傅），于是，欧阳氏门下又分出平、陈之学。欧阳氏之学，或亦颇言灾变。《汉书·平当传》说："每有灾异，常辄傅经术，言得失。"[①]平当门下鲍宣，言事也颇引灾异。

张生传夏侯都尉，夏侯都尉传族子始昌，始昌传夏侯胜。

① 《汉书》卷七一《平当传》，第3048页。

《汉书·夏侯始昌传》说："始昌明于阴阳，先言柏梁台灾日，至期日果灾。"《夏侯胜传》也说："胜少孤，好学，从始昌受《尚书》及《洪范五行传》，说灾异。"则夏侯氏所传，亦颇重阴阳灾异。夏侯胜又传从兄之子建。传称："胜从父子建字长卿，自师事胜及欧阳高，左右采获，又从五经诸儒问与《尚书》相出入者，牵引以次章句，具文饰说。胜非之曰：'建所谓章句小儒，破碎大道。'建亦非胜为学疏略，难以应敌。建卒自颛门名经，为议郎博士，至太子少傅。"[1]故世有大小夏侯之别。夏侯胜之正传为大夏侯，所说简易疏阔，盖从大处着眼，重其大义；所传有周堪、孔霸，周堪授牟卿、许商，孔霸传子光。许商、孔光皆名家，故大夏侯又有孔、许之学。《儒林传》说许商"善为算，著《五行论历》"。《艺文志》著录许商《五行传记》一篇，当即《儒林传》所见之《五行论历》。则许商长于五行历数之学。夏侯建所传则为小夏侯，重在章句，逐字逐句地解释，故受"破碎大道"之讥。《汉书·儒林传》说小夏侯系统的张山拊所传弟子中，山阳张无故"善修章句"，"守小夏侯说文"；信都秦恭"师法至百万言"；而李寻则"善说灾异"。《汉书·李寻传》说李寻"治《尚书》，与张孺、郑宽中同师。宽中等守师法教授，寻独好《洪范》灾异，又学天文月令阴阳"。本传所录李寻言事之辞，即颇以阴阳灾异立说。[2] 据此，则知小夏侯之学以章句、说文为宗，亦颇说阴阳，而文字繁芜。其说在西汉末年甚盛，有郑、张、秦、假、李氏之学。而《汉书·艺文志》著录《经》二十九卷，大小夏侯二家，《大小夏侯解故》二十九篇，《大小夏侯章句》二十九卷，盖大小夏侯所传解故、章句本当为一，只在口说经义时有所不同，而所据文本或则为一。

二是古文《尚书》的发现与研究。古文《尚书》出自孔壁，孔

---

① 《汉书》卷七五《夏侯尚始传》《夏侯胜传》，第3154—3159页。

② 《汉书》卷七五《李寻传》，第3179页。

安国传之。《汉书·儒林传》说：

> 孔氏有古文《尚书》，孔安国以今文字读之，因以起其家逸《书》，得十余篇，盖《尚书》兹多于是矣。遭巫蛊，未立于学官。安国为谏大夫，授都尉朝，而司马迁亦从安国问故。迁书载《尧典》《禹贡》《洪范》《微子》《金縢》诸篇，多古文说。

孔安国"以今文字读之"，就是将古文（六国文字）转写为今文（秦系文字）。孔子壁中书自出世之初，即备受质疑，原因也就在这里。然孔安国本《尚书古文经》虽然存在不少问题，但安国确实得到过一部古文《尚书》，应当是可以肯定的。《艺文志》著录《尚书古文经》四十六卷（为五十七篇）。王先谦说：

> 四十六卷者，孔安国所得壁中古文，以考伏生二十九篇，得多十六篇，共四十五篇，加孔子《序》一篇，为四十六篇，故云四十六卷也。为五十七篇者，据《尚书》孔疏云："伏生二十九篇是计卷，若计篇则三十四。……其得多十六篇者……《九共》九篇出八篇，又为二十四篇。以二十四加三十四，为五十八篇。"桓谭《新论》所云"《古文尚书》旧有四十五卷，为五十八篇"，是也。云四十五者，除《序》言之也。后又亡其一篇。伪《武成》疏引郑云："《武成》逸书，建武之际亡"，是也。桓谭没于世祖时，在建武前，《武成》未亡，故云五十八。班氏作《汉书》在显宗时，《武成》已亡，故云五十七也。[1]

① 王先谦补注，上海师范大学古籍整理研究所整理：《汉书补注》卷三〇《艺文志》，上海：上海古籍出版社，2012年，第2908—2909页。

其说颇可从。李零先生说：四十六卷是帛书底本，每一篇是一卷；五十七篇是缮写于竹简的校定本，刘向所校初为五十八篇，后亡《武成》篇，故班固所见为五十七篇。亦颇可参照。或者，孔安国由古文转写之今文本即为四十六卷本，刘向则汇合秘府所藏古文本、孔氏古文本及欧阳、大小夏侯三家所传今文本，重新编定为五十八篇。所以，西汉时代的《尚书》，应当有二十九篇本（今文）、四十六卷本（由古文转写为今文）与五十八篇本（古文本）三种。

3.《诗》。《汉书·艺文志》说：

> 《书》曰："诗言志，歌咏言。"故哀乐之心感，而歌咏之声发。诵其言谓之诗，咏其声谓之歌。故古有采诗之官，王者所以观风俗，知得失，自考正也。孔子纯取周诗，上采殷，下取鲁，凡三百五篇。遭秦而全者，以其讽诵，不独在竹帛故也。汉兴，鲁申公为《诗》训故，而齐辕固、燕韩生皆为之传。或取《春秋》，采杂说，咸非其本义。与不得已，鲁最为近之。三家皆列于学官。又有毛公之学，自谓子夏所传，而河间献王好之，未得立。

诗是用来朗诵的，言志；歌是用来咏唱的，言哀乐之心，即情感。古之王者，遣人采诗，用以观风俗，知得失。所以，诗本身并无刺谏的功用，是王者把它当作谏辞来对待的。汉儒治《诗》者，有鲁、齐、韩三家，为今文，号"三家《诗》"，得列入学官；毛公之学，则为古文，不入学官。

（1）鲁《诗》。鲁诗传自鲁人申公。《汉书·儒林传》说：

> 申公，鲁人也。少与楚元王交俱事齐人浮丘伯受《诗》。

汉兴，高祖过鲁，申公以弟子从师入见于鲁南宫。吕太后时，浮丘伯在长安，楚元王遣子郢与申公俱卒学。元王薨，郢嗣立为楚王，令申公傅太子戊。戊不好学，病申公。及戊立为王，胥靡申公。申公愧之，归鲁退居家教，终身不出门，复谢宾客，独王命召之乃往。弟子自远方至受业者千余人，申公独以《诗经》为训故以教，亡传；疑者则阙，弗传。

训故，又作训诂，就是把古时的读音转换为今语。盖申公从浮丘伯受《诗》，还是用古语读的；到了汉代，人们已听不明白古语，所以申公把古语转换成“今语”，才能传授给弟子们。“亡传”，颜师古注称：“口说其指，不为解说其传。”这里的“传”，是在此之前就已存在的解说《诗》的传。这是说申公只教怎么读《诗》，而不教已有的解《诗》的传。“疑者则阙，弗传。”这里的“传”，意为解释。意思是说，遇到有疑问的地方，申公也不加解释，更不作进一步阐发，就让疑问留在那里。换言之，申公既不“传”经，也不“说”经，只是“读”经。

申公弟子甚多，孔安国、周霸、夏宽、鲁赐、缪生、徐偃、阙门庆忌等皆官至守相，传其学最佳者则有瑕丘江公、鲁许生等。江公、许生共传韦贤，贤传子玄成，玄成与兄子赏共以《诗》教授哀帝，贤、玄成并为丞相，故鲁《诗》有韦氏学。《汉书·韦贤传》说：“贤为人质朴少欲，笃志于学，兼通《礼》《尚书》，以《诗》教授，号称邹鲁大儒。”[①]本传录其所撰诗数首，皆为四言，盖仿《诗经》而作。如第一首：

肃肃我祖，国自豕韦，黼衣朱绂，四牡龙旂。彤弓斯征，抚宁遐荒，总齐群邦，以翼大商，迭彼大彭，勋绩惟光。至于

① 《汉书》卷七三《韦贤传》，第3107页。

有周，历世会同。王赧听谮，实绝我邦。我邦既绝，厥政斯逸，赏罚之行，非繇王室。庶尹群后，靡扶靡卫，五服崩离，宗周以队。我祖斯微，迁于彭城，在予小子，勤诶厥生，厄此嫚秦，耒耜以耕。悠悠嫚秦，上天不宁，乃眷南顾，授汉于京。①

观其行文用词，颇似仿写《诗·颂》而来。韦玄成亦以能诗为称，本传说他“守成持重不及父贤，而文采过之”。我揣测申公传鲁《诗》，或多教以诗文，故门下弟子，特别是韦氏之学，多能做诗，而不以解义、释传为长。不仅如此，申公所教鲁《诗》，当仍教其歌，即用“今言”唱《诗》。《汉书·儒林传》记载了这样一个故事：

(诏除王式为博士)式征来，衣博士衣而不冠，曰："刑余之人，何宜复充礼官?"既至舍中，会诸大夫博士，共持酒肉劳式，皆注意高仰之。博士江公世为《鲁诗》宗，至江公著《孝经说》，心嫉式，谓歌吹诸生曰："歌《骊驹》。"式曰："闻之于师：客歌《骊驹》，主人歌《客毋庸归》。今日诸君为主人，日尚早，未可也。"江翁曰："经何以言之?"式曰："在《曲礼》。"江翁曰："何狗曲也!"式耻之，阳醉，逷墬。式客罢，让诸生曰："我本不欲来，诸生强劝我，竟为竖子所辱!"遂谢病免归，终于家。

江公是申公的弟子，王式是许公的弟子，比江公低了一辈，所以江公要压一压王式的风头。他让学官中的诸生唱《骊驹》之诗以羞辱王式，并暗示他是学官的“客”，应识趣离开。《骊驹》，服虔注：“逸《诗》篇名也，见《大戴礼》。客欲去，歌之。”文颖说：“其辞

① 《汉书》卷七三《韦贤传》，第3101页。

云‘骊驹在门，仆夫具存；骊驹在路，仆夫整驾’也。”王式大概是一位迂腐的夫子，竟然去纠正江公，说：今日诸君为主人，时候尚早，不当歌《骊驹》，而应当歌《客毋庸归》。这说明，学官里的诸生（江公门下的弟子，也是学鲁《诗》的），是要学习《诗》中的各篇并且会咏唱的，而且至少是在一些仪式上，会咏唱部分篇章。

王式门下弟子很有出息，张生、唐生、褚生皆为博士，故鲁《诗》有张、唐、褚氏之学；张生复传许晏，亦入为博士，张氏门下遂分出许氏之学。这样，鲁《诗》遂有韦氏、张氏、唐氏、褚氏、许氏等分支。《汉书·艺文志》著录《鲁说》二十八卷，《鲁故》二十五卷，皆当为鲁《诗》门下后学弟子所作，不当出于申公及江公、韦贤、王式等较早的弟子。盖鲁《诗》传至后来，亦颇受齐、韩二家之影响，不得不为《诗》作说解。

（2）齐《诗》。齐《诗》传自辕固。据《汉书·儒林传》记载，辕固为齐人，“以治《诗》孝景时为博士”，曾与信奉黄老家言的黄生发生争论，主汤武受命说；又曾得罪窦太后，窦太后使之入猪圈击彘。其门下弟子多为齐人，多显贵，而以夏侯始昌为最明。夏侯始昌传《诗》于后苍。《汉书·艺文志》录有《齐后氏故》二十卷，《齐后氏传》三十九卷。后苍授翼奉（官至谏大夫）、萧望之（官至前将军）、匡衡（官至丞相），匡衡传师丹（官至大司空）、伏理（官至高密太傅）、满昌（官至詹事），于是齐《诗》有翼、匡、师、伏之学。

《汉书·翼奉传》说翼奉“治《齐诗》，与萧望之、匡衡同师。三人经术皆明，衡为后进，望之施之政事，而奉惇学不仕，好律历阴阳之占”。本传录其奏言称：“臣奉窃学《齐诗》，闻五际之要《十月之交》篇，知日蚀地震之效昭然可明，犹巢居知风，穴处知雨，亦不足多，适所习耳。”[①]盖以阴阳说《诗》，或以《诗》说阴阳。

① 《汉书》卷七五《翼奉传》，第3167、3173页。

《汉书·匡衡传》说匡衡善说《诗》，诸儒为之语曰："无说《诗》，匡鼎来。匡说《诗》，解人颐。"[①]盖旁引史事近习，以浅俗俚语以解《诗》。揣测齐《诗》颇多用世之意，得所谓《诗》为谏书之意旨。《艺文志》又著录《齐孙氏故》二十七卷，《齐孙氏传》二十八卷，《齐杂记》十八卷，不知所传。然《齐杂记》所录，或者即匡衡所说可以"解人颐"的《诗》说之类。若然，则齐《诗》或比较浅显易懂。

(3)韩《诗》。韩《诗》本自韩婴。《汉书·儒林传》说：

> 韩婴，燕人也。孝文时为博士，景帝时至常山太傅。婴推诗人之意，而作《外传》数万言，其语颇与齐、鲁间殊，然归一也。淮南贲生受之。燕赵间言《诗》者由韩生。韩生亦以《易》授人，推《易》意而为之传。燕赵间好《诗》，故其《易》微，唯韩氏自传之。

与鲁、齐《诗》不同，韩《诗》大概较多推演、揣测，以释义为胜。韩婴也治《易》，《汉书·艺文志》录有《韩氏(易传)》二篇。据《儒林传》记其后人所言，韩婴治《易》以"深"为称，而治《诗》则没有《易》"深"。所谓"深"，当是指探微寻幽，深究其理，特别是精研作者之本义。韩婴治《易》《诗》，大抵皆循此路径。《汉书·儒林传》说韩婴"精悍，处事分明"，尝与董仲舒论难，仲舒比不过他。盖韩婴精心覃思，能够洞幽察微，论说条理分明，这是长于大处把握、善于建立理论构架的董仲舒所不能及的。《汉书·艺文志》著录《韩故》三十六卷，王先谦说是"韩婴自为本经训故"；《韩内传》四卷(已佚)；《韩外传》六卷，今存本十卷三百一十章，多"杂引古事古语，证以诗词，与经义不相比附"；《韩说》四十一卷，则当为其徒众所传。据《汉书·儒林传》所记，韩婴传赵子，赵子

① 《汉书》卷八一《师丹传》，第3331页。

授蔡谊(官至丞相),谊授食子公与王吉,王吉复授长孙顺,皆为博士,故韩《诗》有王、食、长孙之学,徒众甚盛。

(4)毛《诗》。毛《诗》本自毛公。《汉书·儒林传》说:

> 毛公,赵人也。治《诗》,为河间献王博士,授同国贯长卿。长卿授解延年。延年为阿武令,授徐敖。敖授九江陈侠,为王莽讲学大夫。由是言《毛诗》者,本之徐敖。

上引《艺文志》说:"毛公之学,自谓子夏所传,而河间献王好之。"河间献王即景帝次子德。《汉书》本传说他:

> 修学好古,实事求是。从民得善书,必为好写与之,留其真,金帛赐以招之。由是四方道术之人不远千里,或有先祖旧书,多奉以奏献王者,故得书多,与汉朝等。是时,淮南王安亦好书,所招致率多浮辩。献王所得书皆古文先秦旧书,《周官》《尚书》《礼》《礼记》《孟子》《老子》之属,皆经传说记,七十子之徒所论。其学举六艺,立《毛氏诗》《左氏春秋》博士。修礼乐,被服儒术,造次必于儒者。山东诸儒多从而游。[①]

毛公之投附河间王、并得立为博士,当在景帝时。毛公自称所学传自子夏,而河间献王好古,故其所献之书,至少自称是先秦旧书,是古文,但是否本系古文,可能就很难说了,或者是将今文改写为古文而献之,亦未可知。但无论如何,毛公所传的《诗》是古文本(虽然可能是他改定的古文本)。《汉书·艺文志》著录《毛诗》二十九卷,当即毛公在河间所传。又有《毛诗故训传》三十

① 《汉书》卷五三《河间献王德传》,第 2410 页。

卷，即今《毛传》，则历来有不同看法，一说即赵人毛苌（后人称之为“小毛公”）所传，一说是鲁人毛亨（后人称为“大毛公”）所传（《四库提要》证之）。

4.《礼》。《汉书·艺文志》说：

> 《易》曰：“有夫妇父子君臣上下，礼义有所错。”而帝王质文，世有损益，至周曲为之防，事为之制，故曰：“礼经三百，威仪三千。”及周之衰，诸侯将逾法度，恶其害己，皆灭去其籍，自孔子时而不具，至秦大坏。汉兴，鲁高堂生传《士礼》十七篇。讫孝宣世，后仓最明。戴德、戴圣、庆普皆其弟子，三家立于学官。《礼古经》者，出于鲁淹中及孔氏，与十七篇文相似，多三十九篇。及《明堂阴阳》《王史氏记》所见，多天子诸侯卿大夫之制，虽不能备，犹瘉仓等推《士礼》而致于天子之说。

“有夫妇父子君臣上下，礼义有所错”，颜师古注：“《序卦》之辞也；错，置也。”礼的主要内容，是安排夫妇、父子、君臣间的上下关系。后世帝王为政，或重实务（“质”），或尚繁华（“文”），时加损益；周代制度周密，每事都制定相关规范，所以《周礼》有三百余官，冠、婚、吉、凶等关于威仪的规定三千余条（“礼经三百，威仪三千”）。周室衰微，诸侯逾越法度，认为礼约束自己，妨碍自己的作为，都销毁了记载礼的典籍，所以到了孔子时代，礼就已经不齐备了，秦时则彻底予以毁弃。

（1）“鲁高堂生传《士礼》十七篇”。《史记·儒林列传》也说：“诸学者多言《礼》，而鲁高堂生最本。《礼》固自孔子时而其经不具，及至秦焚书，书散亡益多，于今独有《士礼》，高堂生能言之。”高堂生所传《士礼》，即今之《仪礼》，亦即《艺文志》所著录的《礼经》十七篇，是今文本，后仓、戴氏所传也当是这个本子。高堂生虽然“能言之”，却不会真正地付诸实践，也就是不会真的“演礼”。《史记·儒林列传》说：

> 鲁徐生善为容。孝文帝时，徐生以容为礼官大夫。传子至孙徐延、徐襄。襄其天姿善为容，不能通《礼经》；延颇能，未善也。襄以容为汉礼官大夫，至广陵内史。延及徐氏弟子公户满意（人名——引者）、桓生、单次，皆常为汉礼官大夫。而瑕丘萧奋以《礼》为淮阳太守。是后能言《礼》为容者，由徐氏焉。

容，《汉书》作“颂”，也是“音容”的意思。苏林说：“《汉旧仪》有二郎为此颂貌威仪事。有徐氏，徐氏后有张氏，不知经，但能盘辟为礼容。天下郡国有容史，皆诣鲁学之。”礼容，当即以音容具体表演礼仪。徐生实际上就是仪式的导演或司仪，虽然会演礼，却并不通经。而诸郡国皆设有容史，职能相当于朝廷中的礼官大夫，应当是专门负责司仪的。后来，徐氏门人弟子向可以言《礼》的萧奋学习，做到了既能“言《礼》”，又能“为容”，也就不仅会演，还会讲说了；萧奋也向徐氏门人学“容”，也是既能“言”，又能“容”。

(2)“后仓最明”。徐氏弟子、萧奋虽然已能“言”能“容”，但大抵还没有融会贯通。萧奋传后仓、闾丘卿，后仓能够融会贯通，上引《艺文志》说“后仓最明”，当即指此。《汉书·儒林传》说：“仓说《礼》数万言，号曰《后氏曲台记》。”则后仓说《礼》，颇多发挥、解释。《后氏曲台记》，当即《艺文志》所录《曲台后仓》九篇。如淳解释说：“行礼射于曲台，后仓为记，故名曰《曲台记》。《汉官》曰：大射于曲台。”晋灼也说：“天子射宫也。西京无太学，于此行礼也。"《七略》称："宣皇帝时行射礼，博士后仓为之辞，至今记之，曰《曲台记》。"[1]那么，后仓所记，或以射礼为主。

(3)戴德、戴圣、庆普，三家立于学官。《汉书·儒林传》说：

> (后仓)授沛闻人通汉子方、梁戴德延君、戴圣次君、沛庆普孝公。孝公为东平太傅。德号大戴，为信都太傅。圣号小戴，以博士论石渠，至九江太守。由是《礼》有大戴、小戴、庆氏之学。通汉以太子舍人论石渠，至中山中尉。普授鲁夏侯敬，又传族子咸，为豫章太守。大戴授琅邪徐良斿卿，为博士、州牧、郡守，家世传业。小戴授梁人桥仁季卿、杨荣子孙。仁为大鸿胪，家世传业。荣琅邪太守。由是大戴有徐氏，小戴有桥、杨氏之学。

大小戴与庆氏三家所传，均出后仓，都只有《礼经》(即今之所谓《仪礼》)十七篇。庆普与大小戴是否著有解释《礼经》的记或说解、章句之类，不能确定。《汉书·艺文志》所录，未见有明载出自三人者。今传大、小戴《礼记》，难以确定即出自大、小戴之手。《艺文志》所著录《(礼)记》百三十一篇，旧说以为即合大戴《记》八十五篇、小戴《记》四十九篇而成，实未必然，前人已颇有论述。然小戴所传桥仁，曾著《礼记章句》四十九篇，号曰"桥君学"。[2]这里的《礼记》，应当就是《艺文志》所见百三十一篇的《(礼)记》。据此，或可推测，当大、小戴时，"七十子后学者"所记之《礼记》已颇有所出，大、小戴曾做过总结整理、考释，其门下弟子如桥仁更因之而撰写章句。而后世所传之大、小戴《记》，则当是其门人弟

---

① 《六臣注文选》卷六〇，任彦昇《南徐州南兰陵郡县都乡中都里萧公年三十五行状》"至若曲台之礼，九师之易"句下李善注引《七略》，北京：中华书局，1987年，影印本，第1107页。

② 《后汉书》卷五一《桥玄传》，第1695页。

子杂采众书而成，并非出自大、小戴之手，但可能与大、小戴当年的整理、讲解存在一定关联。

(4)《礼古经》出于鲁淹中及孔氏。《汉书·艺文志》著录《礼古经》五十六卷，当即指此。《礼古经》出自鲁淹中(里名)，还是孔氏壁中，有不同说法，或以为淹中与孔壁所出，为两种本子，实未必然。据上引《艺文志》，五十六卷《礼古经》，当即合淹中与孔壁所出而成，并非一家所出为五十六卷。实际上，我怀疑这五十六卷《礼古经》也包括了河间献王所得之《周官》等古礼经，是刘向合淹中、孔壁与河间王府三个来源的古文《礼经》而成的。

《礼古经》较之高堂生所传十七篇今文《礼经》，多出三十九篇。这三十九篇是什么呢？上引《艺文志》说："及《明堂阴阳》《王史氏记》所见，多天子诸侯卿大夫之制，虽不能备，犹瘉仓等推《士礼》而致于天子之说。"那么，这三十九篇中，应当包括《明堂阴阳》。《艺文志》著录《明堂阴阳》三十三篇，谓其所记为"古明堂之遗事"，应当是古文。我以为《明堂阴阳》应当属于古文经，可能不会是古文记。《北史·牛弘传》录开皇三年(583)牛弘请修立明堂议说："刘向《别录》及马宫、蔡邕等所见，当时有《古文明堂礼》《王居明堂礼》《明堂图》《明堂大图》《明堂阴阳》《太山通义》《魏文侯孝经传》等，并说古明堂事。其书皆亡，莫得而正。"[1]似乎是把《古文明堂》《王居明堂》等作为礼经。李零先生于《明堂阴阳》之下径加"记"字，或别有所据。三十九篇中"多天子诸侯卿大夫之制"，除《明堂阴阳》之外，还应当包括古文《周官经》六篇。《周官经》即后世所说的《周礼》。李零先生说：

> 此书是战国人托古讲西周官制的书，《周官》是其本名，王莽始称《周礼》，推崇备至，视如建国大纲(《汉书·王莽

① 《北史》卷七二《牛弘传》，北京：中华书局，1974年，第2496页。

传》)，后来也叫《周官礼记》(《晋书·荀崧传》)、《周官礼》(《隋书·经籍志》)。……东汉郑玄注《周礼》，此书大行于世，得居三礼之首。[①]

《明堂阴阳》三十三篇与《周官经》六篇，正为三十九篇。这应当就是《礼古经》中比今文《礼经》多出的三十九篇，二者复单行，故《艺文志》为之别出。

弄清此点之后，《汉书·艺文志》所著录的《明堂阴阳说》五篇，就应当是对《礼古经》之《明堂阴阳》的解说，《周官传》则是《周官经》的传，二者皆当为今文。至于《古封禅群祀》二十二篇，或者可能是武帝时代好事者造作的古文，未必是古已有之，更非古经。

5.《乐》。乐与诗合，本来就没有经。顾炎武说：

歌者为诗，击者、拊者、吹者为器，合而言之谓之乐。对诗而言，则所谓乐者，八音"兴于诗，立于礼，成于乐"是也，分诗与乐言之也。专举乐，则诗在其中，"吾自卫反鲁，然后乐正，《雅》《颂》各得其所"是也，合诗与乐言之也。[②]

这里把乐与诗的关系说得很清楚。《汉书·艺文志》说：

《易》曰："先王作乐崇德，殷荐之上帝，以享祖考。"故自黄帝下至三代，乐各有名。孔子曰："安上治民，莫善于礼。移风易俗，莫善于乐。"二者相与并行。周衰俱坏，乐尤微眇，以音律为节，又为郑、卫所乱，故无遗法。汉兴，制氏以

① 李零：《兰台万卷》，第36页。
② 《日知录集释》卷五，《乐章》，第287页。

> 雅乐声律，世在乐官，颇能纪其铿锵鼓舞，而不能言其义。六国之君，魏文侯最为好古，孝文时得其乐人窦公，献其书，乃《周官大宗伯》之《大司乐》章也。武帝时，河间献王好儒，与毛生等共采《周官》及诸子言乐事者，以作《乐记》，献八佾之舞，与制氏不相远。其内史丞王定传之，以授常山王禹。禹，成帝时为谒者，数言其义，献二十四卷记。刘向校《书》，得《乐记》二十三篇，与禹不同，其道寖以益微。

乐是奏给神明祖考听的，所以起源甚早。它与礼是相辅相与的，后者旨在"安上治民"即确定社会的秩序，前者则是"移风易俗"即改变社会的风俗。周室衰微，礼、乐并坏，乐因为要靠音律来表示节拍，文字不能很好地表达，又被郑、卫之音所扰乱，几乎没有什么留存下来。所以到了汉初，就只有制氏还能记忆雅乐的铿锵鼓舞，却不能阐明其蕴含的大义了。《汉书·礼乐志》也说："汉兴，乐家有制氏，以雅乐声律世世在大乐官，但能纪其铿铪鼓舞，而不能言其义。"[①]可见，汉初对古乐已不甚了然。

文帝时窦公献乐一事，不甚可信。颜师古注引桓谭《新论》说："窦公年百八十岁，两目皆盲，文帝奇之，问曰：'何因至此？'对曰：'臣年十三失明，父母哀其不及众技，教鼓琴，臣导引，无所服饵。'"窦公如果自称是魏文侯（前445—前396年在位）时的乐人，到汉文帝时（前180—前157年在位），180岁也还不行。这个故事靠不住。《周官》大宗伯"大司乐"下所记，乃乐师之制，与乐舞之乐并非一事。窦公如果献的是《周官·大宗伯》之"大司乐"章，应当是《礼古经》的一部分，与其乐人身份无关。

因此，汉代对古乐的研究与仿制，应当是在河间献王刘德的主持下进行的。其做法，据上引《艺文志》，是根据其所收集来的

① 《汉书》卷二二《礼乐志》，第1043页。

古本《周官》及诸子关于乐的言论，撰成了《乐记》，并制作、排演了八佾之舞，据说与制氏所说相差不太远。《汉书·礼乐志》载成帝时平当之言，说河间献王刘德将所制的雅乐献给朝廷，当时的“大儒公孙弘、董仲舒等，皆以为音中正雅，立之大乐”。但“春秋乡射，作于学官，希阔不讲”，很少讲论。“故自公卿大夫观听者，但闻铿铃，不晓其意，而欲以风谕众庶，其道无由。是以行之百有余年，德化至今未成。”[①]河间献王主持制作的古乐大概不怎么样，只是在学官里偶尔演一次，也没有人能讲明白它的意旨，只能听个热闹；而“铿铃”之声大概也不怎么好听，所以实际上是没有用的。河间献王刘德所主持编纂的《乐记》，后来传到了王禹手中，当就是《艺文志》所录《王禹记》二十四篇。

《艺文志》另录有《乐记》二十三篇，据《隋书·经籍志》所说，是刘向校书时在秘府所见而加以整理者，是古文本，未必然，至少证据不足。此种《乐记》，应当是当时所传的今文《礼记》的一部分（第十九篇），太史公已得见之，《史记·乐书》中即有大段抄写（今本《史记》卷二四《乐书》“凡音之起，由人心生也”之下，大抵皆抄自《乐记》）。张守节《正义》说：

> 《乐书》者，犹《乐记》也，郑玄云以其记乐之义也。此于《别录》属《乐记》，盖十一篇合为一篇。十一篇者，有《乐本》，有《乐论》，有《乐施》，有《乐言》，有《乐礼》，有《乐情》，有《乐化》，有《乐象》，有《宾牟贾》，有《师乙》，有《魏文侯》。今虽合之，亦略有分焉。刘向校书，得《乐书》二十三篇，著于《别录》。今《乐记》惟有十一篇，其名犹存也。[②]

---

① 《汉书》卷二二《礼乐志》，第1071—1072页。

② 《史记》卷二四《乐书》，第1175页。

《史记·乐书》与《乐记》之关系，甚为明确。而太史公所见《乐记》，又绝不可能是河间王府所造之《乐记》(《王禹记》)。故刘向所删定之《乐记》，必即太史公所见者，应属今文。

《汉书·艺文志》另著录《雅琴赵氏》七篇，原注称赵氏"名定，勃海人，宣帝时丞相魏相所奏"；《雅琴师氏》八篇，原注谓师氏名中，东海人，传言师旷之后；《雅琴龙氏》九十九篇，原注称龙氏名德，梁人。颜师古说："刘向《别录》云亦魏相所奏也，与赵定俱召见待诏，后拜为侍郎。""雅琴"，当作"正琴"解。三家《雅琴》，可能都是琴谱，是宣帝时在丞相魏相主持下，从民间征集来的。其中应当有很多古曲，"古典音乐"，只是汉人可能已很少人能据谱操琴演奏了。《艺文志》著录的《雅歌诗》四篇，也应当是从民间采集而来的。

6.《春秋》。孟子说："孔子成《春秋》，而乱臣贼子惧。"《春秋》出自孔子，自来无异议。《汉书·艺文志》说：

> 古之王者世有史官，君举必书，所以慎言行，昭法式也。左史记言，右史记事，事为《春秋》，言为《尚书》，帝王靡不同之。周室既微，载籍残缺，仲尼思存前圣之业，乃称曰："夏礼，吾能言之，杞不足征也；殷礼，吾能言之，宋不足征也。文献不足故也，足，则吾能征之矣。"以鲁周公之国，礼文备物，史官有法，故与左丘明观其史记，据行事，仍人道，因兴以立功，就败以成罚，假日月以定历数，藉朝聘以正礼乐。有所褒讳贬损，不可书见，口授弟子，弟子退而异言。丘明恐弟子各安其意，以失其真，故论本事而作传，明夫子不以空言说经也。《春秋》所贬损大人当世君臣，有威权势力，其事实皆形于传，是以隐其书而不宣，所以免时难也。及末世口说流行，故有公羊、穀梁、邹、夹之《传》。四家之中，公羊、

穀梁立于学官，邹氏无师，夹氏未有书。

《春秋》的来源，是在古史记事，盖记事必编年以为序，年内则分为春、夏、秋、冬四时，因所记多为大事，无须也不可能细致到月、日，而古之大事祀与戎，又多在春、秋二季，故以“春秋”综括所编之大事记（编年记）。以“春秋”名史，非自孔子始，此前即当有之，亦非止一种。“夏礼吾能言之，杞不足征也；殷礼吾能言之，宋不足征也。文献不足故也，足则吾能征之矣。”出自《论语》。杞，夏之后；宋，殷之后；征，证也；文，典籍也；献，贤也。意思是夏、殷二代之礼我能言之，而杞、宋二国之制不足以取以为证，以其典籍、人才均不足之故也。典籍、人才如果足够，我就可以取之以证我之所言。这里引用此句，用以解释孔子删定《春秋》，何以以鲁之国史为底本，而并不上溯至殷、夏。此处说孔子删定《春秋》与左氏作《传》，几乎是在同时，历来有不同看法。《史记·十二诸侯年表》序说：

孔子明王道，干七十余君，莫能用。故西观周室，论史记旧闻，兴于鲁而次《春秋》，上记隐，下至哀之获麟，约其辞文，去其烦重，以制义法，王道备，人事浃。七十子之徒口受其传指，为有所刺讥褒讳挹损之文辞不可以书见也。鲁君子左丘明惧弟子人人异端，各安其意，失其真，故因孔子史记具论其语，成《左氏春秋》。[①]

所说较上引《汉书·艺文志》所言，更为恰当。然《左传》本不释《春秋》经，太史公与班固说得都非常明白。当其时，《春秋》与《左氏传》各别为一书，分别传世。《汉书·艺文志》著录《春秋古

① 《史记》卷十四《十二诸侯年表》，第509—510页。

经》十二篇，当即单行之古文《春秋》经；《(春秋)经》十一卷，原注称“公羊、穀梁各一家”，则是公羊、穀梁分别传承的今文《春秋》经；《左氏传》三十卷，据许慎《说文解字》序所说，是北平侯张苍所献，可能是民间所传的古文本。

《艺文志》著录《公羊传》十一卷，原注：“公羊子，齐人。”公羊子，即公羊高。据说公羊高出自子夏之门，后世世口耳相传；至汉景帝时，乃与弟子胡母生(子都)一起，著于竹帛，遂得成书。其所传之《春秋》经，即为今文；《传》亦为今文。据《汉书·儒林传》：“胡母生字子都，齐人也。治《公羊春秋》，为景帝博士。与董仲舒同业，仲舒著书称其德。年老，归教于齐，齐之言《春秋》者宗事之，公孙弘亦颇受焉。”胡母生门下弟子，有褚大、嬴公、段仲、吕步舒等。嬴公守学不失师法，授孟卿、眭孟。眭孟授严彭祖、颜安乐，于是《公羊春秋》有颜、严之学；颜安乐又授泠丰、任公，颜家遂有泠、任之学。《汉书·艺文志》著录《公羊章句》三十八篇，《公羊颜氏记》十一篇，皆当出自颜安乐等人之手。而公羊一系最著名的大师，自当推董仲舒无疑。《汉书·儒林传》说，武帝时，董仲舒曾与传习《穀梁传》的江公讨论《春秋》经义，江公说不过仲舒。“丞相公孙弘本为公羊学，比辑其议，卒用董生。于是上因尊公羊家，诏太子受《公羊春秋》，由是公羊大兴。”其后世相传，徒众繁盛，官至卿相守令者尤多。所以，《春秋》公羊学，乃西汉时代的显学。

《艺文志》著录《穀梁传》十一篇，原注：“穀梁子，鲁人。”穀梁子的名字，有喜、赤、嘉、寘、俶等不同说法，说明《穀梁传》最初也是口耳相传，非成于一人之手，后来才由传其学者录于竹帛，纂成一书。据说，荀子曾经问学穀梁子，得传《穀梁传》；荀子传浮丘伯，浮丘伯传申公。这个传承世系大概靠不住。总而言之，到了汉初，是鲁人申公传授《穀梁传》。申公传江公，江公传荣广、皓星公；荣广与公羊大师眭孟论说，数困之，争取到很多人来学习《穀梁传》，其中以蔡千秋学得最好。《汉书·儒林传》说：

宣帝即位，闻卫太子好《穀梁春秋》，以问丞相韦贤、长信少府夏侯胜及侍中乐陵侯史高，皆鲁人也，言穀梁子本鲁学，公羊氏乃齐学也，宜兴穀梁。时千秋为郎，召见，与公羊家并说，上善穀梁说，擢千秋为谏大夫给事中……上愍其学且绝，乃以千秋为郎中户将，选郎十人从受。

这是穀梁学发展的一个重要契机，穀梁学因之而得与公羊学并重。《汉书·儒林传》记载了甘露三年（前51）石渠阁会议上公羊、穀梁之学的争论：

乃召五经名儒太子太傅萧望之等大议殿中，平公羊、穀梁同异，各以经处是非。时公羊博士严彭祖、侍郎申輓、伊推、宋显，穀梁议郎尹更始、待诏刘向、周庆、丁姓并论。公羊家多不见从，愿请内侍郎许广，使者亦并内穀梁家中郎王亥，各五人，议三十余事。望之等十一人各以经谊对，多从穀梁。由是穀梁之学大盛。

石渠阁会议最重要的议题，就是评定公羊、穀梁的同异，会议决定更崇穀梁，列入博士，得与公羊并立。换言之，西汉时治《春秋》者，在宣帝以前，以公羊为重；甘露以后，公羊、穀梁并重。

上述六艺，除《乐》甚少有人研治外，其余五经，大抵皆有儒生专门学习研究。《汉书·儒林传》赞曰：

自武帝立五经博士，开弟子员，设科射策，劝以官禄，讫于元始，百有余年，传业者浸盛，支叶蕃滋，一经说至百余万言，大师众至千余人，盖禄利之路然。初，《书》唯有欧阳、《礼》后、《易》杨、《春秋》公羊而已。至孝宣世，复立大小夏侯《尚书》，大小戴《礼》，施、孟、梁丘《易》，穀梁《春秋》。至元帝世，复立京氏《易》。平帝时，又立左氏《春秋》、毛《诗》、逸《礼》、古文《尚书》，所以罔罗遗失，兼而存之，是在其中矣。

由于学经与利禄联系在一起，所以学者越来越多，经说也越来越多，遂分门别派，枝叶繁盛。然经既已成为专门之学，则不免越来越支离破碎，学者专研一经，虽然深入，却往往不能得其大义主旨。《汉书·艺文志》说："古之学者耕且养，三年而通一艺，存其大体，玩经文而已，是故用日少而畜德多。三十而五经立也。后世经、传既已乖离，博学者又不思多闻阙疑之义，而务碎义逃难，便辞巧说，破坏形体；说五字之文，至于二三万言。后进弥以驰逐，故幼童而守一艺，白首而后能言；安其所习，毁所不见，终以自蔽。此学者之大患也。"这样的学问，离开治学的本旨，是越来越远了。

（三）儒家之说，"于道最为高"

上引《汉书·艺文志》述儒家之说，谓其"于道最为高"。《艺文志》于儒家之后，自道家以至农家，凡八家，都用"此其所长也"称之，其下便作抑辞。独于儒家，以"于道最为高"表示极力推重，其故何在？

"于道最为高"，这句话的背景，是以为诸子所说，皆有"道"贯乎其中，而儒家所说，也是诸"道"之一种，不过是最高的一种而已。《庄子·天下》篇说：

> 天下大乱，贤圣不明，道德不一。天下多得一察焉以自好。譬如耳目鼻口，皆有所明，不能相通。犹百家众技也，皆有所长，时有所用。虽然，不该不遍，一曲之士也。判天地之美，析万物之理，察古人之全，寡能备于天地之美，称神明之容。是故内圣外王之道，暗而不明，郁而不发，天下之人各为其所欲焉以自为方。悲夫！百家往而不反，必不合矣！后世之学者，不幸不见天地之纯，古人之大体。道术将为天下裂。①

天下大乱，“内圣外王之道”晦而不明，天下之人各为其所欲，各取其好，各用所长，故“道术将为天下裂”。诸子百家，各呈异说，纷纷言“道”，并且都要以其“道”以“易”（改变）天下。那么，儒家拿出来可以“易”天下的“道”又是什么呢？这就是“仁义之道”。《孟子·尽心上》说：

> 王子垫问曰：“士何事？”孟子曰：“尚志。”曰：“何谓尚志？”曰：“仁义而已矣。杀一无罪，非仁也；非其有而取之，非义也。居恶在？仁是也；路恶在？义是也。居仁由义，大人之事备矣。”②

孔子说，“士志于道”，而对于“士”所“志”之“道”却未予详说。孟子提出，士所尚之志，就是仁与义，所以尚志就是尚于仁义，而尚于仁义，就是志于道。“居仁由义”，历来解说不同，我以为当解作“让仁居于心中，所行经由义途，亦即正当的途径”。宅心仁

① 郭庆藩：《庄子集释》卷一〇下《天下》，北京：中华书局，2004年，第1069页。

② 《孟子注疏》卷十三《尽心章句上》，《十三经注疏》整理本，北京：北京大学出版社，1999年，第369—370页。

厚，方式方法正当，就可以成为一个得到世人尊重，并能够领导社会的人了。

然则，六艺所传，孔、孟、荀所言及七十二子所述，核心内容就是以仁义为核心的"道"。荀子说：

圣人也者，道之管也：天下之道管是矣，百王之道一是矣。故《诗》《书》《礼》《乐》之道归是矣。《诗》言是，其志也；《书》言是，其事也；《礼》言是，其行也；《乐》言是，其和也；《春秋》言是，其微也。故《风》之所以为不逐者，取是以节之也；《小雅》之所以为《小雅》者，取是而文之也；《大雅》之所以为《大雅》者，取是而光之也；《颂》之所以为至者，取是而通之也。天下之道毕是矣。[①]

意思是说：天下的道，都集中（"管"）在圣人所说的儒家学说里；历来圣王的道，与这个天下之道则是一致的。《诗》《书》《礼》《乐》所讲的宗旨，也都是儒家所说的天下之道，不过是具体表现在志向愿望（"志"）、先王史事（"事"）、行为及其规则（"行"）、心理审美（"和"）以及深层意识（"微"）等不同方面罢了。而天下之道都集中体现在《诗》《书》《礼》《乐》《春秋》之中。

以《春秋》为例。董仲舒说：

《春秋》之所治，人与我也；所以治人与我者，仁与义也；以仁安人，以义正我；故仁之为言人也，义之为言我也，言名以别矣。仁之于人，义之于我者，不可不察也，众人不察，乃反以仁自裕，而以义设人，诡其处而逆其理，鲜不乱矣。是故人莫欲乱，而大抵常乱，凡以暗于人我之分，而不省仁义

① 王先谦：《荀子集解》卷四《儒效》，北京：中华书局，1988年，第133—134页。

之所在也。是故《春秋》为仁义法，仁之法在爱人，不在爱我；义之法在正我，不在正人；我不自正，虽能正人，弗予为义；人不被其爱，虽厚自爱，不予为仁。[1]

在董仲舒看来，学习、研究《春秋》经的关键，是要抓住人、我二字，而其背后之精髓，则在"仁"与"义"，所以《春秋》给"治人"（对待他人）与"为我"（做我自己）确立了一个法则或标准：仁就是爱人，义就是正我，即以仁爱之心对待他人，以严正之念要求自己。在这里，董仲舒把《春秋》的精义概括为"仁义法"三字，说明研治《春秋》的最高目标，是要明了并确立这种"仁义法"。

再来看看礼与仁义之道的关系。《论语·八佾》里记林放问礼之本，孔子回答说："大哉问！礼，与其奢也，宁俭；丧，与其易也，宁戚。"易，作懈怠、松弛解。行礼与其铺张奢华，不如归于俭朴诚实；行丧如果徒守仪文之节，而哀戚之心浸以怠弛，则反而背离了礼的本义。所以，礼只是一种仪式与象征，它的"本"深藏于人的内心；离开了这个"本"，礼便失去了其意义。而这个"本"，就是"仁"。孔子说："人而不仁，如礼何？人而不仁，如乐何？"如果人没有仁爱之心，那要礼、乐又有什么用呢？又怎么能够行礼、乐呢？"仁"是"礼"的内在的精神基础，"礼"是"仁"的外在的表现形式。

成帝建始四年（前29），杜钦在回答成帝"天地之道何贵？王者之法何如？《六经》之义何上？"的策问时说："王者法天地，非仁无以广施，非义无以正身；克己就义，恕以及人，《六经》之所上也。"[2]颜师古注称："恕，仁也。言以仁爱为心，内省己志施之于

---

① 苏舆撰，钟哲点校：《春秋繁露义证》卷八《仁义法》，北京：中华书局，1992年，第249页。

② 《汉书》卷六〇《杜钦传》，第2674页。

人也。”那么,《六经》所尚之精义,就是仁义之道。因此,学习、研治、传承儒家的经典、学说,就是要保持这种仁爱之心,坚守仁、义、礼、知、信所谓五常之道,并对天地抱持敬畏之念,从而首先达致个人道德的完善,即“内圣”;然后才可以进而“治国平天下”,重建社会与文化秩序,致天下于太平,即“外王”。所以,儒生们学习并传承的,并不仅仅在于那些经典,更在于经典所蕴含的、以仁义礼智信为核心的道德观念与社会理念。正是有了这些理念,儒生群体才在社会与政治生活发挥了“导之以德,齐之以礼”的作用;同时,正是在这些基本理念的基础上,某些社会正义才得以确立并维持延续下来,成为维护社会秩序、建立并维护社会组织的基础。顾炎武说:

> 汉自孝武表章六经之后,师儒虽盛,而大义未明,故新莽居摄,颂德献符者遍于天下。光武有鉴于此,故尊崇节义,敦厉名实,所举用者,莫非经明行修之人,而风俗为之一变。至其末造,朝政昏浊,国事日非,而党锢之流,独行之辈,依仁蹈义,舍命不渝,“风雨如晦,鸡鸣不已”,三代以下,风俗之美,无尚于东京者。[①]

独行之辈,依仁蹈义,舍命不渝,对于读书治学的士大夫来说,既难能可贵,又理所当然。儒家所汲汲以求者,就在于此;而儒家之所以能历两千年仍得保持其生命者,亦在于有此辈在。如果儒家都是干求利禄之徒,其说早就湮灭不存了,因为干求利禄,最好的途径是谄上欺下,昧着良心行事,哪里用得着这样奢侈的学问?

① 《日知录集释》卷十三,《两汉风俗》,第753页。

在上引《日知录》文中，顾亭林复引范晔《后汉书·儒林列传》论，以明儒家学说之政治与社会意义。范晔说：

> 自光武中年以后，干戈稍戢，专事经学，自是其风世笃焉。其服儒衣，称先王，游庠序，聚横塾者，盖布之于邦域矣。若乃经生所处，不远万里之路，精庐暂建，赢粮动有千百，其耆名高义开门受徒者，编牒不下万人，皆专相传祖，莫或讹杂。至有分争王庭，树朋私里，繁其章条，穿求崖穴，以合一家之说。……然所谈者仁义，所传者圣法也。故人识君臣父子之纲，家知违邪归正之路。[①]

儒者学习与研讨的乃仁、义，而所传者是圣人之法，其说传播开来之后，“人识君臣父子之纲，家知违邪归正之路”，在社会上普遍确立了以君臣父子为核心的秩序观念，明晰了是非、正邪的分野。所以，到了桓、灵之世，君道秕僻，朝纲日陵，“自中智以下，靡不审其崩离”，而“权强之臣，息其窥盗之谋；豪俊之夫，屈于鄙生之议者，人诵先王言也，下畏逆顺势也”。章怀太子注：“言政化虽坏，而朝久不倾危者，以经籍道行，下人惧逆顺之势。”范晔把汉室之维系，归功于儒学之兴、儒者之气节及大众深受儒家学说之浸染，所以他说“张温、皇甫嵩之徒，功定天下之半，声驰四海之表，俯仰顾眄，则天业可移，犹鞠躬昏主之下，狼狈折札之命，散成兵，就绳约，而无悔心”。“迹衰敝之所由致，而能多历年所者，斯岂非学之效乎？故先师垂典文，褒励学者之功，笃矣切矣。”[②]在《陈蕃传》末的论中，范晔也表彰陈蕃之徒，“咸能树立风

---

① 《后汉书》卷七九《儒林列传》，第2589页。
② 《后汉书》卷七九《儒林列传》，第2589—2590页。

声，抗论惛俗”，“驱驰崄厄之中，与刑人腐夫同朝争衡”，他们“以遁世为非义，故屡退而不去；以仁心为己任，虽道远而弥厉”。“功虽不终，然其信义足以携持民心。汉世乱而不亡，百余年间，数公之力也。”[1]其言虽不免偏颇，但将儒学、儒生与汉代一统之局联系在一起，以为其共命运，同生死，还是有一定道理的。

不仅如此。儒生们通过师承相传，还将儒家所主张的价值观念逐步渗透到社会意识的深处，并在可能的范围内将之付诸实践。汉末天下大乱，管宁往投辽东公孙度：

> 宁往见度，语唯经典，不及世事。还乃因山为庐，凿坏为室。越海避难者，皆来就之而居，旬月而成邑。遂讲《诗》《书》，陈俎豆，饰威仪，明礼让，非学者无见也。由是度安其贤，民化其德。[2]

乱离之中，管宁讲《诗》《书》，行礼仪，团聚流民，正是将儒家的治世理念付诸实践。这种仁爱之心与政治理想，在随后而来的社会动乱中，起到了非常重要的作用。对此，论者已多，可不再说。

---

① 《后汉书》卷六六《陈蕃传》，第 2171 页。

② 《三国志》卷十一《魏书・管宁传》裴松之注引《傅子》，北京：中华书局，1959 年，第 354 页。

编户齐民：汉代农民的生活与社会

《汉书》里关于普通百姓的叙述非常之少，其原因，我们在《〈汉书〉的成立：历史叙述的本原》中曾经谈到过，基本雷同的生活图景、日复一日没有变化的生活轨迹、面貌性情大致相似的人们，很难引起人们自己和他人的回忆，他们自己偶有回忆，又往往得不到记录，无法形成可供检视的回忆性材料。这是就历史叙述与历史记载的本原来讲的。在中国传统的历史叙述中，普通百姓的身影一直非常模糊，声音也非常微弱，不仅仅是他们往往不被回忆、没有话语权的问题，更重要的是，他们是被统治者，他们的生存与生活，就被认为是为了统治者的，是为了王朝国家的兴衰更替，是为了国家才有意义的。换言之，有了国家才有百姓。今天，我们知道，历史事实不是这样，而是反过来：是先有人民，才有国家；有被统治者，才有统治者的。

但班固（以及大多数史家）都没有、也不可能知道这一点，所以《汉书》几乎是见不到普通百姓的。偶或有之，像陈胜、吴广、吕母以及赤眉、绿林之类，是作为王朝国家的对立面而出现在历史舞台上并被记录下来的，是贼、盗、寇。当然，如果他们成功，就会成为另一批帝王将相，所以我说他们是帝王将相的候选人，不过最终“败选”了而已。他们虽然曾经是普通百姓，但在历史叙述中，却是作为失败的帝王将相候选人而得到记录的，已经不再是普通百姓。而绝大多数的普通百姓，只是作为王朝国家的“编户齐民”，也就是在国家户籍编排、管理、统计册上被记录的符号，以及需要向王朝国家纳税服役的“户口”而存在的，并不是活生生的、有血有肉的生命个体。

因此，我们要了解王朝国家统治下的普通百姓，首先就要从王朝国家给予他们的身份说起，这就是“编户齐民”。

一　编户齐民：王朝国家统治下普通百姓的身份

（一）“编户齐民”释义

编户，《汉书·高帝纪》“诸将故与帝为编户民”句下颜师古注说：“编户者，言列次名籍也。”[①]也就是以户为单位，登记同户成员名字、身份的籍帐。齐民，《史记·平准书》“而将相或乘牛车，齐民无藏盖”句下如淳注称：“齐，等也。无有贵贱，谓之齐民，若今言‘平民’也。”[②]所以，编户齐民，就是列入国家户籍而身份平等的人民。无论是单独使用编户、齐民，还是编户齐民连用，都是指国家控制的普遍民户。《史记·货殖列传》说：“夫千乘之王，万家之侯，百室之君，尚犹患贫，而况匹夫编户之民乎？”[③]这里将“编户”与“匹夫”合称，而与“千乘之王，万家之侯，百室之君”相对举，显然是指普通百姓。其文又称：“凡编户之

① 《汉书》卷一下《高帝纪下》，北京：中华书局，1962年，第79页。
② 《史记》卷三〇《平准书》，北京：中华书局，1959年，第1417页。
③ 《史记》卷一二九《货殖列传》，第3256页。

民，富相什则卑下之，伯则畏惮之，千则役，万则仆，物之理也。夫用贫求富，农不如工，工不如商，刺绣文不如倚市门，此言末业，贫者之资也。”无论贫富，也无论农、工、商，在官府的管理系统中，都是“编户之民”，也就是“庶民”。太史公又说：“庶民农工商贾，率亦岁万息二千，户百万之家则二十万，而更徭租赋出其中。”[①]只要是庶民，无论农工商贾，也不管其拥有多少家资，都要服更徭、纳租赋，在承担国家的义务方面是平等的。所以，“编户齐民”的齐等，也是相对于王、侯、君而言的，只具备政治性和法律性的意义，与个体家庭的社会地位、经济财富没有直接关系。东汉末年，仲长统说：

> 汉兴以来，相与同为编户齐民，而以财力相君长者，世无数焉。而清絜之士，徒自苦于茨棘之间，无所益损于风俗也。豪人之室，连栋数百，膏田满野，奴婢千群，徒附万计。船车贾贩，周于四方；废居积贮，满于都城。琦赂宝货，巨室不能容；马牛羊豕，山谷不能受。妖童美妾，填乎绮室；倡讴伎乐，列乎深堂。宾客待见而不敢去，车骑交错而不敢进。[②]

身份虽然不过是普通的编户齐民，却可“以财力相君长”，也就是凭借财富的力量，控制、使用他人，拥有徒附、宾客，也就是“设财役贫”。徒附，李贤注称：“徒，众也；附，亲也。”并不太洽。盖徒，当作“空手”解；附，应理解为“附从”。徒附，应是指没有田产而依附于豪强富室的人，他们脱离或基本脱离了原有的乡里，成为豪强的“客”，就不再是编户齐民，那些豪强本身，则仍然是编户齐民。

---

① 《史记》卷一二九《货殖列传》，第 3274、3272 页。
② 《后汉书》卷四九《仲长统传》，北京：中华书局，1962 年，第 1648 页。

贵族与官员，应当是不纳入编户系统的。昭帝时，在著名的盐铁会议上，御史大夫桑弘羊说："居编户之列，而望卿相之子孙，是以跛夫之欲及楼季也，无钱而欲千金之宝，不亦虚望哉！"[①]楼季是魏文侯的兄弟，以善于登山跋涉著称。桑弘羊的意思是说：身为编户齐民，还希望像公卿守相的子孙那样，就如同一个跛脚的人想赶得上善跑的楼季、一文不名却想得到价值千金的宝物那样，那不是痴心妄想吗？显然，在编户齐民与卿相子孙之间，有一道鸿沟。

但还没有当上官的读书人，士，是要编排户籍的，也属于编户齐民。我们知道，士本来是指有职事的人，是贵族阶层的最下层，但不是庶民。春秋战国以来，士的地位不断降低，越来越与庶民相近，从而逐步脱离贵族阶层，成为庶民的一部分。《春秋穀梁传》成公元年三月《经》文"作丘甲"句下《传》说："作，为也。丘为甲也。丘甲，国之事也。丘作甲，非正也。丘作甲之为非正，何也？古者立国家，百官具，农工皆有职以事上。上古者有四民：有士民，有商民，有农民，有工民。夫甲，非人人所能为也。丘作甲，非正也。"[②]意思是说包括士在内四民，都要"作丘甲"，也就是都要按照田亩的数量服兵役，这样，士就与商、农、工等一样（请注意这里四民的顺序，商是排在农之前的，这个观念，应当反映了战国晚期到西汉前期的情形），都是庶民了。从云梦睡虎地所出秦简《游士律》中可以见出，秦可能还是有专门的士籍的，所以才特别规定了针对"游士"的律；而《穀梁传》的成书，最晚也不会晚于西汉前期，所以至迟到西汉时代，士已经成为四民之首，和农、工、商一起登记于户籍簿了。贾谊《新书·辅佐》说："祧师

① 王利器校注：《盐铁论校注》卷二《刺权》，北京：中华书局，1992年，第121页。

② 范宁集解，杨士勋疏，夏先培整理：《春秋穀梁传注疏》卷十三，北京：北京大学出版社，1999年，第211页。

典春，以掌国之众庶，四民之序，以礼义伦理教训人民。”[①]则至迟到文帝、景帝时代，“四民”已经成为一种常用的概念，士早就与庶民一样了。

（二）户籍制度的形成

国家大规模地编排民户，列入籍帐，给予并确定民众的身份，应当始于战国时期。《史记·秦始皇本纪》记秦献公十年（前375），“为户籍相伍”。[②] 所谓“相伍”，应当就是以五家为“伍”的办法编排户口，“伍”是户籍编制的基本单位。《史记·商君列传》叙述秦孝公三年（前359）商鞅主持的第一次变法，说：

> 令民为什伍，而相牧司连坐。不告奸者腰斩，告奸者与斩敌首同赏，匿奸者与降敌同罚。民有二男以上不分异者，倍其赋。有军功者，各以率受上爵；为私斗者，各以轻重被刑大小。僇力本业，耕织致粟帛多者复其身。事末利及怠而贫者，举以为收孥。

“令民为什伍”，司马贞《索隐》引刘氏云：“五家为保，十家相连。”张守节《正义》说：“或为十保，或为伍保。”也就是或者十家，或者五家，编成一组，互相担保。“相牧司连坐”，司马贞解释说：“牧司，谓相纠发也。一家有罪而九家连举发，若不纠举，则十家连坐。恐变令不行，故设重禁。”这条法令，将户籍与治安责任、赋税负担、军功受赏、罪责惩罚联系在一起。户口编排的单位，是“户”，所以法令特别规定“民有二男以上不分异者，倍其赋”，也就是家里有两个成年男子而没有分家的，要征收两倍的赋。《商

① 阎振益、钟夏校注：《新书校注》卷五《辅佐》，北京：中华书局，2000年，第206页。
② 《史记》卷六《秦始皇本纪》，第289页。

君书·境内》说：

> 四境之内，丈夫、女子皆有名于上，生者著，死者削。[①]

无论是丈夫(男子)，还是女子，都要在户口簿上登记，让官府掌握其名册，新生儿要登记("著")，死者要削去他的名字(户籍是写在简牍上的，所以是"削")。

《管子·度地》借管子之口，引述齐国法令也说：

> 常以秋岁末之时，阅其民，案家人、比地、定什伍口数，别男女大小。其不为用者，辄免之；有锢病不可作者，疾之；可省作者，半事之。并行，以定甲士当被兵之数，上其都。都以临下，视有余、不足之处，辄下水官；水官亦以甲士当被兵之数，与三老、里有司、伍长行里，因父母案行，阅具。[②]

按照这里的说法，齐国是在每年末、秋收之后，省视境内的百姓，检查、登记每家的人口与田地("案家人比地")，编排并确定什家、五家的互保组织，分别登记民户的男、女与大、小。那些年老不能再劳动、服役的，就免除其户籍编排；有较重疾病而不能从事劳作的，在户籍簿上特别注明"疾"字，暂时免除其徭役；虽然有疾病但仍然可以从事较轻劳作的，减免一半的劳役。在这一过程中，也要确定可以征发服兵役、作甲士的名单、数额，并将其名籍报告到"都"这一级(应当指各邑的大夫)。"都"要亲自检查相关资料，如果发现还有未如实上报，或上报信息不够全面的

① 高亨注译：《商君书注译》，北京：中华书局，1974年，第146页。

② 黎翔凤撰，梁运华整理：《管子校注》卷十八《度地》，北京：中华书局，2004年，第1059页。

(“余、不足之处”)，就立即向“水官”(疑为“本官”之讹误，当即“本管”，意为直接负责的官吏)下达命令。“水官”(本管)再根据“都”所要求的应当服兵役的甲士数量，与三老、里有司、伍长等一起，直接到“里”中去检查，逐一询问各家的父母，对照籍簿，以确保没有遗漏(“因父母案行，阅具”)。《管子》的成书年代虽然颇有争论，但这里引述的“令”，应当是齐国之令，大致无异辞。所以，我们可以基本确定，齐国也已建立起完备的户籍制度，而且其户口登记制度也是与兵役征发联系在一起的。

云梦睡虎地所出秦简《为吏之道》的末尾附有两条魏国的律，很值得注意，其中第一条是户律：

> 廿五年闰再十二月丙午朔辛亥，◎告相邦：民或弃邑居埜，入人孤寡，徼人妇女，非邦之故也。自今以来，叚门逆吕，赘壻后父，勿令为户，勿鼠(予)田宇。三楪之后，欲士，士之，乃署其籍曰：故某虑赘婿某叟之乃孙。魏户律。[①]

廿五年，一般说是魏安釐王二十五年(前252)。相邦，整理者释为“相国”，我认为应当是相与邦。国君直辖的郡邑的长官，当是“相”；分封给卿大夫的封地，是“邦”。邑，当是四周围以土垣的聚落；埜，即野，这里与“邑”相对，应当是指民户分散居住在乡野，没有形成四周围以土垣的集聚村落，而是一家一户分散居住，靠近耕种的田地。“入人孤寡”，是说进入孤寡家庭，成为其成员；徼，当作“遮取”解，“徼人妇女”，即把别人家的妇女弄到自己家里来。“非邦之故”，应当解作“不是国家允许的事情”，不能解作“不是国中旧有的现象”。故，当从其本义，解作“使为之”。

---

① 睡虎地秦墓竹简整理小组编：《睡虎地秦墓竹简》，北京：文物出版社，1990年，第174页。

"叚门逆吕",整理者释作"贾门逆旅",我以为非当。按:"吕"字的本义是指脊骨、脊肉、膂,引申为膂力,这里当是指成年男子,如"旅卒"之"旅"解。"逆吕",当即引入的成年男子。然则,"叚门"即假门,也就是冒名顶替别人的门户,用别人的户头。"故某虑赘婿某叟之乃孙"的"虑",原释作"乡闾之闾"解,应可从,这说明魏国是将民编组成"闾"的;"故",仍当解作"使为之",意为"特别征发",不能释为"以前"。这个于魏安釐王二十五年以给相、邦"告"的形式颁布的法令说:现在,有的民户离开居住的邑,住到乡野的分散村落里(脱离了原来的居住地和行政系统),有的人把姓名列在孤寡户头上,有的人把别人家的妇女列入自己的户名之下,这些,都是国家法律所不允许的。从今以后,凡是假冒别人的户名,或在自己的户名下纳入别家的人,入赘或作为继父进入别人家的,都不允许纳入户籍簿,也不允许他们拥有田地屋宇。这样的人,经过三代以后,如果需要征发他们服兵役,也可以征发,但要在其兵籍上写清楚:这是特别征发的某闾赘婿某的孙子(意思是虽然征发他们服兵役,但并未允许他们入正常的户籍)。这个户律,说明魏国也已有严格的户籍制度。

因此,战国时期各国均编排、登记户籍,大抵是通行的做法。户籍的编排、登记与管理,是与正在形成的集权制国家的军事、治安、赋役制度联系在一起的,反映出国家对民众的控制得到了全面的加强,从而为专制主义集权奠定了基础。严格的户籍制度,是专制主义集权制国家最重要的标志之一,也是其得以建立、维系的基础。正是通过户籍制度,专制国家才得以控制民众的居住、移动、财产乃至婚姻与家庭,在不同程度上掌握土地、山林等基本经济资源,从民众手中掠夺各种各样的经济利益,征发民众的劳动力资源作为保障国家安全、扩张的军事力量,以及维系专制主义国家普遍都有的大规模国家公共工程的建设和维护，甚至通过户籍制度，推行教化，宣扬专制国家最为需要的、以忠孝为核心的社会伦理观念，从而达到对民众在政治身份、经济地位、社会角色、文化认同等各方面的全方位控制。正是因为此，战国以降，历代王朝都非常重视户籍制度的建立和实施，将之视为关乎王朝国家命运的重要方面：王朝国家掌握的户口繁盛，则王朝兴盛、繁荣，臻于“盛世”；王朝国家掌握的户口减耗，则意味着王朝国家走向衰退，乃至于衰亡。正是在这个意义上，我们说，户籍制度是专制主义集权制国家的基石，它比任何官僚制度、军事制度和经济、文化制度，都具有更重要的基础性作用。

（三）汉代的户籍

秦末刘邦攻入咸阳，诸将皆争相抢夺金帛财物，只有萧何收取秦丞相府、御史府所藏的律令图书。《史记·萧相国世家》说：

> 沛公至咸阳，诸将皆争走金帛财物之府分之，何独先入收秦丞相御史律令图书藏之。沛公为汉王，以何为丞相。项王与诸侯屠烧咸阳而去。汉王所以具知天下厄塞、户口多少、强弱之处，民所疾苦者，以何具得秦图书也。[①]

萧何从丞相府、御史府“收”到的“图书”中，就应当包括各郡县的户籍簿，至少是各郡县户籍的汇总册。

汉代的户籍，一般称为名、名数、名籍。《汉书·高帝纪》载高祖五年（前202）夏五月“罢兵赐复诏”称：

> 诸侯子在关中者，复之十二岁，其归者半之。民前或相聚保山泽，不书名数。今天下已定，令各归其县，复故爵田

① 《史记》卷五三《萧相国世家》，第2014页。

宅。吏以文法教训辨告，勿笞辱。民以饥饿自卖为人奴婢者，皆免为庶人。军吏卒、会赦其亡罪、而亡爵及不满大夫者，皆赐爵为大夫。故大夫以上赐爵各一级，其七大夫以上皆令食邑，非七大夫以下皆复其身及户，勿事。[①]

这个诏书非常重要，也很著名，很多学者在讨论不同问题时涉及过。这条诏书，涉及三个问题。

一是“赐复”。诏书说：“诸侯子在关中者，复之十二岁，其归者半之。”诸侯子，一般认为是指跟从刘邦起兵反秦、击项羽、打天下的军功贵族的子弟，我以为不是很恰当。盖其时刘邦还没有封赏军功，从龙诸臣尚多未得封为诸侯，真正跟着刘邦打天下的文武群臣，将是新朝显贵，也不存在免除徭役（“复”）的问题。宋祁说：“诸侯子谓诸侯国人。”应当是很有道理的。这里的“诸侯子”，应当是指当时分封的楚、韩、淮南、梁等异姓诸侯国留在关中的部属。在此之前，刘邦尚未称帝，汉王二年（前205）六月，立刘盈为太子，“令太子守栎阳，诸侯子在关中者皆集栎阳为卫”[②]，也应当是指关东诸侯留在关中的部属。所以，诏书此条规定，应当是针对当时的异姓诸侯国的，希望他们留在关中的部属继续留在关中，不要回返其所属之国。

二是“归籍”。“民前或相聚保山泽，不书名数。”颜师古注：“名数，户籍也。”名数即户籍。籍与簿皆从“竹”，可见本来所使用的是竹简。《晋令》说：“郡国诸户口黄籍，皆用一尺二寸札。已在官役者载名。”[③]所说虽然是晋时制度，但推测汉时也相差不

---

① 《汉书》卷一下《高帝纪下》，第54页。

② 《史记》卷八《高祖本纪》，第372页。

③ 《太平御览》卷六〇六《文部二二·札》，北京：中华书局，1960年，影印本，第2726页。

大。《释名》卷六《释书契》谓："籍，籍也，所以籍疏人名户口也。"①则户籍上是写明人名、户口数的。当秦末乱离，百姓多相聚集山林湖泽间以避难保守，所以脱离了原来的户籍。现在，要求他们归还原籍，也重新承认他们曾经拥有的爵位、田地与屋宅。在此之前，因为饥饿自卖为人奴婢的，也都恢复其编户齐民的身份，重新编入户籍。

三是"赐爵"。大夫是第五等爵位，属于民爵。受赐为大夫爵位的，有四种情况。第一种是现役的军吏卒，应当是指自秦末以来参加到汉军系统中的军士、吏、兵卒，这是录其军功而加以奖励。第二种是"会赦其亡罪"，这一类人颇难解，历来注家断句都不相同，多解作"军吏卒会赦，其亡罪而亡爵及不满大夫者"，然现役之军吏卒征战多年，正是录其军功之时，何以需要"会赦"之后才能受爵？至不能解。我以为应把"会赦其亡罪"看作一类人，应当是指原来曾经参加过秦军、楚军等一切反对汉军的人，现在全部赦其无罪，也纳入授爵。第三种是"亡爵"，即此前没有爵位的。第四种是此前虽有爵但爵位低于大夫的。以上四类人，均授予大夫爵位。这实际上是一次普遍授爵，盖凡是符合年龄条件的成年男子都得到了授爵。"故大夫以上赐爵各一级，其七大夫以上皆令食邑"，是给此前已有爵位的人晋升爵等。"七大夫"即"公大夫"，是第七等爵。公大夫以上即属于官爵。食邑，臣瓒解释说："秦制，列侯乃得食邑，今七大夫以上皆食邑，所以宠之也。"解非当。按照这个解释，凡受官爵者，皆得食邑，既不可能，也不会是事实。《汉书》下文又录另一条诏书称：

> 七大夫、公乘以上，皆高爵也。诸侯子及从军归者，甚

① 刘熙撰，毕沅疏证，王先谦补：《释名疏证补》卷六《释书契》，北京：中华书局，2008年，第203页。

多高爵。吾数诏吏，先与田宅，及所当求于吏者，亟与。爵或人君，上所尊礼，久立吏前，曾不为决，甚亡谓也。异日秦民爵公大夫以上，令丞与亢礼。今吾于爵非轻也，吏独安取此？且法以有功劳行田宅，今小吏未尝从军者多满，而有功者顾不得，背公立私，守尉长吏教训甚不善。其令诸吏善遇高爵，称吾意，且廉问。有不如吾诏者，以重论之。

这条诏书说，关东诸侯国人留居关中及从军回归家乡的，很多人都有七大夫以上的高爵位。要求地方长吏尽快按照规定，给予他们田宅。诏书还引用一条“法”，说“有功劳行田宅”，“行”作“付与”解，意思是有功劳的人，要付与他田宅。因此，上引诏书中“其七大夫以上，皆令食邑”，当理解为凡七大夫以上爵位者，都要由官府给予他们田宅。“非七大夫以下皆复其身及户，勿事。”应劭解释说：“不输户赋也。”如淳说：“事，谓役使也。”颜师古说：“复其身及一户之内皆不徭赋也。”所解不甚全面，当解作免除他本身的徭役，以及全家的户赋（并不免除全家的徭役）。

这里需要补充说明的是：秦汉时期的编户齐民是按“爵”来分等级的，这就是所谓“民爵”。《汉书·百官公卿表》说：

爵：一级曰公士，二上造，三簪袅，四不更，五大夫，六官大夫，七公大夫，八公乘，九五大夫，十左庶长，十一右庶长，十二左更，十三中更，十四右更，十五少上造，十六大上造，十七驷车庶长，十八大庶长，十九关内侯，二十彻侯。皆秦制。以赏功劳。①

这就是所谓“二十等爵制”。这些爵称，大抵主要来源于军职，如

① 《汉书》卷九五上《百官公卿表上》，第739—740页。

公士、上造应是车战时代的步卒，簪袅则是驾驭驷马的车夫，不更是站在车上的（与普通更卒不一样，故称“不更”），大夫可能是一个战车单位的指挥官。其中的前八等爵，大抵都可以授给一般庶民与下级官吏（大致说来，前五等是民爵，六、七、八三等是吏爵）。五大夫以上，则是秩六百石以上的官吏才可以受的爵，属于官爵。[①] 民爵制度，是金字塔式层级制度向下的延伸，它给编户齐民以等级的规定，给庶民的身份加上了等级。划分等级的身份制度，显然是为了将民众纳入到层级制的国家体系之中。它是将国家制度渗透到基层社会的最重要的途径。

上引诏书中，要求尽快给予七大夫、公乘以上有高爵的“诸侯子及从军归者”以田宅，令其得“食邑”。张家山汉简《二年律令·户律》规定了按照爵等受田宅的标准，其中公大夫（七大夫）可受田九顷，宅九宅；公乘可受田廿顷，宅廿宅；五大夫可受田廿五顷，宅廿五宅。[②] 高祖五年诏令催促地方长吏尽快授予田宅的对象，主要是七大夫以上的高爵，也就是拥有吏爵以上爵位的人户，与真正的编户齐民关系并不大。

关于汉代户籍的登记与迁移，张家山汉简《二年律令·户律》中有相当详细的规定：

> 恒以八月令乡部啬夫、吏、令史相襍案户籍，副臧其廷。有移徙者，辄移户及年籍爵细徙所，并封。留弗移、移不并封及实不徙数，盈十日，皆罚金四两；数在所正、典弗告，与同罪；乡部啬夫、吏主及案户者弗得，罚金各一两。

---

① 参阅西嶋定生《中国古代帝国的形成与结构——二十等爵制研究》，武尚清译，北京：中华书局，2004 年，特别是 84—103 页。

② 张家山二四七号汉墓竹简整理小组：《张家山汉墓竹简》（释文修订本），北京：文物出版社，2006 年，第 52 页。

这里说了两项规定。一是每年八月份，各乡的啬夫、吏、令史等一起会集，共同案察民户，检索户口，登记造册，录好副本，一份收藏在乡廷，一份呈送到县廷。八月算民，案户比民，是汉代民政的大事。案比是非常严格的。江革是齐国临淄人，少时父亲就去世了，“革负母逃难，备经阻险，常采拾以为养”。光武兴复，“建武末年，与母归乡里。每至岁时，县当案比，革以母老，不欲摇动，自在辕中挽车，不用牛马，由是乡里称之曰‘江巨孝’”。[①]江革的母亲已经很老了，走不动路，江革自己拉着车子，把母亲带到案比的地方去。这虽然是东汉初年的事情，但估计西汉时也与此差不多。

二是关于户籍迁移的规定。这条法律规定：凡是迁移户籍，必须由户籍所在乡的啬夫、吏主、案户者一起出具移文，移文中要详细写明迁徙人户的户口、年龄、爵位等具体信息，一起用印封缄。当地乡司将户籍扣下、不予移文，或者移文上没有印封，或者移文中所述迁移户口与实际迁移户口数不符等情形，相关责任人都要受到处罚。居延汉简中有一份这样的户口迁移证明，抄录在这里(编号 505 • 37A、B)：

建平五年八月戊□□□□广明乡啬夫宏、假佐玄敢言之：/

善居里男子丘张自言，与家买客田居/

延都亭，欲取检。谨案：张等更赋皆给，当得取检，谒移居延。/

如律令。敢言之/

① 《后汉书》卷三九《江革传》，第 1302 页。

〼放行。/①

按：哀帝建平年号只有四年，并无五年，或以边地之故，乡里小吏并不知悉改元之事，故仍书为“建平五年”（前2）。这份移文由广明乡（属何县不详）的啬夫宏、假佐（代理乡佐）玄具名，内容是说：广明乡善居里的男子丘张提出申请，说自己在居延都亭买了一块客田，想把户籍迁移到那里去，请求检验是否合乎条件。乡司调查的结果是：丘张的徭役与赋税都已服、纳，审核结果，符合相关规定；请求上司同意，将之移籍居延。简牍的背后只有“放行”二字，推测应当是县廷签署的意见。这个移文在居延出土，应当是丘张带到居延来的。

那么，汉代的户籍究竟是怎样的呢？由于迄今还没有发现过汉代户籍的原件，所以还不能知道其确切的样子。但我们从一些相关的文书中，或者可以见出汉代户籍样式的大概。云梦睡虎地秦简《封诊式》中，有一件题为“封守”的乡某爰书。这份称作“封守”的文书应当是查封犯人的产业、看守犯人家属的文书，其中可以窥知当时户口与财产登记的一般格式：

某里士五甲家室、妻、子、臣妾、衣器、畜产。

·甲室、人：一宇二内，各有户，内室皆瓦盖，木大具，门桑十木。

·妻曰某，亡，不会封。

·子大女子某，未有夫。

·子小男子某，高六尺五寸。

·臣某，妾小女子某。

① 谢桂华、李均明、朱国炤编：《居延汉简释文合校》，北京：文物出版社，1987年，第607页。

· 牡犬一。[1]

根据这份爰书，可以推知秦时户口登记的排列方式，应当是户主、妻子、子、奴婢，子女不是依男女的次序，而是按年龄的大小排列的。这个例子，是以夫妻和一男一女及一奴一婢为构想的，可以设想一般情况下的户籍登记，很可能就是这个样子。但这个查封清单中没有涉案士五甲及其家人的年龄与爵位等情况，在正式的户籍簿里，应当是包括这两方面内容的。

居延所出永光四年(前40)延寿燧长孙时与吞胡燧长张彭祖的符，应当是颁发给二人及其家人的通行与居住证。《释名》卷六《释书契》："符，付也，书所敕命于上，付使传行之也。亦言赴也，执以赴君命也。"孙时一家的符是这样的：

永光四年正月己酉	妻大女昭武万岁里孙第卿年廿一	
	子小女王女年三岁	
橐佗延寿燧长孙时符	弟小女耳年九岁	皆黑色

孙时于永光四年正月获得这个居住证，上面写明了除他之外其家庭成员的基本情况：他的妻子叫孙第卿，居住在昭武乡万岁里，廿一岁；他们的女儿叫王女，三岁；他还带着自己的妹妹，名叫耳，九岁。王女和耳的肤色都比较黑。张彭祖的符与孙时同日颁发，上面写着：

	妻大女昭武万岁里□□年卌二
永光四年正月己酉	子大男辅年十九岁

① 睡虎地秦墓竹简整理小组编：《睡虎地秦墓竹简》，第149页。

橐佗吞胡隧长张彭祖符　子小男广宗年十二岁
子小女女足年九岁
辅妻南来年十五岁　　皆黑色[①]

张彭祖的年纪大一些,他的家庭也比较大:他的妻子已经四十二岁;他们有两个儿子,一个女儿;大儿子辅十九岁,已经结婚,妻子叫南来,十五岁;小儿子广宗,十二岁;小女儿称作“女足”,不满九岁。一家人也都比较黑。

二　五口之家及其生计和负担

(一)五口之家

上引居延汉简所见西汉末年在居延戍边的孙时一家,是一夫一妻一妹一女,四口人;张彭祖家,是一夫一妻二子一女一媳,六口人,儿子虽然已经成家,但只有十九岁,儿媳更只有十五岁,可能还不能独立生活,所以尚未分家。我们再来看看居延汉简中所见其他家庭的情况。

1.居延西道里公乘徐宗的家庭与财产。简 24 是徐宗家庭财产的简要登记,其背面在“三堠隧长居延西道里公乘徐宗年五十”之后,写着“三堠隧长,伏地再拜,足下毋恙”等字,明显属于习字内容,所以,可以相信,其正面所录,应当是徐宗自己申报的家庭与财产情况,但应当是草稿,或者就是习字文。其文为:

三堠隧长居延西道里公乘徐宗年五十　　徐宗年五十
妻妻　　宅一区直三千　　妻　　　　妻一人
子男一人,田五十亩直五千　男子一人　子男二人

---

① 谢桂华、李均明、朱国炤编:《居延汉简释文合校》,第 44 页。

男同产二人　用牛二直五千　子女

二人

女同产二人　　　　　　　　男同产

二人

女同产

二人[①]

这份文书，基本上属于草稿或习字性质，所以使用起来要特别小心，它是否真实反映了徐宗的家庭、财产情况，以及其中所述宅、田、牛的价格，都要谨慎对待。[②] 简牍中分别书写了两次的"男同产二人"、"女同产二人"，均应当是指他的两个儿子和女儿，"同产"是一种法律上的用语，这里不应当解释为徐宗的"同产"，即他的兄弟姐妹。"子男一人"和"男子一人"，也应当是试写的，当以"子男二人"为是。这样，我们就可大致确定，徐宗的家庭，应当有一妻、二子、二女，共六口人。有的学者将男、女同产二人看作为徐宗的兄弟姐妹，认为这是一个有十口人的大家庭。徐宗年已五十，他的兄弟姐妹也应当早已成年，均未结婚，并与哥哥住在一起，无论如何都是不可想象的。而且，他们家只在一区住宅，五十亩地，兄弟姐妹都住在一起，也是不可想象的。

2.燧卒周贤与另一个佚名戍卒的家庭。简 27·3 与 27·4 都是戍卒家属廪名籍，即申请廪食的名籍。简 27·4：

　　　　　　　　妻大女止氏年廿六用谷二石一斗六升大

制虏燧卒周贤　　子使女捐之年八用谷一石六斗大

① 谢桂华、李均明、朱国炤编：《居延汉简释文合校》，第 34—35 页。

② 永田英正：《居延汉简研究》，张学锋译，桂林：广西师范大学出版社，2007 年，第 417—436 页。

子使男并年七用谷二石一斗六升大　　凡
用谷六石

因为这是用来申请口粮的文书，周贤又不过是一个普通的戍卒，可以相信，他的家庭都要依靠他为生，而他又没有能力虚报家庭人口，所以，这里记录的他的家庭情况，应当是可信的。那么，这就是一个四口之家：一夫、一妻、一子、一女，子女都未成年，属于小男、小女（十四岁以下），但已能从事简单劳动，所以简文上记作"使女"、"使男"（六岁以上）。这里特别可注意的是八岁的女儿捐之（或者本来是"娟子"）的廪食标准是一石六斗六升，而七岁的儿子并的廪食标准则是二石一斗六升，和他们的妈妈一样。

简 27・3 已残，不知戍卒的姓名。其文是：

☑　妻大女止□年廿一用谷二石一斗六升大
弟使男陵年十二用谷二石一斗六升大
凡用谷四石三斗三升少①

这个佚名的戍卒，带着自己十二岁的弟弟来戍边；妻子廿一岁，没有孩子。是一个三口之家。

3.燧卒张孝的家庭。简 55・25 也是戍卒家属廪名籍，其上一编号的简是"万岁部建平五年五月吏卒廪名籍"，推测此简的时代也大致相近，即在西汉末之建平年间。

制虏燧卒张孝
妻大女弟年卅四用谷二石一斗六升大
子未使女解事年六用谷一石一斗六升大

---

① 谢桂华、李均明、朱国炤编：《居延汉简释文合校》，第 41 页。

凡用谷三石三斗三升少①

张孝与妻子只有一个女儿(虽然他的妻子已经三十四岁了,他也应当差不多岁数),六岁,是"未使女","解事"应当是她的名字。也许,他们在故乡还应当有别的孩子,但在居延的,只有三口人。

4.佚名戍卒的家庭。简 103 · 24 是一支断简,很难判断其性质,但其所记内容,也应当是一个戍卒的家庭情况。

妻大女□新年廿七
子小男大□年十一
子小男汪年四②

这个佚名戍卒的妻子叫□新,二十七岁,有两个儿子,都是小男。从妻子与两个孩子的年龄上看,应当不会还有别的孩子。所以这应当是一个四口之家。

5.燧卒张霸、伍尊的家庭。简 133 · 20 是发放廪食的名籍,即发放廪食后的记录或报告。

弟大男辅年十九
第四燧卒张霸　弟使男勋年七　见署用谷七石八升大
妻大女年十九③

张霸年龄估计应在二十岁或稍大些,带着自己的妻子和两个弟弟来居延充当戍卒,大弟弟已成年,应未成家;小弟弟只有七岁。

① 《居延汉简释文合校》,第 98 页。
② 《居延汉简释文合校》,第 171 页。
③ 《居延汉简释文合校》,第 223 页。

他们自己还没有孩子。这个四口之家，非常年轻，处于不稳定的状况中。同一燧的伍尊只带着妻子一人，"妻大女女足年十五，见署用谷二石九升少"（55·20）。[①] 伍尊自己也应当很年轻，妻子只有十五岁，尚未有孩子，是一个两口之家。

6.燧卒富风的家庭。简 161·1 是戍卒家属廪食名籍。

	妻大女君以年廿八用谷二石一斗六升大
执胡燧卒富风	子使女始年七用谷一石六斗六升大
	子未使女□年三用谷一石一斗六升大
	凡用谷五石[②]

戍卒富风和妻子有两个女儿，是四口之家。

7.戍卒虞护的家庭。简 194·20 是廪食发放名籍。

	妻大女胥年十五	
第四燧卒虞护	弟使女自如年十二	见署用谷四石
	子未使女真省年五	八斗一升少[③]

虞护也应当很年轻，他的妻子胥只有十五岁（即使"五"字有误，也不足二十岁），两人却已有一个五岁的女儿（名字叫"真省"），他们还带着虞护十二岁的妹妹（名叫"自如"），组成一个四口之家。

8.戍卒徐谊、孙青肩、宁盖邑、王并、李护宗等人的家庭。简 203 之 3、4、7、12、13、19、23、32 都应当属于戍卒廪食名籍，有的

① 《居延汉简释文合校》，第 97 页。
② 《居延汉简释文合校》，第 265 页。
③ 《居延汉简释文合校》，第 309 页。

是申请用的，有的是发放用的。兹一并抄录于下[①]：

简 203·3：

<table>
<tr><td rowspan="3">第五燧卒徐谊</td><td>妻大女眇年卅五</td><td></td></tr>
<tr><td>子使女待年九</td><td>见署用谷五石</td></tr>
<tr><td>子未使男有年三</td><td>三斗一升少</td></tr>
</table>

徐谊妻子已经三十五岁，他的年龄也应当相差不多。他们有两个未成年的子女，可以领受廪食。以其年龄推测，可能还有别的孩子，没有来居延，或者未列入领取廪食的名籍。换言之，这个家庭最少有四口人，但可能还有别的成员。

简 203·4：

妻大女佳年十八用谷二石一斗六升大

这当是一支残简，但仍可推知应是一支家属廪食名籍简，所缺者应为戍卒姓名。这个戍卒的妻子只有十八岁，应当还没有孩子，所以是一个年轻的两口之家。

简 203·7：

武成燧卒孙青肩
妻大女妐年卅四用谷二石一斗六升大
子使女于年十用谷一石六斗六升大
子未使女女足年六用谷一石一斗六升大　凡用谷五石

① 《居延汉简释文合校》，第 315—317 页。

孙青肩名下可申请廪食的有妻子和两个女儿，他们也可能还有别的孩子，未列入廪食名籍，所以也是一个至少四口的家庭。

简 203・12：

第六燧卒宁盖邑

父大男偃年五十二

母大女请卿年卌九　・见署用谷七石一斗八升大

妻大女女足年廿一

宁盖邑的妻子二十一岁，他的年纪也应当是二十多岁，似乎还没有孩子。他们的父母亲在他的名下领取廪食，却未必住在一起。这个四口之家有些特殊。

简 203・13：

妻大女严年十七用谷二石一斗六升大

俱起燧卒王并　子未使女毋知年二用谷一石一斗六升大

・凡用谷三石三斗三升少

王并的妻子只有十七岁，他们有一个两岁的女儿，不当会有别的孩子，所以这是一个典型的三口之家。

简 203・19：

☐李护宗　妻大女女足年廿九用谷二石一斗六升大

子使男望年七用谷二石一斗六升大

・凡用谷四石三斗三升少

李护宗的妻子二十九岁，他们有一个七岁的儿子，可以一起申请廪食，似乎不会有其他成年的孩子，所以也基本可以断定是一个三口之家。

简 203·23：

	妻大女待年廿七	
☐	子未使男偃年三	省茭用谷五石三斗一升少
	子小男霸年二	

这应当属于廪食发放名籍，"省茭"可能是"见署"之误写或误释。这一个佚名戍卒的家庭，也应当是有四口人。

简 203·32：

	妻大女君至年廿八用谷二石一斗六升大
☐	弟大女待年廿三用谷二石一斗六升大
	子使男相年十用谷二石一斗六升大

戍卒姓名亦残缺。这个戍卒带着二十三岁的妹妹来戍边，有些特殊。他们只有一个儿子，十岁，似乎没有更小的孩子了。这是一个四口之家。

9.戍卒张放的家庭。简 231·25 也是申请廪食的戍卒家属名籍。

制虏燧卒张放	妻大女自予年廿三用谷二石一斗六升大
	子未使男野年二用谷一石六斗六升大
	☐[1]

① 《居延汉简释文合校》，第 376 页。

张放的妻子二十三岁，一个孩子两岁，似乎没有别的孩子。所以，这也应当是一个三口之家。

10.戍卒丁仁的家庭。简 254·11 也是戍卒家属廪食名籍。

俱起燧卒丁仁　　母大女存年六十七用谷二石一斗六升大
弟大女恶女年十八用谷二石一斗六升大
弟使女肩年十三用谷一石六斗六升大
·凡用谷六石[1]

丁仁的母亲已经六十七岁，他有两个妹妹，一个十八岁、一个十三岁，她们都在丁仁的名下申请廪食，而丁仁至少应有二十岁上下，却未见娶妻生子，这里有些奇怪。至少，这不是一个正常的家庭。同样的情形，还见于简 286·5：

☐父大男贤年六十二用谷三石
☐弟大男宣年廿二用谷三石
☐子使女阿年十三用谷一石六斗六升大　凡用谷七石六斗六升大[2]

这个佚名戍卒已有一个十三岁的女儿，他则应当在三十岁上下，而他的父亲和早已成年的弟弟也在他的名下申请廪食，却未见妻子。这个材料，可能也并不反映他的家庭情况。

我不厌其烦地抄录这些零散的材料（居延新简中也有一些类似的材料，不具录），是想把汉代那些具体的、活生生的人，展现在我们面前。不管这些材料在多大程度上反映了真实的情

---

① 《居延汉简释文合校》，第 421 页。
② 《居延汉简释文合校》，第 482 页。

形，我们总是看到了一些普通戍卒的姓名，他们的妻子、儿女、兄弟姐妹和父母亲。虽然大多数是廪食名籍里的记载，未必反映他们家庭的真实情况，但我们仍然可以得出一些印象：戍卒的家庭大多很年轻，往往拥有三四口人，即一夫一妻以及一至两个孩子，很少有三个以上的子女（即使有，也未列入廪食名籍）；也有的家庭，包括了未成年的弟弟妹妹，同样构成三口至五六口的家庭。而这些家庭的平均规模，大概不足五口，虽然主要是年轻的戍卒家庭，但与汉时普通家庭的规模也比较相当。①

（二）五口之家与百亩之田

晁错《论贵粟疏》相当著名，其中说道：

> 今农夫五口之家，其服役者不下二人，其能耕者不过百亩，百亩之收不过百石。春耕夏耘，秋获冬藏，伐薪樵，治官府，给繇役；春不得避风尘，夏不得避暑热，秋不得避阴雨，冬不得避寒冻，四时之间，亡日休息；又私自送往迎来，吊死问疾，养孤长幼在其中。勤苦如此，尚复被水旱之灾，急政暴虐，赋敛不时，朝令而暮改。当具有者半贾而卖，亡者取倍称之息，于是有卖田宅、鬻子孙以尝责者矣。②

这里描述普通农民的生计与生活，虽然仅是其大概，然富有同情之心，且于农民生活之艰辛、负担之沉重，在苛政与市场面前之

① 关于汉代普通家庭的规模，前人已有很好的研究，普遍认为平均家庭人口不足五口。请参阅葛剑雄《西汉人口地理》，北京：人民出版社，1986 年，第 45—47 页；葛剑雄：《中国人口史》第一卷《导论、先秦至南北朝时期》，上海：复旦大学出版社，2002 年，第 360—362 页；于琨奇：《战国秦汉小农经济研究》，北京：商务印书馆，2012 年，第 26—32 页。

② 《汉书》卷二四《食货志》，第 1132 页。

无奈，一一道出，引人叹息。这里说五口之家，耕田不过百亩。汉武帝以前每亩相当于今亩 0.2882 亩，则百亩大约相当于今 28.82亩。亩产一石，相当于今天的 27 斤左右。五口之家，种田百亩，亩产一石，年收大约相当于今 2700 斤(米)。如果以每月人均口粮一石半(相当于今 40.5 斤)计算，则五口之家全年的口粮就需要九十石。田赋以三十税一计算，百石收入需要交纳三石三斗强；汉代五口之家的口算赋，合计约为六百钱，以粮价每石六十钱计算，约需十石粟。这样，这个家庭就已经入不敷出了，穿衣、节令祭祀、人情来往、疾病丧葬、结婚生育之类开支，就无从说起了。

五口之家，治田百亩，自战国以来，就是人们所描述的农民生计的基本图画。魏文侯(前 445—前 396 年在位)时，李悝作尽地力之教(即开发土地资源、提高生产力，发展农业经济)，说：

> 今一夫挟五口，治田百晦，岁收晦一石半，为粟百五十石，除十一之税十五石，余百三十五石。食，人月一石半，五人终岁为粟九十石，余有四十五石。石三十，为钱千三百五十。除社闾尝新春秋之祠，用钱三百，余千五十。衣，人率用钱三百，五人终岁用千五百，不足四百五十。不幸疾病死丧之费，及上赋敛，又未与此。此农夫所以常困，有不劝耕之心，而令籴至于甚贵者也。①

这里说的晦(亩)，是周亩，与西汉前期的亩相同。李悝算的这个农户收支账，与上文据晁错之言算的账，差不多。换言之，自战国以迄于西汉前期，普通农民一直生活在贫困线上，能基本维持生存就已经不容易，很难说能过上温饱的生活。讨论自战国以

① 《汉书》卷二四《食货志》，第 1125 页。

降到秦汉统一的历史进程，不能不注意在此数百年间广大普通民众生活的贫困与艰辛。

许倬云先生曾设定一个虚构的五口之家：家主40岁，妻子36岁，都正当年；两个孩子，一个20岁的儿子，一个18岁的女儿；还有一位56岁的老人。他们拥有70亩耕地（我对这个虚构家庭心存疑问，这里且不予讨论）。按照许先生的研究，这个家庭每年需要的口粮是140斛粮，田税支出3.5斛，必须交纳的人头税、代役金和财产税总计2040钱（如果以每斛五十钱左右计算，需要40斛左右的粮食），全家的衣物与祭祀、社会活动开支以6600钱计算（大约需要132斛粮食），那么，全家的支出合计按粮食来计算，需要约315斛粮食（约合191石）。[①] 要靠70亩地，得出这样的收入，看来无论如何都是不可能的。虽然衣物等支出可以依靠农民自产自用，农民也可以另有一些多种经营的收入，但生活是绝对不会宽裕的，仅能勉强度日；如果遇上天灾人祸，生活就更难以为继了。

《汉书·地理志》述元始二年（2）有编户12 233 062户，定垦田827 053 600亩，平均每户约合67.61亩，确实是不足百亩。这里的亩，应当是汉武帝以后的亩，即240步为一亩，约相当于今天的0.6916亩，相当于汉初小亩的2.4倍。如果说战国至汉初户均拥有百亩田地相当于今28.82亩的话，那么，西汉末年，户均拥有67.61亩，约相当于今46.76亩，反映出西汉近二百年间，土地垦殖有了很大的进展。但是，《汉书·地理志》所记的这个垦田数是全国可耕地数，其中的相当部分是由官僚、贵族等大土地所有者据有的，不能据此来推算普通农户耕种的田地数。换言之，认为汉代普通农民拥有70亩（大亩）田地，可能是靠不住的。

① 许倬云：《汉代农业：早期中国农业经济的形成》，程农、张鸣译，南京：江苏人民出版社，1998年，第72—85页。

湖北江陵凤凰山十号汉墓所出A类竹简（郑里廪籍），是景帝初年官府向郑里二十五户发放贷种、食的记录。《汉书·昭帝纪》始元二年（前86）记事称："三月，遣使者振贷贫民毋种、食者。秋八月，诏曰：'往年灾害多，今年蚕麦伤，所振贷种、食勿收责，毋令民出今年田租。'"[1]这清楚地说明贷种、食是在每年三月发放，秋八月案比时要归还给官府，振贷的对象是贫民。到元帝初元元年（前48），又确定了振贷种、食的贫民范围，即家赀不满千钱者。所以，振贷的对象主要是贫困户。但同墓所出4号木牍所记郑里共有七十二算，而郑里廪籍所录能田为六十九人，二者十分接近。换言之，在郑里居住的可能就是二十五户，或者稍多，而其中的绝大部分，都属于振贷对象，是家赀不过千钱的贫民。这份文书的内容是：

郑里廪籍　凡六十一石七斗。/

户人圣，能田一人，口一人，田八亩。卩。移越人户，贷八斗。二年四(?)月乙(下缺)。/

户人择，能田一人，口三人，田十亩。＋卩。贷一石。/

户人擊牛，能田二人，口四人，田十二亩，＋卩。贷一石二斗。/

户人野，能田四人，口八人，田十五亩。＋卩。贷一石五斗。/

户人㾓，能田二人，口二人，田十八亩。＋卩。贷一石八斗。/

户人㾄，能田二人，口三人，田廿亩。今□奴受(?)。贷二石。/

户人立，能田二人，口六人，田廿三亩。＋卩。贷二石

① 《汉书》卷七《昭帝纪》，第220页。

三斗。/

户人越人，能田三人，口六人，田卅亩。+ ア。贷三石。/

户人不章，能田四人，口七人，田卅七亩。+ ア。贷三石七斗。/

户人胜，能田三人，口五人，田五十四亩。+ ア。贷五石四斗。□□□卅二石。/

户人虏，能田二人，口四人，田廿亩。+ ア。贷二石。/

户人嗔，能田二人，口六人，田廿亩。+ ア。贷二石。/

户人小奴，能田二人，口三人，田卅亩。+ ア。贷三石。□一石五斗。/

户人佗，能田三人，口四人，田廿亩。+ ア。贷二石。/

户人定民，能田四人，口四人，田卅亩。+ ア。贷三石。/

户人青肩，能田三人，口六人，田廿七亩。+ ア。贷二石七斗。/

户人奴，能田四人，口七人，田廿三亩。+ ア。贷二石三斗。/

户人楚奴，能田三人，口□人，田卌亩。+ ア。贷四石。/

户人射□，能田四人，口六人，田卅三亩。+ ア。贷三石三斗。/

户人公士田，能田三人，口六人，田廿一亩。+ ア。贷二石一斗。/

户人骈，能田四人，口五人，田卅亩。+ ア。贷三石。/

户人朱市人，能田三人，口四人，田卅亩。[+ ア。贷三石。]/

户人赖奴，能田三人，口三人，田十四亩。[十ㄗ。贷一石四斗]/

户人□軥，能田二人，口三人，田廿亩。十ㄗ。贷二石。/

[户人]公士市人，能田三人，口四人，田卅二亩。[十ㄗ。贷三石二斗。]/[1]

户人，应即户主。《汉书·食货志》述古井田制下“受田”之法，说：“农民户人已受田，其家众男为余夫，亦以口受田如比。”显然是以“户人”称一家之主。这份文书所列的第一个户人圣，只有他一口人，八亩地。在发放贷种时，将他算在了“越人”的户头之下，所以在他的贷种记录之下，只画了一个“ㄗ”(是主持其事的乡吏画的表示具结的符号)，而没有“十”(应是接受贷种的户人画的、表示接受的符号)，他所接受的八斗贷种，应是由越人代画“十”字的。在25位户人中，有两个“公士”(田和市人)。公士是最低一级的民爵，说明民爵与贫富之间并没有太大关系。还有四个户人的名字里有“奴”字(小奴、奴、楚奴、赖奴)，怀疑他们本来的身份可能就是奴，释免而成为庶民的。

能田，整理者认为就是十五以上至五十六岁需要负担算赋的人。但如果是这样，则能田者与人口数之间的差距就不容易得到很好解释，我们很难理解这些家庭中十五岁以下、五十六岁以上的人口何以会如此之少。我以为这里的“能田”可能与居延简所见的使男、使女相同，是指七岁以上的人，而非指十五岁以上的大男、大女。

这里的亩，因为是在景帝初年，按照规定，应当是小亩(每亩

---

① 湖北省文物考古研究所编：《江陵凤凰山西汉简牍》，北京：中华书局，2012年，第106—113页。

100 步)。然这里贷种的标准是每亩一斗。小亩一亩所用种子，不当有一斗之多。而且，如果是小亩，这些人家拥有的田地也实在是太少了。睡虎地秦简《秦律十八种·仓律》规定："种：稻、麻亩用二斗大半斗，禾、麦一斗，黍、荅大半斗，叔(菽)亩半斗。"[①]江陵应当是稻作区，但每亩仍按一斗的标准贷给种子，是振贷的做法，不会给足。所以，这里的亩，应当是沿用的秦亩，亦即大亩(每亩 240 步)。

弄清这几点之后，我们就可以对这份文书所反映的郑里农民的生活情况有一个大致的了解。这份廪籍所记民户共 25 户，能田者 69 人，人口 115 人上下，平均每户 4.6 口；田地 617 亩，平均每户有地 24.7 亩稍弱。那么，江陵郑里的大多数编户，每户平均拥有的田地，就大致相当于今天的 17 亩。换算成汉初的小亩，则大约相当于 58 亩稍多，远远低于晁错所说的百亩，更与西汉末年按大亩计算的平均每户 67.61 亩相差甚远(只有其三分之一强)。所以，所谓五口之家、治田百亩，即便是按汉初的小亩计算，也还不是都能够得上。文、景时代的南郡江陵县，不能算得上是人口繁盛之区，郑里的百姓每户平均还只能拥有约 58 亩(小亩)田地，家赀不过千钱。按照李悝、晁错的说法，五口之家、治田百亩尚且生计维艰，只有 58 亩(小亩)田地的人家(虽然其平均每户口数也较少，只有四口多一点)，生活就更困难了。

(三)丁男被甲，丁女转输

行行重行行，与君生别离。相去万余里，各在天一涯。道路阻且长，会面安可知。胡马依北风，越鸟巢南枝。相去日已远，衣带日已缓。浮云蔽白日，游子不顾返。思君令人

① 睡虎地秦墓竹简整理小组编：《睡虎地秦墓竹简》，第 29 页。

老，岁月忽已晚。弃捐勿复道，努力加餐饭。

这是《古诗十九首》的第一首，文学史里一定会讲的，有各种各样的解释，并赋予了它非常丰富的内涵和意义。一般认为，这里述说的是一位女子，和她的恋人，一个即将远游的士子，情意绵绵的絮语，难分难舍的别离之苦。但是，汉代士子的出游，至迟在武帝以后，已经受到严格的限制，随意的出游，事实上已经不太现实；如果是在武帝之前，这位士子竟然想要北依"胡马"（暗指匈奴），或南巢"越枝"（当指南越国），那更为汉法所不许。所以，如果这首诗是汉代的民歌的话，那么，它更可能是一个女子和一位将去服役的男子之间的离别，那个男子，既可能到北方去戍边，听胡马嘶鸣，在北风里裹衣而眠；也可能到南方去征战，如越鸟一般睡在树枝上。"胡马依北风，越鸟巢南枝。"讲诗的人会说它写得真漂亮，可我读这首诗，总觉得它与其说是比兴，不如说是实写。当然，对诗的理解，向来是仁者见仁、智者见智的事，不必太过认真。

秦时徭役之重，向来为识者所知，秦因是而亡，也得到公认。武帝后期，临淄人严安上书，请息兵安民，说：

> （秦始皇）欲威海外，使蒙恬将兵以北攻强胡，辟地进境，戍于北河，飞刍輓粟以随其后。又使尉屠睢将楼船之士攻越，使监禄凿渠运粮，深入越地，越人遁逃。旷日持久，粮食乏绝，越人击之，秦兵大败。秦乃使尉佗将卒以戍越。当是时，秦祸北构于胡，南挂于越，宿兵于无用之地，进而不得退。行十余年，丁男被甲，丁女转输，苦不聊生，自经于道树，死者相望。[1]

① 《汉书》卷六四下《严安传》，第2811—2812页。

严安说秦始皇征战四方,开疆拓土,令"丁男被甲,丁女转输",当是真实情形。秦汉制度,无论男女,都是十五岁傅籍,称为大男、大女,就要开始给"公家"徭役。直到五十六岁或六十岁乃至六十六岁,才能"免老",即以年老而免除徭役。也就是说,秦汉时代的人,一生当中,在四十多年甚至五十年的时间里,都有服役的义务。朝廷随时可以征发这个年龄段的男女去服各种各样的徭役。

一般说来,汉代的徭役,包括兵役(役)和力役(徭)两部分。兵役,就是"丁男被甲"。汉代的兵役,有三种情形。

一是到边境去屯戍,即守塞,做戍卒。《资治通鉴》卷十三记高后五年(前183),"初令戍卒岁更"。胡注说:"秦虐用其民,南戍五岭,北筑长城,戍卒连年不归,而死者多矣。自此始令一岁而更。"更,即更替、轮换。则在汉初戍卒也还往往没有固定期限,自此才确定服役期为一年。《汉书·晁错传》载晁错上书文帝说:"然令远方之卒守塞,一岁而更。"也是说守塞的士卒服役一年就可以轮替。

二是到京师去当卫士,即守卫京都。《汉书·魏相传》载:

> (相为河南太守)后人有告相贼杀不辜,事下有司。河南卒戍中都官者二三千人,遮大将军(指霍光),自言愿复留作一年,以赎太守罪。河南老弱万余人守关欲入上书,关吏以闻。[1]

"河南卒戍中都官者",颜师古注称:"来京师诸官府为戍卒,若今卫士上番分守诸司。"是指在中都(京城长安)充当卫士的河南郡

① 《汉书》卷七四《魏相传》,第3133—3134页。

籍的戍卒。他们的更期本为一年，现在愿意延长一年，以赎自己太守的罪过。屯戍边疆和驻守京都，都是正役，所以称为“正卒”。按照汉制，虽然十五岁即已傅籍，但要到二十三岁才能担任正卒，即到京师或边疆去当兵。

三是在本郡国服兵役，即充当郡国兵。这是地方军，各郡国不完全相同。在大多数的郡、国，称作“材官”、“骑士”；在南方和沿海的一些郡、国，则专门设置了水军，当兵的就称作“楼船”。《汉书·高帝纪》记高祖十一年（前196）淮南王黥布反，高祖“乃发上郡、北地、陇西车骑，巴蜀材官及中尉卒三万人为皇太子卫，军霸上”。中尉所部，是当时戍守京师的部队；上郡、北地、陇西车骑，是三郡所属郡兵；巴蜀材官，是巴郡、蜀郡所属的地方军队。应劭解释说：“材官，有材力者。”《史记·张丞相列传》附申屠嘉小传“以材官蹶张”句下徐广说：“勇健有材力开张。”如淳说：“材官之多力，能脚踏强弩张之，故曰蹶张。”孟康说：“主张强弩。”那么，材官是步卒，执戟挽弓，长于步战射箭。车骑，颜师古曰：“车，常拟军兴者，若近代之戍车也。骑，常所养马，并其人使行充骑，若今武马及所养者主也。”汉代已基本放弃车战，这里的“车”，可能确实像颜师古所说的那样，就如唐时的戍车，用于两军交锋时固定阵地，所以不会太多。所谓“车骑”，当以“骑”为主，故文献中多以“骑士”为称。汉代文献中又频见有“越骑”，如淳解释说：“越人内附，以为骑也。”未必然。晋灼说：“取其材力超越也。”又不能明其何以称为“越骑”。我以为越骑应当是轻将骑兵，取其轻捷快速而得称为“越骑”，并不一定是南方越人而为骑士者，战时往往用于侦察和突出。楼船是水军，大约主要是在南方诸郡国和山东沿海郡国。庄助曾说“楼船卒水居击棹”，则知楼船卒长年居于船上，以水战为长。在本郡国当兵，无论是做材官，还是当骑士，或者当楼船卒，都离自己的家乡不远，在没有战事发生时，都是轮换着当的，所以称为“更卒”。《汉书·食货志》董仲舒所言“又加月为更卒”句下颜师古注称：“谓给郡县一月而更者也。”则在应役期内的丁男，每年都要到郡县去服一个月的兵役，但因为不可能按每年一月去服役，所以事实上是集中几个月服几年应服的役（比如一年服五个月兵役，完成五年的份额）。到郡县服役，称作“践更”。一个“大男”，从十五岁到五十六岁都是应役期，除去两年到京师与边疆去服“正卒”之役，还有四十年应役期，每年一个月的更卒，合起来有 40 个月要在郡国服兵役。这样，他的一生之中，就要服五年四个月的兵役，其中一年驻守京师，一年屯戍边疆（边郡的大男，大概不需要到京师去驻守，其服役地点，应当都在本郡），余下的三年四个月，分成若干次，到郡国去“践更”。郡县之役，可以出钱雇人代役，或出钱免役，称作“过更”。《史记·吴王濞列传》“卒践更，辄与平贾”句下注引《汉书音义》说：“以当为更卒，出钱三百文，谓之‘过更’。”就是说一年一个月的更卒之役，可出三百钱来代替。

兵役之外，就是力役，主要包括转输、官府营造及水利工程等。《汉书·惠帝纪》载：惠帝三年（前 192）春，“三年春，发长安六百里内男女十四万六千人城长安，三十日罢”。五年春正月，“春正月，复发长安六百里内男女十四万五千人城长安，三十日罢”。[①] 这两次征发役徒修筑长安城，都不仅包括男，还包括女，说明汉代丁女也是要服力役的。上引居延汉简材料上颇见戍卒随军家属，可以申请官府发给廪食（大女的标准是谷二石一斗六升大），我怀疑她们在边塞也是要从事劳动的，可能也是在服力役，包括转输、屯种等。其中所见的使男、使女，可能也是在从事力役，否则，我们很难理解官府会发给他们廪食。张家山汉简《二年律令·徭律》规定：

① 《汉书》卷二《惠帝纪》，第 89、91 页。

发传送，县官车牛不足，令大夫以下有訾（赀）者以赀共出车牛及益，令其毋訾（赀）者与共出牛食、约、载具。吏及宦皇帝者不与给传送。

事委输，传送重车重负日行五十里，空车七十里，徒行八十里。

免老、小、未傅者、女子及诸有除者，县、道勿敢徭使。

节载粟，乃发公大夫以下子未傅年十五以上者。

补缮邑□，除道桥，穿波池，治沟渠，堑奴苑，自公大夫以[上]（下），勿以为徭。市垣道桥，命市人不敬者为之。县弩春秋射，各旬五日，以当徭。[①]

大夫是第五等爵；公大夫是第七等爵；宦皇帝者，是指中大夫、谒者、执戟等侍从皇室的侍臣，与吏的地位大致相当；县官即指官府。这里详细规定了转输及邑中之役的类别和执行细节。1.官府运输物资，如果车、牛不够使用，大夫以下爵位的民户，富有资产的，要出资雇用车、牛以补充不足；资产不多的，要共同准备牛的饲料、绳索以及装车用的各种工具。2.运输途中，重载牛车每天要走五十里，空车七十里，（不带车）徒步要走八十里。3.县、道这一级官府，不能擅自征发达到免老资格的老人、年龄尚小还没有傅籍的、女子及其他具有免役资格的人，从事劳役。初看起来，免老、小、未傅籍者、女子皆可免除徭役。但同在《徭律》中，却又规定："睆老各半其爵，徭□入，独给邑中事。"大意应当是免老只从事本邑的徭役。所以，我理解这条规定，是指县、道不再征发免老、小、未傅籍者、女子从事转输、传送之役。换言之，严安所说的"丁女转输"，至迟到高后二年（前186）以后，女子已不

① 张家山二四七号汉墓竹简整理小组：《张家山汉墓竹简》（释文修订本），第64页。

再从事转输之役了。但在一些地方，征发丁女转输，也还时有所见。东汉和帝时，何敞上书说："比年水旱，人不收获，凉州缘边，家被凶害，男子疲于战陈，妻女劳于转运，老幼孤寡，叹息相依。"[①]说明凉州女子还是被征发从事转运的。4.如果运输的是粟，就要特别征发公大夫以下有爵位者的儿子，年满十五岁，但未达到其应傅年龄的人（根据《二年律令·傅律》，不更以下四级爵位者的孩子，年满二十岁傅籍；大夫、官大夫、公大夫的儿子廿二岁傅籍），进行转输。5.邑中之役，包括补缮城池、修理道路桥梁、挖掘陂池、疏通沟渠、整治苑囿，都要由公大夫以下的编户齐民负担；只有市场的垣墙道路桥梁，由言行不妥的市人负责。6.县里每年春秋两季，集中县弩（弓箭手），进行两次射箭集训，每次十五天，算在其应承担的徭役时间内。

据此可以见出，力役的范围很广，既包括到都城去修城，也包括在本县修治城垣、道路、桥梁、水利工程等，而最重的，应当是传送，即转输之役。转输之役，不仅自己要备好牛车、草料、工具，还要自备途中的食用，路途遥远，备极艰辛，死于途中者更不鲜见。而郡县之役种类既多，又没有固定、统一的时间，其负担可能差别甚大。上引晁错之言，说五口之家，服役者不下二人，就是说一个五口之家，一人在外服兵役，一人在外服力役，是普遍性的状况，也是常态。换言之，在汉代，一个五口之家，青壮年男子在边关、郡邑服役，老弱妇孺在家里耕田营生，老人、妇女、未傅籍者，也可能临时被征发到离家较近的地方从事力役，乃常见的情形，男耕女织、奉慈养幼的安宁生活，其实是非常难得的。

① 《后汉书》卷四三《何敞传》，第1481页。

三 《先令券书》与《中服共侍约》

(一)《先令券书》

1985年，江苏省扬州市仪征县胥浦乡101号西汉墓出土了一批简牍，其中有16枚简文，整理者根据简文内容，定名为《先令券书》，其释文如次：

元始五年九月壬辰朔辛丑，今高都/里朱凌，寓居新安里，甚疾，其死，故请县/乡三老、都乡有秩、左□□□、里师田谭等，/为先令券书。

凌自言：有三父，子男女/六人，皆不同父。[欲]令子各知其父家次：子、女/以君、子真、子方、仙君，父为朱孙；弟公文，父/吴衰近君；女弟弱君，父曲阿病长宾。/

妪言：公文年十五去家，自出为姓，遂居外，未尝/持一钱来归。妪予子真、子方自为产业。子女仙君、/弱君等贫毋产业。五年四月十日，妪以稻田一处、桑/田二处分予弱君，波田一处分予仙君，于至十二月。/

公文伤人为徒，贫无产业。于至十二月十一日，仙君、弱君/各归田于妪，议予公文。妪即受田，以田分予公文：稻田二处，/桑田二处，田界易如故；公文不得移卖田予他人。

时任/知者：里师、伍人谭等及亲属孔、聚、田、文、满、真。/先令券书明白，可以从事。/[①]

---

① 扬州博物馆：《江苏仪征胥浦101号西汉墓》，《文物》1987年第1期；陈平、王勤金：《仪征胥浦101号西汉墓〈先令券书〉初考》，《文物》1987年第1期。释文在原报告基础上，据原报告所附摹本，略有调整。

这份文书的性质，据券文内容，是“先令券书”。《汉书·杨王孙传》“及病且终，先令其子”句下颜师古注：“先令，为遗令。”同书卷七七《何并传》“（何并）疾病，召丞掾作先令书”，也是预先写下遗书。券，《说文》：“契也。”《释名·释书契》：“券，绻也。相约束缱绻以为限也。”所以，这个“先令券书”，具有契约的性质，应当理解为在临终前制定的、具有契约性质的文书，与杨王孙、何并“先令”其死后丧葬事宜的遗书有很大不同，类似于具有财产分配之法律效力的现代遗嘱。

朱凌在临终前，邀约乡里三老、有秩、乡佐、里师及众亲属作为见证，立下涉及财产分配与继承权的“先令券书”，是按照当时的法律规定行事的。张家山汉简《二年律令·户律》规定：

> 民欲先令相分田宅、奴婢、财物，乡部啬夫身听其令，皆参辨券书之，辄上如户籍。有争者，以券书从事；毋券书，勿听。所分田宅，不为户，得有之，至八月书户。留难先令，弗为券书，罚金一两。[①]

这条律文规定：如果编户齐民要预先分割田宅、奴婢及其他财产，乡部的啬夫要亲临现场，聆听其遗嘱内容，然后书写一式三份的券书，之后写到户籍簿上去，如果以后发生争论，就以券书作为根据；没有券文，则不必受理；如果分割田宅的人，在此前没有单独立户，分得田宅后，就可以单独立户，到八月案比时，单独登记户名；如果乡司给齐民预立“先令”设置障碍，不给书写券书，要罚金一两。

朱凌的这份“先令券书”，就是按上述规定立下并书写的。参与其事的，有县乡三老、都乡有秩、左、里师等。县、乡三老是

① 张家山二四七号汉墓竹简整理小组：《张家山汉墓竹简》（释文修订本），第54页。

所谓乡官，是由乡间行为端正有声望的老人担任的。《汉书·高帝纪》录高祖二年二月诏书称："举民年五十以上有修行能帅众为善，置以为三老，乡一人。择乡三老一人为县三老，与县令丞尉以事相教，复勿徭戍。以十月赐酒肉。"《续汉书·百官志》："三老掌教化。凡有孝子顺孙，贞女义妇，让财救患，及学士为民法式者，皆扁表其门，以兴善行。"朱凌所居住的新安里盖属都乡，就在县城附近（考虑到墓葬的地点，这个都乡应是江都县的都乡），所以都乡的三老可能正是县三老，券文所见的"县、乡三老"，可能是一个人（但也可能是两个人）。

有秩和左（佐）则是乡吏。有秩和啬夫都是一乡的长吏，盖大乡置有秩（百石），小乡置啬夫，其职责则大致相同，都"掌一乡人"，"主知民善恶，为役先后，知民贫富，为赋多少，平其差品"（《续汉书·百官志》），"职听讼，收赋税"。乡佐是有秩或啬夫的副手，主要是分管赋税征收。在朱凌写立先令券书的仪式上，县乡三老、都乡有秩与佐都亲临现场，说明朱氏在都乡非常有势力，财力雄厚，县、乡也都非常重视。简文摹本在"左"之下有三四字空格，以"有秩、左"之前署名为"都乡"之例推测，应当是里名，可能是"新安里"或"高都里"。

里师当即里魁、里正。《续汉书·百官志》："里有里魁，民有什伍，善恶以告。"本注说："里魁掌一里百家。什主十家，伍主五家，以相检察。民有善事恶事，以告监官。"简文中的"里师田谭"，当即新安里的里魁。里师田谭可能与朱凌同伍，所以券文末，他又作为"伍人"名列见证人（"时任知者"）之中。

那么，立"先令券书"的朱凌，又是什么人呢？对此，有各种各样的说法，有人认为朱凌即朱孙的长子子真（原报告整理者），有人认为是朱孙，有人认为是朱母（券文中的"妪"）。之所以有如此多不同的说法，是因为各种解释都不是很恰当。如果认为朱凌就是子真，他又何以有权处理全家的财产，而且以遗嘱的形式要求执行（券文明言子真与子方早已“自为产业”，是单独立户、有自己的产业的）？他又何以要把自己同父同母妹妹细君已得到的田产，强行拿回来，交给同母异父的弟弟公文？如果说是朱孙，朱母在朱孙之后已嫁了两任丈夫，朱孙怎么仍然在世？如果是朱母，券文中明确将“凌”与“妪”分作两人，又如何解释？

我以为这些解释，都忽略了一个重要的问题，即这个先令券书为什么会被随葬在这个墓里？毫无疑问，朱凌就是墓主。如果是他分割朱家部分财产给弟弟公文，他何以需要如此郑重其事地把这个券文带到自己的墓里？那么，这份文书，究竟可以证明谁的权力？对谁更有用？

答案显然是“公文”。这份文书，是分给公文田产并确定其权力的，只有他在临终前，要把自己怎样得到这两处稻田、两处桑田的过程说明白，请乡吏亲邻作证，立下“先令券书”，并将其中的一份带到墓中。考虑到在他生前，这两处田产还没有真正交割到他的名下，他把这份券书带到墓中，以作为以后可能发生“冥讼”的证据，这样做，是非常可以理解的。

更为重要的是，同墓所出木牍一方，长 23.3 厘米，宽 7.5 厘米，两面均书写文字，可联读：

> 公文取子方钱五千于广陵。/又[取]十二杖，直钱万四千四百于江都。/又取千六百于江都。/又取布六丈、褐一匹、履一两，凡值钱千一百卌。/又取钱千于江都。/又取缣二匹，直钱千一百于舆。/又取三千钱，罢采(?)用为衣。/又取钱九千于下吕。/又取[钱](银)二万于舆。/又取长绣(?)一领，直钱千三百。/凡直钱五万七千。/

这方木牍所记，原报告定为赙赠记录，未必然。盖文中明言凡此诸钱物，均系“公文”所“取”，何得称为赙赠？且如果墓主是子真，子方为其弟，正是丧家，又何以需要赙赠其兄之丧？因此，我认为这方木牍所记，应是公文在广陵、江都（属广陵国）、舆县（属临淮郡）、下吕（当即吕县，属楚国）等处放的债，即这些地方的人应当还给他的钱物。广陵、江都、舆县三县相距很近，下吕（吕县）也不远，这些地方应是公文生意所及之处，有些钱物未及收回，所以公文郑重地将在外的待收钱物录写在木牍上，带入墓中。其意图与先令券书一样，都是为了证明他的权力。

因此，我认为 101 号墓的主人就是朱凌，而朱凌就是公文。券文中“妪”明言公文十五岁傅籍之后，即离开家，“自出为姓”，那么“公文”就是他“自出为姓”之后的姓名，而朱凌则是他在朱家的名字。明确此点之后，诸多疑难问题遂得以解决：朱凌本是朱“妪”与吴县衰近君所生的儿子，在朱家长大，十五岁傅籍以后，即离开家（他的父亲衰近君可能于此前已去世），改名“公文”。后来，他因为伤了人，被刑为徒，从而失去了对自己产业的控制，其所属产业应当是由其母“妪”掌握。这年四月，朱母将公文名下产业的一部分，稻田一处、桑田二处、波田一处，分别交给其两个女儿弱君、仙君，代为管理，期限是到当年的十二月。九月，公文（朱凌）病重，自知不起，挂念自己名下的这几块产业，所以邀请县乡官吏与亲邻，并请朱母出面，说清楚此事之来龙去脉，确定以当年十二月十一日为限，朱母交给两个女儿的田产，要回归自己的名下；为保证这一协议在他死后仍能得到实施，所以郑重其事地立下“先令券书”。这些产业在法律上应当仍属朱氏所有，所以公文虽然获得其控制权，但券文特别规定他“不得移卖田予他人”；而公文为了获得这几处产业，也不得不改回朱姓（在同墓所出衣物疏中，他的身份是“高都里朱君”），并使用

"朱凌"的名字(而朱母似乎不愿意承认他,仍称他为"公文")。

所以,这个文书,与其说是遗嘱,不如说是契约,其核心内容是朱凌(公文)与其母达成协议,由朱母负责,将四处产业给予公文(朱凌)。写立券书的目的,是为了这一协议得到实行。据同墓所出"□徒何贺山钱"简,朱凌葬于十月某日,则在此份券书写立后不久,他就去世了,并没有看到那几处产业归入自己名下。他应当预见及此,所以将券书带到墓中,以作为在冥世的证据。

弄清楚这件文书之后,还有几点值得分析。第一,是朱母(妪)的婚姻。朱母(我们不知道她的姓,或者是否有姓)的第一个丈夫朱孙,应当就是江都县都乡高都里的人,所以朱家的户籍是在都乡高都里(朱凌亦即公文并不与朱家住在一起,而是住在新安里)。她与朱孙生了四个孩子,朱孙应当是过世了,所以她再醮了吴县的衰近君,生了一个孩子,就是朱凌(公文)。这场婚姻也维持不久,衰近君或亡或走,儿子公文也离开了朱家。朱母第三任丈夫是曲阿县的病长宾,生了一个女儿,弱君。吴县与曲阿都是会稽郡属县,分别在今江苏苏州和丹阳。朱母显然没有离开自己在江都县高都里的家,那么,衰近君与病长宾都是上门的女婿,即赘婿。在汉代,赘婿是受到歧视的,衰近君与病长宾大约都没有入朱家的户籍,更没有成为户主,户主可能一直是朱母。妇女再醮在汉代是件普通的事情,招赘婿上门也相当常见,朱母两次再嫁不算什么,值得注意的是她两次招赘的丈夫都是长江对岸会稽郡的人,反映出当时婚姻的空间范围是比较大的,绝不是仅限于乡村的狭小空间里。当然,朱家居住在江都县都乡,比较有财势,这是朱母的再婚在空间上有较大选择余地的重要原因。

第二,是朱家的生计。101 号墓是一座夫妇合葬的木椁墓,墓内出土金属器、陶器、漆木器等 100 余件,其中铜香熏、铜洗、铜盘等铜器10件，铜钱2330枚，漆器20余件。同墓所出书写在木牍上的衣物疏，详细记载了墓主随葬的衣物：

高都里朱君衣绮被一领，禅衣二领，禅裳一领，素绢一领，绿袷一领，绫袍一领，红袍二领，复/裳二领，禅襦二领，青袍二领，绿被一领，绣襦一领，红襦一领，小繢三领，绵绫一领绮/被一领，绪绞一綷一两。/凡衣禅複廿五领。/

又据同墓所出木牍记载，公文在广陵、江都、舆、下吕等地“取”的钱物，共值五万七千钱。凡此，都说明墓主财富雄厚。更值得注意的是，同墓所出竹简一支，上书：“□徒何贺山钱三千六百……元始五年十月□日何敬君、何苍莒书存。□君明□。”“徒”字前一字，模糊不清，原报告释作“女”，我猜测可能是“故”字。未睹照片，不能确定，但或大致不误。这才应当是朱凌死后，其生前亲友送的赙赠。所谓“山钱”，当即丧葬之费。送他赙仪的这几位朋友，身份是“故徒”，应当是朱凌（公文）被刑为徒时所交的刑徒朋友（如果认为墓主朱凌就是子真，就无法解释何以有“徒”或“故徒”送他“山钱”了）。他们一起送的这份赙赠可谓不菲，说明他们可能与公文一样，刑满释放后也做生意为生。公文的生意来往，遍及广陵、江都、舆以及下吕诸处，在外未收回的钱物即多达五万七千钱，他的生意一定做得比较大。他的随葬物品中铜器比较多，而且都较为精致，我怀疑他就是做铜器生意的。《史记·货殖列传》说：“夫吴自阖庐、春申、王濞三人招致天下之喜游子弟，东有海盐之饶，章山之铜，三江、五湖之利，亦江东一都会也。”说明吴地多出铜。公文做刑徒时可能就在铜冶服刑，刑满后乃贩铜为业，遂致豪富，是有可能的。当然，这只是我的揣测，并没有证据。

朱家是有不少田产的，朱母让给女儿弱君、仙君的田产，就有稻田、波田各一处，桑田二处。波田，当即陂田，是可灌溉的田地（也应种稻，故券文又合称为“稻田”）。这几处产业面积不详，但由朱凌（公文）写立“先令券书”时兴师动众的架式看，绝不会只有几亩。朱家的子方已移居广陵县（广陵国的国都），他与公文的生意来往至少有五千钱，所以他也应当是做生意的。弱君、仙君可以接受上述田产，进行定期经营（似乎是有期限的租约），他们也绝不会“贫毋产业”。朱母（“妪”）的说法，是不能太认真的。

第三，是乡里的作用。“里”是乡村控制的基层单位。按制度规定，每里一百户，里有里魁，或称里正，又有父老、祭尊等，里下统有什、伍，各有长。里之上则有乡，大约十个里组成一乡，乡有乡三老及啬夫（或有秩）、佐、游徼等官吏。这是行政系统，负责编户齐民的日常行政管理，包括编排户籍、征发赋役、民间纠纷的调解与较小诉讼案件的审理、教化等事务。此外，还有一个治安系统，即亭制，每亭置有亭长，负责缉捕盗贼，维护治安。朱家居住在江都县的都乡，户籍属高都里，而朱凌则居住在新安里，子方则居住在广陵县。朱凌（公文）在立下“先令券书”时，邀请了县乡三老、都乡有秩与佐、里师，分别代表了县、乡、里三级行政组织。其中，县乡三老是负责教化的，是当地的耆宿，至少在理论上德高望重，他们根据伦理道德、民间习惯协商解决民事纠纷，具有官方代表和民间权威双重身份；都乡有秩和佐则是都乡的长、副，户籍变更、赋役征发、财产登记等，都要从他们手里过，所以，在写立“先令券书”这件事情中，他们的作用是非常关键的；里师田谭则除作为基层组织负责人参与、见证此一事件之外，还具有“社区”代表的身份，所以，他的作用也是双重的。参加仪式并作为见证人在先令券书上署名的，还有“亲属孔、聚、田、文、满、真”。有关研究者一般将这里断作孔聚、田文、满真，即三位亲属。然由券文在此前提到里师田谭时，书作“里师、伍人谭”之例，这里应当是六位亲属。其中“真”很可能就是子真，朱家的长子；考虑到公文在朱家的名字是“凌”，“满”也可能是朱凌的兄弟（我怀疑就是子方的正式名字）。其他四人中，至少应当包括朱家姐妹仙君、弱君的夫婿，因为这个“先令券书”涉及他们，必须有他们的同意与配合，才能付诸实施。因此，在这个故事中，我们看到，代表官府的乡里行政系统与代表民间意向和舆论的教化系统都在发挥作用，立足于法律规定的写立券书与立足于民间惯习的民间协商也在共同发挥作用。

（二）《中服共侍约》

江陵凤凰山十号汉墓共出土木牍六方，其中，第三方木牍，整理者称为“服约木牍”。其正面墨书两行，字较大：

> 中服
> 共侍约

其背面墨书六行：

> □[年]三月辛卯，中服。服长张伯、□兄、□仲(?)、陈伯等七人，/相与为服约。人服钱二百，约二：
>
> 会钱备，不备勿与。为/服，即服直行，共侍，非前谒。病不行者，罚日卅；毋人者，□庸贾；/器物不具，物责十钱。共事已，器物毁伤之及亡，服共负之；/非其器物擅取之，罚百钱。
>
> 服吏令会，不会会日，罚五十；/会而计不具者，罚比不

会。为服吏，集器物及人。服吏□仲。/[①]

这里的"服"字，黄盛璋先生释作"贩"，弘一先生释为"般"，兹从裘锡圭先生，释作"服"字。中，《说文》："中，内也。"段玉裁注称："中者，别于外之辞也。"此处当作"加入"、"入于其中"解。"中服"，意为"入服"。正文某年"三月辛卯，中服"，意为三月辛卯这一天，共同约定加入了"服"，也就是这个"服"在这一天成立了。服，裘先生释为"服役"，应大致可从。《汉书·食货志》"其服役者不下二人"句下颜师古注称："服，事也，给公事之役也。"可证裘先生之说。然究"服"字之本义，并非仅指服事公事（徭役）。《说文》："服，用也。"《尚书·武成》"示天下弗服"句下孔安国传："示天下不复乘用。"是以"服"作"乘用"解。盖"服"之本义当作"用事"解，大凡用事、任事、行事，均可得称为"服"，非必指徭役之事。这里的"服"，应当是为了处理某些共同事务、经过协商建立起来的一种组织，建立这一组织的目的是"用事"（"服"），即共同做事，所以，把这个组织也命名为"服"。侍，《说文》："承也。"共侍，即共同承担，也就是共事。所以，"中服共侍约"，就是加入共同组织、一起做事情的约定，或者可称为"入服章程"。

这份服约比较简单。它首先说明，□年三月辛卯日，成立了这个服。服长张伯会同□兄、□仲、陈伯等七人，一起商量，制定了这份服约。其下就是具体的服约。1.每人要交纳二百钱的入服费，要交齐之后，才具有"服员"资格；如果没交齐，就不能算是正式"服员"。2.入服以后，就要履行服的义务，参加服安排的"行"（"即服直行"，直，当作"值"、"当"解，"直行"，应解作"遵照安排，参加'行'的活动"），共同承担相关任务（"共侍"），不能随便请假（"非前谒"）。如果因病不能参加，每天要罚三十钱；如果

① 湖北省文物考古研究所编：《江陵凤凰山西汉简牍》，第94—96页。

没有适当的劳动力参加，则可以按照雇工的价格出钱代替。3.要准备好相应的工具、物品，如果没有自备工具、物品，要出十钱。劳动中使用的工具、物品如果有损坏，或者丢失，在任务完成之后，由“服”来负担赔偿。如果不是你带来的工具、物品，而擅自据为己有，要罚一百钱。4.服吏确定完成任务、结算工作量的时间，不能在指定时间内完成任务，要罚五十钱；虽然在指定时间里完成了任务，但检查结果并未按质按量完成（“计不具”）的，按未如期完成给予处罚。5.服吏的职责，是看管工具、物品，召集相关“服员”。最后的“服吏□仲”，应当是书写这份“服约”的服吏□仲的署名。

这份“中服共侍约”，清楚地载明了服成立的时间，制定服约的程序，确定了入服的资格（钱二百），规定了入服后应尽的义务、应当遵守的规章，以及违反之后的处罚。服有长，有吏。服长张伯，应当就是十号墓的墓主张偃。同墓所出一号木牍背面墨书四行，中称：“四年后九月辛亥，平里大夫张偃敢告地下主。”四年是景帝四年（前153）。据四号木牍，又可知张偃的身份是江陵县西乡市阳里的里正。据此可知，张偃是平里（也当属西乡）人，曾在市阳里充当里正（可能还在郑里当过里正，甚至是兼任两个里的里正），他的爵位是大夫（第五等爵）。他与□兄、□仲、陈伯等七人共同发起组织了一个“服”，自己担任服长。□仲，应当就是在约文末署名的“服吏□仲”。这样，服长张伯（张偃）、服吏□仲就构成了这个服的长、吏，他们与另外五人一起，组成该服的核心领导层。这个服有核心领导集体，有章程，有经费（甚至可能还有某些工具、物品，要由服吏负责管理），有事业（共侍之事），显然是一个相当健全的社会组织。

那么，张伯等人组织这个“服”，究竟是要“直”什么“行”、“共”什么事的呢？约文中规定，“为服，即服直行，共侍”，说明这个服的“服员”要参加某种“行”的活动。同墓所出C类竹简给我们提供了一些线索。简文共有十七条，录文如次：

市阳两户遣一人繇仓书。/
郭、乙二户，儋行，少一日。/
寇、都二户，兼行，少一日。/
□、昆论二户，善行，少一日。/
越人、□二户，唐行，少一日。/
上官巴人、圣二户，姢，养餑，少一日。/
□、贞二户……/
安国、晨二户，赤行。/
终(?)古、斯二户，□已行。/
臣、□二户，□行。/
首(?)、右车二户，士(?)子行。/
□、从□二户，如行。/
任、但二户，造行。/
莫、□□二户，泽(?)。/
儋、宇(?)二户，庳。/
状(?)、小奴，□树行。成。/
平，中章。见。/①

这里出现的不同的“行”，儋行、兼行、善行、唐行、赤行、□已行、如行、士(?)子行、造行、□树行等，启发我们将这组文书与上述“中服共侍约”联系在一起，加以分析。市阳里，两户出一人，前往县仓服役。郭、乙两户，儋前往（“行”）；寇、都两户，兼前往（“行”）……“行”，意为前去从役。简文最末一行，“平”，当作

① 湖北省文物考古研究所编：《江陵凤凰山西汉简牍》，第116—120页。

“正”解，意为记录整理好了；“中章”，意为符合相关规定；“见”，应当是记录人的名字。

弄清此点之后，“中服共侍约”中所说的“直行”以及C类竹简所记内容，遂得豁然开朗。所谓“直行”，原来就是要前往从役。这个服，很可能主要就是为了组织、安排物资转输而成立的，是“运输合作社”。

我们还记得，传送之役是最重的力役之一。据上引张家山汉简《二年律令·徭律》，给官府运输物资，是要尽可能自备车、牛、饲料及其他运输工具的，正与“中服共侍约”要求“服员”自带器物的规定相合。《二年律令·徭律》中也有关于“行”的规定。因此，我们可以进一步推测，张伯（他的身份很可能是里正）等人组织这个服，就是为了承担官府传送之役的。

四　静谧而安宁的乡村

（一）静谧的乡村

2003年11月初，我在湖北西北部最偏远的一个小镇子，上津，住了两天。这个镇子深处大山中间，一条小河，甲水，从镇东流过。小镇的生活非常安宁。到的那天晚上，有很好的月光，我的向导陈明惠即带我踏访了上津古城——嘉庆初年白莲教起事之后，当地官绅组织兴建的城，唐时的上津城要在这个城的稍南处。中唐以后著名的上津道即因此城而得名，严耕望先生曾有详细的考证。在月色中回想曾读过的严先生所引述唐人诗文，就想起曾在上津夜宿的唐代文人，与我今天在上津的感觉，会有怎样的不同呢？——月色皎洁如故，甲水波涛依旧，山影憧憧，田畴一如故昔，也许没有太大的不同吧？

我出生在苏北一个偏僻的乡村。小时候看着父辈们在烈日下挥鞭驱牛耕地，留下了深刻的印象，虽然我自己从未学过做这些农活。读大学时，经过徐州，在博物馆看到汉代画像砖上的耕牛力田图，觉得图上的农人就是我的父辈们，那头牛与我们村里的牛也没什么不同。我仔细地观察画上犁的结构及其构件，觉得与我们村里仍在使用的犁并无根本差别。今天，大部分中国经济史家特别是农业史专家都会承认：在二千多年的时间里，中国农村的基本生产工具并无根本性改变，生产力的提高非常有限。我想，最重要的证据之一，就是耕作土地的工具与方式基本是一致的。

从马王堆所出帛图，到近年所出走马楼吴简，我们对今湘中地区乡村生活聚落情形的认识越来越清晰了：在起伏的低丘平原上，分布着大小不一的村落，或三五户，或十来家，或者只有一家；竹丛掩映着土墙草屋，竹篱围着一个小院落；弯曲的小径联系各家各村。这个图景，与明清民国族谱所见湖南地区的村落情形，有着惊人的相似，让人觉得二千年的时间不过就是昨天而已。汉墓中出土有很多的院落、房屋乃至猪圈模型，其中以河南、陕西、山东所出者为最多。孙机先生曾有综述。我看过很多这类模型的原件。一明二暗的房屋，猪圈里的猪槽，今天，在河南农村，随处还可以见到。

陕西汉中南宋墓中出土过一种陂池模型，是灌溉稻作的缩影。[①] 宋代褒水下游的山河堰与湑水上的五门堰，迄今仍在使用。至少，根据宋人的记载，可以明白或想象到农人一年各季乃至主要农作时节的生产活动：晨曦微露，农人扛着工具，离开家，来到田头，放水，或倒堰口，清理水草；日上三竿，回家吃早饭……我曾经试图从大量的文献中清理出这个活动的图画，后来放弃了，觉得没必要，因为你只要到乡村住上一个四季，就都

① 秦中行：《记汉中出土的汉代陂池模型》，《文物》1976年第3期。

明白了。

不宜对商品经济及其作用估计太高。即便是在最自然的小农经济下，盐与铁农具也大多是买来的，牲畜的交换也相当平常。交换从来就是农业文明的必要组成部分。农人生产的农产品，可能会有越来越多的部分拿到市场上去卖，然后买回自己需要的东西。但这仅仅是量的不同而已。商品作物的种植，形成或促进了区域分工？我想，这是商人关注的内容。对于农人来说，种棉花、花生、麻，与种小麦、水稻，不都是种田吗？不过是做不同的农活而已。

的确，有的朝代下农人要背井离乡，去服徭役；有的朝代下交钱就可以了。纳粮交钱服役的方式也很不相同：有时要送到县里去，或者更远；有时只要把钱交给保长或里正就可以了。不管怎样，在农人心目中，都是给皇家出力，应当而无奈。直接纳粮，与把粮食卖了交钱，真的就有那么大的差别吗？不过是又增加了一道盘剥而已。

当然，最活跃的是人的想法。有很多村里的“明白人”与我谈起百年来的历次政治变动，会有不同的版本，最常见的是：老皇帝老了，还不想给儿子做；或者，小皇帝不孝顺，不听老皇帝的话了。知识分子以为改变中国命运的巨变，被“解构”成这样的故事，你不觉得这与汉武帝时代“山东之人”谈论“巫蛊案”也差不多吗？或者，唐人心目中好几次“玄武门之变”也是这样？至于最基本的思想，对生老病死的看法，那我们就可以来看看墓券了。

这是今见汉墓所出最早的告地策，为荆州高台十八号汉墓所出，置于遣策之前：

七年十月丙子朔，庚子，中乡起敢言之，新安大女燕自言：与大奴甲乙、大婢妨徙安都，谒告安都，受名数。书到为报，敢言之。十月庚子，江陵龙氏丞敬移安都丞。亭手。①

“七年”，即文帝前元七年（前173）。350年后的另一件墓券与它非常相似——这是西安和平门外四号汉墓所出初平四年（193）王氏陶瓶上的朱书文字：

初平四年十二月己卯朔十八日丙申，直危。天帝使者谨为王氏之家，后死黄母，当归旧阎。兹告丘丞莫伯、地下二千石、蒿里君、莫黄、莫主、莫故夫人、决曹尚书：令王氏冢中先人，无惊无恐，安隐如故，今后曾财益口，千秋万岁，无有央咎。谨奉黄金千斤两，用填冢门。地下死籍削除，文他央咎。转要道中人，和以五石之精，安冢莫，利子孙。故以神瓶震郭门。如律令。②

几乎与它同时而稍早的光和二年（179）王当墓所出铅券内容与此略异：

光和二年十月辛未朔三日癸酉，告墓上、墓下、中央主土，敢告墓伯、魂门亭长、墓主、墓皇、墓臽：青骨死人王当、弟[伎]、偷及父元兴[等]，从河南□□[左仲敬]子孙等，买谷郏亭部北佰西袁田十亩，以为宅。贾直钱万，钱即日毕。田有丈尺，卷书明白。故立四角封界，界至九天上，九地下。死人归蒿里，地下[不得]何[止]，他姓[不得]名佑。富贵利

① 湖北省荆州博物馆：《荆州高台秦汉墓》，北京：科学出版社，2000年，第222—229页。

② 唐金裕：《汉初平四年王氏朱书陶瓶》，《文物》1980年第1期；陈直：《汉初平四年王氏朱书陶瓶考释》，《考古与文物》1981年第4期。

子孙。王当、当弟伎、偷及父元兴等，当来[入](人)臧，无得劳苦、苛止，易勿繇使。无责生人父母、兄弟、妻子、家室。生人无央咎。令死者无適负。即欲有所为，待焦大豆生、铅卷华荣、鸡子之鸣，乃与[诸]神相听。何以为真？铅券尺六为真。千秋万岁，后无死者。如律令。卷成。田本曹奉祖田，卖与左仲敬等；仲敬转卖□王当，当弟伎、偷，父元兴。约文□□，时知黄唯、留登胜。[①]

又是三四百年过去，这是湖南资兴旧市所出梁普通元年(520)何靖买地券：

□普通元年□□庚子十一月□□□十五日乙□……太上□□符敕：天一地二，孟仲四季，黄神后土，土皇土祖、[土营土府]、土文土武，土墓上、土墓下、墓左、墓右、墓中央五墓主者，丘丞墓伯，冢中二千石，……营土将军，土中……道上□□将军、道左将军、道[右](左)将军三道将军，高里父老……天魁、天罡、太一、[征](登)明、功曹、传送随到十二神等：桂阳郡晋宁县都乡宜阳里女民何靖，年二十九岁，先已□□运墓，旧名曰毛□□堤中。尊奉[太](天)上诸君丈人道法，不敢选日问时，不避天下禁忌，道行正真。丘墓营[域](搏)，□东西南北，各有丈尺。丘墓之神，地下禁忌，不可禁诃志[讶](评)。丘墓诸神，咸当奉板，开示亡人地道，安其尸刑，沐浴冠带。亡者开通道理，[无](当)忧患，利护(衬谨)生人。[三会吉日](之曹吾日)，当为丘丞诸神言功举迁，各加其秩禄，如天曹[科](神)比。若有禁诃，不承天法，志讶冢宅，不安亡人，依玄都鬼律治罪。各慎天宪，明

① 洛阳博物馆：《洛阳东汉光和二年王当墓发掘简报》，《文物》1980年第6期。

[承](果)奉行。急急如泰清三天无极大道太上地下女[青](着)诏书律令。[①]

随便选唐代的一种。这是新疆吐鲁番阿斯塔那所出唐大历四年(769)天山县张无价买地木契:

维大历四年岁次己酉十二月乙未朔廿日甲寅,西州天山县南阳张府君张无价,异域安宅兆。以今年岁月隐便,今龟筮协从,相地袭吉。宜于州城前庭县界西北角之原,安厝宅兆。谨用五彩杂信,买地一亩。东至青龙,西至白虎,南至朱雀,北至玄武。内方勾陈,分掌四域。丘承墓伯,封步界畔;道路将军,整齐阡陌。千秋万岁,永无咎殃。若辄忏犯诃禁者,将军庭帐,收付河伯。今已牲牢酒饭,百味香新,共为信契。安厝已后,永保休吉。知见人:岁月主者;保人:今日直符。故气邪精不得忏扰。先来居,永避万里。若违此约,地府主吏自当其祸。主人内外存亡安吉。急急如律令。[②]

这是湖北浠水县所出北宋治平二年(1065)郭五娘买地券:

维大唐国蕲州蕲水县开元乡义丰里中保,今有没故亡人郭氏五娘,年登六十二岁,于治平二年正月初四日殁幸身亡。皇帝约敕此地,今在此山罡里嫄安厝宅地,龙藏之处,其地吉,用银钱九千九万九百九十九贯九文,五色香饭,买

① 湖南省博物馆:《湖南资兴晋南朝墓》,《考古学报》1984年第3期。

② 新疆维吾尔自治区博物馆、西北大学历史系考古专业:《1973年吐鲁番阿斯塔那古墓群发掘简报》,《文物》1975年第7期。

地若干，东止甲乙，南止丙丁，西止辛庚，北止壬癸，内方勾陈，分掌四辰。丘承墓伯，千秋万岁，永无殃咎。有柯犯诃禁者，将军停长，收付河伯。今以酒饭，百味香辛，共为契□。□□交付，功匠修营已后，永保安吉。见人：岁月主；保□□：今□直符。故气精不得扰。光章有居，墓各有分界。若违此约，地符主吏自当其祸，不干主人之事。内外安吉。急急如奉令敕。治平二年正月初七日戊寅朔日，亡人郭氏五娘状记。书人张坚故，见人李定度。要相见，东海左道边。急急令。[①]

不用再抄下去了，已抄的这几份墓券已经跨越了千余年。你觉得它们变化很大吗？的确，墓券的字数不断增加，表述也各有不同，但其实质却一致的：人死之后，要告知地下神祇，祈求得到地下神鬼的接纳与保佑，如此而已。字数增加的原因，除了华丽而累赘的辞藻之外，是神增加了。

是的，文字越来越繁复，皇帝们在轮流坐庄，当官的换了一波又一波，官家的钱粮算起来越来越搞不明白。但是，乡村依然是乡村，乡民的生活并没有大的改变。当然，静谧的乡村并不意味着完全的静止不动。河流的表面波澜不兴，但泥沙正一点点地沉积在河底，河床在慢慢地抬升。乡村的人口不断增加，田地不断开垦，产量也在慢慢地提高。这些都是静静的变化。但是，都并不是根本性的变化，或“变革”。

什么是“变革”或“革命”？我把它比喻为河流冲决了大堤，发生了改道。那么，北方农民迁移到南方，即便是大规模地迁移，也不是根本性的变革，因为他们还是在种地，虽然可能由种

---

① 现藏湖北省浠水县博物馆，出土地点不详。已断为四块，刻痕较浅，书法甚朴拙。碑右侧中间偏上直书“地券文”三字。正文直书，十四行。

旱地改作了种水田；农民不种稻麦，改种商品作物，也不能谓之为根本性变革，因为他们仍然是在种地。

那么，真正的根本性变革，只有发生在今天：越来越多的农民告别了土地，奔向城市；他们不再种地了，乡村也就不再静谧。

（二）乡村秩序的法则及其基础

平静的乡村遵循怎样的法则以维护其平静？礼教的下传或教化？我与许多乡村耆宿谈起过孔子，他们的反应都是非常高兴：啊，孔老夫子，是个圣人！口气就像说起邻村一位人人称道、道德高尚的教书先生。国家权力的威严？那是无所不在的，交税纳粮，原是天经地义的，但不幸的是，国家权力最草根的代表，村长，以及古时候的里正、保甲长之类，在乡民的观念和话语里，几乎都是"坏人"，这至少是极大地消解了国家权力的道德合法性。"地方精英"？的确，他们起了很大作用，但可惜迄今也没有乡民知道他们都是些什么人，我也不太能确定。

乡民做了坏事，最怕的是谁？怕受谁的惩罚？我以为这才是乡村秩序的法理依据。一般说来，最怕的是神与鬼。那么，敬天畏神怕鬼，是乡村秩序法则的第一个基础。

真的有鬼神吗？当然。读上文引录的买地券，你不觉得鬼神充塞在世界的每一个角落，我们的身边就有好几位吗？"天一地二，孟仲四季，黄神后土，土皇土祖，土营土府，土文土武，土墓上、墓下、墓左、墓右、墓中央五墓主者，丘丞墓伯，冢中二千石，左右冢侯，丘墓掾史，营土将军，土中督邮，安都丞，武夷王，道上游逻将军、道左将军、道右将军三道将军，嵩里父老，都集伯伔，营域亭部，墓门亭长，天罡、太一、登明、功曹、传送随斗十二神。"当然，这只是万神殿一个阴暗角落里的几位小毛神而已。

当然应当有神与鬼。如果没有神，我们的生命从何而来？

如果世上没有鬼，我们死后可怎么办？最重要的是，如果没有天神，谁来管皇帝呢——皇帝没有神让他害怕了，杀起人来无所忌惮，哪里还会有我们的命在？如果我们死后不能做鬼，那谁来照顾、保佑我们的子孙？

所以，神与鬼，存在于乡民的心中。

我们敬惮上天，大家联合起来，时不时地杀几头猪羊送给他吃，建起了各种各样的神庙；我们向神明祈福，希望他保佑我们五谷丰登，阖家健康，不能忘了送钱或吃的东西给他们。不幸的是，我们的钱不够多，所以神明常常不保佑我们，这就让我们不得不组织起来，群策群力地祭奠神明，所以形成了大大小小的“神社”。

因为我们死后要做鬼，或者会成为鬼，鬼也要有户籍、要有安身之所，要穿衣吃饭——如果可能，还要有人服侍，所以我们在殁亡时要用告地策或者买地券，或者衣物疏，还要有人俑——象征着我们在人间可能不曾拥有的奴婢。而当世上所有这一切都可以用“钱”来计量并购买的时候，我们只用烧纸钱就可以了。同时，为了让我们的祖先在阴间一直有钱使，更是想到要让我们的子孙以后给我们钱用，我们祭祀已经做了鬼的祖先们，并给我们的子孙做出榜样，定出规范，于是建立了家族。家族成立的基础是什么？当然会有不同的解释（太多了），我给出的最简单的解释是：因为我们死后要做鬼。我们的祖先已做了鬼（当然我们不直接这样说），在看着我们；我们死后也会做鬼，看着子孙后代。人鬼相继，互相保佑，这是家族存在的基础。如果没有鬼，还会有“家族”吗？

最重要的是，因为我们头上三尺见方的地方就有“神明”，各种各样的神灵与鬼魂都在看着我们，所以我们不得不“循规蹈矩”，力争做一个“好人”，而不是“坏人”。我们遵守各种规范，不是因为怕官(害怕触犯法律),因为“官”在衙门里,我们很少见到他;当然更不是怕皇帝——他正在遥远的皇宫里与后妃们玩乐呢,没有兴趣来管我们。我们怕的是神与鬼:我们做了好事,神明会奖赏我们,让我们风调雨顺、五谷丰登、六畜繁衍、子孙昌盛;我们做了坏事,神明或者他会让小鬼来惩罚我们——更不用说我们死后做了鬼还要受惩罚了。

因此,我认为敬畏神明、忌惮鬼神,是乡村秩序法则的第一个基础。

那么,什么是“好事”,什么是“坏事”,这可太复杂了,不同时期、不同地方、不同的人与事,都会有不同的标准,你不可能会有准确的答案(乡民的“善”、“恶”观及其演变,还真是一个大题目)。一般说来,我们所说的“善人”会指大方施舍的人,但这不是对每一个的要求;我们说的“恶人”,是指专门喜欢害人的人,幸好这样的人也不多。我们说某某是个“好人”,是说他不会害人,“说话做事靠得往”,我们信得过他。

因此,我认为乡村社会中的“信用”关系,是构成乡村秩序法则的第二个基础。

我在集市上遇见了王家庄的张三(请注意不是王二,他不姓王),聊得很好,我相信他的为人,我们当场约定,成了儿女亲家。或者,我本来不认识张三,当媒人来为张三家的老二说亲时,我们当然要打听他们家的“家道”如何,这里的“家道”主要是财富与为人。所谓“为人如何”,其核心就是是否值得“信靠”——“信”是相信,“靠”是依靠。

邻居家来了客人,没有菜,让他们家的小闺女来借六个鸡蛋。我当然不会不给,因为我相信她的爸爸妈妈。但如果他们老是有借无还,下次来借时,我就会告诉那个小姑娘:我们家的鸡都不下蛋了——我并不会因此而觉得他们家是“坏人”,只是觉得不太值得信靠罢了。

我相信乡村“借贷”关系的发生十分频繁。很可能的情况是：大部分婚约、托付与借贷都是以口头承诺为基础而成立的（甚至连口头承诺都没有——邻居家来借几个鸡蛋，你不会加上一句：月底前要还啊！两家高高兴兴地商量定亲，你也不会煞风景地说：你们可不能说话不算数啊）。口头承诺之所以有效的基础，就是信用。

在什么情况下，要写立文字契约（成文契约）？这是一个复杂的问题。交易所涉及的金钱数额、交易双方的熟悉与信用程度（我注意到，在流动性较大的区域社会中，文字契约的使用率要高得多）、社会财富等级的差异、交易本身的性质以及官府的要求，等等，都是需要考虑的因素。当发生纠纷时，文字契约当然是可以用于打官司的依据，但不能认为写立文字契约一定是为了准备后来打官司。那么，乡村文字契约的书写究竟主要是为了什么？

我以为主要或首先是为了将“信用”“坐实”在“白纸黑字”上，所谓“恐后无凭，故立此契”者即是此意。我注意到，很多买卖、借贷契约发生在不同财富等级的人之间，而不是同一等级的人之间，这种等级差异导致了双方信用关系的缺失。简单地说，往往是有钱的人不相信穷人，在交易中处于优势地位的一方（放债人、买方）往往连名字都不署，更不用说画押了；而处于弱势的那方（借债人、卖方）却要签字画押，并对可能产生的纠纷负责（如“如有外人栏占，并是拱[卖地人]自祇当，不及受产人之事”之类）——而在买地券中，则是卖方的神祇处于优势地位，所以他们多不署名。在这个意义上，成文契约实际上是建立在对弱势一方之信用的怀疑之上的。也就是说：因为不相信弱势一方是值得信靠的，所以要写这个文字契约。

从法的意义上讨论契约的学者往往将中国古代契约中的保人、证人比附为现代法律意义上的见证人。我理解这种比附的法律根据及其意义。但是，在契约纠纷中，保人(或证人)承担起代弱者一方赔偿或支付罚款之责的例证究竟有多少呢？印象中这样的例子的确不多(又是一个值得考究的问题)。那么，保人及证人的作用究竟是什么？我以为主要是担保双方尤其是弱势方的信用，其作用有类于婚约中的“媒人”——我们当然不能想象，如果一方悔婚的话，会由媒人来代作新娘或新郎；那么，借贷契中保人当然也不用真的代逃债的弱势方赔偿。当然，买地券中的保人在信用的担保方面更有意义：因为买地的是人或鬼，而卖地的则是神，人或鬼不能了解神的信用度，这样，作为保人的另一些神当然是来担保那些卖地之神的信用的。

因此，在借贷、买卖等文字契约中，保人与弱者方的关系往往较近(往往是弱者方“倩人作保”)，其社会财富地位可能也比较相近，但可能略高于弱者方(至少在本宗交易中)，他们彼此之间至少在理论上是互相信靠的；而保人与优势方(买方、债权人)之间的信用关系则可能要弱一些，但也不会没有，否则就无法充当保人了。证人(见人)的作用可能与保人相似(显然，保人、证人与交易双方之间的关系，是契约研究中的另一个问题)。这样，由保人、证人作为中介的信用链就建立起来了。这个信用链，是契约得以成立的基础，在很大程度上，也是文字契约之所以成立的目的。

当然，写立文字契约的确也是为了发生纠纷时有据可凭，包括打官司时呈堂为证。事实上，至少在宋以后，大部分各类契约特别是买卖契约中，都充溢着国家的威权和法律术语。而我迄今为止竟然尚未提到过国家与法律，真是太过分了！

有一个事实还不太清楚，即：究竟有多少契约(包括口头约定与文字契约）纠纷最后发展到呈堂诉讼？自南宋以来，各种官箴书与地方志、文集都记载各地契约纠纷案例纷增，特别是江西、福建，甚至以“善讼”著称，似乎契约纠纷的诉讼案件非常之多。然而，如果考虑到日常生活中各种形式的契约（包括口头的约定）是如此普遍的话，那么，最终诉诸堂上的契约纠纷所占的比例应当是不大的（仔细分析这一类案例，将是非常有趣的，一定可以得出一些有趣认识来）。我相信：绝大部分契约没有发生纠纷（这表明乡村社会的信用关系在总体上是不错的），当然也就未见于记载；在已发生契约纠纷中，大部分是在乡村层面解决的——协商乃至武斗；只有极少的一部分，才呈堂诉讼，其中的小部分则被记载下来。

不管怎样理解，显然，告官都是一种不得已的选择，它不会是立契的根本性初衷。如果可能的话，我们都会在自己熟悉的范围内解决这些纠纷。见官，怎么说都是一件可怕的事。那么，文字契约中对法律的援引、采用，也主要是一种选择——官府的制度规定，契约的格式要求，等等。这种选择不完全是不得已或被迫，很大程度上也是出于主动的选择，因为它使我们在自己无法解决问题时有一个可供选择的机会，那才是官府，以及法律。

这样，我把国家与法律放在了神、人际间的信任之后，是乡村秩序法则得以确立的第三个基础。这样一种排序的理由是：神与鬼就在我们的身边，人（别人）是我的邻居，而官不在我们村里。

无需陈述国家权力及其话语如何被地方社会的“精英”们所吸纳、借用，融汇成地方社会的组成部分，并最终使地方社会的权力网络汇入到国家权力体系的巨型网络之中，华南学派的学者们讲述了很多这样有趣的故事。我时常被这些饶有趣味的故事所吸引，而失去了自己的方向，因为我自己就属于“精英”的一分子。当我从这种"精英"情结中挣脱出来,站在乡民的立场上想一想,忽然意识到:这些"地方精英",就是"国家",至少是"准官方"。

在乡下,因为我的"五短身材、黝红面皮",我偶尔会被乡民看作是他们的一分子,是他们自己人;但更多的时候,我会被看作是"干部"——省里来的,或县里来的。我很悲伤地意识到自己的"干部"身份。有时候,他们会和我谈起他们的家长里短和受到的冤屈、对"政府(国家?)"的不满;偶尔,他们"上访"告状经过武汉时会想起找我说说话。我这个"假干部"当然帮不上他们的忙,只是奇怪他们为什么还有信心去"上访"。原来,他们相信终究会有一些"好官",虽然很少;法律终究会至少有一部分是公正的,虽然他们时常失望,但毕竟偶尔成功过,即便是在传说与故事中。

这种"相信",是有选择地接受、吸纳、采用国家权力及其话语的前提,也是国家权力及其话语进入乡民中间去的基础。如果乡民对国家权力连最起码的信任都没有,又怎么能够想象国家权力可以渗透到民间社会中间去呢?因此,我认为,乡村社会法则的第三个基础是:有选择地接受、吸纳、采用国家权力及其话语,这就是乡村社会中的"用"。

显然,这种选择"用"的基础,是对"我们"有利。在江汉平原,明清官府推行的"垸长"或"堤长"制度得到了很好的实施,其重要原因之一就在于它符合乡民的利益。在不少地方,很多"正祀"的神祇并没有得到乡民的奉祀(事实上,可能大多数正祀的神祇香火都很冷落),因为他们并未"显灵",也就是对我们没什么"用"。同样的理由,我也一直认为治安、教化系统下的乡村制度(如保甲等)要比赋役系统的乡村制度能更多地得到乡民的配合,并因此而更趋于持久地相对稳定,因为它至少部分地对乡民是“有利的”，而赋役制度对乡民则完全是“不利的”或“有害的”。

当然，我们不可能拒绝赋役制度这样的“国家权力”，所以，我们的选择是非常有限的。事实上，对于国家权力，我们更多的时候是无奈地接受。但是有一点非常清楚：我们绝不会为了自己不缴纳赋税而去打官司，这个“国家权力”及其相关的法律规定我们一定不会去援引。换言之，我们被迫接受的这些制度及其所带来的“秩序”，不是我们乡村的“秩序”，而是“国家”（朝廷）的秩序。这些制度会因改朝换代而发生变化，朝廷的秩序也会因政治的清明与否而变动，而乡村依然在自己的秩序规则下缓慢地运行。

那么，在怎样的情况下，乡村的秩序受到真正的威胁？或者变得“失序”？官府权力的渗透与滥用，显然是给乡村秩序带来了威胁。有时候，我会认为国家权力的渗透是打乱了而不是强化了乡村的秩序，特别是当这种权力被滥用时。但对这一点，我不能确定，因为这涉及对“秩序”的理解——其中最关键的是：谁的秩序？国家的，还是乡民的？当我确认乡村秩序首先是乡民的生活秩序时，显然，“国家权力”的渗透扰乱了这种秩序，在这里，王朝国家视野下的秩序与乡民的秩序站在了对立的立场上。但我也知道，这两者其实并不是对立的，至少并不总是对立的。不管怎样，王朝国家权力的缺失也并不一定带来乡村社会的失序，这一点是肯定的——我们只要看大动乱时代，得到很好组织的地方武装与大族、土豪控制下的乡村社会，就明白了：没有朝廷（国家），有时候我们也可以过得很好！

然而，如果乡民之间丧失了最起码的信任，乡村的经济生活将无以开展；如果人们都不再相信神与鬼，不仅没有人祭神祀祖，也就无所谓神庙、宗族，而且人们为人做事无所顾忌，自行其是，那才真正走到“失序”的边缘了。

征引与参考文献

（以书名首字汉语拼音为序）

1.《北方民族史十论》，姚大力著，桂林：广西师范大学出版社，2007 年。

2.《北史》，李延寿撰，北京：中华书局，1974 年。

3.《出土简牍与秦汉社会》，杨振红著，桂林：广西师范大学出版社，2009 年。

4.《初学记》，徐坚等著，北京：中华书局，2004 年，重印本。

5.《楚辞补注》，洪兴祖撰，北京：中华书局，1983 年。

6.《春秋穀梁传注疏》，范宁集解，杨士勋疏，夏先培整理，北京：北京大学出版社，1999 年。

7.《春秋繁露义证》，苏舆撰，钟哲点校，北京：中华书局，1992 年。

8.《〈春秋〉与“汉道”：两汉政治与政治文化研究》，陈苏镇著，北京：北京大学出版社，2011 年。

9.《春秋左传注》，杨伯峻编著，北京：中华书局，1990 年。

10.《敦煌汉简释文》，吴礽骧、李永良、马建华释校，兰州：甘肃人民出版社，1991 年。

11.《风俗通义校注》，应劭撰，王利器校注，北京：中华书局，1981 年。

12.《古代中国的历史与文化》，劳榦著，北京：中华书局，2006 年。

13.《管子校注》，黎翔凤撰，梁运华整理，北京：中华书局，2004 年。

14.《国史大纲》，钱穆著，北京：商务印书馆，1994 年。

15.《韩非子新校注》,韩非著,陈奇猷校注,上海:上海古籍出版社,2000年。

16.《汉代官文书制度》,汪桂海著,南宁:广西教育出版社,1999年。

17.《汉代农业:早期中国农业经济的形成》,许倬云著,程农、张鸣译,南京:江苏人民出版社,1998年。

18.《汉代社会结构》,瞿同祖著,邱立波译,上海:上海人民出版社,2007年。

19.《汉代行政记录》,[英]鲁惟一著,于振波、车今花译,桂林:广西师范大学出版社,2001年。

20.《汉帝国的建立与刘邦集团——军功受益阶层研究》,李开元著,北京:生活·读书·新知三联书店,2000年。

21.《汉官六种》,孙星衍等辑,北京:中华书局,1990年。

22.《汉简研究文集》,甘肃省文物工作队、甘肃省博物馆编,兰州:甘肃人民出版社,1984年。

23.《汉简缀述》,陈梦家著,北京:中华书局,1980年。

24.《汉魏六朝乐府文学史》,萧涤非著,北京:人民文学出版社,1984年。

25.《汉魏制度丛考》,杨鸿年著,武汉:武汉大学出版社,1985年。

26.《汉书》,班固撰,北京:中华书局,1962年。

27.《汉书补注》,王先谦补注,上海师范大学古籍整理研究所整理,上海:上海古籍出版社,2012年。

28.《汉书窥管》,杨树达著,长沙:湖南教育出版社,2007年。

29.《汉书新证》,陈直著,天津:天津人民出版社,1979年,第二版。

30.《汉书艺文志注释汇编》,陈国庆编,北京:中华书局,1983年。

31.《汉唐间史学的发展》,胡宝国著,北京:商务印书馆,2003年。

32.《汉唐史论集》,傅乐成著,台北:联经出版事业公司,1977年。

33.《汉唐职官制度研究》,陈仲安、王素著,北京:中华书局,1993年。

34.《后汉书》,范晔撰,北京:中华书局,1965年。

35.《剑桥中国秦汉史》,[英]崔瑞德、[英]鲁惟一编,杨品泉等译,北京:中国社会科学出版社,1992年。

36.《江陵凤凰山西汉简牍》,湖北省文物考古研究所编,北京:中华书局,2012年。

37.《荆州高台秦汉墓》,湖北省荆州博物馆编,北京:科学出版社,2000年。

38.《居延汉简释文合校》,谢桂华、李均明、朱国炤编,北京:文物出版社,

1987 年。

39.《居延汉简研究》,[日]永田英正著,张学锋译,桂林:广西师范大学出版社,2007 年。

40.《兰台万卷:读〈汉书·艺文志〉》,李零著,北京:生活·读书·新知三联书店,2011 年。

41.《隶释》,洪适编,北京:中华书局,1985 年,影印本。

42.《历史研究法·历史教授法》,何炳松著,上海:上海古籍出版社,2012 年。

43.《两汉纪》,荀悦、袁宏撰,张烈点校,北京:中华书局,2002 年。

44.《两汉思想史》,三卷,徐复观著,上海:华东师范大学出版社,2001 年。

45.《六臣注文选》,萧统编,李善、吕延济等注,北京:中华书局,1987 年,影印本。

46.《论衡校释(附刘盼遂集解)》,黄晖撰,北京:中华书局,2006 年。

47.《孟子注疏》,《十三经注疏》整理本,北京:北京大学出版社,1999 年。

48.《墨子校注》,吴毓江撰,北京:中华书局,1993 年。

49.《潜夫论笺校正》,王符著,汪继培笺,彭铎校正,北京:中华书局,1985 年。

50.《秦汉官僚制度》,卜宪群著,北京:社会科学文献出版社,2002 年。

51.《秦汉法制史研究》,[日]大庭脩著,林剑鸣等译,上海:上海人民出版社,1991 年。

52.《秦汉赋役与社会控制》,臧知非著,西安:三秦出版社,2012 年。

53.《秦汉魏晋史探微》(重订本),田余庆著,北京:中华书局,2011 年。

54.《秦汉史》,钱穆著,北京:生活·读书·新知三联书店,2004 年。

55.《秦汉史》,翦伯赞著,北京:北京大学出版社,1999 年,第二版。

56.《秦汉史》,吕思勉著,上海:上海古籍出版社,1983 年。

57.《秦汉史编年》,王云度著,南京:凤凰出版社,2011 年。

58.《秦汉史论丛》(增订本),廖伯源著,北京:中华书局,2008 年。

59.《秦汉刑罚制度研究》,[日]富谷至著,柴生芳、朱恒晔译,桂林:广西师范大学出版社,2006 年。

60.《日知录集释》,顾炎武著,黄汝成集释,上海:上海古籍出版社,2006 年。

61.《三国志》,陈寿撰,北京:中华书局,1959 年。

62.《商君书注译》,高亨注译,北京:中华书局,1974 年。

63.《诗三家义集疏》,王先谦撰,北京:中华书局,1987 年。

64.《史记》,司马迁撰,北京:中华书局,1959 年。

65.《史林杂识初编》，顾颉刚著，北京：中华书局，1963 年。

66.《释名疏证补》，刘熙撰，毕沅疏证，王先谦补，北京：中华书局，2008 年。

67.《士与中国文化》，余英时著，上海：上海人民出版社，1987 年。

68.《睡虎地秦墓竹简》，睡虎地秦墓竹简整理小组编，北京：文物出版社，1990 年。

69.《说谎——揭穿商业、政治与婚姻中的骗局》，[美]保罗·埃克曼著，邓伯宸译，北京：生活·读书·新知三联书店，2008 年。

70.《宋书》，沈约撰，北京：中华书局，1974 年。

71.《他山的石头记——宇文所安自选集》，[美]宇文所安(Stephen Owen)著，田晓菲译，南京：江苏人民出版社，2003 年。

72.《太平御览》，李昉等撰，北京：中华书局，1960 年，影印本。

73.《唐宋传奇集》，鲁迅辑，见《鲁迅全集》第 10 卷，北京：人民文学出版社，1973 年。

74.《天下一家：皇帝、官僚与社会》，邢义田著，北京：中华书局，2011 年。

75.《吴越春秋校注》，张觉校注，长沙：岳麓书社，2006 年。

76.《西汉人口地理》，葛剑雄著，北京：人民出版社，1986 年。

77.《西京杂记》，葛洪撰，周天游校注，西安：三秦出版社，2006 年。

78.《新辑本桓谭新论》，桓谭撰，朱谦之校辑，北京：中华书局，2009 年。

79.《新论》，桓谭撰，上海：上海人民出版社，1977 年。

80.《新书校注》，贾谊撰，阎振益、钟夏校注，北京：中华书局，2000 年。

81.《性命古训辨证》，傅斯年著，上海：上海古籍出版社，2012 年。

82.《荀子集解》，王先谦撰，北京：中华书局，1988 年。

83.《盐铁论校注》，桓宽撰，王利器校注，北京：中华书局，1992 年。

84.《乐府诗集》，郭茂倩编，北京：中华书局，1979 年。

85.《殷周秦汉史学的基本问题》，[日]佐竹靖彦主编，北京：中华书局，2008 年。

86.《游侠与汉代社会》，彭卫著，合肥：安徽人民出版社，2013 年。

87.《战国秦汉小农经济研究》，于琨奇著，北京：商务印书馆，2012 年。

88.《张家山汉墓竹简(二四七号墓)》(释文修订本)，张家山二四七号汉墓竹简整理小组编，北京：文物出版社，2006 年。

89.《中国古代的王权与天下秩序——从日中比较史的视角出发》，[日]渡边信一郎著，徐冲译，北京：中华书局，2008 年。

90.《中国古代帝国的形成与结构——二十等爵制研究》,[日]西嶋定生著,武尚清译,北京:中华书局,2004年。

91.《中国官僚政治研究》,王亚南著,北京:中国社会科学出版社,1981年。

92.《中国历史研究法》,梁启超著,上海:华东师范大学出版社,1995年。

93.《中国人口史》第一卷《导论、先秦至南北朝时期》,葛剑雄著,上海:复旦大学出版社,2002年。

94.《朱子语类》,黎靖德编,北京:中华书局,1986年。

95.《庄子集释》,郭庆藩撰,北京:中华书局,2004年,

96.《追忆:中国古典文学中的往事再现》,[美]宇文所安(Stephen Owen)著,郑学勤译,北京:生活·读书·新知三联书店,2004年。

97.《资治通鉴》,司马光等编著,北京:中华书局,2012年,第二版。

后 记

大概在2002年秋季学期，在武汉大学哲学学院郭齐勇教授、中国传统文化研究中心冯天瑜教授、历史学院覃启勋教授等先生的主持下，武汉大学开办了一个国学试验班，从在校二、三年级本科生中，招收了二十名左右有兴趣学习中国传统学问的同学，开始学习国学经典。郭老师希望我承担"《汉书》导读"这门课的教学。因为此前我在历史系开设的"中国史典籍导读"课程上讲过《汉书》的《地理志》《食货志》等部分内容，在"历史文献学"课程上讲过《汉书·艺文志》，有一些基础，所以就答应了。记得第一次上课是在2003年的春天，教室在老武大校门口图书情报学院的办公楼上，晚上上课。上课时，每位同学都有一套《汉书》，也都很有兴趣学习，师生一起研读，当老师的感觉特别好。所以我就很认真地准备课程，细致讲授自己的理解与心得，同学们学得也很认真。

这门课在武大讲了三次（2003、2004、2005年）。后来，我就离开了武大，到厦门大学服务。直到2012年，厦大要求人文学院开设通识课程，其中的史学典籍部分，没有老师承担，我自告奋勇，主动提出可以开设“汉书”这门课。所以，2012、2013年秋季学期，又讲了两次。但在厦大开设的“汉书”课程，性质是通识课程，选修的同学基本上来自理工医和社科院系，几乎没有人文学科的同学选修，更不用说历史系的同学了。所以，这两次讲课，其实与在武大的授课有很大差别：前者要求浅显易懂，具普及性质；后者则要求专精准确，具初步研究准备的性质。而且，在武大授课时，是师生围坐在一起，执书而读，坐而论道；在厦大授课，则是教师立于前，使用PPT，同学静坐观看、听讲，是现代化教育了。因此，我也认真地写讲义，做PPT，然后在课堂上“表演”。

教书二十多年了。我向来不喜欢重复自己已经讲过的内容，虽然做不到“前贤与自己讲过的都不讲”，但“心向往之”，是一直朝这个方向上努力的。五个学期里，我大致讲过了《汉书》的《高帝纪》（结合《史记·高祖本纪》）、《武帝纪》（结合《史记》的《孝武本纪》和《封禅书》），《百官公卿表》的“序”，《礼乐志》（结合《史记·乐书》）、《刑法志》、《食货志》（结合《史记》的《平准书》和《货殖列传》）、《地理志》（结合《尚书·禹贡》）、《艺文志》（结合《史记·儒林列传》与《汉书·儒林传》），以及《晁错传》、《董仲舒传》、《李广传》、《张汤传》、《游侠传》（结合《史记·游侠列传》）、《西域传》（结合《史记·大宛列传》）、《外戚传》之“孝武卫皇后”与“孝武李夫人”部分、《王莽传》、《叙传》（结合《后汉书·班固传》）等内容。其中，《志》讲得最多，我下的功夫也比较大。每次上课，我都写下详细的讲义，大致是先把《汉书》原文抄录过来，然后汇集各家注释，再作文本结构的分析，最后结合自己的体会与研究，阐发其意旨。我一般边备课、写讲义，边上课。这样，五个学期中，竟然积累了六十多万字的《汉书》讲义。

几位师友看过这些讲义的不同部分，说是较有深度与趣味；一些已经走出校门的同学，偶尔打电话或者通邮件，还会说起在我的课上听了点什么，这些，都让我很感动。华东师范大学历史系冯筱才教授、厦门大学中文系李晓红教授、广西师范大学江田祥副教授，一直鼓动我把这些讲义整理出版，并主动帮助联系出版社。在他们的鼓励和催促下，我汇总了历次讲这门课的讲义，通读一过，着手整理、修改，力图将之贯通，成为一本书。修改的原则是：凡见到前贤已有论述的，尽可能不予保留；较为琐碎繁杂的考释、解释，尽可能删繁就简；不太拿得准的观点与想法，也不予保留。但修改实际上成了重写，很多内容，以我现在的眼光，已与当年讲课时大为不同，只有重写。所以，事实上我重写了现在这份讲义的大部分，其中的很多看法，可能与当年同学们所听到的，已有很大差别。

现在整理定稿的五讲，实际上已经超出了《汉书》解读的范畴。第一讲是想说清楚《汉书》里所叙述的历史过程，是从哪里来的，它的本原是什么。第二至第五讲，则分别讨论了皇帝、官僚、侠士与儒生以及普通百姓（编户齐民）这四种或五种群体（侠士与儒生或者可以分开）。显然，我并非要全面系统地研究这四种或五种人，而是希望主要依靠《汉书》（以及《史记》）里的叙述，结合部分出土资料，透视这些人的一个或几个方面。我的意图与目的，绝不是去讲西汉历史，而是要去说明，怎样阅读历史文献，并通过阅读，去洞察历史的真相，分析人类历史的某些方面，思考我们自己生存的这个社会，以及我们自己的人生。我一直以为，读历史是给我们自己读的，是为了我们自己的。我们读《汉书》，绝不是仅仅为了弄清楚汉代的人怎样治国安邦、开疆拓土，或者怎样搞阴谋诡计（政治史），甚至不是为了弄清汉代的人怎样生活（经济史与社会史）、怎样说话（文化史）、怎样思想（思想史）以及怎样“死亡”（宗教史或类似于宗教史的学问），重要的是为我们思考我们必须面对的今天这个世界提供素材，是为了我们今天的“活着”和明天的“活着”或“死亡”的。所以，我讲的《汉书》，已经不再仅仅是班固当年所写的《汉书》，而是我们今天要读、在读的《汉书》。

在当今大学里讲典籍课程，主要有两种讲法。一种是逐字逐句地讲解，释字解句，重点在于解释字义、名物、制度，目的是读懂典籍的意旨。这基本上是“汉学”的讲法而有所变通。中文系的“古代汉语”、历史系的“中国历史文选”等课程，一般是这样讲的。一种是从大处着眼，通解全篇，重点是明其大义，剖析其主旨、内涵，探究其思想倾向与时代背景，进而发挥、阐释，并与现代学术理念相比附，以明其性质、意义。这基本上是“宋学”的讲法而有所变通。中文系与外文系的“中外文学名著导读”、哲学系的“中外哲学名著导读”、历史系的“中外史学名著导读”之类课程，基本上是这样讲的。我是在这种教育方法下成长起来的，深知前者易失于枯燥乏味，听之令人昏昏欲睡，如果这样的课排在春季学期的午后，授课的老师往往只能“听取鼾声一片”；而后者则易失于抽象、概念化，听之令人不着边际，摸不着头脑，老师往往用今天的意识形态、思想或学术理念给古人贴标签，学生只要听几节课，就会形成“古之圣贤，不过尔尔”的印象，进而对授课老师产生鄙夷之感。当老师的，既不想在课堂上听鼾声四起，也不想被同学们鄙视，就只有想办法，下功夫，“殚精竭虑”，以吸引“顾客”。所以，我讲《汉书》，就试图兼用汉、宋，融汇旧学新知，而断之以己意；既倾出自己可怜的知识与才能，以阐明其所说、所指与所蕴，更竭尽自己浮浅的思想与智慧，以洞察其超越时间与空间的、对于人类生存与发展的意义和价值。我无法判断自己做到了多少，只知道自己努力去做了，尽了自己最大的努力。我也知道很多同学愿意听我的课，不在于我讲得有多么好，而在于他们意识到我在努力地讲好课，努力地把自己所知道、所想到的一切告诉他们。

前后听过这门课的同学，大约有200人（没有一位同学听过全部内容）。我要感谢这些同学们，虽然我几乎叫不出他们的名字。我不曾有过被鄙视的感觉（或者是因为我感觉迟钝），他们让我感受到在这个世界上最难得感受到的尊严。他们给了我一份工作，让我有事可做，虽然在这个社会里，学历史和讲历史是最昂贵的奢侈品之一。他们给我诸多激励，让我努力去弄清楚古人的所思所想，并一步步地明晰自己的所思所想，使我的思想逐步形成并得以显现出来。他们的提问、质疑和辩难，促使我更周详地考虑问题，并力图用浅白的语言，把自己的认识与想法讲出来。总之，他们使我真切地感受到生命是如此有意义，意识到这个世界上，除了我的家人，还会有人需要我。凡此，都是如此地深厚而珍贵，以至于如下的帮助显得微不足道，可以无庸感谢了：我的妻子陈勤奋和儿子鲁陈垚几乎每天都要在餐桌上忍受我的胡言乱语，并承担起提问以让我稍微清醒一点的义务。陈勤奋还以职业编辑的态度，认真阅读了全部书稿，提出很多非常有价值的意见。此外，厦门大学历史系孙飞燕博士、现在美国卡耐基梅隆大学攻读博士学位的刘嘉乘、厦门大学化学化工学院2011级本科生郝舒放同学，也阅读了大部分书稿，提出了很好的意见，使我得以避免许多错误。

最后需要说明的是，我并不治秦汉史，没有写过研究西汉历史的论文；本书也绝不是严格意义上的学术论著，它只是一份讲义而已（与我此前的著作大多是已刊论文的汇集或缀联不同，本书的几乎全部内容，此前都没有发表过）。我对学术界有关秦汉史的研究不是很熟悉，很多论著没有认真读过，所以本书可能未能充分吸纳前人已有的研究成果。讲义中凡是引用前人研究成果处，均已注明，但也可能有些以前读过的论著，其中的观点影响到我，这次修改定稿时未及想起，未能注出。相信这种情况不会多，但也无法保证完全没有（这个讲义，前后历时十年了，有的地方，我可能确实想不起来了）。如果读者发现本稿有采纳前人论点而未能注明之处，请予指出，我将郑重道歉并承担责任。

鲁西奇

2014 年 2 月 16 日，于厦门不见天